D1867355

ÖSTERREICHISCHE AKADEMIE DER WISSENSCHAFTEN
PHILOSOPHISCH-HISTORISCHE KLASSE
SITZUNGSBERICHTE, 554. BAND

VERÖFFENTLICHUNGEN DES INSTITUTS FÜR MITTELALTERLICHE REALIENKUNDE ÖSTERREICHS
NR. 12

MATERIELLE KULTUR UND RELIGIÖSE STIFTUNG IM SPÄTMITTELALTER

INTERNATIONALES ROUND-TABLE-GESPRÄCH
KREMS AN DER DONAU
26. SEPTEMBER 1988

MIT 31 ABBILDUNGEN

VERLAG DER
ÖSTERREICHISCHEN AKADEMIE DER WISSENSCHAFTEN
WIEN 1990

Vorgelegt von w. M. Heinrich Appelt
in der Sitzung vom 21. Juni 1989

Redaktion: Gerhard Jaritz

Max-Planck-Institut für Geschichte · Bibliothek ·

Alle Rechte vorbehalten
ISBN 3-7001-1728-0
Copyright © 1990 by
Österreichische Akademie der Wissenschaften
Wien
Gesamtherstellung: A. Holzhausens Nfg., 1070 Wien

1990.1135

Inhaltsverzeichnis

Sinn und Motivation mittelalterlicher Stiftungen

HARRY KÜHNEL

Das Spektrum sozialer Haltungen, die in der Heiligen Schrift ihren Niederschlag fanden, und die soziale Botschaft des Evangeliums gaben den entscheidenden Impuls für karitative Tätigkeiten und Maßnahmen des Mittelalters. Diese Einstellung erfuhr im antiken Christentum eine spezifische Ausformung, verstand sich dieses doch als eine Religion der Armen und erfuhr mit dieser Boschaft seine erste Ausbreitung. Christus selbst hatte dies unter Beweis gestellt, wurde doch dessen Armut als "Frucht eines freiwilligen Verzichts auf Göttlichkeit und Königswürde" (B. Geremek) gepriesen und dessen Vorbild als lobens- und nachahmenswert postuliert; dies bedeutete, dem Reichtum und der Macht freiwillig zu entsagen. Parallel zur Doktrin der Armut, die als ein geistiger Wert eingestuft wurde, entwickelte sich das Lob der Barmherzigkeit, d. h. Stiftungen und Almosen boten für die Reichen eine Erlösungschance, sie sollten "eine ständig geübte Form sein, die Sünden des diesseitigen Lebens abzubüßen". In der Vita Eligii wird diese Vorgangsweise prägnant formuliert: "Gott hätte alle Menschen reich erschaffen können, aber er wollte, daß es auf dieser Welt Arme gibt, damit die Reichen Gelegenheit erhalten, sich von ihren Sünden freizukaufen"[1].

Im 12. und 13. Jahrhundert nahmen im christlichen Abendland die karitativen Stiftungen einen gewaltigen Aufschwung, der darauf zurückzuführen ist, "daß der Kreis der Spender sich um die bürgerlichen Eliten erweiterte", nicht zuletzt deshalb, weil jene, die einträgliche Berufe ausübten, insbesondere mit Geldhandel, und auf denen "das Stigma moralischer Zweifelhaftigkeit lastete", interessiert waren, die Barmherzigkeit weitgehend zu ritualisieren und zu institutionalisieren[2]. Noch Mitte des 12. Jahrhunderts fürchteten zahlreiche Kaufleute um ihr Seelenheil, auf den Reichen lastete die Anklage des Wuchers, das Geld galt als Werkzeug des Teufels. Einen Bruch mit der bislang erfolgten Ablehnung der Kaufleute vollzog sich, als Homobonus, Kaufmann zu Cremona, kurz nach 1200 kanonisiert wurde, weil er zeitlebens die Armen betreut und zugleich aber mit äußersten Mühen Geld verdient hatte. In den Reflexionen der Theologen reifte die Ansicht, daß jeder Beruf einen Beitrag

---

[1] Bronisław Geremek, Geschichte der Armut. Elend und Barmherzigkeit in Europa. München–Zürich 1988, 25 f., 28, 33.

[2] Geremek, Geschichte der Armut 33 f., 55.

zum Allgemeinwohl leiste, gewisse Tätigkeiten nicht mehr den Weg zum Heil blockieren und "Handwerker oder Kaufleute nicht an ihrer Würde oder ihrer gesellschaftlichen Bedeutung zweifeln" müssen[3].

Die Stiftung von Hospitälern war ein vordringliches Anliegen, um die Werke der Barmherzigkeit erfüllen zu können. Eine Untersuchung von 424 solcher karitativer Institutionen in Deutschland ergab, daß ein Drittel aus dem 14. Jahrhundert stammte; 109 davon waren städtische Gründungen, 94 verdankten privaten Iniativen ihre Gründung und 28 waren von Bruderschaften ins Leben gerufen worden[4], somit ist rund die Hälfte aller Hospitäler auf die Tatkraft der Bürgerschaft zurückzuführen.

Als Paradigma solch mentaler Haltung sei das von Elisabeth von Thüringen, der verwitweten jungen Landgräfin, gegründete und 1228 geweihte Franziskus-Hospital in Marburg in den Mittelpunkt gestellt. Aus religiösem Eifer und in Übereinstimmung mit den Idealen des Franz von Assisi hatte Elisabeth schon am thüringischen Hof sich der Pflege ekelerregender Kranker angenommen, am Gründonnerstag bei der öffentlichen Fußwaschung die Wunden der Aussätzigen geküßt und bei der Hungersnot des Jahres 1226 die gesamte Jahresernte an Korn an Arme verteilt. Nach Stiftung des Hospitals, eines kleinen Hauses aus Holz und Lehm, sorgte sie nicht nur für die materielle, wenngleich dürftige Grundlage, sondern sie betreute persönlich die Kranken, half sie zu baden und besorgte Hausarbeiten. Von der für sie von Konrad von Marburg ausgehandelten Ablösesumme von 2000 Mark auf ihre Wittumsgüter verteilte sie einen großen Teil an die Armen, davon allein an einem einzigen Tag 500 Mark. Das originäre Wirken Elisabeths lag in dem Umstand begründet, "daß es sich bei ihr um eine landesfürstliche Witwe handelte, die in der Pflege Bedürftiger ihre hohe Abkunft so vollkommen verleugnete. Was in ihrer Zeit keine Parallele gehabt haben dürfte, war die Art, in der sie die ihrer sozialen Umwelt gesetzten Grenzen überschritt"[5].

Dieser persönliche Dienst an Armen und Kranken steht im Gegensatz zu der üblichen Form mildtätigen Wirkens, wenn in Testamenten als gewohnheitsmäßige Regel Verfügungen karitativer Intention getroffen wurden, etwa in der Form von Meßstiftungen, so daß Jacques Chiffoleau zu Recht von der "Buchhaltung des Jenseits" sprach[6], oder in

---

[3] Jacques Rossiaud, Der Städter; Aaron J. Gurjewitsch, Der Kaufmann, beide in: Jacques Le Goff (Hrsg.), Der Mensch des Mittelalters. Frankfurt am Main–New York 1989, 187 f., 271 ff., 275, 287.

[4] Michel Mollat, Die Armen im Mittelalter. München 1984, 259.

[5] Werner Moritz, Das Hospital der heiligen Elisabeth in seinem Verhältnis zum Hospitalwesen des frühen 13. Jahrhunderts. In: Sankt Elisabeth. Fürstin – Dienerin – Heilige. Sigmaringen 1981, 102, 109 f., 112.

[6] Jacques Le Goff, Einführung. In: ders. (Hrsg.), Der Mensch des Mittelalters 41.

Form von Seelgeräten und Anniversarien, die den Vorteil brachten, daß an jenen Festtagen, "an denen milde Gaben des Stifters verteilt wurden, die beschenkten Armen und Kranken ihren Wohltäter in ihr Gebet einschlossen"[7]. Ein Beispiel geradezu materialistisch-werktätiger Motivation eines Stifters überliefert für das ausgehende 12. Jahrhundert der über das Leben in Köln gut informierte Caesarius von Heisterbach. Der reiche und politisch mächtige Bürger Karl soll zu seinem Seelenheil der Kölner Stiftskirche St. Aposteln "lapides anchorareas, 'Ankersteine' geschenkt haben, durch deren besonderes großes Gewicht er die Last seiner Sündenschuld auszugleichen hoffte" (Th. Zotz)[8].

Die mittelalterlichen Spitäler dienten in zunehmendem Maße als Heime für die Armen. In der Gründungsurkunde für das Bürgerspital der Stadt Salzburg vom 17. Juli 1327 wird von Erzbischof Friedrich III. eine ungeschmückte Schilderung der tristen Situation der Armen und Kranken in dieser Stadt gegeben: "... sehr viele wurden von der Kälte übermannt in den Gassen tot aufgefunden, ausgeschlossen von menschlicher Hilfe in der Zeit ihres Sterbens und nach dem Tod um den Liebesdienst der Bestattung betrogen. Gebärende Frauen jammerten hinter den Wänden erbarmungswürdig in der Drangsal ihres heftigen Schmerzes, weil sie ganz ohne Hilfe einer Hebamme auskommen mußten. Kranke beiderlei Geschlechts an den Toren unserer Metropolitankirche auf billigen Bahren liegend verunreinigten Zutritt und Eingang mit mancherlei Unrat und Gestank, so daß die Vorübergehenden ihren Abscheu unter heftigem Mißfallen kundtaten. Im Blick auf Gott, der den Barmherzigen Barmherzigkeit verspricht, erfüllte uns also das ganze Mitleid über das vorher angeführte Unglück und Elend"[9]. Das Übermaß von Armen und eine karitative Zielsetzung bewog auch Graf Wilhem von Aarberg, dem Spital in Luzern 1419 mehrere Stiftungen zu machen, wobei eine ähnliche Begründung wie beim Salzburger Bürgerspital vorgebracht wurde: ... *weil ich angesehen mit mein selbs augen sölich viele armen, lamen, sichen, und dürftigen, so zu Lucern in dem Spittal sind, und täglich ab den strassen darin getragen, geführt ... werden*[10]. Mit solchen Stif-

[7] Moritz, Das Hospital der heiligen Elisabeth 109; Gerhard Jaritz, Seelenheil und Sachkultur. In: Europäische Sachkultur des Mittelalters (Veröffentlichungen des Instituts für mittelalterliche Realienkunde Österreichs 4 = Sb. Ak. Wien, phil.-hist. Klasse 374) Wien 1980, 66 ff.

[8] Thomas Zotz, Städtisches Rittertum und Bürgertum in Köln um 1200. In: Institutionen, Kultur und Gesellschaft im Mittelalter. Festschrift für Josef Fleckenstein zum 65. Geburtstag. Sigmaringen 1984, 612.

[9] Heinz Dopsch – Peter M. Lipburger, Die Entwicklung der Stadt Salzburg. In: Heinz Dopsch (Hrsg.), Geschichte Salzburgs I/2. Salzburg 1983, 723 f.

[10] Geremek, Geschichte der Armut 59.

tungen wurde ein erster entscheidender Schritt "von der ursprünglichen subjektiven Heilsversicherung" zu einer "objektiven Linderung von mitmenschlicher Not" (Rolf Kießling) gemacht.

Einer ähnlichen Intention entsprang die Stiftung des Johann Rinck in Köln 1462, stellte er doch einen Betrag von 1000 Goldgulden zur Verfügung, damit die Provisoren des Krankenspitals St. Revilien in die Lage versetzt werden, einen unbewohnten Beginenkonvent hinter ihrem Hospital zum Wohle *wansynniger lude* umzubauen. Es entstanden zunächst sechs Kammern für je zwei Personen; Johanns Sohn, Dr. Peter Rinck, veranlaßte testamentarisch den Bau zweier weiterer Kammern und dokumentierte damit das verstärkte öffentliche Engagement für Geisteskranke[11].

Eine spezifische Form einer Stiftung tritt erstmals um 1400 in Wien auf. Der aus Venedig um 1372 zugewanderte Apotheker Mathias Bono, der 1387 die Funktion eines Apothekers Herzog Albrechts III. von Österreich innehatte, errichtete 1399 eine Heiratsgutstiftung für arme Jungfrauen. Das Kapital hiefür hatte er beim venezianischen Staatsschuldenfonds angelegt. Diese langfristige Anlage – 1475 wurde die letzte Zahlung geleistet – zeigt eine allmähliche Abkehr vom subjektiven Heilsstreben der Bürgerschaft und eine Hinwendung zur Rationalität, zum Erkennen spezifischer wirtschaftlicher Notlagen und deren punktueller Linderung[12].

Das religiöse Denkmuster der Bürger im Kontext mit karitativen Stiftungen und verbunden mit sozialem Prestigedenken, läßt sich am Paradigma der Augsburger Kaufmannsfamilie Walther nachdrücklich explizieren. Conrad Walther und dessen Frau Elsbeth stifteten 1420 in Donauwörth *ain pilgrinhauß, do man arm pilgrin ine beherberget und ain spital daran*, statteten das Haus mit Betten und Bettstatt und einem Kapital von 200 fl. aus. Ulrich Walther, der viele Jahre Mitglied des Rats von Augsburg war und unter anderem das Amt eines Baumeisters (Verwalter der städtischen Bauangelegenheiten) innehatte, stiftete in das Spital zu Donauwörth 1438 ein Glasgemälde, und 1442 aus Anlaß der Einwölbung des Kreuzganges ein Tafelbild *über die thür*. Es folgten zum Andenken an die Familie die Stiftung eines Glasgemäldes im Seitenschiff zu St. Moritz in Augsburg, eines zu den Barfüßern *ob der thür, als man*

---

[11] Franz Irsigler – Arnold Lassotta, Bettler und Gauner, Dirnen und Henker. Außenseiter einer mittelalterlichen Stadt. Köln 1300 – 1600. München 1989, 93 – Harry Kühnel, "... beraubt... seiner synne und vernunft". Geisteskrankheit und Wallfahrt. In: Veröffentlichungen des Museums Ferdinandeum (Festschrift für Erich Egg zum 70. Geburtstag) Innsbruck 1990 (im Druck).

[12] Otto Brunner, Die Finanzen der Stadt Wien von den Anfängen bis ins 16. Jahrhundert. Wien 1929, 162 ff., 226.

durch den creutzganck hineinget, ferner eines beim Niklas-Altar *ob meinem Stuhl*, besaß doch Ulrich Walther dort schon einen Kirchenstuhl. In der nach einem Brand wieder errichteten Kirche St. Stephan in Augsburg ließ er 1460 gleichfalls ein Glasgemälde einsetzen. 1470 beteiligte er sich an der Errichtung eines Gewölbes im Chor und im Seitenschiff der Pfarrkirche in Donauwörth, zugleich wurde ein Glasgemälde mit dem Wappen der Walther und Hager gestiftet. Dieser kapitalkräftige Bürger dokumentierte seine religiöse Haltung aber auch durch eine Stiftung zu St. Katharina in Augsburg. Mit Stolz vermerkt er: *auch han ich ain hübsche gemalte tafel lausen machen ober die thür im creuczganck for dem capitelhauß, gestat vier und vierczig gl.* (Gulden) *und bin ich, Ulrich Walther, und mein hausfrau und mein sun Marx gancz gerecht gut abconterfetet, wie wir czu derselben czeit gesechen haben.* Es ist signifikant für die Intention der von Ulrich Walther getätigten Stiftungen, daß er an gut sichtbaren, exponierten Plätzen, etwa oberhalb von Türen sowie im Chor oder vor Altären die Kunstwerke anbringen ließ, eine Vorgangsweise, die schon um 1300 vom Mystiker Meister Eckhart kritisiert wurde, weil die Verwendung von Wappen und Namen mehr dem eigenen Lob und der eigenen Ehre dienen (siehe Wolfgang Schmid), als Ausdruck der Frömmigkeit sind[13]. Soziale Konkurenz und Repräsentation werden bei einer Stiftung des schon erwähnten Marx Walther deutlich, der von Turnierplatz zu Turnierplatz eilte, den Ruf eines geschickten "Stechers" genoß und Verfasser eines Turnierbuches war. 1506 spendete er der Pfarrzeche St. Stephan zu Augsburg eine silberne, mit seinem Wappen geschmückte Monstranz im Wert von 132 Gulden und merkt dazu an: *dafor hettens nun ain kupferine.* Ulrich Walther nannte auch eine Vielzahl von Kirchenstühlen sein Eigen, etwa zu *sant Johans im chor neben dem altar daselbst*, in der Ulrichkapelle im Dom zu Augsburg, einen Stuhl mit drei *stenden* zu St. Katharina, und sein Sohn Marx besaß im Dom einen Kirchenstuhl, der vor dem Dreifaltigkeitsaltar und an der Rückseite des Dreikönigsaltars aufgestellt war. Zur "Sicherung frommen Gedenkens" (Ingo Herklotz) hat Ulrich Walther im Dom zu Augsburg *auf der gred bey dem bredigstul* neben den Epitaphien seines Vaters und Hans Walthers einen Grabstein gestiftet. Wie sehr es sich hierbei auch um private Repräsentationskunst im Kirchenbereich handelte, stellt Marx Walther unter Beweis, hat er doch *ain grebtnus czu sant Katarina enmitten in der kirchen czu Augspurg, ain Marbelstain* errichten lassen[14].

---

[13] Kunststiftungen im spätmittelalterlichen Köln, in diesem Band S. 161.

[14] Alle behandelten Beispiele von Stiftungen finden sich in den Chroniken der deutschen Städte 22 (= Augsburg 3) Leipzig 1892, 390–395 und Einleitung XXXIV.

Erich Maschke hat in einer instruktiven Studie[15] nachgewiesen, daß der mittelalterliche Kaufmann ständig einem Gewissenskonflikt ausgesetzt war, mußte er doch darauf bedacht sein, materiellen Gewinn zu erzielen, und der Grad der Vermögensbildung war ein Beweis seiner Leistung. In der Praxis brachte ihn aber dieses Gewinnstreben in Konflikt mit den kirchlichen Gesetzen und mit seinem christlichen Gewissen. Die Kaufleute haben sich deshalb der Pflicht, die Armen zu unterstützen, nicht entzogen, weil diese die Gaben stellvertretend für Gott empfingen. Ähnlich verhielten sich die Handelsgesellschaften, wenngleich Stiftungen dieser Art gleichfalls vom kommerziellen Denken der Kaufleuten inspiriert waren. Die Ravensburger Gesellschaft entschloß sich nach dem Vorbild der Peruzzi und Bardi in Florenz, bei der Jahresbilanz aus dem Gewinn einen Betrag für die Armen auszuwerfen, wobei die Summe von der Höhe des Gewinnes abhing und sich in der Verfallszeit der Gesellschaft ständig verringerte[16].

Die Stiftung einer eigenen Kapelle für die Ravensburger Gesellschaft und der Auftrag für einen Schnitzaltar 1475 entspricht der spätmittelalterlichen Auffassung von Frömmigkeit und Geschäftssinn. Für diesen Altar wurden fünf Patrone auserwählt, darunter Antonius von Padua und Bernhardin von Siena. Auf den hl. Antonius war die Wahl gefallen, weil er bei den Abrechnungen der Gesellschaft gute Dienste leisten sollte, speziell, wenn das Gedächtnis versagte. Der hl. Bernhardin war auf dem Altar zu Ehren gekommen, weil er in jener Stadt 1444 gestorben war, in der die Ravensburger Gesellschaft intensiv Safranhandel betrieb, nämlich in Aquila in den Abruzzen. Nichts war daher naheliegender, als jenen franziskanischen Prediger, der bereits 1451 heilig gesprochen worden war, zum Mitpatron zu machen, versprach doch seine Berücksichtigung weiterhin guten Verdienst, überdies konnte der Werbeeffekt nicht übersehen werden[17].

Die salischen Gedenkstiftungen beruhten gewissermaßen auf einem Tausch zwischen dem Spender und der geistlichen oder monastischen Kommunität, die das Gedenken vollzog. Nach der Schlacht bei Mellrichstadt im Jahre 1078 hatte König Heinrich IV. "Gedenkstiftungen an mehrere Reichskirchen für die im Sachsenkrieg Gefallenen" vorgenom-

---

[15] Erich Maschke, Das Berufsbewußtsein des mittelalterlichen Fernkaufmanns. In: Carl Haase (Hrsg.), Die Stadt des Mittelalters 3. Darmstadt 1973, 177–216.

[16] Harry Kühnel, Die Minderbrüder und ihre Stellung zu Wirtschaft und Gesellschaft. In: 800 Jahre Franz von Assisi (Katalog des N. Ö. Landesmuseums NF 122) Wien 1982, 53 ff.

[17] Aloys Schulte, Die Große Ravensburger Handelsgesellschaft und die Pflege der kirchlichen Kunst in ihrer Gesellschaftskapelle. In: Archiv für Kulturgeschichte 26 (1936) 73–88.

men. Mit diesem Kriegergedenken sollte in Form von Stiftungen einer täglichen Votivmesse, einer wöchentlichen Konventmesse und eines Anniversars für die Gefallenen ein öffentliches Bekenntnis abgelegt werden, es galt aber auch, "damit das Erbarmen Gottes für die Toten, aber auch die Hilfe Gottes für die Lebenden in der Not herabzuflehen". Es sollte jedoch nicht minder die *memoria* für alle *fideles* sein[18]. Die "memoria-stiftende Wirkung" eines Grabmals ist häufig anzutreffen. Der Historiker und Abt der Benediktinerabtei Marienberg in Südtirol, Goswin, lehnte bei Stiftung seines Grabsteines die Bodenbestattung als "Ideal einer demutsvollen Beisetzung" (Ingo Herklotz) ab; für ihn war die Vorstellung, daß alle Kirchenbesucher mit ihren Füßen darüberschreiten, unerträglich. Der Wandel des Todesbewußtseins um die Mitte des 14. Jahrhunderts, das Wissen um das Erlöschen der physischen Existenz, rief nach Tenenti[19] das Bedürfnis hervor, sich der Nachwelt in Grabdenkmälern zu manifestieren. Aeneas Silvius Piccolomini beschreibt in einem seiner zahlreichen Briefe, datiert vom 22. Juli 1444, das zu Lebzeiten bereits im Dom von Passau aufgestellte Grabdenkmal des Bischofs Leonhard Laiming: "Und so sah ich den prachtvollen Marmor, mit solcher Erfindungsgabe behauen ... Trefflich geraten fand ich Euer Abbild. Zu beiden Seiten war Hiob ausgehauen, auf Eurer Brust thronte das Kreuz. Auf der Infel erblickte man das Bild der heiligen Jungfrau und neben ihr wieder Euch. Ihr selber in zweifacher Stellung; zu Euren Füßen zwei Löwen, die lebendigen so ähnlich sahen, daß die Beschauer unwillkürlich Angst bekamen. Das Ganze war von fliegenden Engeln umgeben, und an mehreren Stellen sowohl Euer als des Hochstifts Wappen angebracht". Und sodann begründet der Humanist, warum er dem Bischof hohe Achtung zollt: "... daß Ihr trotz Eurer hohen Würde und Eures reichen Besitzes nicht vergeßt, daß Ihr ein Mensch seid, sondern, wie es der Weise tut, Euch sterblich wißt und des vielgeschäftigen Todes gedenkt, ... Denn wer sich im Leben immer bewußt ist, daß er sterben muß, der führt gewiß einerseits ein besseres Leben, andererseits ängstigt es ihn nicht so sehr, wenn der Tag seines Todes gekommen ist ..."[20]. Ein solches monumentales Grabmal war naturgemäß Medium bürgerlicher Selbstdarstellung, entsprach der spätmittelalterlichen Denkmalvorstellung von Größe und Wirksamkeit und war Gegenstand öffentlichen Interesses.

[18] Karl Schmid, Salische Gedenkstiftungen für fideles, servientes und milites. In: Festschrift für Josef Fleckenstein 259–261.

[19] Alberto Tenenti, Auf dem Weg zu einer neuen Kultur. Das Todesbewußtsein. In: Die Grundlegung der modernen Welt. Fischer Weltgeschichte 12, Frankfurt am Main 1967, 119 f.

[20] Enea Silvio Piccolomini, Briefe. Dichtungen. München 1966, 139 f. Das Grabdenkmal wurde bei einem Brand des Domes zerstört.

Reiner Repräsentationscharakter kam dem in Erz gegossenen und von Graf Eitelfriedrich II. von Hohenzollern in Auftrag gegebenen Grabdenkmal in der ehemaligen Stiftskirche St. Jakob zu Hechingen (Zollernalbkreis) zu. Diese Kunststiftung wurde noch zu Lebzeiten des Grafen, vermutlich bei Peter Vischer, in Auftrag gegeben und trägt die Jahreszahl 1500. Eitelfriedrich ließ sich in Rüstung und Helmbusch, mit Schwert und Rosenkranz darstellen. Um den Hals trägt er den Orden vom Goldenen Vlies. Seine Gemahlin, Magdalena, Markgräfin von Brandenburg, in einem Kleid mit langer Schleppe wiedergegeben, ist mit dem Schwanenorden dekoriert. Die Idee zu diesem doppelten Grabmonument in Form zweier sich gegenüberstehender lebensgroßer Figuren stammt aus dem unmittelbaren Kreis um Maximilian I., dessen Hofmeister Graf Eitelfriedrich II. war[21]. Das Grabdenkmal verlor damit weitgehend seine religiöse Funktion, Stiftungen solcher Art erfolgten keineswegs mehr zur Erlangung des eigenen Seelenheils und Bekundung eines hohen Maßes an Frömmigkeit, vielmehr hat eine Profanierung stattgefunden, ein Prozeß, in dessen Verlauf der Kirchenbereich der sepulkralen Repräsentationskunst dienstbar gemacht wurde.

21 Theodor Dreher, Das Tagebuch über Friedrich von Hohenzollern, Bischof von Augsburg, (1486–1505). In: Mitteilungen des Vereins für Geschichte und Altertumskunde in Hohenzollern 19, 81 f.; Vinzenz Oberhammer, Das Grabmal des Kaisers. In: Katalog Maximilian I. in Innsbruck. Innsbruck 1969, 108 ff.

Religiöse Stiftungen als Indikator der Entwicklung materieller Kultur im Mittelalter

Gerhard Jaritz

I. Vorbemerkung

Seelgerätstiftungen spielen eine entscheidende Rolle in der Auseinandersetzung des mittelalterlichen Menschen mit der Problematik seines Fortlebens im Jenseits[1]. Die "vorbeugende fromme Handlung, die die bösen Mächte austreibt und das Erbarmen Gottes gewinnt"[2], äußert sich in mannigfacher Variation.

Die Frage nach den religiösen bzw. religiös motivierten Stiftungen *ad pias causas* wurde von verschiedenen Fachdisziplinen bei der Bearbeitung unterschiedlichster Problematik relativ intensiv behandelt[3]. Diese

---

[1] Vgl. z. B. J. L. Rosenthal, The Purchase of Paradise. Gift Giving and the Aristocracy, 1307–1485. London–Toronto 1972; Michel Vovelle, Piété baroque et déchristianisation en Provence au XVIII siècle. Les attitudes devant le mort après les clauses des testaments. Paris 1973; Karl Stüber, Commendatio animae. Sterben im Mittelalter (Geist und Werk der Zeiten 48) Bern–Frankfurt/M. 1976, bes. 21–36; Gerhard Jaritz, Seelenheil und Sachkultur. Gedanken zur Beziehung Mensch–Objekt im späten Mittelalter. In: Europäische Sachkultur des Mittelalters (Veröffentlichungen des Instituts für mittelalterliche Realienkunde Österreichs 4 = Sb. Ak. Wien, phil.-hist. Klasse 374) Wien 1980, 57–81 (Lit.); Jacques Chiffoleau, La comptabilité de l'au-delà. Les hommes, la mort et la religion dans la région d'Avignon à la fin du Moyen Age (vers 1320–vers 1480) (Collection de l'Ecole française de Rome 47) Rom 1980, passim; Marie-Thérèse Lorcin, Vivre et mourir en Lyonnais à la fin du Moyen Age. Paris 1981; Hartmut Boockmann, Leben und Sterben in einer spätmittelalterlichen Stadt. Über ein Göttinger Testament des 15. Jahrhunderts. Göttingen 1983; J. A. Mol, Friezen en het hiernamaals. Zieleheilsbeschikkingen ten gunste van kerken, kloosters en armen in testamenten uit Friesland, 1400–1580. In: In de schaduw van de eeuwigheid. Tien studies over religie en samenleving in laatmiddeleeuws Nederland aangeboden aan prof. dr. A. H. Bredero. Utrecht 1986, 28–64; Heinz-Dieter Heimann, "Testament", "Ordenung", "Giffte unter den Lebendigen". Bemerkungen zu Form und Funktion deutscher Königs- und Fürstentestamente sowie Seelgerätstiftungen. In: Dieter Berg – Hans-Werner Goetz, Ecclesia et regnum. Beiträge zur Geschichte von Kirche, Recht und Staat im Mittelalter. Festschrift für Franz-Josef Schmale zu seinem 65. Geburtstag. Bochum 1989, 273–285.

[2] Vgl. Georges Duby, Die Grundlegung eines neuen Humanismus 1280–1440. Genf 1966, 89–92.

[3] Vgl. Jaritz, Seelenheil und Sachkultur 59.

Breite resultiert aus der vorgegebenen Mannigfaltigkeit des Phänomens der Stiftungen in der erhaltenen Quellenüberlieferung, sowohl bezogen auf Stifter, Stiftungsempfänger und gestiftete Objekte als auch hinsichtlich Funktion und Zweckvariation von Stiftungen, deren Förderung sowie ihnen gegenüber geäußerter Skepsis und Abwehr. Die mittelalterliche "comptabilité de l'au-delà" erweist sich auch als ein Thema, das gerade in jüngster Zeit vermehrt unter Anwendung neuer Methoden in der Geschichtsforschung aufgegriffen wurde[4]. Manchmal beherrscht allerdings (noch immer) der Blickwinkel auf darin enthaltene "grobmaterialistische" Züge von Frömmigkeit die wissenschaftliche Interpretation[5]. Im Rahmen der gesteigerten Beschäftigung mit dem Thema seien vor allem die zahlreichen Arbeiten zum weiten Feld der testamentarischen Verfügungen erwähnt, im besonderen jener des Spätmittelalters[6].

Relativ selten erscheint im Rahmen dieser Auseinandersetzung der dezidierte Ausgangspunkt vom gestifteten Objekt. Oft finden sich bloß kurze Anmerkungen zu jenem, in denen dann an hand 'außergewöhnlicher' Beispiele mehr oder weniger kursorisch vermerkt wird, daß lie-

---

[4] Vgl. bes. Chiffoleau, Comptabilité; ders., Les testaments provençaux et comtadins à la fin du moyen âge: Richesse documentaire et problèmes d'exploitation. In: Paolo Brezzi – Egmont Lee (Hrsg.), Sources of Social History. Private Acts of the Late Middle Ages (Papers in Mediaeval Studies 5) Toronto–Rom 1984, 131–152; ders., Ce qui fait changer la mort dans la région d'Avignon à la fin du Moyen Âge. In: Herman Braet – Werner Verbeke (Hrsg.), Death in the Middle Ages (Mediaevalia Lovaniensia I/IX) Louvain 1983, 117–133.

[5] Vgl. z. B. die Anmerkung bei Ahasver von Brandt, Mittelalterliche Bürgertestamente. Neuerschlossene Quellen zur Geschichte der materiellen und geistigen Kultur (Sb. Ak. Heidelberg, phil.-hist. Klasse 1973, 3) Heidelberg 1973, 21. – Grundsätzlich erscheint jedoch als Interpretationsbasis die breit anzuwendende Thomas von Aquinsche Argumentation von Vorteil zu sein, die sich auch in anderen Bereichen der Untersuchung mittelalterlichen 'Lebens' für die Verbindung von Profanen und Sakralem als 'Lösung' anbietet: *Est autem naturale homini ut per sensibilia ad intelligibilia veniat: quia omnis nostra cognitio a sensu initium habet. Unde convenienter in sacra Scriptura traduntur nobis spiritualia sub metaphoris corporalium. [...] dicendum quod radius divinae relationis non destruitur propter figuras sensibiles quibus circumvelatur, ut Dionysius dicit, sed remanet in sua veritate; ut mentes quibus revelatio fit, non permittantur in similitudinibus remanere, sed elevet eas ad cognitionem intelligibillium* (*Summa theol.* 9, 3 und *ad* 2).

[6] Vgl. den Überblick bei Jaritz, Seelenheil und Sachkultur, bes. 59–63, Anm. 9, 10 und 16 (Arbeiten vor 1980); danach bes. Martin Zahnd, Spätmittelalterliche Bürgertestamente als Quellen zur Realienkunde und Sozialgeschichte. In: Mitteilungen des Instituts für Österreichische Geschichtsforschung 96 (1988) 55–78; Paul Baur, Testament und Bürgerschaft. Alltagsleben und bürgerliche Alltagskultur im spätmittelalterlichen Konstanz (Konstanzer Geschichts- und Rechtsquellen XXXI) Sigmaringen 1989. Vgl. auch Anm. 1 und 4.

gendes Gut, Geld und die verschiedenste Fahrhabe Stiftungsobjekt sein konnte. In bezug auf die Fahrhabe gilt eine gewisse 'Vernachlässigung' in besonderem Maße[7]. Häufig wird – mitunter mit einem mehr oder weniger deutlichen Bezug auf das 'Kuriose' oder 'Herausragende' innerhalb der auftretenden Objektpalette – das breite Spektrum nur angedeutet. Das Phänomen der Fahrhabe-Stiftungen ist bis dato jedoch noch in keiner Weise systematisch untersucht worden.

Auch dieser Beitrag kann sich ein solches Unterfangen nicht zum Ziel setzen. Was jedoch angeschnitten werden soll, ist ein neuerliches Abstecken der Gegebenheiten, Aufzeigen von Möglichkeiten, ein Formulieren von Thesen und Desiderata[8]. Dies soll vorrangig mit Hilfe erhaltenen österreichischen Materials geschehen. Ein Schwerpunkt wird auf dem monastischen Bereich liegen.

II. Das gestiftete Objekt

Fahrhabe spielt in den Stiftungen *ad pias causas* prozentuell oft eine eher untergeordnete Rolle. Nichtsdestoweniger kann konstatiert werden, daß diesbezügliche Objekte der materiellen Kultur ihren regelmäßigen und wichtigen Platz im mittelalterlichen Stiftungswesen einnehmen. Sie zeigen in vielen Fällen vielleicht sogar am deutlichsten, in welcher Richtung '(Alltags-)Bedürfnisse' der bestifteten Kommunitäten bzw. Personengruppen zu suchen sind.

Grundsätzlich ist festzustellen, daß es im behandelten Zeitraum praktisch kaum Objekte einer materiellen Kultur gibt, die nicht irgendwann einmal an irgendeine Institution im Rahmen von Seelenheilstiftungen vergeben wurden und damit Bedürfnissen der bestifteten Institution (Personengruppe) genügen (sollten), sowie gleichzeitig als dem Zweck der leichteren Erlangung ewigen Seelenheils durch den Stifter angemessen erachtet wurden. Im Rahmen der "économie du salut" können sie einen wichtigen Teil des "prix du passage" bilden[9].

Entsprechende Objektstiftungen sind auch als Gradmesser der Entwicklung einer materiellen Kultur, sowohl von Bestifteten als auch von Stiftern, anzusehen. Ausschlaggebend für die Stiftung und das Stiftungsobjekt ist nämlich eine Wechselwirkung von Bedürfnisstrukturen. Heils-

---

[7] Vgl. dagegen die ausführliche Auseinandersetzung mit dem Problemkreis bei Baur, Testament und Bürgerschaft, bes. 220–250.

[8] Es handelt sich dabei um die Fortsetzung von Überlegungen, die der Autor in 'Seelenheil und Sachkultur' (vgl. Anm. 1) und an anderen Stellen (vgl. Anm. 30, 35 und 36) vorgelegt hat. Dabei wird zum Teil mit bereits dort erwähntem bzw. behandeltem Quellenmaterial operiert. Weiterführende Literatur wurde in diesem Beitrag nur begrenzt zitiert und findet sich in reicherem Maße in den angegebenen Arbeiten.

[9] Vgl. Chiffoleau, Comptabilité 214,

bedürfnis weckt Fürbittebedürfnis, initiiert Stiftungsbedürfnis und führt zur Überprüfung der materiellen Bedürfnisse der zu Bestiftenden. Daraufhin wird versucht, den gegenseitigen Angemessenheitsbedürfnissen (bzw. -notwendigkeiten) zu genügen und nach seinen finanziellen und wirtschaftlichen Möglichkeiten zu stiften. Dies kann durchaus in starkem Einklang mit verschiedensten Komponenten eines (weltlichen) Repräsentationsbedürfnisses vor sich gehen.

Entsprechende Überlieferungen zeigen sehr deutliche Schwerpunkte, Trends und Veränderungen im Rahmen der auftretenden Objektwelt und damit auch der Kriterien von Bedürfnis, Notwendigkeit und Angemessenheit. Unterschiedliche Relevanzaspekte in bezug auf die Nennung der Stiftungen in den Quellen sind zu berücksichtigen. Als derartige Quellen treten vorrangig die testamentarische Überlieferung, Stiftungsurkunden und -verzeichnisse, Nekrologien und Anniversarienverzeichnisse, Einnahmenregister und Inventare in Erscheinung. Deren Zweck ist unterschiedlich, daraus resultierend auch ihr Inhalt und ihre Aussagekraft für die behandelte Problematik.

Die Stiftungen von Objekten einer materiellen Kultur können aus verschiedenen, direkt oder indirekt objektbezogenen Intentionen erfolgen. Wie bereits an anderer Stelle ausgeführt, kann das in der Stiftung auftretende Sachgut unterschiedlichen Kriterien bzw. Zwecken genüge leisten:[10]

a. Es wird vom Empfänger in der gleichen Funktion weiterverwendet, in der es beim Stifter in Gebrauch stand (z. B. Bücher, Kleidungsstücke, kirchliches Gerät, Nahrungsmittel etc.).
b. Der Stiftende vergibt Objekte, welche vom Beteilten verkauft, umgearbeitet oder zu anderen Zwecken benützt werden sollen (z. B. Silberbecher → Verkauf → aus dem Erlös Anfertigung einer Monstranz; Silberbecher → Einschmelzen → aus dem gewonnenen Edelmetall Herstellung eines Kelches; etc.).
c. Der Verfügende bestimmt selbst über den Verkauf von Objekten und widmet den daraus erhaltenen Barerlös einer religiösen Institution oder Personengruppe.
d. Der Verfügende bestimmt die Anschaffung oder Herstellung eines für den Stiftungsempfänger relevanten Objektes; dafür werden Mittel – auf verschiedenste Art und Weise bzw. in unterschiedlichster Form – zur Verfügung gestellt.

Die damit offen stehenden Möglichkeiten, Variationen und Entwicklungen des Objekteinsatzes im Stiftungswesen sind mannigfaltig. Sie können gleichzeitig auftreten, sich überschneiden oder einander ergänzen. Mitunter läßt sich auch an hand einer einzigen Seelgerätstiftung – wenn auch

[10] Vgl. Jaritz, Seelenheil und Sachkultur 62 f.

als Ausnahmefall – die Bandbreite jener Variationen und Möglichkeiten gut aufzeigen[11].

Folgende Hauptfragen erscheinen im Rahmen unserer Themenstellung von Bedeutung:

a. Welche Objekte werden gestiftet? Welche Schwerpunkte in der Objektkultur sind diesbezüglich nachzuweisen? Welche Bedürfnisstrukturen lassen sich dabei erkennen?
b. Welche Veränderungen ergeben sich? Inwieweit sind diese als einheitlich zu interpretieren?
c. Inwieweit läßt sich Abwehr, Förderung und 'Sättigung' im Rahmen von Objektstiftungen belegen?
d. Inwieweit können objektspezifische, situationsspezifische, standes- und gruppenspezifische Unterschiede belegt und begründet werden?

II.1. Das gestiftete Objekt und das Phänomen der Befriedigung 'materieller Grundbedürfnisse'

Materielle Grundbedürfnisse werden dann befriedigt, wenn bei ihrem Ausbleiben eine existentielle Gefahr für den Bestand bzw. die Lebensfähigkeit einer Kommunität, einer Personengruppe oder einer Einzelperson besteht oder eine solche befürchtet wird. Die Befriedigung materieller Grundbedürfnisse im Rahmen des Stiftungswesens ist zumindest ursprünglich häufig gleichzusetzen mit der Bereitstellung einer Grundausstattung. Die dabei relevanten Objektbereiche sind Nahrung, Kleidung und Wohnung. Eine Abgrenzung der Grundbedürfnisse von darüber hinausgehenden Ansprüchen ist nicht einheitlich festzusetzen und definitionsabhängig. Nimmt man etwa 'Gotteszierde' als nie an einen Endpunkt kommendes, unabdingbar notwendiges Phänomen an, im Rahmen dessen auch in bezug auf die materielle Seite 'keine' Grenzen gesetzt sind bzw. sein können, so müßte den Vergabungen in diesem Bereich prinzipiell der Grundbedürfnischarakter beigemessen werden[12]. Darüber hinaus sind Übergänge häufig als fließend anzusehen. Im Rahmen von Entwicklungsprozessen können sich dabei markante Veränderungen ergeben und bis dato 'gewohnte' Grundbedürfnisse durch neue oder andere abgelöst werden.

Setzt man sich mit den geringen erhaltenen, über Einzelbelege hinausgehenden Quellenmitteilungen zu Fahrhabe-Stiftungen *ad pias causas* aus dem österreichischen Raum im 12. Jahrhundert auseinander,

[11] Vgl. als Beispiel das Testament eines Bürgers einer niederösterreichischen Kleinstadt, des Caspar Strasser aus Korneuburg, von 1464 im Anhang (S. 30 f.).

[12] Vgl. Gerhard Jaritz, Leben um zu sterben. In: Harry Kühnel (Hrsg.), Alltag im Spätmittelalter, 3. Aufl. Graz–Wien–Köln 1986, 136.

liegt der Schwerpunkt auf dem Inhalt einiger weniger Materialien der Memorialüberlieferung. Das in seiner Aussage markanteste und von anderen, in geringerer Zahl erhaltenen Belegen gestützte Beispiel bezieht sich auf die Objektstiftungen an das Augustinerchorherrenstift Seckau in der Steiermark. Für die zweite Hälfte des 12. Jahrhunderts nennt der *Liber Confraternitatum Seccoviensis*[13] regelmäßig die Stiftung von Objekten der materiellen Kultur, welche augenscheinlich 'Grundbedürfnis-Charakter' widerspiegeln (s. Graphik 1):[14] Tuch an erster Stelle, danach unabdingbar notwendige monastische Kleidungsstücke, Bett und Bettzeug, Textilien, sowie, wenn auch in geringerem Maße, Nahrungsmittel.

Vergleicht man dazu ähnliche Überlieferungen aus dem 13. und 14. Jahrhundert, zeigt sich offensichtlich ein markanter Wandel. Der Bedarf an Kleidungsstücken und Tuchen, welche der monastischen 'Grundausstattung' zuzuzählen sind, scheint gedeckt. Stiftungen dieser Art treten in den Hintergrund oder verschwinden praktisch völlig[15]. Dagegen spielt der Bereich des Nahrungswesens weiterhin eine entscheidende, ja zum Teil die entscheidendste Rolle bezogen auf die Häufigkeit seines Auftretens in manchen Quellen bestifteter Klöster und damit wohl auch hinsichtlich seiner Relevanzbewertung.

Allerdings geht es in diesen Stiftungen nicht mehr um die Sicherung einer existentiellen Grundlage im Rahmen der Ernährung, sondern um die Verbesserung derselben. Ein Grundbedürfnis ist augenscheinlich befriedigt worden bzw. dessen Gewährleistung gesichert. Die Pitanzenstiftung tritt an seine Stelle. Sonder- bzw. Extraspeisen mit dem Charakter des 'Nicht-Alltäglichen', dem Gedenken des Stifters entsprechend und regelmäßig an seinem Jahrtag gereicht, erhalten eine entscheidende Position[16]. So treffen wir in der Memorialüberlieferung der Zisterze Lilienfeld[17], deren Schwerpunkt im 14. Jahrhundert anzusetzen ist, auf eine Konzentration der Nennungen von Pitanzvergaben, die fast drei Viertel

---

[13] MGH Necr II, 357–402.

[14] Vgl. dazu Gerhard Jaritz, Alltagsleben und Sachkultur zur Zeit der Traungauer. In: Gerhard Pferschy (Hrsg.), Das Werden der Steiermark (Veröffentlichungen des Steiermärkischen Landesarchives 10) Graz 1980, 320 f.; ders., Seelenheil und Sachkultur 74.

[15] In diese Richtung deutet etwa auch eine erhaltene Urkunde von 1303, in welcher Herzog Rudolf III. dem Kloster Lilienfeld gestattet, die von seiner Mutter, Königin Elisabeth, für Kleideranschaffungen gestifteten 100 tl. d. für den Erwerb von Weingärten verwenden zu können; vgl. Gerhard Winner (Hrsg.), Die Urkunden des Zisterzienserstiftes Lilienfeld (Fontes Rerum Austriacarum II/81) Wien 1974, 119, n. 262; Jaritz, Seelenheil und Sachkultur 76. Allerdings ist jene Quelle als überlieferter 'Einzelfall' zu werten.

[16] Vgl. Jaritz, Seelenheil und Sachkultur 74 ff.

[17] MGH Necr V, 368–424.

aller erwähnten Fahrhabe-Stiftungen ausmachen (s. Graphik 2). Eine ähnliche Situation zeigt sich für die Wiener Minoriten des 14. Jahrhundert[18], bei welchen der in der Memorialüberlieferung vermerkte Anteil an Pitanz- und Nahrungsstiftungen nahezu fünfzig Prozent beträgt (s. Graphik 3).

Die quantitative Kumulierung gleichartiger 'Nicht-Alltäglichkeiten' muß zwangsläufig zu 'Alltäglichem' führen, welches damit auch durchaus wieder 'Grundbedürfnis'-Charakter annehmen kann. Wenn für manche österreichische monastische Kommunitäten nachzuweisen ist, daß es im 15. Jahrhundert praktisch kaum mehr einen im Rahmen der Fastenregelung erlaubten Tag gab, an dem keine Pitanzen gereicht wurden, ist jenes Stadium augenscheinlich erreicht[19]. Dies bedeutet dann auch, daß die Relevanz, Notwendigkeit und Angemessenheit, ja sogar die grundsätzliche Möglichkeit derartiger Stiftungen nicht mehr gegeben ist.

Eine solche, auf die Objektrelevanz bezogene Entwicklung bzw. Verschiebung ist natürlich schicht- und gruppenspezifisch zu werten. Wenn etwa die angeführte Befriedigung materieller monastischer Grundbedürfnisse des 12. Jahrhunderts in der Folgezeit keine bedeutende Rolle mehr spielt, so können die dabei relevant gewesenen Objekte bzw. Objektgruppen im Rahmen von Seelenheilstiftungen an andere Schichten oder soziale Gruppen der Gesellschaft sehr wohl relevant werden bzw. bleiben. Im gegebenen Fall ist es etwa die breite Palette der Armen, deren existentielle Grundbedürfnisse durch ein ähnliches Objektspektrum im Rahmen von Seelgerätstiftungen befriedigt werden. Wieder sind es konzentriert (billiges, graues oder schwarzes) Tuch (z. B. das Bahrtuch des Stifters) oder Grundnahrungsmittel (z. B. Brot und Wein), die in größerer Zahl neben Geldspenden auftreten[20].

Dies muß jedoch keinesfalls bedeuten, daß Armenspenden allein auf die Befriedigung der existentiellen Grundbedürfnisse ausgerichtet sind. Im Rahmen eines, in diesem Fall etwa auch mit Hilfe der bildlichen Überlieferung untermauerbaren Angemessenheitsspektrums[21] ist der Außergewöhnlichkeit einer Situation, die über die Befriedigung der

---

[18] Ebd. 166–196.

[19] Vgl. z. B. Hermann Watzl, Über Pitanzen und Reichnisse für den Konvent des Klosters Heiligenkreuz 1431. In: Analecta Cisterciensia XXXIV (1978) 40–147; Jaritz, Seelenheil und Sachkultur 75.

[20] Vgl. Gerhard Jaritz, Die realienkundliche Aussage der sogenannten "Wiener Testamentsbücher". In: Das Leben in der Stadt des Spätmittelalters (Veröffentlichungen des Instituts für mittelalterliche Realienkunde Österreichs 2 = Sb. Ak. Wien, phil.-hist. Klasse 325) 2. Aufl., Wien 1980, 187 f.

[21] Vgl. z. B. die Szene der Armen- und Krankenfürsorge durch die Hl. Elisabeth des Meisters des Laufener Nothelferaltars, Salzburg, um 1500. Laufen, Pfarrkirche;

Grundbedürfnisse hinausgeht, ein Platz eingeräumt. Ein typisches, in diese Richtung weisendes Beispiel vermittelt eine testamentarische Stiftung von 10 Pfund durch einen Wiener Bürger im Jahr 1396:[22] *[...] davon sol man haben sechczig armew mensch und dieselben sullen gen zu ốpher yeds mit aynem phenning. Darnach sol man die armen lewt zů haws weysen und sol sew zu tysch ausrichten mit dreyn ezzen und sullen ymer vyrew siczen zu ayner schuzzel und fůr das erst ezzen sol man geben zu yeder schuzzel ayn hůenn, fůr das ander ezzen ein gůt chrawt, fůr das dryt ezzen ein gut gemůes; dann nach tysch soll man geben yedem aynen phenning.* Nicht nur die Art der Speisung, sondern vor allem auch das gereichte Huhn zeigen hier deutlich das Bestreben, ein 'Fest' für Arme zu inszenieren, das erinnerungsprägend wirkt und damit die Mittlerfunktion der Bestifteten in bezug auf die Erlangung ewigen Seelenheils des Stifters verstärken soll. In ähnliche Richtung sind etwa zum Teil auch die großen Armenausspeisungen mittelalterlicher Klöster zu Gründungs- oder Patronatstagen zu intepretieren[23].

Eine 'Umkehrentwicklung' in bezug auf bestimmte Objekte, nämlich vom Grundbedürfnis einer 'niedrigeren' Schicht zu jenem einer 'höheren', welche eigentlich bereits längst aufgehört hatte bzw. haben sollte, sich mit derartigen Problemen des Grundbedarfs im Rahmen der Versorgung zu beschäftigen, vermittelt ein Beispiel aus dem Wiener Schottenkloster des 16. Jahrhunderts, neuerlich allerdings einen 'Einzelfall' darstellend. Eine früher verfügte Armenspende wird gleichsam – mit Hilfe eines Legitimationsversuches – auf die monastische Kommunität umgelegt. Zu der in der Memorialüberlieferung angeführten Armenspende von *1 florenus pro carnibus et panibus pauperibus distribuendis* wird ergänzt: *Sed nunc sacristanus totum recipit pro conventu, quia etiam et nos monachi pauperes sumus in domino [...]*[24].

II.2. Das gestiftete Objekt und das Phänomen der 'Nicht-Alltäglichkeit'

In bezug auf Quellen bestifteter Institutionen muß natürlich grundsätzlich das Phänomen der Erwähnungswürdigkeit der erhaltenen Objekte und damit wohl auch der Stifter berücksichtigt werden. Es erscheint klar, daß in vielen Fällen nur 'Nicht-Alltägliches' Aufnahme findet, was

abgebildet bei Helmut Hundsbichler, Wohnen. In: Kühnel, Alltag im Spätmittelalter 254, Abb. 308.

[22] Wilhelm Brauneder – Gerhard Jaritz (Hrsg.), Die Wiener Stadtbücher 1395–1430, Teil 1: 1395–1400 (Fontes Rerum Austriacarum III/10, 1) Wien 1989, 71 f., n. 85; vgl. Jaritz, Die realienkundliche Aussage 188.

[23] Vgl. Hanns Koren, Die Spende. Graz–Wien–Köln 1954, passim.

[24] MGH Necr V, 307; vgl. Jaritz, Seelenheil und Sachkultur 77.

jedoch keinesfalls bedeuten kann, daß 'Alltägliches' bzw. 'Gewöhnliches' nicht gestiftet wurde[25].

Sind Stiftungsobjekte zur 'Alltäglichkeit' für die bedachte Institution oder Personengruppe geworden, verlieren sie ihre Funktion des Aufmerksam-Machens und der Besonderheit. Weitere solche Verfügungen erscheinen daher – zumindest für jene Gruppe von Stiftern, welche die finanziell-wirtschaftlichen Möglichkeiten besitzt – eher sinnlos. Nur in Ausnahmesituationen, wie dem oben angeführten 'Einzelfall' des Wiener Schottenklosters im 16. Jahrhundert, kann eine Art von Rückkehr zu früheren Verhältnissen nötig werden. Die Regel ist dies sicher nicht.

Wenn etwa im Nahrungswesen auf die Befriedigung der Grundbedürfnisse die Stiftung der Verbesserung der Alltagskost folgt und diese im Laufe der Zeit durch ihre große Zahl zur 'Alltäglichkeit' geworden ist, wird neuerlich nach 'Ersatz' gesucht. Dieser könnte im gleichen Objektgruppenbereich liegen, braucht es jedoch nicht, vor allem wenn dabei nur mehr ein begrenzter Spielraum offen ist, der 'Besonderes' enthält bzw. bietet. Gerade für das Feld des Nahrungswesens zeigt sich nach der 'Übersättigung' durch Pitanzen eine markante Verminderung der Anzahl von Stiftungen. Es bleibt – wie oben angeführt – die, wenn auch mitunter breit zu fassende Gruppe der Armen als Rezipientenkreis: Arme, Hausarme, Arme im Spital, arme Priester, arme Schüler etc. Es bleiben Möglichkeiten zur Stiftung gewisser einzelner Objekte mit dem klaren Flair des Nicht-Alltäglichen: 'drei Schachteln Konfekt' oder 'Ingwer im Wert von zwei Pfund', wie sie etwa im Anniversarienverzeichnis des Wiener Schottenklosters für das 15. Jahrhundert auftreten[26]. Gleiches gilt natürlich für außergewöhnliche Kleidungsstücke, für besondere Möbel etc. Von mitunter entscheidender Rolle erscheint der auf das Stiftungsobjekt bezogene Superlativ: das beste Kleid, der beste Wein, der größte Becher u. a. m.[27]

Das kann allerdings – um es nochmals zu betonen – nicht heißen, daß 'Gewöhnliches' bzw. 'Gewöhnlich Gewordenes' völlig verschwindet. Was sicherlich eklatant sinkt, ist dessen Relevanzbewertung durch die

[25] Dabei ist zu berücksichtigen, daß wohl für einen breiten Kreis von Stiftern 'niederer' sozialer und wirtschaftlicher Stellung solche Objekte, die für die bestiftete Institution absolut keine Besonderheit bedeuteten, durchaus Außergewöhnliches darstellen konnten. Vgl. unten die genannte Nonnberger Quelle mit deutlich anderer Funktion als die Memorialüberlieferung (S. 24). In ihrer wohl auf Vollständigkeit ausgerichteten Konzeption beinhaltet sie dadurch auch eine große Anzahl von augenscheinlich üblicherweise für eine Nennung zu 'minder' erachteten Objekten.

[26] MGH Necr V, 315. Ebenda tritt allerdings auch eine Stiftung von 'Butter und Käse' auf. Vgl. dazu auch Jaritz, Seelenheil und Sachkultur 73 f.

[27] Vgl. Jaritz, Seelenheil und Sachkultur 68.

Empfänger der Stiftung und damit auch die 'Notwendigkeit' bzw. das Bedürfnis nach einer schriftlichen Niederlegung durch dieselben. In Testamenten dagegen, welche die Seite des Vergebenden repräsentieren, finden wir häufiger manches 'Gewöhnliche': z. B. *10 meczen mel, ain tesen mit honig und ain emperl smalcz*, gestiftet 1461 an das Augustinereremitenkloster in Klosterneuburg[28]. Darüber hinaus ist jene wohl große Zahl von Fällen immer in die Überlegungen mit einzubeziehen, zu denen auf Grund des geringen Wertes des gestifteten Objektes mehr oder weniger grundsätzlich überhaupt keine schriftlichen Aufzeichnungen nötig erschienen.

Wenn im gleichen Objektgruppenbereich keine Möglichkeit mehr besteht, 'Nicht-Alltäglichkeit' zu präsentieren, so wird im Regelfall wohl ein Ausweichen auf andere Objektgruppen die Folge sein. Eine Untersuchung der Memorialüberlieferung mit einer größeren Anzahl von Stiftungsvermerken aus dem 15. Jahrhundert zeigt recht deutlich den eingeschlagenen Weg auf. Es findet sich ein markanter Schwerpunkt im Bereich des bereits oben angeführten weiten Feldes der 'Gotteszierde', was sich vor allem in vermehrter Stiftung von (wertvollem) liturgischem Gerät – Kelch, Monstranz, Meßgewand etc. – bzw. in größerer Konzentration auf die Stiftung von Kirchenausstattung äußert [vgl. Graphik 4 (Zisterze Engelszell) und 5 (Schottenstift, Wien)].

Wenn wir daher – für den monastischen Bereich und dies auf Grund der relativ geringen Quellenbasis natürlich nur grob – von Schwerpunkten im Rahmen der Objektstiftungen im chronologischen Ablauf sprechen wollen, so können wir für den behandelten Raum die These äußern, daß das 12. Jahrhundert (natürlich im Zusammenhang mit einer größeren Zahl von klösterlichen Neugründungen) als Zeitraum der durch Stiftung befriedigten 'Grundbedürfnisse' im Rahmen des Kleidungs- und Nahrungswesens anzusehen ist, das 13. und 14. Jahrhundert als die 'Pitanzen-Zeit' und das 15. Jahrhundert als Periode der Vermehrung der 'Gotteszierde' durch starkes Engagement von Stiftern und Bestifteten für die Vergrößerung des Bestandes an liturgischem Gerät und an Kirchenausstattung. Diese These geht allerdings vor allem aus von der Überlieferung der Bestifteten und spiegelt daher vorrangig deren Interessen wider.

Gerade liturgische Geräte repräsentieren meist auch beträchtlichen ökonomischen Wert, der von Dauerhaftigkeit gekennzeichnet ist. Der Wertanlagefaktor spielt neben dem Moment der 'Gotteszierde' sicherlich eine entscheidende Rolle.

In jener Zeit des 15. Jahrhunderts zeigt sich gleichzeitig auch ein deutliches und gesteigertes Interesse der monastischen Stiftungsempfän-

---

[28] Stadtarchiv Korneuburg, Hs. 3/160, fol. 88r.

ger – und nicht allein dieser – am Erwerb 'weltlichen Luxusgeräts' (Silberbecher, Pokale, Schalen etc., bis zur *nux mistica deargentata et auro amicta*[29]], das nicht nur neuerlich als Wertanlage dienen kann, sondern gleichzeitig auch im Rahmen einer vermehrten Öffnung der Klöster zu Welt und damit größeren 'Öffentlichkeit' der Gemeinschaft als profanes Repräsentationsmittel eingesetzt wird. Inventare und Rechnungsbücher klösterlicher Kommunitäten des 15. Jahrhundert beweisen jene aus der Stiftungsüberlieferung zu erkennende Situation recht deutlich. Die *mensa abbatis* vieler Gemeinschaften ist reich an weltlichem Repräsentations- und 'Prunkgerät'[30]. Eine solche Stiftung ist zwar ein einziger, im Vergleich etwa zur Pitanz nicht regelmäßig 'wiederholter' Stiftungsakt. Ihre Wirkung bzw. ihr Resultat ist jedoch in starkem Maße auf Dauerhaftigkeit angelegt. Das Repräsentationsstück kann auf lange Zeiten hin sowohl für eine Identifikation mit dem Stifter als auch mit der empfangenden Kommunität dienen.

II.3. Das gestiftete Objekt und das Phänomen der 'Alltäglichkeit'

Als Alltagsobjekte zu bewertende Stiftungsgüter sind – wie oben ausgeführt – selten, zumindest in der schriftlichen Überlieferung von bestifteten Institutionen. Mitunter scheinen sie allerdings dort aufzutreten, wo der Zweck der Stiftung nicht in der direkten Weiterverwendung des Objektes liegt, sondern in dessen Umsetzung in – wenn auch geringe – Barmittel. Eine diesbezügliche, wohl gesteuerte Stiftungskampagne, die gleichsam j e d e m, auch dem finanziell Schwächeren, die Möglichkeit zur Vergabe *ad pias causas* ermöglicht, ist etwa im Zusammenhang mit der Bautätigkeit am Benediktinerinnenstift Nonnberg in Salzburg in der zweiten Hälfte des 15. Jahrhunderts zu finden. Die im Einnahmenverzeichnis *zu dem paw und gotshaws* (1460–1508)[31] genannten und meist durch Verkauf zu Bargeld gemachten Stiftungsobjekte haben häufig relativ geringen Wert. Der Schleier, der 85 Pfennig einbringt, das 'Badepfait', aus welchem man einen Erlös von 3 Schilling erreicht, oder der braune Rock, für den man 4 Schilling erhält, sind typische Gegenstände, die allein in solchen und ähnlichen Stiftungszusammenhängen von Relevanz bzw. einer schriftlichen Niederlegung wert erscheinen. Als di-

---

29 Necrologium Fuerstencellense. In: MGH Necr IV, 122.

30 Vgl. Gerhard Jaritz, Zur Sachkultur österreichischer Klöster im Spätmittelalter. In: Klösterliche Sachkultur des Spätmittelalters (Veröffentlichungen des Instituts für mittelalterliche Realienkunde Österreichs 3 = Sb. Ak. Wien, phil.-hist. Klasse 367) Wien 1980, 158; ders., Seelenheil und Sachkultur 71 ff.

31 Vgl. die allein die Objektstiftungen berücksichtigende Teiledition bei Jaritz, Seelenheil und Sachkultur 78–81.

rekt weiter verwendbare Objekte sind sie für die empfangende Kommunität mehr oder minder wertlos; innerhalb einer 'Stiftungskampagne' stellen sie allerdings auch für den minderbemittelten Vergebenden die Möglichkeit des direkten Engagements dar und bringen gleichzeitig durch ihre Quantität für den angeführten Zweck des Empfängers Nutzen.

Was sich dabei – leicht verständlich – etwa im Vergleich zur Memorialüberlieferung als völlig anders darstellt, ist die auf Objektgruppen bezogene Anteilsaufschlüsselung (vgl. Graphik 6). Die augenscheinlich leicht veräußerbaren Objektgruppen von Kleidung und Schmuck dominieren. Erstere Gruppe besitzt gleichsam auch 'jeder', der eine Stiftung durchzuführen beabsichtigt. Daneben tritt allein das direkter (Weiter)Verwendung zuzuführende Kirchengerät auf.

III. Zur Einheitlichkeit der Phänomene

Die oben angeführten Bemerkungen mögen den Eindruck entstehen lassen, daß trotz unterschiedlichster betroffener Kommunitäten, sozialer Gruppen und auch Objekte relative Einheitlichkeit in der Entwicklung anzunehmen ist. Wenn auch gewisse allgemeinere Trends nachweisbar bzw. anzunehmen sind, so kann jedoch keinesfalls von einer tatsächlichen generellen 'Einheitlichkeit' der Entwicklung im behandelten Zeitraum gesprochen werden. Vielmehr lassen sich mannigfache Unterschiede feststellen, welche allerdings mitunter andere, allgemeinere Tendenzen nur in geringem Maße beeinflussen. Einige Beispiele seien herausgegriffen.

Betrachtet man etwa die Gruppenverteilung gestifteter Objekte im oberösterreichischen Kollegiatsstift Spital/Pyhrn auf der Basis der Memorialüberlieferung der zweiten Hälfte des 15. Jahrhunderts (s. Graphik 7), so ergibt sich neuerlich ein völlig unterschiedliches Bild im Vergleich zu den anderen präsentierten Situationen. Mehr als die Hälfte der genannten Stiftungsobjekte sind Bücher, daneben spielen liturgisches Gerät sowie Bettzeug eine wichtige Rolle[32]. Die Divergenz wird klar, wenn man sich dem stiftenden Personenkreis widmet, der in der überwiegenden Mehrzahl aus Kanonikern der eigenen Kommunität besteht. Im Rahmen der letztwilligen Verfügungen von Geistlichen spielen Bücher und liturgisches Gerät prinzipiell eine entscheidende Rolle[33]. Daneben weist gerade das Bettzeug auf einen durchaus üblichen Teil

[32] Vgl. Jaritz, Seelenheil und Sachkultur 67; der Unterschied zu den dort angegebenen Prozentzahlen ergibt sich aus dem Faktum, daß von der Zahl der Objekte ausgegangen wurde, während hier die Zahl der Stiftungen die Basis darstellt.

[33] Vgl. z. B. auch Paul Uiblein (Bearb.), Mittelalterliche Bibliothekskataloge Österreichs. Nachtrag zu Band I: Niederösterreich: Bücherverzeichnisse in Korneuburger, Tullner und Wiener Neustädter Testamenten. Wien–Köln–Graz 1969.

des Eigenbesitzes von Kollegiatsherren und Kanonikern innerhalb ihrer Kommunität hin[34].

Ein ähnliches abweichendes Beispiel kann für die Augustinerchorherren von Neustift in Südtirol genannt werden (s. Graphik 8). Neuerlich ist die Dominanz von Büchern auf den relativ großen Anteil von stiftenden Geistlichen zurückzuführen. Daneben auftretendes Kirchengerät und profanes Repräsentationsgerät sind für die zweite Hälfte des 15. Jahrhunderts allgemein Usus. Der relativ große Anteil von Lebensmittelstiftungen bezieht sich in diesem Fall nicht auf die 'kleine' Vergabe von Nahrungsmitteln, sondern auf relativ umfassendere 'Großstiftungen', deren Grund und Funktion noch genauer zu klären wäre.

Eklatante Uneinheitlichkeiten ergeben sich natürlich dann, wenn sich eine Kommunität oder Gruppe gegen die allgemein übliche Stiftungspraxis wendet. Dies gilt etwa im besonderen für den Kartäuserorden. Gerade aus dem österreichischen Raum sind einige solcher Beispiele für den Bereich des Pitanzenwesens überliefert. Der Orden wendet sich strikt gegen die von außen gestiftete Pitanz. Die Gründung der niederösterreichischen Kartausen Mauerbach (1316) und Gaming (1330) fällt allerdings genau in jenen Zeitraum, in welchem allgemein die Blüte des Pitanzenwesens nachweisbar ist. Mit dieser Situation haben dann augenscheinlich die Stifter mehr Probleme als die Kartäuser[35]. Sowohl in Stiftungsurkunden für Mauerbach als auch für Gaming findet sich die Vergabe von Pitanzen. Inwieweit hier bei den Stiftern simple Unwissenheit über die vom Usus abweichenden Gewohnheiten der Kartäuser herrschte, kann nicht belegt werden. Die Annahme scheint jedoch zumindest möglich. Daß im Kartäuserorden damit Anstoß erregt werden mußte, ist offensichtlich. Jedenfalls wird in den Gaminger Bestätigungen der Stiftungsurkunde von 1352 und 1359 der neue, einschränkende Passus hinzugefügt *secundum decentiam status sui ordinis* bzw. *nach der zimlichkeit des wesens ihrs ordens.* Im Falle Mauerbachs wendet sich eine 1342 durchgeführte Visitation mit wohl eindeutiger Anspielung auf die Pitanzen gegen besondere Speisen im irdischen Lebens der Kartäuser: *[...] neve ita in praesentis saeculi prandio comedant, ut in coena futura caeteris epulantibus ipsi jejunare compellantur* – Speise im irdischen Leben könnte Fastenzwang im ewigen Leben nach sich ziehen.

Eine andere Situation ergibt sich etwa dann, wenn bestiftete 'junge' Kommunitäten gleichsam einen 'Nachholbedarf' gegenüber 'alten' Gemeinschaften haben. So ergab etwa eine grobe Durchsicht von vorran-

---

[34] Vgl. z. B. Jaritz, Zur Sachkultur österreichischer Klöster 163.

[35] Vgl. dazu und zum Folgenden Gerhard Jaritz, Zur Sachkultur niederösterreichischer Kartausen im späten Mittelalter. In: Die Kartäuser in Österreich 3 (Analecta Cartusiana 83) Salzburg 1981, 24 f.

gig dem deutschen Bereich entstammendem Quellenmaterial, daß Pitanzstiftungen für die franziskanische Ordensfamilie im 15. Jahrhundert noch eine beträchtliche Rolle spielen, während in anderen Ordensgemeinschaften bereits die 'Übersättigung' und das daraus resultierende Abflauen eingetreten waren[36]. Daneben ist grundsätzlich auf die durch eine schlechte Quellenlage nur schwer verifizierbare Möglichkeit zu verweisen, daß bei Bettelordensklöstern die Befriedigung tatsächlicher Grundbedürfnisse im Rahmen von Stiftungen weitaus stärker erhalten blieb[37].

Einen weiten Bereich von – zum Großteil erst systematisch zu erarbeitenden – Verschiedenartigkeiten im Rahmen der hier behandelten Stiftungsgewohnheiten *ad pias causas* kann die testamentarische Überlieferung – im besonderen des 15. Jahrhunderts – vermitteln. In diesem Bereich ist die Forschung allerdings über Ansätze zu einer genauen und umfassenderen Untersuchung und Interpretation noch nicht hinausgekommen. Es ist jedoch anzumerken, daß für verschiedene Gruppen von Stiftern unterschiedliche Objektstiftungspraxis konkret nachgewiesen bzw. angenommen werden kann.

Die Stiftungen Geistlicher stimmen mit den oben angeführten Bemerkungen zur Situation in der Memorialüberlieferung überein. Hinsichtlich religiöser Bücher und Kirchengerät nehmen dieselben eine eindeutige Vorrangstellung ein[38]. Weitaus schwieriger erweist sich die Feststellung signifikanter Unterschiede im Fahrhabe-Stiftungsverhalten von finanziell Starken und jenem von minder Bemittelten, da etwa gerade für die wirtschaftlich Schwächeren die Fahrhabe eine bedeutendere Rolle als Stiftungsgut spielen kann, was dann auch detailliertere Aufzählung mit sich bringt. Dagegen kann beim wirtschaftlich Potenten die Relevanz der Fahrhabe gegenüber liegendem Gut und Geld in so starkem Maße zurücktreten, daß ihm die Fahrhabe überhaupt keiner oder keiner detaillierten Erwähnung und Aufschlüsselung würdig erscheint.

Ähnliche Probleme können sich etwa im Vergleich zwischen Adel und Bürgertum ergeben, wozu noch hinzutritt, daß aus dem bürgerlichen Bereich zumindest für das (14./)15. Jahrhundert häufiger lange Reihen von letztwilligen Verfügungen erhalten, während für den Adel oft nur Einzelstücke überliefert sind, was einen legitimen Vergleich erschwert bzw. zum Teil wohl unmöglich macht.

Im Vergleich der Verfügungen von Frauen und Männern lassen sich

---

[36] Vgl. Gerhard Jaritz, Zur Sachkultur in den franziskanischen Orden des Spätmittelalters. In: 800 Jahre Franz von Assisi. Franziskanische Kunst und Kultur des Mittelalters (Katalog des Niederösterreichischen Landesmuseums 122) Wien 1982, 363.

[37] Vgl. z. B. die Kuttenstiftung im Anhang S. 31.

[38] Vgl. Anm. 33.

dagegen gewisse Schwerpunktunterschiede herausarbeiten, die für gestiftete Objekte ähnlichen Mustern folgen wie die allgemeine Testamentspraxis. Dabei steht – für das 15. Jahrhundert im österreichischen Raum – die Frau in relativ führender Position in bezug auf Vererbung von Kleidern und Textilien, während der Mann seine entscheidendere Funktion im Rahmen der Vererbung des genannten Repräsentationsgerätes einnimmt[39].

IV. Grade der Öffentlichkeit

Durch religiöse Stiftungen können völlig unterschiedliche Öffentlichkeiten betroffen sein. Die Rezipienten einer Pitanzstiftung in einer monastischen Kommunität haben diesbezüglich einen anderen Stellenwert als etwa die direkten und indirekten Rezipienten bzw. Partizipierenden an einem im Gotteshaus an allgemein wahrnehmbarer Stelle angebrachten Stifterbild oder auch als die direkt bzw. indirekt an der Stiftung einer Monstranz Teilhabenden, welche einmal im Jahr, etwa zu Fronleichnam, von einem 'Depot' in eine breite Öffentlichkeit transferiert wird. Im ersten Fall ist allein die 'Öffentlichkeit' der klösterlichen Gemeinschaft betroffen, im zweiten sind es zumindest theoretisch alle Kirchen- bzw. Prozessionsbesucher. Dies braucht allerdings keinesfalls zu bedeuten, daß die Wirkung der Masse gegenüber der Wirkung weniger, aber 'Auserwählter' als größer angesehen werden muß(te).

Mit der feststellbaren quantitativen Steigerung von liturgischen Geräte-Stiftungen, aber auch von Vergabungen profanen Edelmetallgerätes *ad pias causas* partizipiert eine größere Öffentlichkeit – zumindest indirekt – an den Stiftungsgütern. Aus der erhaltenen schriftlichen Quellensituation ist hier das 15. Jahrhundert als ein von verschiedenen Ebenen her erreichter Kulminationspunkt anzusehen. Die in größerer Privatheit stattfindende Rezeption bzw. der darauf folgende 'Genuß' des Stiftungsgutes im engeren Kreis (= z. B. Pitanz; monastische Kleidung) tritt eher in den Hintergrund. Mit jener Verlagerung in eine breitere Öffentlichkeit können natürlich auch die Gefahren von Mißverständnis und Mißinterpretation sowie von Konkurrenzkämpfen im Kreis von Stiftern aber auch von Stiftungsempfängern entstehen bzw. gefördert werden, besonders dann, wenn man im Rahmen dieser Entwicklung gleichsam "aufs Vorzeigen bedacht" (geworden) ist[40]. Religiöser und profaner Bereich sind einander (noch) näher gekommen. Entsprechende nor-

[39] Vgl. Gerhard Jaritz, Österreichische Bürgertestamente als Quelle zur Erforschung städtischer Lebensformen des Spätmittelalters. In: Jahrbuch für Geschichte des Feudalismus 8 (1984) 255. Vgl. auch Baur, Testament und Bürgerschaft 222 f.

[40] Vgl. Ulman Weiß, Die frommen Bürger von Erfurt. Die Stadt und ihre Kirche im Spätmittelalter und in der Reformationszeit. Weimar 1988, 71.

mative Einschränkungen durch städtische Obrigkeiten oder auch diesbezügliche Klagen von Stiftungsempfängern lassen sich nachweisen[41].

V. "Auf ewige Zeiten" contra Einmaligkeit

Stiftungen, die auf 'ewiges Gedenken' hin ausgerichtet sind, können dann als effektiver bewertet werden, wenn auch das Stiftungsobjekt auf 'ewig' der bedachten Institution verbleibt und damit 'ewig' an die übernommene Gebetsverpflichtung erinnert.

Jenes 'ewige' Gedenken oder der 'ewige' Jahrtag für den Stifter können in Konnex stehen mit einer einmaligen Objektleistung desselben oder einer wiederholt zu reichenden Leistung, mit einer einmaligen bzw. kurzfristigen Wirkung des materiellen Stiftungsgutes oder mit wiederholter bis zu 'dauernder' Wirkung. Jene Dauer steht natürlich wieder in engem Konnex mit der Bedürfnisstruktur. Und es ist daher in Verbindung mit einer allgemeinen Steigerung des Lebensstandards zumindest in bezug auf die Ernährung in klösterlichen Gemeinschaften zu begründen, daß nach dem Abflauen und der Beendigung von neuen Pitanzstiftungen im 15. Jahrhundert auch eine mitunter nachzuweisende massive Reduktion der bereits bestehenden Sonderspeisenreichungen eintritt. Die Entwicklung hatte das Besondere 'eingeholt'; augenscheinlich war der Unterschied von 'Normalkost' und Pitanz in Auflösung begriffen. So finden sich etwa in der steirischen Zisterze Rein im Jahre 1390 61 Extraspeisenreichungen verzeichnet, im Jahre 1450 dagegen nur mehr 26[42].

Im allgemeinen kann betont werden, daß sich im Rahmen der Veränderung der Stiftungsobjekte ein Trend zu jener 'Dauerhaftigkeit' der Ge-

[41] Vgl. z. B. das Nürnberger Verbot prunkvoller Totenschilde zu Ende des 15. Jahrhunderts; teilweise Wiedergabe nach Joseph Baader, Nürnberger Polizeiordnungen aus dem XIII bis XV Jahrhundert (Bibliothek des litterarischen Vereins in Stuttgart LXIII) Stuttgart 1861 (Neudruck Amsterdam 1966) 113 f., bei Elisabeth Vavra, Pro remedio animae – Motivation oder leere Formel, in diesem Band S. 127 und 141 f. In bezug auf Klagen vgl. z. B. die zwei bekannten Augsburger Überlieferungen: Eine Fuggerin stiftet 1517 dem Katharinenkloster 1000 Gulden, wofür ihr Wappen angebracht werden soll. Die Nonnen werden von Reue erfaßt, da man zur Ansicht gelangen könnte, die Stifterin hätte das gesamte Gotteshaus gestiftet. – Ulrich Arczt stiftet 1465 ein Gemälde für einen Jahrtag zu St. Ulrich, worauf angeblich die Klage aufkommt: "O hätten unsere Vorfahren nicht zugestimmt, hätte jener sein Gemälde behalten! Es ist uns unnütz und paßt nicht zu den Altären. Und die Jahrfeier dauert ewig, die Tafel aber ist vergänglich!" [vgl. I. Schairer, Das religiöse Volksleben am Ausgang des Mittelalters nach Augsburger Quellen (Beiträge zur Kulturgeschichte des Mittelalters und der Renaissance 13) Leipzig–Berlin 1914, 131].

[42] Vgl. Norbert Müller, Seelgerätstiftungen beim Stift Rein. Phil. Diss. Graz 1976, 98; vgl. auch Jaritz, Seelenheil und Sachkultur 75.

genstandswirkung herauszukristallisieren scheint bzw. verstärkt. Nicht nur in der – nach einiger Zeit zum Teil nicht mehr verwirklichten – 'ewigen' Dauer der Pitanz, sondern vor allem dann in der erwünschten 'Dauer'(-Wirkung) der Stiftungen von Kirchengerät und profanem Repräsentationsgerät äußert sich diese Tendenz – natürlich im Konnex mit dem erwähnten höheren Grad an Öffentlichkeit; 'Dauer', die sich auch in vereinzelten dezidierten Anweisungen von Stiftern manifestiert, das vergebene Objekt auf 'ewig' zu behalten bzw. nicht zu zerstören oder umzuarbeiten: *Anno domini 1403 [...] ob. Gueta Chamerawerin, hat her zw dem convent geben die schön perlein tafel mit dem häftlein, und sand Vrsula ein silbreins hawpp, und ein silbrans krewtzel, da stet Maria und Iohannes unter; das schol mon nit zeprechen; [...]*[43].

VI. Objekt – Mensch – Situation – Handlung

Bloß einige Hinweise, Anregungen und Thesen konnten geboten werden. Für die Lösungen mancher aufgeworfener Fragen ist noch ein langer Weg zu gehen. Solche Lösungen können auch nur gefunden werden, indem die vielfältigen Verbindungen zwischen Objekt, Mensch, Situation und Handlung berücksichtigt werden. Nur mit Hilfe dauernden Hinterfragens von Bedürfnissen, Notwendigkeiten, Angemessenheiten und deren Verwirklichung(smöglichkeiten) kann die Auseinandersetzung mit dem erhaltenen Quellenbestand und seiner Aussage stattfinden.

Vor allem muß jedoch neuerlich konstatiert werden, daß eine umfassendere Untersuchung der Entwicklung und Veränderung der materiellen Kultur des Mittelalters keinesfalls ohne eine vertiefte und systematische Berücksichtigung des Bereiches der religiösen Objektstiftungen erfolgen kann.

---

43 *Necrologium Saeldentalense.* In: MGH Necr IV, 522. Vgl. etwa auch die Stiftung eines Silberbechers zu einem Reliquiar, welches *ewigkleich* in der Pfarrkirche bleiben soll, im Anhang des vorliegenden Beitrages, S. 30.

ANHANG:

Testament des Caspar Strasser, Bürger von Korneuburg (Niederösterreich), von 1464 II 26 (Korneuburg, Stadtarchiv, Hs. 3/160, fol. 102v–104v). Der Auszug aus der letztwilligen Verfügung beschränkt sich vorwiegend – abgesehen von der Anfangspassage – auf die Stiftungen von Fahrhabe-Objekten *ad pias causas*:[44]

Vermerkcht das gescheft so ich Caspar Strasser burger zu Kornnewnburg mit guter vernu[n]ft tan hab und wil daz das erst noch meinem tod stet und unczebrochen beleiben soll, ausgericht und volbracht werde, als das artiklweis hernach geschriben stet. Beschehen an montag nach Reminiscere in der vasten anno domini etc. lxiiii°.

Von erst so schaf ich das man mich erberlich und kristenleich zu der erd bestatten und mit ersten, sibennden und dreissigsten nach gewonhait der pharkirchen begeen sol.

Von erst so schaff ich tausent mess von stund an nach meinem tod auszerichten und ze sprechen hincz den Predigern, Augustinern, Sand Tybolten und zu den Weissen Bruedern ze Wienn.

Darnach schaf ich in das closter Sannd Augustins orden hie zw Kornneunburg zu ainer ewigen mess auf Unser Lieben Fraun Altar ze lesen all wochen fůniff mess am ersten ain jeuch weingarten [... es folgen weitere Stiftungen von Weingärten]. *So schaff ich zu dem obgenanten altar* [= Marienaltar im Augustinerkloster von Korneuburg] *ain silbrein vergulten kelich mit aller zugehorung und mein roten mantl mit medrein underczogen zu ainem messgwandt, die kursen darunder sol man verkauffen, alben und ander notdurft zu demselben messgwandt darumb kauffen.*

Item so schaff ich in Sand Giligen pharkirchen [zu Korneuburg] *ain ewige mess in die new abseiten ze stifften, das altar dorinn ze pawn, ain newe tauel dorauf ze machen, ain newes messpuch, ain silbrein vergulten kelich mit seiner zugehorung, zwai newe altertůcher und das erst glas bei dem altar, dorinn mein, meiner baiden hausfrawn pildnuss und wappen gemacht sind. Auch schaff ich darczu ain newes weiss damaschkeins messgwandt mit ainem vergulten kreucz.*

[...]

Item zu dem gepaw des spitals hie das ausgezymmert holczwerich vor meinem haws und alles anders mein holczwerich nichts ausgenomen.

Item den geistlichen brudern in das closter hie all tebich und pankchtucher, die zu dem mandat an dem heiligen antlas tag ze prauchen und ze nuczen.

---

[44] Daneben enthält das Testament auch reichliche Seelenheillegate von Geld und liegendem Gut.

Item den geistlichen bruedern Sannd Bernhardins orden zu Klosterneunburg yedem, alsuil der yecz da ist, ain newe kchutten solhs tuchs und varib, als si tragen. Auch schaff ich in zu geben 6 meczen waicz und vier dreiling wein in dem vordern kcheller heroben und nicht in der grueb.

So schaff ich ain vart gen Zelle hincz Vnser Lieben Fraun [= Mariazell] *und dorczu ain news weiss damaschkeins messgwandt mit seiner zugehorung.*

Ain vart gen Sand Wolfgangk [= Sankt Wolfgang am Abersee (Wolfgangsee)] *und dorczu ain newes gemains messgwanndt mit seiner zugehorung bey acht phundten.*

[...]

So schaff ich ain weissen silberpecher mit ainer dekch und plůemen dorauf zu aim heiligtumb in den sagrer Sand Giligen pharkirchen, dabei sol er ewigkleich beleiben.

So schaff ich ain perleins krěnczl und was von andern perlein da ist in Sand Giligen pharkirchen, das man damit ain humeral heft odr zu wew die am fuglichisten gedien můgen.

[...]

So schaff ich den armen durftigen in das spital hie alle meine gemaine pett und in alle pett, was der in dem spital ist, ain news par leilochen und ain newe lembreine dekch.

[...]

Item den armen leutten in das spital hie ain ausgehawten stainen nůesch zu dem prunn daselbs.

[...]

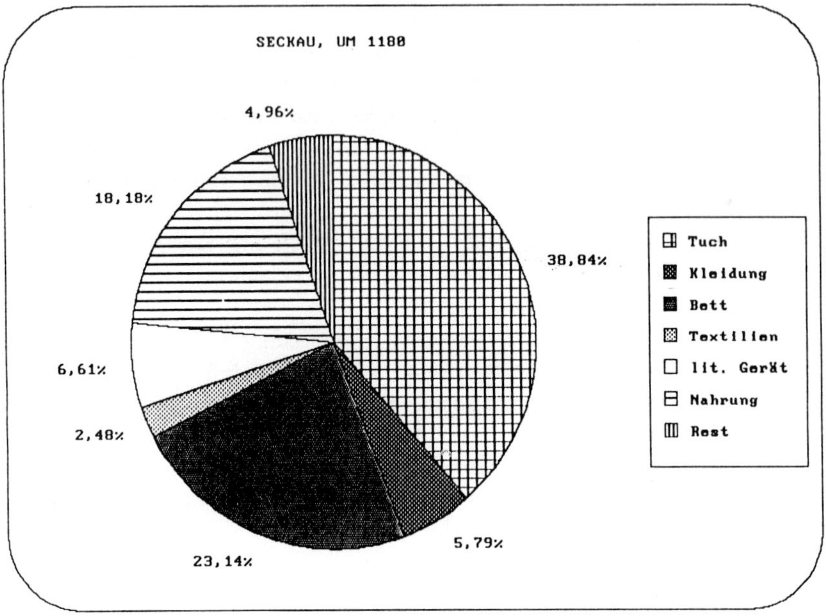

Graphik 1: Objektstiftungen im *Liber confraternitatum Seccoviensis*. In: MGH Necr II, 357–402 (N = 121).

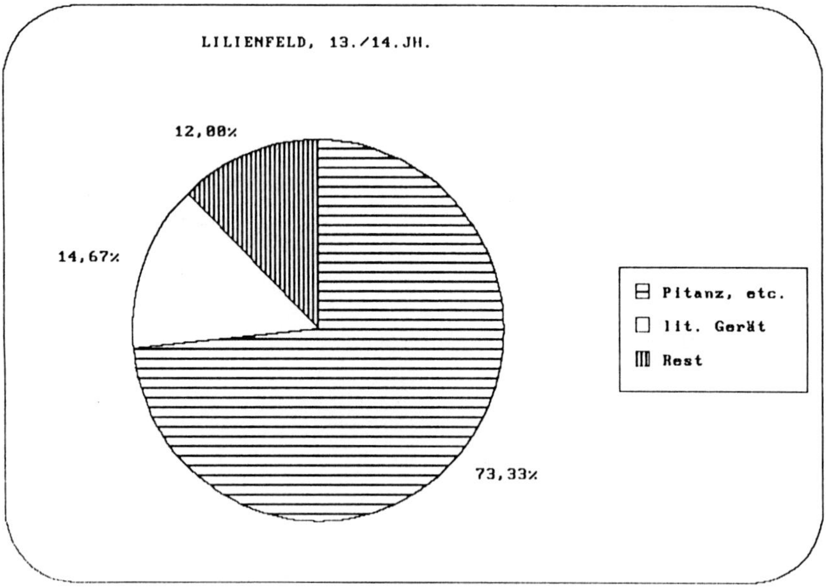

Graphik 2: Objektstiftungen im *Necrologium monasterii Campi Liliorum*. In: MGH Necr V, 368–424 (N = 75).

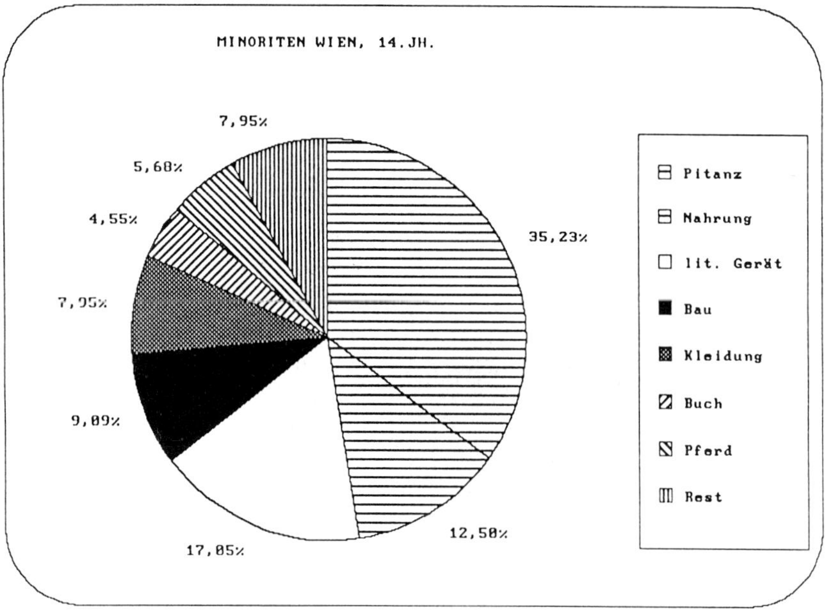

Graphik 3: Objektstiftungen im *Necrologium patrum Minorum ad S. Crucem Vindobonae.* In: MGH Necr V, 166–196 (N = 88).

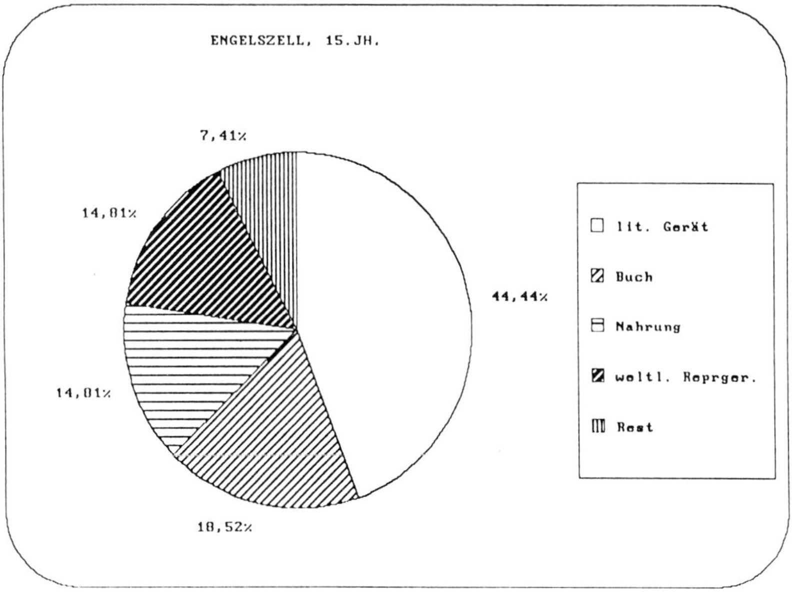

Graphik 4: Objektstiftungen im *Necrologium monasterii Engelscellensis.* In: MGH Necr IV, 239–258 (N = 27).

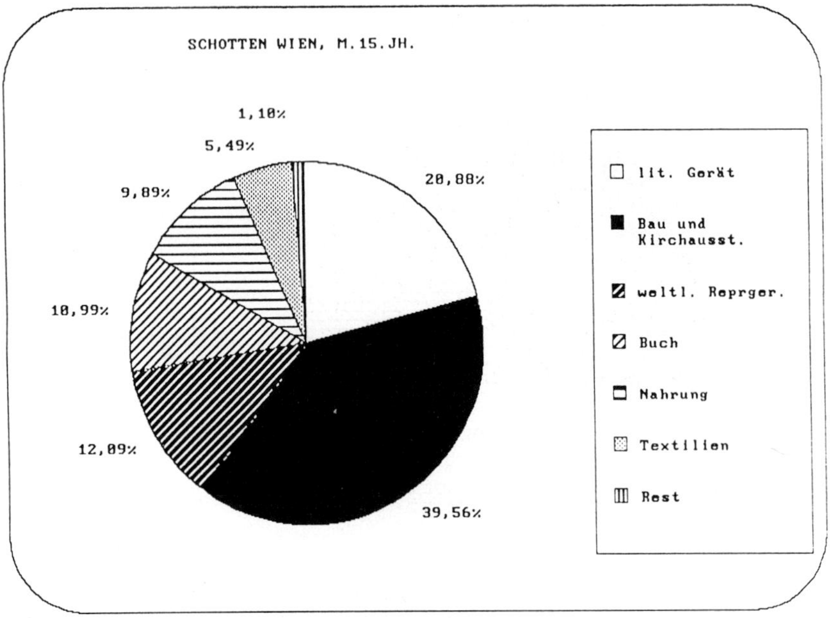

Graphik 5: Objektstiftungen im *Liber oblationum et anniversariorum monasterii Scotorum Vindobonensis*. In: MGH Necr V, 308–318 (N = 91).

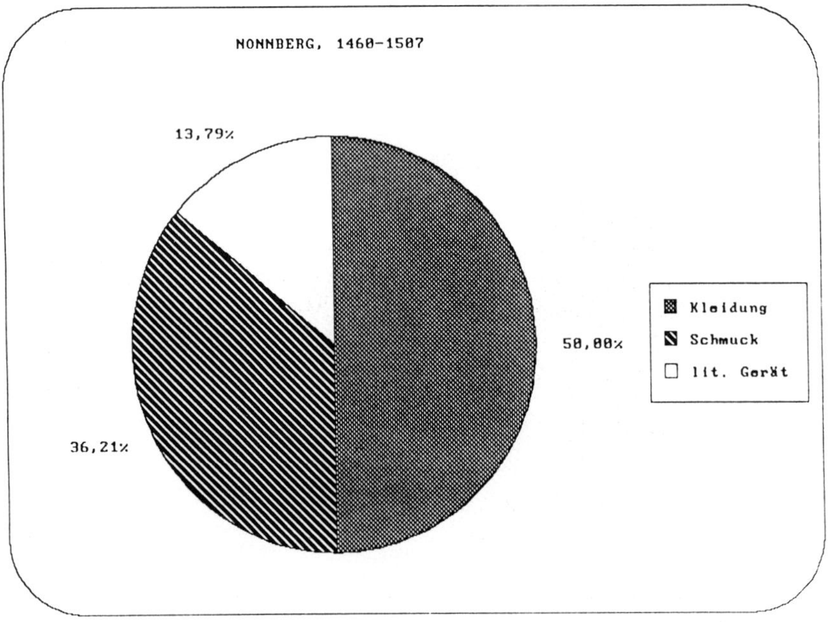

Graphik 6: Objektstiftungen zum Bau und zur Kirche des Benediktinerinnenstiftes Nonnberg in Salzburg. Ediert in: Jaritz, Seelenheil und Sachkultur 78–81 (N = 58).

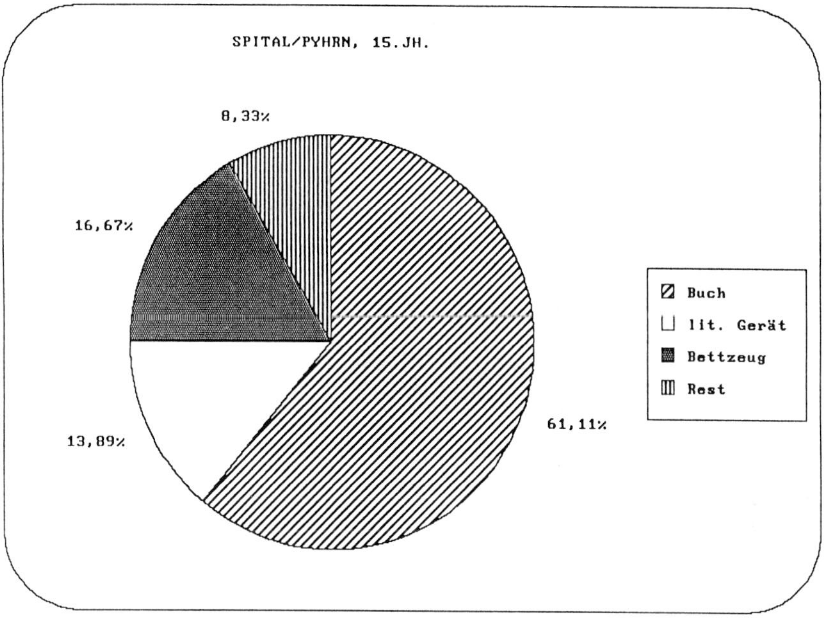

Graphik 7: Objektstiftungen durch Kanoniker des Kollegiatsstiftes Spital/Pyhrn in den *Annales necrologici hospitalis in monte Pirno.* In: MGH Necr IV, 366–374 (N = 40).

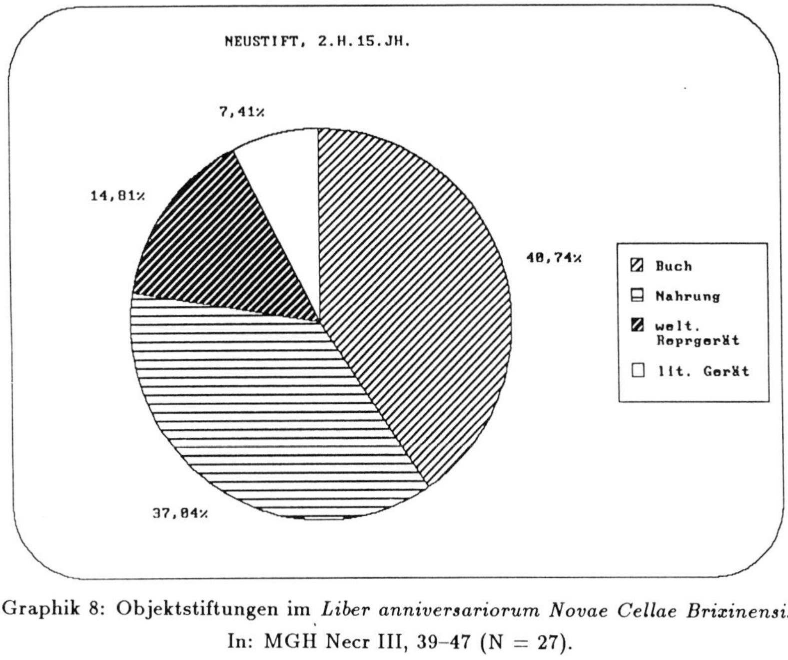

Graphik 8: Objektstiftungen im *Liber anniversariorum Novae Cellae Brixinensis.* In: MGH Necr III, 39–47 (N = 27).

Vom Pfennigalmosen zur Aussteuerstiftung. Materielle Kultur in den Seelgeräten des Augsburger Bürgertums während des Mittelalters*

ROLF KIESSLING

Die Stiftung kann als ein Prinzip für die Religiosität des mittelalterlichen Menschen angesprochen werden. Die Sorge für das eigene Seelenheil auf der Basis guter Werke realisierte sich in vielfältigen Formen, von der rein gottesdienstlichen Fürbitte im Jahrtag und der Ewigmesse über die Ausstattung der Kirchen und Klöster mit Kultgeräten, Altären oder eigenen Kapellen bis zur Komposition umfangreicher Legate, die auch Almosen für die Armen einschlossen. Der zeitgenössische Begriff des *Seelgerätes* ist dabei in den Quellen nicht einem bestimmten Typus von Stiftung zuzuordnen, vielmehr umfaßte er alle Arten, wobei der religiöse Zusammenhang immer mitschwang[1].

Die Analyse dieser Stiftungen am Beispiel einer Einzelstadt läßt freilich auch die Frage stellen, ob und wie sich im Laufe des Mittelalters ein Wandel in der Praxis ergab. Augsburg, eine der großen Städte des Reiches, verfügte als Bischofsstadt zum einen über eine stattliche Anzahl sehr unterschiedlicher Pfarrkirchen, Spitäler, Stifte und Klöster, die ein differenziertes Verhältnis zur realen Erscheinungsform von 'Kirche' ermöglichten. Über die Stiftungen läßt sich sowohl ein allgemeiner Trend wie eine sehr spezifische Zuwendung zu den verschiedenen re-

* Folgende Abkürzungen werden benützt: StAAug = Stadtarchiv Augsburg; US = Urkundensammlung; KWA = Katholisches Wesensarchiv; EWA = Evangelisches Wesensarchiv. StANeuburg = Staatsarchiv Neuburg a.d. Donau (demnächst in Augsburg). BayHStAMünchen = Bayerisches Hauptstaatsarchiv München. – Die Währungsangaben in fl. verstehen sich, soweit nicht anders angegeben, als rheinische Gulden (fl. rh.).

1 Vgl. allgemein zu diesem Zusammenhang Hans Liermann, Handbuch des Stiftungsrechts. Tübingen 1963; Gerhard Jaritz, Seelenheil und Sachkultur. Gedanken zur Beziehung Mensch – Objekt im späten Mittelalter. In: Europäische Sachkultur des Mittelalters (Veröffentlichungen des Instituts für mittelalterliche Realienkunde Österreichs 4 = Sb. Ak. Wien, phil.-hist. Klasse 374) Wien 1980, 57–81.

ligiösen Institutionen aufzeigen[2]. Zum anderen vollzog sich gerade hier die wirtschaftliche Entwicklung zum Typus einer Handels- und Gewerbestadt in verschiedenen Phasen unterschiedlicher Dynamik, der Entfaltung wie der Stagnation, die einen tiefgreifenden Strukturwandel der gesellschaftlichen Wirklichkeit auslösten[3].

Das Phänomen der 'Armut"[4], verstanden als materielle Notsituation, zu deren Überwindung fremde Hilfe erforderlich war, trat in vielgestaltiger Weise zutage: als Bettler und andere vagierende Leute, als Kranke wie Alte in Spitälern und Siechenhäusern, also die 'besoldeten' oder 'festangestellten' Armen[5], aber auch als sog. *Hausarme*, die auf Unterstützung angewiesen waren, und die alle mehr oder weniger gezielt die Objekte der karitativen Fürsorge wurden.

Zu fragen ist deshalb

– zum einen nach den Formen der Stiftungen; weniger den quantitativen als den qualitativen Veränderungen, also nach der Umsetzung des Gedankens der *caritas* im Rahmen der Seelgeräte: Läßt sich an den konkreten Ausformungen auf dem Hintergrund der materiellen Ausstattung erkennen, wie die 'Armut' gesehen wurde?

---

[2] Vgl. neben der älteren Literatur insbesondere I. Schairer, Das religiöse Volksleben am Ausgang des Mittelalters nach Augsburger Quellen (Beiträge zur Kulturgeschichte des Mittelalters und der Renaissance 13) Leipzig–Berlin 1914; Theodor Stark, Die christliche Wohltätigkeit im Mittelalter und in der Reformationszeit in den ostschwäbischen Reichsstädten (Einzelarbeiten aus der Kirchengeschichte Bayerns 4) o. O. 1926; Rolf Kießling, Bürgerliche Gesellschaft und Kirche in Augsburg im Spätmittelalter (Abhandlungen zur Geschichte der Stadt Augsburg 19) Augsburg 1971, 215–287; ders., Das Augsburger Bürgertum im 15. Jahrhundert. Ein Versuch zur Bestimmung spezifischer Verhaltensweisen gegenüber der Kirche und ihrem Wertsystem. In: Karl Bosl (Hrsg.), Die mittelalterliche Stadt in Bayern (Zeitschrift für Bayerische Landesgeschichte Beiheft 6, Reihe B) München 1974, 163–186.

[3] Zur allgemeinen Stadtentwicklung vgl. jetzt die entsprechenen Abschnitte in Gunter Gottlieb u. a. (Hrsg.), Geschichte der Stadt Augsburg von der Römerzeit bis zur Gegenwart. Stuttgart 1984.

[4] Vgl. dazu allgemein Michel Mollat, Die Armen im Mittelalter, München 1984; Bronisław Geremek, Geschichte der Armut. Elend und Barmherzigkeit in Europa. München–Zürich 1988; für die deutschen Städte im Spätmittelalter Thomas Fischer, Städtische Armut und Armenfürsorge im 15. und 16. Jahrhundert. Sozialgeschichtliche Untersuchungen am Beispiel der Städte Basel, Freiburg i. Br. und Straßburg. Göttingen 1979; Christoph Sachße – Florian Tennstedt, Geschichte der Armenfürsorge in Deutschland. Vom Spätmittelalter bis zum 1. Weltkrieg. Stuttgart–Berlin–Köln–Mainz 1980, 23–84; Wolfram Fischer, Armut in der Geschichte. Erscheinungen und Lösungsversuche der 'Sozialen Frage' in Europa seit dem Mittelalter. Göttingen 1982, 16–39.

[5] Geremek, Geschichte der Armut 57 f.

– zum anderen danach, inwieweit sich die reale Lebenswelt der städtischen Unterschichten[6], ihre ökonomischen Voraussetzungen und ihre gesellschaftliche Einschätzung, mit derartigen Veränderungen in Verbindung bringen lassen: Reagierte das gehobene Stadtbürgertum im Bereich der Armenfürsorge mit einem Wandel des Bewußtseins auf Problemlagen, die den Schluß zulassen, daß sich "Bestrebungen um größere Effizienz"[7] einstellten, der Blick sich schärfte und von der ursprünglichen subjektiven Heilsversicherung der objektiven Linderung von mitmenschlicher Not zuwandte?

Die folgenden Überlegungen beziehen sich deshalb nur auf solche Bürgerstiftungen, bei denen in irgendeiner Form zumindest ein Teil der Dotation den 'Armen' zugedacht war.

I.

Die frühesten Belege für bürgerliche Stiftungen, die Bedürftige berücksichtigten[8], waren in Reichnisse ans Spital zum Hl. Geist eingebunden. Als sog. *Gottberate* sind sie sowohl in einzelnen Urkunden überliefert wie auch im Gottberatbuch, einem in Nekrologform konzipierten Folioband der Spitalverwaltung[9], das im ersten Drittel des 14. Jahrhunderts angelegt wurde. Die ältesten Einträge lassen sich aufgrund der urkundlichen Überlieferung auf die 80er Jahre des 13. Jahrhunderts beziehen[10], der jüngste Nachtrag ist 1477 datiert. Ein charakteristisches frühes Beispiel: 1283 bestimmte Siboto Stolzhirsch eine jährliche Rente von 1 Pfd. Pfg. zur Brot- und Weinausteilung in die Siechenstube – *und sol haizen kafen brot vnde win oder wez si aller durftigest sin* –, und zwar

[6] Vgl. dazu den instruktiven Überblick von Erich Maschke, Die Unterschichten in den mittelalterlichen Städten Deutschlands. In: ders. – Jürgen Sydow (Hrsg.), Gesellschaftliche Unterschichten in den südwestdeutschen Städten (Veröffentlichungen der Kommission für geschichtliche Landeskunde in Baden-Württemberg B 41) Stuttgart 1976, 1–74; jetzt auch in ders., Städte und Menschen (VSWG Beiheft 68) Wiesbaden 1980, 306–379.

[7] Mollat, Die Armen im Mittelalter 248–268; vgl. auch den "Prozeß der Rationalisierung" bei Sachße – Tennstedt, Armenfürsorge 30–35.

[8] Neben den Arbeiten von Schairer, Volksleben 126–133; Stark, Wohltätigkeit 44–72, vgl. auch Anton Werner, Die örtlichen Stiftungen für die Zwecke des Unterrichts und der Wohltätigkeit in der Stadt Augsburg, 2 Teile. Augsburg 1899/1912, hier Bd. I, 1–17; Kießling, Kirche 216–239.

[9] Vgl. Peter Lengle, Das 'Gottberatbuch' des Heilig-Geist-Spitals in Augsburg. In: Pankraz Fried (Hrsg.), Bayrisch-Schwäbische Landesgeschichte an der Universität Augsburg (Augsburger Beiträge zur Landesgeschichte Bayrisch-Schwabens 1) Sigmaringen 1979, 153–162.

[10] Lengle, Gottberatbuch 155 f.

an den vier Marienfesten (2. Februar, 24. März, 15. August, 7. September) je 5 ß Pfg.[11]. Diese Form der Aufbesserung der täglichen Mahlzeiten dürfte auch für die meisten anderen frühen Dotationen gelten, bei denen lediglich die Geldsummen, die der Stifter zur Austeilung vorsah, überliefert sind, während die reinen Jahrtage, wie sie an andere Kirchen und Klöster geleistet wurden, hier relativ selten blieben.

Erst im 15. Jahrhundert lassen sich die Mahlzeitstiftungen genauer erfassen, weil hier die Einträge ausführlicher wurden. Dabei kristallisierte sich eine offenbar übliche Zusammenstellung der Reichnisse heraus, wie sie etwa 1412 für Konrad Höslin verzeichnet ist:[12] Mit einem Gesamtkapital von 360 fl. rh. sollte zu Gottes Lob und für das Seelenheil des Stifters ein Jahrtag bestritten werden sowie alle Quatember ein Gottberat für die Dürftigen in der Siechenstube, bei denen jeder 1/2 Maß Wein, für 1 Pfg. Brot, ein gutes Suppenfleisch von 1/3 Pfd. und ein gutes Kraut mit (insgesamt 20 Pfd.) frischem Schweinefleisch erhielt. Auch der Geldwert ist typisch: Er bewegte sich um diese Zeit in der Größenordnung von 4–5 fl. rh. – freilich waren auch einfachere Formen möglich. Selten und nur Anfang des 14. Jahrhunderts nachweisbar war eine reine Getreidegabe, wie etwa 1313 der Augsburger Bürger Heinrich Klöckelmann 5 Scheffel Roggen und Kern zum jährlichen Reichnis in die Siechenstube bestimmte[13]. Eine einmalige Besonderheit war wohl auch die Stiftung Heinrichs des Wiener von Friedberg, der 1304 den Ertrag aus einer Hofstatt für die Austeilung von 100 Eiern und 100 Ort (= 1/4) Brezen als *Seelgerät* am Karfreitag verfügte[14]. Und nur zuweilen, wie 1469, war vorgesehen, daß die Insassen in der Siechenstube Geldbeträge zu 2, 2 1/2, 3 oder 4 Pfg. erhalten sollten, je nachdem, wie der dafür gedachte Betrag von 13 Pfd. 19 Pfg. Zins ausreichte[15].

Bis in die 70er Jahre des 15. Jahrhunderts wurden insgesamt 283 derartiger Stiftungen an das Spital getätigt; rechnet man die Zahl der

---

[11] Christian Meyer (Hrsg.), Urkundenbuch der Stadt Augsburg, 2 Bde. Augsburg 1874/78; im folgenden zitiert AUB; hier AUB I, 58: 1283 Juli 13; StAAug Hosp. Archiv Tit. I Tom 3 Nr. 1 (Gottberatbuch) fol. 3a, 6b, 15b, 17a, gibt lediglich den Betrag und die Kennzeichnung als *Gottberat* an.

[12] StAAug Gottberatbuch fol. 4b, 9b, 17b, 24a; eine Abschrift der Stiftungsurkunde StAAug Hosp. Archiv Tit. VIII Tom 9 Nr. 1: 1412 Juli 11.

[13] AUB I, 186: 1313 Mai 3; im Gottberatbuch ist derselbe mit 8 Gottberaten zu je 10 Pfg. an den 4 Marientagen und alle Quatember verzeichnet (fol. 3a, 4b, 6b, 9b, 15b, 17a, 17b, 24b); ergibt sich daraus eine spätere Umwandlung evt. mit Erhöhung des Stiftungsbetrages?

[14] AUB I, 160: 1304 Oktober 4.

[15] StAAug KWA B 24[4]: 1469 März 4, Stiftungsrevers des Spitals gegenüber Anna Fayhinger, Gesamtkapital 384 Pfd. Pfg. für Jahrtag und *Seelgerät.*

Einträge – von denen ja oft mehrere auf eine Dotation zurückgehen – so kommt man auf 446[16]. Die zeitliche Verteilung ergibt eine relativ gleichmäßige Streuung – wobei unsichere Zuordnungen zu berücksichtigen sind: 311 gehören dem 13. und 14. Jahrhundert an, 135 dem 15. Jahrhundert; legt man die tatsächlichen Stiftungen zugrunde, so lassen sich mindestens 6 ins 13. Jahrhundert datieren, 175 ins 14. und 102 ins 15. Jahrhundert – freilich wurden die Eintragungen nur bis ca. 1450 kontinuierlich vorgenommen.

Dabei fällt auf, daß reine Jahrtage ohne Mahlzeiten für die Spitalinsassen selten waren und eine grundlegende Verschiebung offenbar nicht stattfand. Eine Sättigung[17] ist also nicht erkennbar. Zwar mußte sich aufgrund der im Gottberatbuch enthaltenen Austeilungen – Mitte des 14. Jahrhunderts waren es bereits 153 – eine breite Streuung ergeben, so daß kaum ein Tag davon ausgenommen war, doch stieg auch die Zahl der zu Versorgenden im Laufe der Zeit nicht unbeträchtlich: um die Mitte des 15. Jahrhunderts waren es ca. 250 Personen. Inwieweit dabei mit einer Umverteilung bzw. neuen Zusammensetzung der Reichnisse in der Praxis gerechnet werden muß, läßt sich wohl erst nach einer genaueren Analyse des Spitalhaushaltes ermessen[18]. Die grundsätzliche Durchgängigkeit dieser Stiftungsform ergibt sich aber schon daraus, daß ganz ähnliche die Siechenhäuser von St. Sebastian, St. Servatius und St. Wolfgang bis ins 16. Jahrhundert bedachten[19].

Relativ früh ist auch ein Stiftungstyp faßbar, der die materielle Grundlage für eine religiöse Lebensform bereitstellte und so das Spektrum der 'bepfründeten' Armen erweiterte.

Sog. *Stuhlbrüder* sind zum ersten Mal seit der Mitte des 14. Jahrhunderts nachweisbar, als Ulrich Hofmair fünf solcher Pfründen am Dom mit Gütern dotierte, deren Inhaber auch verschiedene Präsenzgelder bei gottesdienstlichen Stiftungen erhielten[20]. Sie waren zwar eindeutig in die Domkirche integriert und repräsentierten damit die laikale Frömmigkeit

---

[16] Die Zahlen nach Lengle, Gottberatbuch 155 f.; die abweichende Zahl von 407 bei Kießling, Kirche 220, ergibt sich daraus, daß dort nur die Augsburger Bürger ausgewertet wurden.

[17] Jaritz, Seelenheil und Sachkultur 74 f., für Klöster.

[18] Diese wird von P. Lengle vorbereitet.

[19] Vgl. mit Einzelnachweisen Kießling, Kirche 221.

[20] BayHStAMünchen DK Augsburg Uk 1598 von 1391: Erhöhung der Stiftungsbezüge aus Liegenschaften durch den Sohn Ulrich Hofmair; ebd. 1599 von 1427: Vertrag zwischen Domdekan und den Brüdern Klaus bzw. Ulrich Hofmair über die Präsentation; weitere Dotationen ebd. 1600 von 1471 und 1601 von 1478, danach war die Zahl der Stuhlbrüder inzwischen auf 12 angestiegen. – Ob es sich dabei um die Familie des bekannten Protonotars Kaiser Ludwigs des Bayern oder um die gleichzeitige Familie eines bischöflichen Hofmaiers handelt, ist nicht eindeutig zu ent-

über die Fürbitte für die Verstorbenen, doch andererseits zeigt sich in verschiedenen gleichartigen Einrichtungen der späteren Zeit, daß ihnen zusätzlich eine karitative Komponente innewohnte.

Besonders deutlich wird das im Rahmen der Anstaltsfürsorge im privaten Spital St. Anton, einer Stiftung des Kaufmanns Lorenz Egen von 1410, die sein Sohn Peter von Argon 1445 erweiterte und mit einer sehr detaillierten Ordnung versah[21]. Von den 350 fl. Ewiggeld für den Unterhalt waren für einen eigenen Kaplan 45 fl. vorgesehen, sodann für zwei Jahrtage, besonders reich ausgerichtete Gottesdienste an einer Reihe von Festtagen, zwei Gottberate im Spital zum Hl. Geist und in den Siechenhäusern und schließlich für 12 Männer samt zwei Mägden und einem Meister.

Die Aufnahme setzte voraus, daß der Betreffende *sein handtwerckh von alter vnd kranckheit nit mehr würckhen mug* und nie Almosen gebettelt hatte. U. Dirlmeier hat die Speiseordnung bereits ausgewertet[22], so daß nur einige Besonderheiten herausgestellt zu werden brauchen: Abgesehen von den geistlichen Pflichten und der Kleidung, die denen der Stuhlbrüder entsprachen – sie erhielten *ainen Rock, ainen Mantel, ain Kappen, Hossen, alles schwarz loden tuochs, schuoch vnd hemd, vnd alß offt daß zerpricht anderes, [...] desgleichen betgewandt* – bestand die Standardnahrung am Morgen aus *ain schönmuß, Kraut vnd flaisch vnd milch vnd darzu ain seidlin Biers*, das Nachtmahl aus *ain frisch stuck flaisch, ain suopen von hierß, Kernen oder Gersten, vnd aber ain Milch, ain seidlin biers vnd brodt.* Am Freitag bis Sonntag gab es als Varianten Habermus, Erbsen, *kuechlin oder Pfantzelten*, Suppenfleisch, immer aber auch Brot, Milch und Bier, zur Fastenzeit Eier, Fisch, Hering (einen für zwei Personen), zu Festtagen Semmeln, *ain seidlin Weins* extra; zu Ostern waren *ain geweiht ay dazu zway gesottne ayr vnd ain fladen* für 5 Pfg., an St. Martin ein Viertel Gans und *ain Pfeffer* Besonderheiten, an Fastnacht *ain semelbretzen* für 5 hlr., *Sultz* und *Gebratens.* Alle zwei Wochen standen den Pfründnern zudem 2 Pfg. Badgeld zu, darüber hin-

---

scheiden; vgl. Adolf Buff, Der Apotheker Claus Hofmair, die Augsburger Apotheker des 14. Jahrhunderts und Magister Ulrich Hofmair, Protonotar von Kaiser Ludwig dem Bayern. In: Zeitschrift des Historischen Vereins für Schwaben und Neuburg 16 (1889) 161–209, hier 186 ff.

21 StAAug US 1445 Okt. 15; ediert bei Christian Meyer, Das Stadtbuch von Augsburg, insbesondere das Stadtrecht von 1276. Augsburg 1872, 270–286; vgl. Kießling, Kirche 227 f.

22 Ulf Dirlmeier, Untersuchungen zu den Einkommensverhältnissen und Lebenshaltungskosten in oberdeutschen Städten des Spätmittelalters (Mitte 14. bis Anfang 16. Jahrhundert) (Abh. Ak. Heidelberg, phil.-hist. Klasse 1978/1) Heidelberg 1978, 371–374.

aus gab es an Weihnachten 6 Pfg. Sonderzuteilung – freilich durften sie keine Weinhäuser besuchen oder beim Spiel ertappt werden.

Zurecht hat Dirlmeier darauf hingewiesen, daß die "großzügige Ausstattung [...] der Annahme weitgehender Abwechslungslosigkeit in der mittelalterlichen Ernährung (widerspricht)"[23]; zudem kann festgehalten werden, daß damit auch ein Beispiel zu fassen ist, wie Stiftungen des Augsburger Großbürgertums über das Mindestmaß des zum Überleben Notwendigen hinausgehen konnten, weil sie neben dem Sozialprestige des Stifters auch der aufwendigen Kumulation religiöser Riten dienten: Die Pfründner hatten wie die Brüder der Hofmairschen Stiftung ja nicht zuletzt die Aufgabe zu erfüllen, mit einer Vielzahl von Gebeten und Präsenzen bei den Gottesdiensten eine Art lebendiger Garanten für das Seelenheil zu sein. Allein bei der Aufnahme waren je 100 Paternoster und Ave Maria am Grab zu beten, täglich morgens und abends je 15 und vor Tisch je 3 sowie bei den Jahrtagen weitere 50. Der bereits hier erkennbare Zug ins Quantitative wird noch deutlicher greifbar, wenn man die Bestimmungen für die Gedenkmessen berücksichtigt: Am St. Antonstag waren in der Kapelle des Spitals – sie war in die Baulichkeiten integriert – ein *loblich ampt* mit 10 Priestern und 10 gesprochenen Messen zu halten, an Kirchweih und einer Reihe weiterer Festtage mit einer gesungenen Vesper und einem gesungenen Amt, an St. Lucientag mit drei gesprochenen Messen. Bei den Jahrtagen sollten Opferkerzen aus 2 Pfd. Wachs brennen, auf dem Kirchhof am Grab ständig ein Ewiglicht und vier Kerzen mit je 1 1/2 Pfd. Wachs. Diese Vielzahl von zusätzlichen Aufwendungen für die gottesdienstlichen Handlungen lassen eine genaue Kalkulation der Kosten für den Lebensunterhalt der 12 Pfründner leider nicht mehr zu, man wird aber nicht weit fehlgehen, wenn man einen geschätzten Betrag von etwa 15 fl. pro Person und Jahr einsetzt.

Ausgehend von der kirchlich-institutionellen Tradition drang im 15. Jahrhundert diese Form auch in sonstige private Stiftungen ein. Jakob Haustetter vermachte 1488 einen Teil seines umfangreichen Legates für einen gleichartigen Zweck:[24] *Vier Brüder* sollten versorgt werden, deren wichtigste Verpflichtung darin bestand, täglich bei den Gottesdiensten am Altar des Stifters zu beten, die verschiedenen Jahrtage an anderen Kirchen, das Salve Regina bei St. Jakob und die Gottberate beim Spital zum Hl. Geist zu besuchen, wofür sie jeweils Präsenzgelder erhielten, in zweiter Linie Kranke und Sieche in der Stadt zu pflegen. Die Vermögensgrundlage bestand zum einen im Bezug der Gülten eines Hofes – und zwar 1 Schaff Roggen, 1 Schaff Haber, 1 Pfd. Pfg. und 50 Eier –, zum anderen in einer Zuweisung von 10 1/2 fl., die zusammen mit den

[23] Ebd. 373.

[24] StAAug KWA F 49[1]: 1488 Dez. 9, erweitert 1496 Dez. 23.

Präsenzgeldern auf 12. fl. 24 gr. 6 Pfg. aufliefen, dazu Wein und Brot bei den gleichen Anlässen (meist 1/2 Maß Wein im Wert von 4 Pfg. sowie *Schönbrot*, also Weißbrot, im Wert von 1 Pfg.) sowie die Ausstattung mit entsprechender Kleidung. Als Haustetter 1496 das Stiftungsgut erhöhte, wurde auch der Betrag für die vier Brüder angehoben bzw. verändert: Nun sollten sie jährlich neben den Getreidegülten ca. 21 fl. erhalten, davon 12 fl. in bar, die Präsenzgelder, 5 fl. für die schwarze Kleidung – *das ain claid sei alls das annder, mit Kappen, Zipfel, Röckh vnd mäntel, alls denn gewonlich brüder gont.* Spezielle Angaben sind nun für die Mahlzeiten zur Fastenzeit enthalten: Täglich waren 1 Pfg. für *Schönbrot*, 1 Pfg. für Bier und 2 Pfg. für Heringe vorgesehen, woraus eine Gesamtsumme von 1/2 fl. pro Mann und Fastenperiode berechnet wurde. Der insgesamt veranschlagte Kapitalaufwand von mehr als 84 fl. Ewiggeld, also 21 fl. für jeden der vier Brüder, entsprach dabei dem durchschnittlichen Jahresverdienst eines ungelernten Taglöhners[25] – wobei aber davon auszugehen ist, daß er keine Familie zu ernähren hatte. Die Relation wird vielleicht noch deutlicher, wenn man mit einbezieht, daß Jakob Haustetter 1496 auch noch einen Betrag für arme Handwerker einsetzte, die ihren Beruf nicht mehr ausüben konnten, und zwar 12 fl. pro Mann (und Jahr?), was gerade noch ausreichen mochte, die Mindestbedürfnisse für den unmittelbaren Lebensunterhalt zu bestreiten[26].

Trotz des ausgeprägten, auf das Seelenheil des Stifters und seiner Familie orientierten Gesamtrahmens kann nicht übersehen werden, daß die Nutznießer dieser Stiftungen ihre quasi-klösterliche Lebensform nach offenbar relativ genau kalkulierten Modellen für den Lebensunterhalt finanziert bekamen. Leider läßt sich Entsprechendes für die weibliche Parallel-Institution der *Seelhäuser*[27] nicht in gleicher Weise aufzeigen.

Seit der Mitte des 14. Jahrhunderts im Zusammenhang mit der *devotio moderna* und zwar in der Regel von Patrizierfamilien gegründet, bestanden im 15. Jahrhundert mindestens sieben Seelhäuser mit insgesamt etwa 40 Plätzen. Mechtild Ruf widmete ihr Haus 1353 *zehen guot erber unversprochen arm frowen, die got mit gantzem ernst dienen*[28], und auch die anderen lassen sich dem gleichen Zweck zuordnen; doch die konkrete materielle Ausstattung ist nicht präzis genug zu erschließen. Lediglich für die vier Seelfrauen des Hirnschen *Geschäfts*, wohl um 1440 eingerichtet, sah die Ordnung von 1458 vor, daß sie bei freier Unterkunft

[25] Dirlmeier, Untersuchungen 159–223, bes. 206 ff.

[26] Ebd. 460 ff.

[27] Vgl. hierzu neben Kießling, Kirche 225 ff., auch Herberger, Die Seelhäuser und Seelgeräte in Augsburg. In: Zeitschrift des Historischen Vereins für Schwaben und Neuburg 3 (1876) 283–296, hier 284 ff.

[28] Stiftungsurkunde für das Rufsche Seelhaus: AUB II, 53.

jährlich 4 fl. und Holz nach Bedarf erhalten sollten[29]. Zusätzliche Einnahmen ergaben sich auch hier aus Präsenzgeldern bei Jahrtagen sowie aus der spätestens im 15. Jahrhundert üblich gewordenen Krankenpflege; sie lassen sich freilich nicht quantifizieren. Daß aber auch bescheidene Hinterlassenschaften möglich waren, zeigt die übliche Bestimmung, daß diese beim Tod ans Seelhaus fallen sollten. Der materielle Aspekt der Stiftungen bestand also vor allem in der freien Unterkunft und den Geldbezügen.

Gemeinsam war allen diesen Stiftungen, daß sie religiöse Denkmuster mit karitativen Zielsetzungen zu einer Lebensform verbanden. Demgegenüber blieb für die reine Armenfürsorge außerhalb der institutionellen Bindungen zunächst der Gendanke der Geldausteilung kennzeichnend. Die schon für die Zeit selbst aufsehenerregende große Spende des Patriziers Ulrich Ilsung von 1364 bestimmte *gott zu lob, vnnd vnnser Frawen vnnd allen hailigen zu ehren vnnd allen gläubigen Seelen zu trost vnnd zu hülff* 40 Pfd. Pfg. Zins, die er von der Stadt bezog, zur Verteilung durch die Baumeister (d. h. die Stadtkämmerer): arme Leute erhielten beim Salzstadel an den vier Marientagen je 1 Pfg.:[30] Berechnet man die damit versorgten Bedürftigen, so ergibt sich immerhin eine Zahl von 2.280[31] – soweit die Stiftung überhaupt realistisch konzipiert war[32]. Immerhin fand Ilsung im 15. Jahrhundert eine ganze Reihe von Nachfolgern, die diese Form der Almosenausteilung zu einem gängigen Typus[33] entwickelten: Anna Minner geb. Rem legte 1463 16 fl. Zins für 400 fl. bei der Stadt an und bestimmte sie zur Verteilung von je 1 Pfg. an die Armen[34], Gilg Schneider sah dafür einen Betrag von 13 fl. ung. vor[35], Jakob Haustetter viermal 20 fl.[36]. Bei einigen weiteren Legaten dürfte

---

[29] StAAug Schätze 146, fol. 1–6: 1458 Ordnung des Hirnschen Geschäfts; vgl. unten.

[30] AUB II, 121 f.: 1360 Juli 6; vgl. auch Herberger, Seelgeräte 294 ff.; Chroniken deutscher Städte (im folgenden zitiert als ChrdtSt) 4, 221 f. und 304.

[31] Es handelte sich insgesamt um 38 große Pfd. zu 240 Pfg. (2 Pfd. sollten die eingesetzten Pfleger erhalten); da anzunehmen ist, daß an den vier Marientagen die gleichen Leute in den Genuß der Austeilung kamen, ergibt sich die Zahl von 2.280 pro Austeilung.

[32] Vgl. dazu auch das Beispiel für Lübeck von 1350/55, das 15.360 bzw. 19.200 Arme berücksichtigt hätte (Maschke, Unterschichten, 54 f.); die Augsburger Spenden erscheinen demgegenüber alle in der gleichen Größenordnung!

[33] Vgl. dazu auch die ganz parallelen Stiftungen anderer Städte bei Maschke, Unterschichten 55 f.

[34] Albert Haemmerle, Die Leibdingbücher der freien Reichsstadt Augsburg 1330–1500. München 1958, Nr. 1140.

[35] StAAug Stiftungen A–Z: Gilg Schneider, Urkunde von 1476 Nov. 11; die Verteilung sollte ebenfalls durch die Baumeister erfolgen und zwar am St. Michaelstag.

[36] StAAug KWA F 49[4]: Testament von 1488 Dez. 9, erweitert 1496 Dez. 23.

er in Kombination mit den Reichnissen an die Spitäler zumindest eine ergänzende Rolle gespielt haben[37].

Eine wesentliche Differenzierung ergab sich, als in den *Hausarmen* eine besondere Kategorie für die Einteilung der potentiellen Fürsorgeempfänger gefunden wurde: die Abgrenzung gegenüber den berufsmäßigen Bettlern[38].

Selbständige und von den Spitälern losgelöste Nahrungsmittel- und Sachreichnisse für derartige *Hausarme* bildeten sich zunächst in einem abgrenzbaren sozialen Umfeld aus. Seit 1330 entstand eine Reihe von solchen Stiftungen im Wohnbezirk *unter den Lederern*, einem Stadtteil bei den Lechkanälen, wo sich das Gerbergewerbe konzentrierte[39]. Diese von Einzelfamilien dotierten und von einer fest umrissenen Personengruppe verwalteten *Seelgeräte*[40], die auf ein Fürsorgesystem im Zusammenhang mit der Entstehung der Zünfte verweisen, sind erstmals 1338 genauer greifbar, als die Seelgerätspfleger des Bürgers Heinrich Gail einen Hauszins von 1 Pfd. Pfg. zur Verteilung an *arme lute* erhielten, *swa si dunket von iren triwen, da es aller best bestatet si*[41]. Die freie Verfügung über das Vermögen – 1346–1368 versteuerten die Pfleger aufgrund von Zustiftungen bereits 2 Pfd. Pfg. Zins und im Laufe des folgenden Jahrzehn-

[37] StAAug KWA J 7²: Stiftung der Ursula Rephun, Spende an Arme am St. Ursula-Tag zu je 1 Pfg.; Werner, Stiftungen I, 15 f., verzeichnet noch weitere Stiftungen, deren urkundliche Überprüfung nicht möglich ist: Hieronymus Riedler und seine Frau Ursula 1501: 1000 fl. Kapital für Jahrtag, Almosenspende zu je 2 kr. für die Kranken der Siechenhäuser St. Sebastian und St. Wolfgang sowie zu je 1 kr. für die Kranken im Blatterhaus und andere hilfsbedürftige Personen. Barbara Regel geb. Lauginger 1510: 800 fl. Kapital, wobei neben einmaligen Zuwendungen der Rest für die 'armen dürftigen Menschen' zu einer Ausreichung angelegt werden sollte; Ulrich Meuting 1512: 1600 fl. Kapital, deren Zinsen zur Austeilung an die Armen dienten.

[38] Nach Maschke, Unterschichten 62 f., taucht der Begriff in diesem Zusammenhang seit dem ausgehenden 13. Jahrhundert auf; für Augsburg ergeben sich Nachweise erst später.

[39] Zur Stadttopographie vgl. Detlev Schröder, Stadt Augsburg (Historischer Atlas von Bayern, Teil Schwaben 10) München 1975; zur Sozialtopographie stehen bisher erst aus der Zeit um 1600 für die Weber genauere Hinweise zur Verfügung: Claus-Peter Clasen, Die Augsburger Weber. Leistungen und Krisen des Textilgewerbes um 1600 (Abhandlungen zur Geschichte der Stadt Augsburg 27) Augsburg 1981, 34–44; Carl A. Hoffmann – Bernd Roeck, Elektronische Datenverarbeitung und Steuerbücher. In: Zeitschrift des Historischen Vereins für Schwaben 81 (1988) 191–216, hier 209 ff.

[40] Vgl. neben Kießling, Kirche 221 f., vor allem Herberger, Seelhäuser und Seelgeräte 289–294.

[41] Herberger, Seelhäuser und Seelgeräte 291.

tes wurde der Betrag weiter erhöht – zugunsten von auszuwählenden Bedürftigen ist freilich nicht genauer konkretisierbar.

Die Stiftung des aus dem gleichen Umkreis stammenden Konrad Hegniberg von 1361 bringt als Variante erstmals die Kleiderspende ins Spiel: 300 Pfd. Pfg. legte er unter anderem dafür an, daß zwei große Stück graues Tuch, also Loden, jährlich an Arme ausgegeben werden sollten[42]. Leider lassen sich auch hier keine Details über die jeweilige Größe und den Verteilungsmodus der Lodentücher ermitteln. Die Einordnung in den Kontext der religiös verstandenen Bestimmung darf aber auch hier nicht übersehen werden; sie ergibt sich schon daraus, daß die Pfleger des Hegnibergschen Seelgeräts zusätzlich ein ewiges Licht bei der Zeche von St. Moritz am Grab des Stifters einrichteten.

Möglicherweise schloß sich an diesen Typus in Kombination mit der traditionellen Mahlzeitspende bei den Spitälern im 15. Jahrhundert die Nahrungsmittelversorgung in Form des *Almosens der Schüsseln* an. Das erste von 1433, dotiert von Konrad Vögelin, der dafür 1.300 fl. Kapital für 65 fl. Zins bei der Stadt anlegte[43], läßt sich noch nicht genauer analysieren, doch bei Heinrich Müller 1476 ist die Zusammensetzung detailliert festgelegt:[44] 80 fl. Zins sollten für 13 Schüsseln verwendet werden; sie hatten jeweils einen Wert von 24 Pfg., wurden wöchentlich am Samstag um 12 Uhr durch eigene Pfleger (die ihrerseits 1 fl. Honorar erhielten) ausgegeben und beinhalteten Schmalz, Brot, Fleisch und Geld. Dabei war darauf zu achten, daß die Speisen nach dem tatsächlichen Bedarf bemessen wurden. In der Fastenzeit sollte statt Fleisch *mußmel, keern oder gerst* gegeben werden, bei Geldentwertung durften die Pfleger nicht die Zahl der Schüsseln, sondern nur ihren Inhalt reduzieren. Zielgruppe waren hausarme Bürger, wobei nach der Verteilungsperiode von einem Vierteljahr neue Bedürftige zu suchen waren; Familienmitglieder mußten bevorzugt werden.

Dieses Muster wurde in anderen vergleichbaren Stiftungen nur wenig variiert. Gilg Schneiders *Seelgerät* von 1476[45] sah ebenfalls ein solches Almosen vor, *daß yetzo gewohnclich ain Allmußen der Schüsseln gehaissen vnd genent würdet*: Bei 30 fl. Ewiggeld war die Schüssel im Wert

---

[42] Herberger, Seelhäuser und Seelgeräte 292 f.; bei der Übernahme in die städtische Verwaltung 1522 belief sich der Zins der inzwischen vereinigten Stiftungen auf 32 fl. und 4 Loden Tuch.

[43] Haemmerle, Leibdingbücher, Nr. 1490/91 mit dem Vermerk *C. V. Geschäft der Schüsseln.*

[44] StAAug Stiftungen A–Z: Clara Müller, Urkunde von 1491 Dez. 19; ihr Vater Heinrich Müller (gest. 1476) hatte keine Stiftungsurkunde ausgestellt, das wird von ihr nachgeholt.

[45] StAAug Stiftungen A–Z: Gilg Schneider, Urkunde 1476 Nov. 11.

von 16 Pfg. folgendermaßen aufgeschlüsselt: 1 Laib Brot für 4 Pfg., 1 Pfd. Schmalz für 7 Pfg., 2 Pfd. Fleisch für 5 Pfg., jedoch kein zusätzliches Geld. Die Austeilungsperiode betrug hier 17 Wochen, Personen aus der *friuntschaft* erhielten die doppelte Menge und waren von der Klausel ausgenommen, daß die Empfänger nach einem Dritteljahr neu ausgewählt werden mußten. Der religiöse Bestimmungsrahmen war nicht zuletzt dadurch gewährleistet, daß die Aufgenommenen am Begräbnis des Stifters *Gott dem Allmechtigen zue lob vnd meiner Seel zuetrost, drey paternoster vnd drey Ave Maria vnd einen glauben Andachtigclich betten* sollten.

Jakob Haustetter bestimmte in seinem Testament 1488/96[46] sogar 99 fl. 1 gr. Ewiggeld für 20 Schüsseln an *erber from haußarm frowen oder manßperson*, wieder für ein Dritteljahr (17 Wochen) zu je 20 Pfg. (2 Laib Brot zu 6 Pfg., 1 Pfd. Schmalz zu 8 Pfg., 2 Pfd. Fleisch zu 5 Pfg.); die spätere Erhöhung des Kapitals veränderte den Modus auf 13 Wochen und besserte den Wert auf 22 Pfg. pro Schüssel auf. Bei Teuerung sollte Geld ausgereicht, bei Münzveränderungen die Zahl der Schüsseln nicht verringert werden. Auch hier waren entsprechende Verpflichtungen am Grab des Stifters vorgesehen.

Eine Umrechnung auf die ansonsten überlieferten Nachrichten zur Versorgung mit Grundnahrungsmitteln ergibt bei einem Gewicht der Roggenbrotlaibe von 6 Pfund eine Tagesration von ca. 400 g[47], beim Fleisch eine Wochenration von ca. 945 g. Nach Dirlmeiers Angaben zum Brot- und Fleischverbrauch[48] liegen diese Werte an der unteren Grenze der überlieferten Datenreihen, bestätigen damit aber auch die Einschätzung als absolut notwendigen Mindestbedarf. Daraus kann zumindest der Schluß abgeleitet werden, daß diese Stiftungen offenbar realistische Beträge zugrundelegten. Sie sollten ja nur Überbrückungshilfen für einen bemessenen Zeitraum bieten, und die Pfleger waren dazu verpflichtet, die infrage kommenden Personen sorgfältig auszuwählen.

Daß diese Almosen nun als gängige Form angesehen wurden, dokumentieren einige weitere Beispiele, auch wenn sie nicht immer ähnlich genaue Angaben enthalten:[49] Laut Anton Herwarts testamentarischer

---

46 StAAug KWA F 49[1]: 1488 Dez. 9, erweitert 1496 Dez. 23.

47 Nach den Ratsprotokollen 1481 (StAAug RP IX, fol. 96a) versuchte die Bäckerzunft wegen der Getreidepreiserhöhung eine Ermäßigung des Gewichtes auf 5 Pfd. durchzusetzen, der Rat gestand für kurze Zeit 5 1/2 Pfund zu, doch im Frühjahr darauf (ebd., RP X, fol. 30b) wurde das Gewicht wieder auf 6 Pfund festgesetzt. Das Pfund wird mit 472 g angesetzt.

48 Dirlmeier, Untersuchungen 328–336, 357–364.

49 Vgl. dazu die oben in Anm. 37 genannten Stiftungen. Die von Max Bisle, Die öffentliche Armenpflege der Reichsstadt Augsburg mit Berücksichtigung der einschlägigen Verhältnisse in anderen Reichsstädten Süddeutschlands. Ein Beitrag zur christ-

Verfügung von 1503/08[50] sollten 100 fl. rh. jährlich *Haußarmen leutten geraicht werden, wo es nott sein wirdt* – allerdings in Ausnahme gegenüber der sonst üblichen Praxis mit dem Zusatz: *lieber das es verordnet vnd außgeben würd vff dem lande dan in den stetten.* Radegunde Gossembrot widmete 1508[51] 70 fl. Ewiggeld in Anlehnung an das hl. Abendmahl wöchentlich am Donnerstag 13 *haußarm Nottürftig man, Burger oder Inwoner zu Augspurg, die mit Irer arwait Ir prot nit mer gewinen mögen*, und zwar im Wert von 5 kr. oder 1/12 fl. für maximal ein Jahr. Zusätzlich erhielten sie an Mittfasten *wülle tuoch zuo ainem Rock* für 1 fl., die sie am Gründonnerstag beim Empfang des Almosens tragen sollten – offenbar zur Kontrolle, daß sie den Stoff auch tatsächlich für sich selbst verwendet hatten.

Auch sonst muß berücksichtigt werden, daß diese Stiftungen mitunter noch derartige Sachzuteilungen vorsahen, die die Grundbedürfnisse betrafen: Gilg Schneiders *Seelgerät* beinhaltete 1 fl. Ewiggeld, der jährlich zum Holzkauf, und 16 fl., die an Martini für vier Loden für Arme verwendet werden sollten. Hans Meuting bestimmte 1448 sogar 50 fl. Ewiggeld zur jährlichen Austeilung von Loden an *haußarme nottürftige lute* in Augsburg[52], und in der Pflegordnung des *Geschäfts* des Ehepaars Afra und Konrad Hirn von 1458 waren unter anderem zehn Loden verzeichnet, die jährlich im Herbst an Hausarme zu vergeben waren, deren Wert Anfang des 16. Jahrhunderts mit 75 fl. veranschlagt wurde[53].

Neben den Hilfestellungen für Wohnung, Nahrung und Kleidung gibt es eine weitere spezifische Form, die besondere Beachtung verdient: die Aussteuer. Sie taucht erstmals nach der Mitte des 15. Jahrhunderts auf, wurde dann aber fester Bestandteil der Augsburger Bürgerstiftungen. So verzeichnet das Leibdingbuch von 1463 ein *Seelgerät* von 10 fl. Zins für eine Heiratsgutstiftung unter dem Namen der Rephun[54], 1473

---

lichen Kulturgeschichte. Paderborn 1904, 43, angegebene Stiftung von 40 Schüsseln der Barbara Vetter konnte bisher nicht urkundlich verifiziert werden.

[50] StAAug US 1506 Febr. 27: Spruchbrief zwischen den Testamentsvollstreckern und der Familie; ebd. 1507 März 16: Vertrag zwischen denselben; ebd. 1508 Mai 25: die Stadt Augsburg verkauft den Testamentsvollstreckern 100 fl. Zins für 3.000 fl.; StAAug Herwartsches Urkundenbuch Supplementband III 1508 Sept. 8: Bulle Papst Julius II., Bestätigung des Testaments. Die Zitate aus der Urkunde von 1506 Febr. 27; vgl. Werner, Stiftungen I, 15 f.

[51] StAAug US 1508 April 27; das Kapital von 1750 fl. rh. war bei der Stadt Nürnberg angelegt.

[52] StAAug US 1483 März 24: Vollzug der Stiftung durch seine Söhne und Neffen. Er selbst war 1448 gestorben; vgl. zur Familie unten Anm. 108.

[53] StAAug Schätze 146, fol. 1–6.

[54] Haemmerle, Leibdingbücher, Nr. 1224, vgl. Nr. 1230, 1232a/b, 1235a.

wollte die Jungfrau Ursula Gwehrlich mit 20 fl. Ewiggeld *fromer armer Leut kind davon in die hailig Ee zu bestatten und zu bringen hellfen*[55]. Beim Almosen der Schüsseln, das Heinrich Müller 1476 einrichtete, war u. a. die Klausel enthalten, daß der nichtverbrauchte Restbetrag, auf 10 fl. angewachsen, zur Finanzierung einer Aussteuer für eine ehrbare Jungfrau dienen sollte[56]. Jakob Haustetter schließlich sah in seinem zweiten Testament von 1496 fünf solcher Aussteuerstiftungen zu je 12 fl. vor, die freilich in einer späteren Korrektur für die bereits genannten Handwerker umgewidmet wurden. Leider geben die Quellen nirgends darüber Auskunft, welche Gegenstände zum Kauf vorgesehen waren, doch zeigt der insgesamt nahezu identische Geldbetrag, daß hier offenbar eine Grundausstattung kalkuliert wurde.

In die gleiche Richtung weisen die Stipendienstiftungen des ausgehenden 15. und beginnenden 16. Jahrhunderts. 1474 verfügte Johannes Ruch, Pleban bei St. Ulrich und Afra, je 10 fl. für zwei Schüler, die das Sakrament singen sollten, wenn man die Kranken damit versah[57]; 1464 warf der aus dem Augsburger Patriziat stammende Chorherr von St. Moritz Ulrich Langenmantel einen Betrag für 100 fl. Zins für fünf Stipendien zu je 20 fl. pro Jahr für ein fünfjähriges Studium aus[58], dem 1516 ein weiteres gleich hoch dotiertes aus der Hand des Domherrn Dr. Johannes Krener folgte für einen Studenten *Eelich geporn, from erbers wesens von fromen eltern hie, vnnd man Erachten vnnd hoffen möge, ettwas geschicktes vnnd gelerts auß Im zumachen*, wobei ein Schüler oder Baccalaureus sieben, ein Magister artium fünf Jahre an den Universitäten Ingolstadt oder Heidelberg zum Studium der freien Künste bzw. der Theologie gefördert werden sollte[59]. Auch diese Stipendien erscheinen in der Höhe nicht willkürlich, sondern dürften an den tatsächlich anfallenden Lebenskosten ausgerichtet gewesen sein[60].

Die *Fuggerei*, die berühmte und oft als erste Sozialsiedlung Deutschlands angesprochene Stiftung Jakob Fuggers des Reichen und seiner Neffen[61], gehört, was ihren Entstehungszusammenhang betrifft, in den gleichen Kontext. Und doch führt sie auch darüber hinaus, nicht nur, was

---

[55] StAAug EWA 1251 (Exzerpt).

[56] StAAug Stiftungen A–Z: Clara Müller, Urkunde von 1491 Dez. 19.

[57] Monument Boica 23, 567: 1474 Oktober 15.

[58] StAAug Herwartsche Urkundensammlung II (Kopie): Stiftungsbrief; vgl. zur Verwaltung und Ausreichung Kießling, Kirche 242.

[59] StANeuburg Uk K 2 Nr. 1 (Kopie).

[60] Vgl. Dirlmeier, Untersuchungen, 445: Burkhart Zink bezahlte 1462 für die Unterbringung seines Sohnes bei einem Schulmeister 7 fl., der Basler Rat veranschlagte 1471 den Kostenaufwand für einen Studenten mit 20 fl. jährlich.

[61] Vgl. zuletzt Marion Tietz-Strödel, Die Fuggerei in Augsburg. Studien zur Ent-

die quantitativen Dimensionen betrifft. Seit 1514 in Angriff genommen, wurde eine Wohnanlage für 'intakte Familien' geschaffen, um "ein weiteres Abgleiten in den Status der bedürftigen Almosenempfänger zu verhindern", war hier doch zugleich die Möglichkeit geboten, dem Handwerk auch in der Siedlung nachzugehen[62]. Zunächst vorgesehen für solche, die *offenlich das almusen nit suechen*[63], konkretisierte der Stiftungsbrief von 1521:[64] *Namlichen so sollen soliche hewser Fromen Armen taglōnern vnd handtwerckern Bürgern vnd Inwonern dieser stat Augspurg, die es nottürftig sein vnnd am Basten angelegt ist, vmb gottes willen gelichen Vnd darIn weder Schankung, muet vnd gab nit angesehen* – gegen einen jährlichen Mietzins von 1 fl. rh. – was zwar nicht kostendeckend war, aber immerhin keine Kleinigkeit darstellte[65]. Nach der Fertigstellung 1523 umfaßte die Siedlung 52 Häuser mit 108 Besteuerten[66].

Sie zielte damit auf eine dauerhafte Integration der Bewohner in die städtische Gesellschaft. Daß hier einerseits die Probleme einer gefährdeten bürgerlichen Unterschicht präzis gesehen wurden, andererseits der religiöse Gesamtzusammenhang nicht aufgehoben war, zeigt bereits die Verpflichtung für die Bewohner, täglich für die Stifterfamilie ein Ave Maria, ein Paternoster und ein Glaubensbekenntnis zu beten. Nicht nur "soziales Mäzenatentum"[67] liegt hier vor, sondern eine in die Dimensionen der Fuggerschen Weltgeschäfte transponierte Stiftung, die in ihrer Einbindung in ein umfassendes Seelgerät mit einem Gesamtkapital von 15.000 fl. rh. laut Stiftungsurkunde von 1521 ihren Zusammenhang mit der seit dem 14. und 15. Jahrhundert entwickelten bürgerlichen Tradition verrät[68].

II.

Die Beschreibung der Formen, in denen sich karitative Fürsorge in Augs-

---

wicklung des sozialen Stiftungsbaues im 15. und 16. Jahrhundert (Studien zur Fuggergeschichte 19) Tübingen 1982.

62 Ebd. 23 f.

63 Ebd. 31, nach einer Urkunde von 1516.

64 Hermann Kellenbenz – Maria Gräfin Preysing, Jakob Fuggers Stiftungsbrief von 1521. In: Zeitschrift des Historischen Vereins für Schwaben 68 (1974) 96–116; das folgende Zitat S. 107.

65 Vgl. Dirlmeier, Untersuchungen 241–250; danach betrug ein einigermaßen vergleichbarer Hauszins mindestens 2 fl.

66 Tietz-Strödel, Fuggerei 47 f.

67 Götz Frh. von Pölnitz, Augsburger Kaufleute und Bankherren der Renaissance. In: Hermann Rinn (Hrsg.), Augusta 955–1955. München 1955, 187–218, hier 216, im Vergleich mit dem literarisch-ästhetischen Mäzenatentum der Medici.

68 Vgl. dazu unten.

burg realisierte, bedarf einer Zuordnung zu dem gesellschaftlichen Hintergrund, vor dem sie entstanden – gerade und erst dadurch wird vielleicht der Wandel erklärbarer und nachvollziehbar. Er sei wenigstens in einigen Strichen skizziert.

Augsburg entwickelte sich im Laufe des Spätmittelalters zur dominierenden Handels-Metropole Schwabens auf der Basis eines breitgefächerten produzierenden Gewerbes mit einer exponierten Stellung der Leinenweberei[69]. Die entscheidenden Wendepunkte in der zweiten Hälfte des 14. Jahrhunderts, als die Innovation des Barchent einen steilen Konjunkturaufschwung nach sich zog, bzw. nach der Mitte des 15. Jahrhunderts, als die großen Firmen den Sprung in das Montan- und Edelmetallgeschäft bzw. den Kapitalhandel wagten, signalisierten dabei lediglich die Faktoren des Aufstiegs. Sie wurden unterbrochen durch deutliche Stagnationserscheinungen und Einbrüche: etwa in der ersten Hälfte des 15. Jahrhunderts im Zusammenhang mit der Blockadepolitik Kaiser Sigismunds gegenüber Venedig, dann nochmals in den 60er und 70er Jahren nach dem Zweiten Städtekrieg und dem Reichskrieg gegen Herzog Ludwig von Bayern und schließlich nach der Wende zum 16. Jahrhundert, als eine generelle Wirtschaftsflaute Süddeutschland traf[70].

Diese Rahmenbedingungen korrespondieren deutlich mit einer Verschiebung der Sozialstruktur. Aufgrund der Angaben in den Steuerbüchern[71] läßt sich eine starke Polarisierung innerhalb der städtischen Gesellschaft feststellen: Von 1396 bis Anfang des 16. Jahrhunderts pendelte die Zahl der *habnits* ohne Vermögenssteuer zwischen 43,6 % und 65,9 % der gesamten Steuerzahler, mit einer besonders ausgeprägten Spitze 1471/75, und seit Anfang des 16. Jahrhunderts erneut steigender Tendenz[72]. Bezieht man die 'Armutsgrenze' mit ca. 100 fl. Vermögen

---

69 Vgl. dazu den Überblick bei Rolf Kießling, Augsburgs Wirtschaft im 14. und 15. Jahrhundert. In: Gunter Gottlieb u. a. (Hrsg.), Geschichte Augsburgs von der Römerzeit bis zur Gegenwart. Stuttgart 1984, 171–181.

70 Vgl. dazu auch Rolf Kießling, Die Stadt und ihr Land. Umlandpolitik, Bürgerbesitz und Wirtschaftsgefüge in Ostschwaben vom 14. bis zur Mitte des 16. Jahrhunderts (Städteforschung A 29) Köln–Wien 1989, Kap. C 2.2 (im Druck); Peter Geffcken, Soziale Schichtung in Augsburg 1396 bis 1521. Beitrag zu einer Strukturanalyse Augsburgs im Spätmittelalter, Diss. München 1983 (masch.), 220–228, zur Entwicklung des Augsburger Gesamtvermögens.

71 Vgl. Geffcken, Soziale Schichtung; Claus-Peter Clasen, Die Augsburger Steuerbücher um 1600. Augsburg 1976; Hoffmann – Roeck, Steuerbücher.

72 Vgl. dazu Johannes Hartung, Die Augsburger Zuschlagsteuer von 1475. Ein Beitrag zur Geschichte des städtischen Steuerwesens sowie der socialen und Einkommensverhältnisse am Ausgang des Mittelalters. In: Schmollers Jahrbuch 19 (1895) 95–136; ders., Die Augsburger Vermögenssteuer und die Entwicklung der Besitzverhältnisse im 16. Jahrhundert. In: Schmollers Jahrbuch 19 (1895) 867–883; Friedrich Blendin-

noch mit ein[73], so steigt der Anteil sogar auf über 80 % an[74]. Andererseits erreichten die Augsburger Vermögen sehr hohe Werte, wobei das ganze 15. Jahrhundert hindurch die Konzentration fast stetig zunahm[75]. Dazu kamen strukturelle Veränderungen, die sich vor allem im Textilgewerbe bemerkbar machten. In der Weberzunft rechnete man in der zweiten Hälfte des 15. Jahrhunderts mit ca. 600–1000 Meistern, bei denen offenbar ein Großteil im Verlag arbeitete und die die Konjunktureinbrüche besonders gravierend zu spüren bekamen[76].

Eine derart extreme Entwicklung der Vermögensstruktur und die ihr zugrundeliegenden wirtschaftlichen Abhängigkeiten zogen naturgemäß nach sich, daß materielle Armut eine weitausgreifende Realität in der Stadt war[77]. Sie mußte vor allem dann besonders einschneidend werden, wenn die Preise für das Getreide als Grundnahrungsmittel wegen Mißernten nach oben ausschlugen. Die Hochpreisphase des ausgehenden 14. Jahrhunderts stieß noch auf einen Konjunkturaufschwung des Textilgewerbes und mochte sich noch nicht so sehr auswirken – wenn auch die Ungeldunruhen von 1397/98 auf eine gespannte Labilität deu-

ger, Versuch einer Bestimmung der Mittelschicht in der Reichsstadt Augsburg vom Ende des 14. bis zum Anfang des 18. Jahrhunderts. In: Erich Maschke – Jürgen Sydow (Hrsg.), Städtische Mittelschichten (Veröffentlichungen der Kommission für geschichtliche Landeskunde in Baden-Württemberg B 69) Stuttgart 1972, 32–78.

[73] Zur Diskussion dieser Armutsgrenze vgl. Dirlmeier, Untersuchungen 503–531; Geffcken, Soziale Schichtung, 230–232; vgl. auch Rolf Sprandel in: Hermann Aubin – Wolfgang Zorn (Hrsg.), Handbuch der deutschen Wirtschafts- und Sozialgeschichte I. Stuttgart 1971, 377.

[74] Geffcken, Soziale Schichtung 186 f., Tab. 4/2.

[75] Geffcken, Soziale Schichtung 239; allgemein Erik Fügedi, Steuerlisten, Vermögen und soziale Gruppen in mittelalterlichen Städten. In: Ingrid Batori (Hrsg.), Städtische Gesellschaft und Reformation. Kleine Schriften 2 (Spätmittelalter und Reformation 12) Stuttgart 1980, 58–96, hier bes. 71 ff.

[76] Kießling, Die Stadt und ihr Land, Kap. 2.2.1; ders., Stadt und Land im Textilgewerbe Ostschwabens vom 14. bis zur Mitte des 16. Jahrhunderts. In: Neidhart Bulst u. a. (Hrsg.), Bevölkerung, Wirtschaft und Gesellschaft. Trier 1983, 115–138; demgegenüber lehnt Claus-Peter Clasen, Die Augsburger Weber. Leistungen und Krisen des Textilgewerbes um 1600 (Abhandlungen zur Geschichte der Stadt Augsburg 27) Augsburg 1981, 330–333, den Verlag für die Mitte des 16. Jahrhunderts weitgehend ab.

[77] Für das 15. Jahrhundert fehlt bisher eine genauere Untersuchung; Bisle, Armenpflege 15–25, spricht das Mittelalter nur sehr pauschal an; für das 16. Jahrhundert Claus-Peter Clasen, Armenfürsorge in Augsburg vor dem Dreißigjährigen Krieg. In: Zeitschrift des Historischen Vereins für Schwaben 78 (1984) 65–115, setzt erst mit der Armenordnung von 1522 ein; vgl. auch ders., Armenfürsorge im 16. Jahrhundert. In: Gunter Gottlieb u. a. (Hrsg.), Geschichte der Stadt Augsburg von der Römerzeit bis zur Gegenwart. Stuttgart 1984, 337–342.

ten[78]. Die Hungerjahre 1437/38 jedoch fielen mit einer Strukturkrise der Barchentproduktion in Ostschwaben zusammen, die auch die Depression in den 60er Jahren bestimmte – auch wenn Augsburg sie am besten überstand –, während die neuen Teuerungen um 1490 und 1500 eher von der neuen Aufschwungphase kompensiert werden konnten, die freilich bereits 1512–1518 neue Brüche offenbarte. Die Abwehrkämpfe der zünftischen Weber gegen unliebsame Konkurrenz in Stadt und Land, die gerade in den schwierigen Zeiten besonders hart geführt wurden[79], dürfen wohl als Belege dafür gewertet werden, daß der Einkommenspielraum für dieses – und parallel wohl auch andere – Gewerbe zeitweise auf sehr enge Grenzen stieß.

Die Maßnahmen des Rates[80] versuchten wie in anderen Städten die Armen zu stützen. Getreideaufkäufe im Auftrag des Rates 1438, Getreide- und Brotspenden wie 1491 und 1517 brachten nur eine punktuelle Entlastung. Als 1517 Wilhelm Rem aus seinen Vorräten von 276 Schaff Roggen Brot backen und bei elf Spenden insgesamt 35.968 Laibe austeilen ließ[81], ergab sich eine Größenordnung von ca. 3.000 Bedürftigen; diese Zahl korrespondiert deutlich mit den Empfängern der Salzstadelspenden des 15. Jahrhunderts, die inzwischen auf 3.200 bis 4.200 angewachsen sein mochten[82].

Die Bettelordnungen der Stadt[83] reagierten zunehmend restriktiv. Sie setzten zunächst bei der Unterscheidung von 'ehrlichen' und 'betrügerischen' Bettlern an, dann bei der Differenzierung zwischen ansässigen und fremden:[84] Seit 1427 wurden die fluktuierenden Elemente, die *offenlichen an der unstät sitzen*, ausgewiesen[85], 1444 sollten städtische *schiermaister* dafür sorgen, die *bettler zu rechtfertigen vnd waz frembder herkommen, die sol man acht tag hie laussen*[86]. Die Bettelordnung von 1459[87] zog diese Linie noch enger, nämlich auf drei Tage, und die von

---

[78] ChrdtSt 4 (Anonymus) 109 f.; ebd. 5 (Zink) 52 f.; vgl. auch die Unruhen von 1466 aus dem gleichen Anlaß, ebd. 22 (Mülich) 208–210.

[79] Vgl. Kießling, Die Stadt und ihr Land, Kap. 2.2.1 und 3.3.1.

[80] Vgl. Kießling, Kirche 233 f.

[81] ChrdtSt 25 (Rem) 73 f.

[82] Maschke, Unterschichten 56, nach einer Darstellung der Chronik des Hector Mülich (ChrdtSt 22, 127) bzw. dem Testament des Gilg Schneider (s. Anm. 35).

[83] Bisle, Armenpflege 1–3, 79–82; Kießling, Kirche 216–218.

[84] Vgl. allgemein zu dieser Abgrenzung Geremek, Armut 36, 61 f.; Sachße – Tennstedt, Armenfürsorge 30 f., 36 f.

[85] StAAug RP I, fol. 101; ursprünglich im Achtbuch (StAAug), seit 1342 jährlich an St. Gallus als Asoziale ausgewiesen, jetzt offenbar erweitert.

[86] StAAug RP II, fol. 104.

[87] Ediert bei Bisle, Armenpflege 162–168.

1491 verordnete zudem das Tragen eines *weis plaichins statpörlin* (des Stadtwappens) auf der Kleidung und verfügte, daß die Hauptleute der Viertel alle vier bis fünf Wochen vor allem die Leute kontrollieren sollten, die nur die Kopfsteuer bezahlten, also eben die *habnits*, die besonders von der Teuerung betroffen waren.

Das Betteln selbst akzeptierte man noch – 1475 waren 107 Bettler in der Liste der Zuschlagsteuer als Bürger verzeichnet[88] –, die Abwehrhaltung richtete sich aber eindeutig gegen solche, die nicht unter die städtische Fürsorgepflicht fielen – die etwa 1491 abgeschoben und an die jeweiligen Grundherrschaften verwiesen wurden[89]. Immerhin registrierte der Rat damals den Ursachenzusammenhang: Der strenge Winter habe ihre Zahl in die Höhe getrieben, denn viele Handwerker und Taglöhner seien durch die Teuerung in Not geraten, obwohl sie Tag und Nacht arbeiteten, um nicht betteln zu müssen. Eine weitere Grenzziehung unterschied damit zwischen den legitimierten, gewerbsmäßigen Bettlern und den 'verschämten' Armen[90], die unverschuldet zeitweise oder dauernd in Not geraten waren; den gesellschaftlich Abgesunkenen galt offenbar die gesteigerte Aufmerksamkeit.

Kehren wir damit zu den bürgerlichen Stiftungen zurück. Deutlich lassen sich zwei verschiedene Phasen der Stiftungstätigkeit ausmachen: Im 13. und 14. Jahrhundert waren sie als *Gottberate* an die Spitäler noch ganz in das System der kirchlichen Institutionen integriert, eine Mischung aus gottesdienstlichem Jahrtag und Almosenverteilung, die sich bis in die zweite Hälfte des 15. Jahrunderts insgesamt gleichmäßig fortsetzte, weil eine Sättigung nicht zu erwarten war. Den 'institutionalisierten' Armen und Kranken traten die Insassen von Beginenhäusern und die ersten sog. *Stuhlbrüder* an die Seite, die im Rahmen von Privatstiftungen die ursprüngliche Verbindung der *paupers cum Petro* und der *paupers cum Lazaro* des Gerhoh von Reichersberg[91] als Lebensform praktizierten: das Almosen für die Gegenleistung der Fürbitte. Auch sie fanden ihre Nachfolger noch in den großen Stiftungen des 15. Jahrhunderts, vom Spital von St. Anton bis zu den *Vier Brüdern* des Jakob Haustetter. Ansonsten aber herrschte das streuende Almosen der Salzstadelspenden für eine breite, undifferenziert gesehene Armut vor.

Eine neue Einschätzung, die Überbrückung konkreter Notsitutatio-

---

[88] Hartung, Zuschlagsteuer 95 f.

[89] Das wird deutlich in den Verhandlungen mit dem Domkapitel: der Rat soll für die Bürgerschaft, das Domkapitel für die ländliche Bevölkerung zuständig sein (Kießling, Kirche 218).

[90] Sachße – Tennstedt, Armenfürsorge 34, darin 64–66 die Nürnberger Bettelordnung von 1478.

[91] Geremek, Armut 35.

nen durch gezielte materielle Hilfeleistung, begegnet bezeichnenderweise erstmals bei den Lederern in der ersten Hälfte des 14. Jahrhunderts, einer Handwerkergruppe also, die wohl die latente Notlage am ehesten realistisch zu sehen vermochte, während für einen dem vermögenden Patriziat zugehörenden Bürger wie Ulrich Ilsung[92] zumindest auch eine demonstrative Wirkung in der Öffentlichkeit als Motiv zu unterstellen sein dürfte: nicht umsonst verzeichnen die Chronisten sein Werk mit entsprechender Hochachtung[93].

Erst mit den großen Dotationen des 15. und beginnenden 16. Jahrhunderts griffen die vermögenden Bürgerfamilien diese neuartige Einschätzung auf – parallel zur ordnungspolitischen Grenzziehung des Rates. Beide Erscheinungen aber gehören den Phasen einer sich verschärfenden wirtschaftlichen und sozialen Problematik in der ersten Hälfte des 15. Jahrhunderts und besonders gehäuft um die Wende zum 16. Jahrhundert an, die einerseits besonders die kleinen, verlagsabhängigen Weber traf, andererseits die Kapitalbildung der Kaufleute begünstigte. Auch wenn die Anzahl dieser Stiftungen nicht unbedingt ausreicht, um eine engere Korrelation mit den konkreten Krisenlagen herzustellen – zudem waren sie ja abhängig von der familiären Situation der Einzelpersonen und ihrem Lebensalter –, so fällt doch auf, daß sich gerade diese Stiftungen nach der Mitte des 15. Jahrhunderts zu häufen begannen und daß die Stifterpersönlichkeiten nicht nur dem vermögenden Großbürgertum, sondern vielfach einer jüngeren Unternehmergruppe zuzuordnen sind[94].

In der ersten Hälfte des 15. Jahrhunderts war das Sozialprofil der Stifter noch relativ breit: Konrad Vögelin stammte wie Konrad Ilsung aus einer alten Patrizierfamilie und bekleidete als solcher seit 1442 mehrmals das Amt des Bürgermeisters, ohne im Handel eine herausragende Rolle zu spielen[95]. Lorenz Egen gehörte demgegenüber zu einer einflußreichen Kaufleutefamilie mit patrizischer Vergangenheit, die auch mehrmals den Bürgermeister stellte[96]. Gleichzeitig aber war er in den lukrativen Barchentverlag eingestiegen, der um die Wende vom 14. zum

---

92 Nach Jakob Strieder, Zur Genesis des modernen Kapitalismus. Forschungen zur Entstehung der großen bürgerlichen Kapitalvermögen am Ausgange des Mittelalters und zu Beginn der Neuzeit, zunächst in Augsburg, 2. Aufl. München–Leipzig 1935, 8, Tab. 2, stand Konrad Ilsung mit einem Vermögen von 1.930 fl. noch an 36. Stelle in der Steuerliste.

93 ChrdtSt 4 (Anonymus) 221 f., 308.

94 Vgl. zur Einordnung Friedrich Blendinger, Die wirtschaftlichen Führungsschichten in Augsburg 1430–1740. In: Herbert Helbig (Hrsg.), Führungskräfte der Wirtschaft in Mittelalter und Neuzeit 1350–1850, Teil I (Deutsche Führungsschichten in der Neuzeit 6) Limburg/Lahn 1976, 51–86.

95 StAAug RP (Ratslisten): seit 1416 im Kleinen Rat, 1442 ff. Bürgermeister.

96 Vgl. neben Blendinger, Führungsschichten 57, auch Hartmut Boockmann, Spät-

15. Jahrhundert seinen ersten großen Boom erlebte. Sein Sohn Peter, ebenfalls mehrmals Bürgermeister und hervorragender Politiker, seit 1428 reichster Bürger der Stadt, seit 1442 unter dem Namen Peter von Argon geadelt, schied allerdings 1450 aus der Bürgergemeinde aus und zog sich auf seine Landgüter zurück. Das kinderlose Ehepaar Hirn dagegen hatte in der Kramerzunft ihr Spitzenvermögen erworben[97].

In der zweiten Hälfte des 15. Jahrhunderts verschob sich das Bild endgültig zugunsten der kaufmännischen Unternehmer – so wie im allgemeinen die Zusammensetzung der städtischen Oberschicht sich wandelte[98]. Zwar waren mit Ursula Gwehrlich[99], Anna Minner geb. Rem[100] und den Rephun[101] noch Familien beteiligt, die in Handel und Stadtregiment keine herausragende Rolle spielten, aber wie Gilg Schneider, der lange Jahre als Zunftmeister der Bierbrauer im Kleinen Rat saß[102], immerhin über erhebliche Vermögen verfügten. Doch zwei weitere hatten wiederum dem Textilgeschäft ihren Aufstieg zu verdanken: Heinrich Müller war erst 1465 zusammen mit seinem Bruder Melchior von Nördlingen zugezogen und in die Kaufleutezunft eingetreten, offenbar um dem dort im Sinken begriffenen Barchenthandel zur Metropole zu folgen[103]. Jakob Haustetter stammte aus einer einheimischen Familie in der Weberzunft und hatte seit den 70er Jahren einen der obersten Plätze

mittelalterliche deutsche Stadt-Tyrannen. In: Blätter für deutsche Landesgeschichte 119 (1983) 75–87.

[97] Geffcken, Soziale Schichtung 279, Tab. 11/12: maximales Anlagevermögen 1434 7.680 fl.; zum Gesamtkomplex der Hirnschen Stiftungen vgl. unten.

[98] Vgl. Blendinger, Führungsschichten 60 ff.; Kießling, Augsburgs Wirtschaft 177 f.

[99] Nach Geffcken, Soziale Schichtung 271, Tab. 11/4, verfügte sie 1466 über ein maximales Anlagevermögen von 1380 fl.; ihre Familie stellte mit Hans 1404, 1406 letztmals Vertreter im Kleinen Rat (StAAug Ratsprotokolle).

[100] Nach Geffcken, Soziale Schichtung 269, Tab. 11/2, gehörte Georg Minner, der Ehemann der Anna Rem, mit einem maximalen Anlagevermögen von 5.280 fl. im Jahre 1455 zur Gruppe der Spitzenvermögen, nach Strieder, Genesis 11 f., Tab. 4, stand er 1461 auf Rang 74; in den Ratslisten (StAAug) ist Johann Minner bis 1417 im Kleinen Rat der letzte Vertreter der Familie, die dem alten Patriziat zugehörte.

[101] Sie waren ehemals Salzfertiger und in den 70er Jahren zur Kaufleutezunft übergetreten; im Kleinen Rat stellten sie mit Andreas zwischen 1405 und 1422, dann mit Wilhelm 1477/78 Vertreter. Nach Geffcken, Soziale Schichtung 274, Tab. 11/7, lagen die maximalen Anlagevermögen zwischen ca. 1.000 und ca. 3.700 fl.

[102] Geffcken, Soziale Schichtung 281, Tab. 11/14: maximales Anlagevermögen 1472 2.710 fl.; aus den Ratslisten (StAAug) ergibt sich eine fast kontinuierliche Zugehörigkeit zu diesem Führungsamt von 1454–1477.

[103] Geffcken, Soziale Schichtung 277, Tab. 11/10: er versteuerte 1465 3.000 fl., seit 1472 mehr als 2.500 fl.

in der Vermögenshierarchie der Stadt erreicht[104], auch wenn er nicht in den engeren politischen Führungskreis gelangte.

Die weiteren Stiftungen aus dem beginnenden 16. Jahrhundert weisen dann besonders herausragende Namen der Augsburger Wirtschaftsgeschichte auf: Während Hieronymus Ridler[105], Felicitas Regel, geb. Lauginger[106] und Wilhelm Rem[107] aus Familien kamen, die noch den zur damaligen Zeit eher konservativen Handelstraditionen mit Schwerpunkt im Textilsektor folgten, sind die übrigen Stifterpersönlichkeiten zum Augsburger Großkapital zu zählen, das bereits auf den Montanbereich und Geldhandel umgestiegen war. Hans Meuting war noch als Mitglied der Weberzunft im Venediggeschäft aufgestiegen, seine Söhne ebneten in den 50er Jahren maßgeblich den Weg im Tiroler Bergbau; in dieser weitverzweigten Familie nahm Ulrich Meuting allerdings eher einen bescheidenen Platz ein[108]. Radegunde Eggenberger, die Witwe Jörg Gossembrots von Hohenfreiberg, des kaiserlichen Rates und Pflegers in Ehrenberg[109], sowie Anton Herwart[110] gehörten wie die Fugger[111] zu

---

[104] Geffcken, Soziale Schichtung 281, Tab. 11/14: Jakob II. versteuerte 1504 ein Maximum von 18.025 fl.; vgl. Strieder, Genesis 153–155.

[105] Nach Geffcken, Soziale Schichtung 274, Tab. 11/7, gehörte er in die Kaufleutezunft mit einem maximalen Anlagevermögen 1492 in Höhe von 2.278 fl.; weitere Mitglieder der Familie waren weit höher eingestuft und spielten auch als Ratsmitglieder und Bürgermeister eine führende Rolle; vgl. auch Wolfram Baer u. a. (Hrsg.), Augsburger Stadtlexikon. Geschichte, Gesellschaft, Kultur, Recht, Wirtschaft. Augsburg 1985, 308.

[106] Ihr Ehemann Georg Regel war aus Donauwörth zugezogen und versteuerte sein Maximum mit 13.100 fl. (Geffcken, Soziale Schichtung 280, Tab. 11/13); zur Familie vgl. Baer, Augsburger Stadtlexikon 300. Die Lauginger waren in der ersten Hälfte des 15. Jahrhunderts im Textilgeschäft groß geworden und dann in die Welser-Vöhlin-Gesellschaft eingestiegen; vgl. Strieder, Genesis 119–123; Baer, Augsburger Stadtlexikon 226.

[107] Nach Geffcken, Soziale Schichtung 273, Tab. 11/6, versteuerte er 1510 sein maximales Anlagevermögen in Höhe von 9.343 fl.; zur Familie, Baer, Augsburger Stadtlexikon 301 f.

[108] Nach Geffcken, Soziale Schichtung 273, Tab. 11/6: maximales Anlagevermögen 1516 mit 3.600 fl.; zur Familie vgl. Strieder, Genesis 94–99; Blendinger, Führungsschichten 59 ff.; Baer, Augsburger Stadtlexikon 251 f.

[109] Strieder, Genesis 85–91; Blendinger, Führungsschichten 61.

[110] Zur Familie und ihrer wirtschaftsgeschichtlichen Stellung Strieder, Genesis 107–119; Blendinger, Führungsschichten 64; Baer, Augsburger Stadtlexikon 163 f. – Anton, Sohn des Lukas, hatte 1494 das Augsburger Bürgerrecht aufgegeben und war nach Nürnberg gegangen, 1503 auf einer Ritterfahrt zum Hl. Grab aber verschollen; seine Geschwister bzw. die Testamentarier regelten den Stiftungsvollzug, der auch weiterhin über Augsburg abgewickelt werden sollte.

[111] Anstatt einer Vielzahl von Literatur sei lediglich genannt Götz Frhr. von Pölnitz,

den Familien, die um und nach der Jahrhundertwende den Augsburger Welthandel trugen[112].

Kann die enge Verbindung zum Großkapital als solche nicht überraschen, so erscheint es doch naheliegend, in diesen Stiftungen neben einem Hang zur Repräsentation auch ein gewisses Maß an Kompensation zu sehen für das oft sehr krasse und mitunter rücksichtslose Gewinnstreben des 'Frühkapitalismus", eine Art moralischen Ausgleich und eine Vergewisserung des Seelenheils. In einer Zeit, in der die Zinsfrage und der Monopolstreit mit gegenseitiger Polemik sich zuzuspitzen begannen und bis in die höchsten politischen Ebenen getragen wurden, stieg sicher das Legitimationsbedürfnis in der städtischen Öffentlichkeit an. Hatten doch gerade die großen Weltfirmen der Stadt in Anlehnung an italienische Vorbilder eigene Konten für Stiftungen eingerichtet: die Höchstetter unter dem Titel *Unseres Herren hauptgut*, die Welser als *Konto unseres Heilands und seiner Armen*, die Fugger als *Konto St. Ulrich*[113]. Die Zugehörigkeit der Stifter zur wirtschaftlichen und gesellschaftlichen Oberschicht dürfte aber auch jene ordnungspolitische Aufspaltung in 'gute' und 'schlechte' Arme forciert haben, in solche, die der Förderung würdig und in solche, die abzuwehren waren, ging es ihnen doch vorrangig um die *Hausarmen*, die *nottürftigen lute.*

Darüber darf aber nicht übersehen werden, daß alle diese karitativen Stiftungen einerseits, wie gezeigt wurde, selbst unter dem Generalmotiv *pro remedio animae* standen und in der Regel eingerahmt waren von einer Vielzahl kirchenbezogener Dotationen: der Ausstattung von Kapellen, aufwendigen Jahrtagen und Ewigmessen. Diese Seelgerätskompositionen lassen sich beispielhaft von dem Kramerehepaar Afra und Konrad Hirn von 1429/58 bis zur Stiftungskonzeption der Fugger von 1521 verfolgen.

Die Hirnsche *gottesgab und seelgeräth*[114] bestand zunächst aus der Stiftung einer Kapelle bei den Karmelitern – der späteren Goldschmiedekapelle, da sie in die Verwaltung des Goldschmiedehandwerks gelegt wurde, wofür es auch zu eigenen gottesdienstlichen Zwecken den Altar benutzen durfte. Dazu kamen eine tägliche Messe, gehalten von den Karmelitern, zwei Jahrtage für die Stifter mit reichen Präsenzgeldern

---

Jakob Fugger. Kaiser, Kirche und Kapital in der oberdeutschen Renaissance. 2 Bde. Tübingen 1949/51.

[112] Vgl. jetzt zusammenfassend mit der älteren Literatur Hermann Kellenbenz, Wirtschaftsleben der Blütezeit. In: Gunter Gottlieb u. a. (Hrsg.), Geschichte der Stadt Augsburg von der Römerzeit bis zur Gegenwart. Stuttgart 1984, 258–301.

[113] Pölnitz, Bankherren 215.

[114] Vgl. dazu ausführlich auch Eberhard Schott, Beiträge zur Geschichte des Carmeliterklosters und der Kirche von St. Anna in Augsburg. In: Zeitschrift des Historischen Vereins für Schwaben und Neuburg 6 (1879) 89–100, 110–120.

für das Goldschmiedehandwerk und die Mönche sowie 10 fl. Ewiggeld für den Bau der Kapelle. Eventuell übrig bleibende Stiftungsgelder sollten für Meßgewänder und Ausstattungsgüter verwendet werden. Dies war jedoch nur der Anfang. Eine Reihe von weiteren Zuwendungen an die Karmeliter und die inzwischen angelaufenen verschiedenen karitativen Maßnahmen wurden 1458 in einer neuen Stiftungsordnung zusammengefaßt:[115] Abgesehen von der obigen Kapelle waren es ein Seelhaus für vier Frauen, ein Pilgerhaus am Judenberg mit vier Betten, die 10 Loden für Hausarme jährlich im Herbst, fünf Gottberate beim Hl.-Geist-Spital und für die Seelfrauen, die beiden Jahrtage sowie jährliche Zuwendungen von Wachs und Geld an die Pfarrzechen beim Dom, bei St. Ulrich und St. Moritz sowie an die Kapelle; die gesamte Zinsleistung war mit 124 fl. rh. und 15 1/2 fl. ung. veranschlagt. Charakteristisch erscheint die neue Zusammensetzung: die Erweiterung zielte sehr viel mehr auf die sozialen Bereiche, blieb aber noch stark in institutionellen Bahnen.

Diese Linie setzte sich fort bei Jakob Haustetter: Sein *Seelgerät* sah insgesamt 607 fl. jährlich zur Verteilung vor und beinhaltete neben dem Almosen der Schüsseln wöchentlich und an Festtagen ein Salve Regina bei St. Jakob, St. Ulrich, den Dominikanern und Karmelitern, sowie ein ewiges Licht bei seinem Begräbnis in St. Ulrich; dann die Salzstadelspenden, die Aussteuerstiftung, die Gelder für die *Vier Brüder* bzw. die Handwerker sowie eine Kaplanstelle bei St. Othmar.

Und auch die Fuggerschen Stiftungen, 1521 zusammengefaßt in einem Stiftungsbrief[116] mit einer Gesamtdotation von 15.000 fl. rh., weisen einen religiösen wie einen karitativen Teil auf: die Grabkapelle bei St. Anna mit Ausstattung und Ausgestaltung, Besetzung mit einem Organisten, Gottesdiensten und Jahrtagen für die Familie, besonderen Reichnissen an den Karmeliterkonvent; dann die Prädikatur bei St. Moritz – um die ein langjähriger Streit entbrannte – und schließlich die Sozialsiedlung am Kappenzipfel.

Und doch sind insgesamt 'Bestrebungen um größere Effizienz' unübersehbar. Am Anfang standen Dotierungen, die die materielle Lage der gesellschaftlichen Randgruppen nur sehr pauschal berücksichtigten: die *Gottberate* zur Aufbesserung der Mahlzeiten für die Kranken in den Spitälern unterstützten lediglich die materielle Grundlage dieser Institutionen, die Pfennigalmosen für Arme konnten die weitverbreitete Armut kaum lindern. Sehr viel wirksamer waren hierfür die *Almosen der Schüsseln*, die sich im 15. Jahrhundert durchsetzten und wenigstens die Hausarmen für einen längeren Zeitraum einigermaßen ausreichend bedachten, freilich auch hier die konkrete Notsitutation und ihre Dauer

[115] StAAug Schätze 146, fol. 1–18.

[116] Ediert mit Einleitung von Kellenbenz – Preysing, Stiftungsbrief.

nicht individuell analysierten. Sachspenden wie die Ausgabe von Loden oder Holz setzten immerhin an dem Punkt an, wo die potentiellen Empfänger ihre Einnahmen weitestgehend für die Ernährung verwenden mußten und keinen Spielraum für sonstige Lebenshaltungskosten hatten. Ihnen traten ergänzend die Aussteuerstiftungen an die Seite, während die Stipendien aus spezifischer Interessenlage der Stifter für die geistliche Laufbahn schon über die Linderung der Not hinausgingen. Die Modellrechnungen der 'besoldeten' Armen ergaben dabei immerhin auch an realen Lebenshaltungskosten orientierte Werte, die zeigen, daß sie offenbar relativ genau kalkuliert waren.

Freilich bedeuteten gerade diese Stiftungen nur einen Tropfen auf den heißen Stein; nur ein geringer Bruchteil der am Rande des Existenzminimums Lebenden war hiermit zu erfassen und sie galten nun vorrangig den 'verschämten' Armen, die noch in die städtische Gesellschaft integriert oder zumindest für integrierbar gehalten wurden. Die Ratsverordnungen zur Kontrolle des Bettlerwesens, die schrittweise darauf zielten, die städtischen Bettler zunächst von den auswärtigen abzugrenzen, sie aber dann auch in die Marginalisierung drängten[117], wie die Versorgungspolitik mit den Grundnahrungsmitteln Getreide bzw. Brot, die die allgemeine Tendenz zur obrigkeitlichen Bewirtschaftung und damit wiederum zur normenorientierten Verfassung nur noch verstärkte, erscheinen als eine eher hilflose Abwehrmaßnahme gegenüber einem Massenphänomen, das noch nicht einmal seinen Höhepunkt erreicht hatte[118]. Die Armenordnungen von 1522 und 1541/43[119] setzten diesen Weg konsequent fort, zentralisierten die Ausgabe, überwachten die potentiellen Empfänger und verboten schließlich das Betteln ganz. Trotz der reformatorischen Einflüsse, vor allem was die Regelung von 1541 betraf, sollte beachtet werden, daß die entscheidenden Wendepunkte sich schon in der Stiftungspraxis der vorausgehenden Jahrzehnte abzeichneten.

Der subjektiv religiös-orientierte Zusammenhang des Heilsstrebens wurde bei den Bürgerstiftungen des Mittelalters zwar nie verlassen, sondern durch die Quantitätssteigerung materialisiert – *dann iederman wolt gen himl*, kennzeichnete der Chronist und Kaufmann Burkhard Zink

117 Vgl. Wolfgang Hartung, Gesellschaftliche Randgruppen im Spätmittelalter. Phänomen und Begriff. In: Bernhard Kirchgässner – Fritz Reuter (Hrsg.), Städtische Randgruppen und Minderheiten (Stadt in der Geschichte 13) Sigmaringen 1986, 49–114, hier 99–106; Geremek, Armut 50–68.

118 Nach Clasen, Armenfürsorge vor dem Dreißigjährigen Krieg 86–90, lag allein die Zahl der Almosenempfänger um 1550 bei ca. 1.000–1.400, 1562 bei 1.732, 1571 aber bei 3.361 Personen, wobei freilich zwischenzeitlich die Zahlen erheblich zurückgingen.

119 Vgl. dazu vor allem Clasen, Armenfürsorge vor dem Dreißigjährigen Krieg 69–72.

diese Haltung prägnant[120]. Trotzdem bleibt ein stärkerer Zug zur Rationalität, zum Erkennen der spezifischen Notlagen und ihrer Linderung in einem genau abgegrenzten Feld der *Hausarmen* ein Charakteristikum an der Schwelle zur Neuzeit.

[120] ChrdtSt 5, 45.

Gifts for the Soul and Social Charity in Late Medieval Bohemia

JOHN KLASSEN

The last wills and testaments in the late middle ages expressed people's wishes, attitudes and intentions with respect to both this worldly and other worldly matters. They express attitudes to other family members, to property, to life and death, to community and social groups, to the church, to saints and to God. Most wills contained bequests for the soul (*pro anima* or *zá duše*) which were to assist passage into the world beyond. They show that while lay people continued to believe in prayers and liturgy as aids to the dead their piety also had a strong pragmatic and this worldly strain.

The gifts for the soul can be divided into two kinds: those for clerical masses and prayers and those with a this worldly orientation designated for the poor and the church's structure. If one looks at masses and prayers, without benefit of faith in their intended efficacy, such gifts enhanced the priests' income but otherwise disappeared into thin air. Gifts to the poor and to buildings however left an impact on the material and social culture of the late medieval world. Plzeň residents gave increasingly to the poor, gave lay executors increasing control of their gifts at the expense of the clergy and in their gifts to the Mendicant orders were more concerned for the building than they were for masses.

THE TOWN OF PLZEŇ

Plzeň was one of the larger towns in Bohemia with about 3500 people. Its citizens provided us with some 333 wills which form the basis of our study. At the beginning of the fifteenth century the city's some 540 artisans were organized into forty-six guilds. About a third of its population was involved in agriculture. By 1400 the majority of the population and of the town council were Czech. Most of the rest were of German origin. Plzeň was a royal town and loyal to the Roman church during the Hussite revolution. The wars were a heavy financial burden for the city, as at least four times it had to fight off sieges from the revolutionaries. It was heavily indebted to the Council of Basel and in the 1430s King Sigismund waived a number of taxes and the city began to benefit from its trade link to Nuremberg. Plzeň continued to be at odds, first with George of Poděbrady, until 1450 and up to the end of the century with the nobility who were trying to curb urban independence.[1] The citizens of this consistently Romanist town did however show a coolness towards the clergy when it came to giving them control over the spiritual gifts made at the end of their lives.

The Last Will and Testament

In making a gift people sought social recognition and perhaps made donations appropriate to their class or estate in society.[2] Here however we want to examine their values as they prepared to go to the world beyond. A few Plzeň wills had short preambles about the coming of death or of the meaning of property, but most came to the main issue, the division of property, very quickly. The preambles were formulaic, in which the testator observed that death was inevitable and unexpected and property was not one's own but held in trust from God. Thus in 1430 Andrew Strhla of Přívetice wrote:

> "... having recognized how temporary and impermanent this world is and considering and reflecting on mortality, that everything dies, but knowing neither the day nor hour of death, and having taken counsel with myself and with my good friends and kin as to how I might leave my property which is loaned to me in this world by the Lord God ... I made and make my last instructions ..."[3]

The bequests of the people of Plzeň, show a piety with a strong this worldly orientation and an interest in the material welfare of buildings and of the poor. Furthermore they tended to give the laity supervision of the gifts, not trusting the clergy.

The relatively weak role played by the clergy is evident in the drafting of the will itself. Wills and testaments were drawn up before the judge and a third member of the council who set their seals to them. If the person was sick or near death the officials went to her home.[4] Those who dictated theirs on their death bed may have had a priest present for extreme unction but there is no reference to him in the will, nor is there evidence that he played a role in the choice of benefactors.

---

[1] M. Bělohlávek, Dějiny Plzně od počatku do roku 1788 (Plzeň, 1965) 36, 46–7, 58, 93–7, 106.

[2] Howard Kaminsky, Simon de Cramaud and the Great Schism (New Brunswick, N.J., 1983), 311 and Josef Strnad, ed., Listář královského města Plzně (Plzeň, 1891 & 1905) 1, 195–6.

[3] Strnad, 1, 328.

[4] Strnad, 1, 89, 2, 1 and Bělohlávek, 107. Cf. Steven Epstein, Wills and Wealth in Medieval Genoa 1150–1250 (Cambridge, Mass., 1984) 49–50 and A. von Brandt, Mittelalterliche Bürgertestamente (Heidelberg, 1973) 5–6.

Gifts for the soul (*pro remedio anima* or *zá duše*) and acts of mercy included the costs of burial and funeral preparations and associated rituals as well as separate donations to feed and clothe the poor and repair material structures of town and church. Late medieval people did not distinguish sharply between the material and the spiritual in the gifts they made for their souls. There is however a difference. Bequests for prayers and masses for the soul of the deceased had as their object an effect in the other world. Gifts to the poor which clothed, fed and bathed them and to the community for roads and bridges effected material and everyday life in this world. Late medieval people however believed both were useful in providing passports to the beyond.

The 1424 will of Sophia Maršová, demonstrates this integration well. She instructed her executor, Olbram,

> "to give a proper meal to the poor people in the hospital here in town during Ember days, before Christmas, Easter and Pentecost (*suchi dní*) and on these days he shall arrange a bath for the poor so that they can wash themselves. In addition each year he shall give some malt for beer to the poor in the hospital. Olbram and his heirs and successors shall do this as a memorial for her soul and for those of her ancestors, at these times without fail each year in perpetuity. In addition each year, in perpetuity, in the morning of the day before St. George's a chanted mass (*mši zpievanu zadušní*), and in the evening a vigil for her soul and those of her ancestors, shall be established in the grey monastery by her executors without fail."[5]

FUNERAL RITUALS

According to Chiffoleau[6], testators in small towns left funeral organization to executors and family, who acted according to local custom. However in a large city such as Avignon, testators gave explicit instructions and increasingly attached more importance to having processions with candles, mourners and clergy present. The whole exercise became more spectacular, theatrical and even macabre as well as devotional, as people asked that a mass be said in the presence of the body. Above all the mass became the chief means of aiding the soul on its passage. And testators became more precise as to when they wanted them: whether

---

5 Strnad, 1, 307. See also 2, 572. The terms *sexagena* or *kopa* are examples of ghost money or money of account described by C. M. Cipolla, Money, Prices, and Civilization in the Mediterranean World (New York, 1967) 42–3. In Czech or Prague currency 60 groschen were counted to a *kopa*. Meissen currency was worth half that of Prague's.

6 Jacques Chiffoleau, La comptabilité de l'au-delà (Rome, 1980) 119–52.

right after death, as quickly as possible or drawn out over ten or more years.

Death was announced by tolling bells. The body was wrapped in a shroud. In the procession flaming candles and a large cloth draped over the corpse were important. The better off had a priest with a large cross leading the procession. Some gave both the wrapping shroud and the cloth to the poor, others preferred to be buried in it. Mourners were important for the procession so the rich more and more asked the poor, the Mendicants and respectable widows and girls to be present. Some asked for a symbolic number of mourners such as 12, four (for the gospel writers), five (the wounds of Christ). Others, in a bid to attract attention, asked for 25, 50 or even 100.

After the burial the family gathered for a meal, of wine, meat and bread a sign that the life of the community continued. It was soon transformed into an occasion for charitable distribution. Sometimes all (including poor) were invited. The distribution of alms was made at the door of the deceased's house or at the cemetery. The funeral was followed by a mass the next day and one at the end of the year, marking the closure of the mourning.

Preparations for and ritual surrounding death integrated a number of activities ranging from masses and prayers whose hopes for efficacy was in the next world, with preparations of the body and gifts for the poor which left an impact in this world. All of this cost something in terms of material and money. The cloth for the funeral could serve to clothe the poor later, the repast that brought the poor to the funeral to pray and mourn also provided them with nutrition.

The Plzeň testators organized their funerals according to similar principles as those in southern France. There is, however, little evidence of testators accumulating masses in the hundreds or the thousands; there were no requests for large numbers of clergy or of poor to participate in funeral processions with flaming candles although it may well have been the custom for both poor and clergy to participate in the funerals and burials. Overall however people of Plzeň were much less concerned about the mass and prayers for the dead and the presence of clergy in large numbers at their funerals. In their charitable gifts to the poor, they in fact tended to deny the clergy the administration of these gifts entrusting them rather to lay persons.

Plzeň's this-worldly focus

The variety and this worldly focus of a Plzeň citizen's interests at the end of his or her life is best illustrated with the 1495 will of Herman of

Žerovník.[7] He treated the three major ecclesiastical bodies equally giving each 3000 groschen and designated how the orders were to use the gifts. The Franciscans were to use 2400 groschen for the building (*dielo*) and 600 for their needs and sustenance; the Dominicans: 2700 groschen for the building and 300 for their needs. He made no specific request for a mass or vigil, only asking that the priests and other recipients pray to the almighty for his soul and for those of his wife and ancestors.

He gave 150 groschen to the poor of the hospital, 600 for the repair of the church of St. Peter's in Jamny where his ancestors were buried, 600 to the altar of St. John's in the parish in Plzeň where his wife lay buried and 150 groschen to St. John's in Utery where his mother was buried. He also gave his aunt 1200 groschen to live on and "that she might pray to God on his account ..."; if she died before him, it was to "be used for acts of mercy especially for the building of the Black monastery ..."; He gave 450 groschen, some bed clothes and a chest to his foster-child (*schovanice*) Dorothy, 90 groschen to the foster-child of his mother and 150 groschen each to his wife's three sisters and 300 to two priests, brothers of his dead wife, who were also to pray for his and his family's souls. In other words both clergy and laity were to pray for his soul.

He gave 1500 groschen "for the repair of the town" to the city council. He then asked his three executors to sell his house and the rest of his estate.[8] They were first to give the "Plzeň lords (ie. the council) 1500 groschen and then each of the executors should take 450 for himself and the rest, 13150 groschen was to be used for charity.[9]

The widow Svata Maternová's will in 1500 shows the same practical and this worldly concern. She gave:

> "300 groschen for the Black monastery, that is, 150 groschen for the building (*stavenie*) and a second 150 groschen to the brothers for their needs; 300 groschen to the church of St. Bartholomew for the parish; 150 groschen for the needs of poor in the hospital and 150

---

[7] Strnad, 2, 338–9.

[8] In 1474 a house with some grain and sheep sold for just over 16000 groschen. Strnad, 2, 183.

[9] There were three executors, so a total of 2850 groschen went to the council and to the executors which left 13150 groschen for the council to use for acts of mercy. Money for acts of mercy in another will was half for the poor and half for liturgical rites. Strnad, 2, 365. – Earlier in 1492 the council had petitioned Duke Albrecht of Bavaria on behalf of some of its citizens who had been robbed while carrying a safe-conduct from the duke. Herman, who was called *unnsers raths freundt*, had lost some money in that robbery and for a time was also a member of the council. Strndad, 2, 308, 311, 320.

> groschen for its structure; 90 groschen to All Saints for the repair of the church; 90 groschen to St. Nicholas' for repairs, ... if in addition anything remains let the Barefoot brothers be given 150 groschen for their needs and let the executors use the remainder for acts of mercy and especially let the baths be heated soon after her death."[10]

Here we have the typical Plzeň mentality, concerned with mundane everyday status of the church. Neither person made specific instructions as to how many prayers or masses would be celebrated for their soul or for that of their family. Both felt that the buildings of the ecclesiastical institutions in Plzeň needed repairs.

There was no care for a flamboyant funeral accompanied by numerous poor mourners and clergy bearing candles; no request for masses, which is not to say she did not expect them. While a few of the better off specified in detail the masses they wanted, most left these matters to their executors who presumably followed local custom. In any case there is no evidence of increased priestly role, nor of increased use of biblically significant numbers for mourners. Nor is there evidence of the wake and funeral growing more devotional. There were a few requests for "thirty masses" beginning in 1451 and in the sixteenth century.[11] Most wills in the fifteenth and early sixteenth century show people whose concerns were more for the material needs of the church and its members in this world. They felt their interests in the world beyond were served as much by giving to buildings and to the poor as by masses and prayers. This general picture is demonstrated by looking at the aggregate value and distribution of the spiritual gifts.

Table one (page 68) shows the amount of money given to the major ecclesiastical bodies (parish, Dominicans, Franciscans) and to the poor in Plzeň from 1307 to 1526 as reflected in town records. The patronage to the parish of St. Bartholomew as well as the older but smaller church of All Saints (Bartholomew's was the filial of All Saints) belonged to the Order of Teutonic Knights after a twenty year dispute that was resolved in 1342. The hospital was administered by the same order.[12] Gifts to All Saints and to Bartholomew's and to all chapels and altars there have been included under gifts to the parish.

Institutional Distribution

Table one shows that there were variations over time in the number of donors who made gifts to the different ecclesiastical institutions. The

[10] Ibid., 2, 405–6. Similarly 1, 141 and 2, 64, 254, 307, 405, 411, 426, 618, 674.

[11] Strnad, 2, 1–2, 285, 299, 370, 581, 664, 702.

[12] Bělohlávek, 53–4, 39.

parish attracted about 44 percent of those making wills (column 5) in the fourteenth century. This increased to 54 percent in the first half of the fifteenth century, dropped to 40 percent in the second half and to 32 percent in the sixteenth century. The Dominicans' dropped steadily from a high of 49 percent in the fourteenth century to a low of 25 percent in the sixteenth. The proportion of testators giving to the poor and to the Franciscans increased slightly from the fourteenth to the sixteenth century.

The parishes remained the recipient of the largest aggregate sum (column 1). But the size of the average gift decreased sharply as wills became more and more common. The average gift in the fourteenth century for each institution and the poor was over 1000 groschen but by the sixteenth century it was less than half that. As more people with modest estates drafted wills the average size of the gift to the church and the poor decreased.

In most European cities and towns there was rivalry between the local parish clergy and the Mendicants.[13] This was also true of Plzeň. In 1374 the parish priest tried to forbid the laity the right to choose their own burial place in an effort to keep them from the Mendicant orders. The priest was accused of slandering the monks and at one point the monks entered the church while the priest was preaching, yelling out that he was liar. The priest accused them of stealing the gilt coverlet from the corpse which they later buried in the monastery and called them plunderers and robbers of the parish.[14] It seems this quarrel died down, at least there is little evidence that the citizens made the clergy's dispute their own. Many gave to both monasteries and parish even if they could obviously be buried only in the cemetery of one. Only Wenceslas the draper in 1505 hints at this rivalry when he gave a pitcher to the "Barefoot (monks) and from it let them make an ampule which is bigger than that of the parish."[15]

Material Interests

The this worldly and material interests in the Plzeň citizens' spiritual bequests becomes clear when we look at the actual amount of money given. First an increasing proportion of residents made no spiritual bequests at all (see tables one and two, pages 80 and 81). The number

---

[13] John B. Freed, The Friars and German Society in the Thirteenth Century (Cambridge, Mass., 1977) 89–91, 93–105; Epstein, 144–5; Chiffoleau, 249–51 and Howard Kaminsky, A History of the Hussite Revolution (Berkeley, 1967), 21–2.

[14] Bělohlávek, 56–7.

[15] Strnad, 2, 511.

of people who did not make a spiritual bequest at all rose from 4.8 % in the fourteenth century to over 44 percent in the first two decades of the sixteenth century. This trend runs counter to that seen in southern France,[16] in Genoa[17] although seemingly not in Vienna.[18] It may be that some residents paid for memorial masses and had their names inscribed in a book of the dead or obituary[19] without mentioning it in their will. But at the very least we can conclude that the desire to buy the spiritual services of the clergy did not increase at the same rate as use of last wills and testaments to dispose of one's property did. Those that did leave spiritual bequests had the notion that helping their souls was closely connected to improving the material life of the poor. This is not to say that the problems of the poor were adequately addressed.

Gifts to the Poor

The lay poor were expected to pray for the deceased's soul and very likely to accompany the cortege to the burial spot. As such they were symbolic intercessors on behalf of the deceased. Gifts to poor students sometimes expressly stated that they were to help them be more diligent in singing and praying to God.[20]

The aggregate sum given to enhance the material lot of the poor increased throughout the fifteenth century, as did the percentage of testators including the poor in their wills. In addition the average amount of the gift increased in the first half of the fifteenth century and thereafter moderated. The percentage of testators giving to the poor resembles that in southern France,[21] although there such gifts were small and ritualistic and given to institutions at the expense of the free poor. In Plzeň in the fourteenth century and after, close to 30 percent of people making wills gave to the poor.

---

[16] Chiffoleau, 73–83.

[17] Epstein, 141.

[18] G. Jaritz, Alltag im Spätmittelalter, ed. H. Kühnel (Graz, Vienna, Cologne 1984) 137. He assumes the absence of a specific spiritual bequest in a will means only that the person arranged gifts for his or her spiritual salvation elsewhere.

[19] Chiffoleau, 330–2. For Bohemia pious legacies can be found in C. Borový, A. Podlaha (edd.), Libri erectionum archidioecesis Pragensis saeculo XIV. et XV., 1–6 (1358–1405), Prague 1875–1889, 1927.

[20] ... *aby tiem pilneji pomahali zpievati a pána boha za její duší prosili.* Strnad, 2, 70.

[21] Chiffoleau, 304, says from 20 to 60 % of testators, depending on region, gave to the poor. I do not include gifts to servants or other household or family members, (eg. dowries) as Epstein, 173, did unless the recipients are designated as poor.

Furthermore the part of total gifts which the poor got increased in the course of the fifteenth century. Up to 1399 the poor and the hospital got 12.7 percent of all gifts. In the first half of the fifteenth century they got just over 38 percent; in the second half their share declined to 24 percent[22] and at the beginning of the sixteenth century it rose slightly to 27.6 percent. It is also noteworthy that they tended to instruct the laity, their family or friends, not the clergy, to administer the gifts to the poor.

LAY ADMINISTRATION OF GIFTS

One could help the poor by making a gift directly to the hospital. Early in fourteenth century a townsman, Conrad of Dobřany, had established it with an endowment of an annual rent of 640 groschen plus eggs and poultry. He later added the incomes from a village which he bought for this purpose. In 1322 he placed it into the administrative care of the Teutonic Order, whose roots were the Hospital of St. Mary of the Germans in Jerusalem.[23] In the early fifteenth century people grew hostile towards the Order, because they resented its wealth and because many of its members were German adding an ethnic character to the tension.[24] The number of donors to the hospital as a percentage of the total number kept pace with the overall growth in the number of people who made wills. The average size of their gift however declined from 657 groschen in the fourteenth century to a low of 253 groschen in the second half of the fifteenth century.

Testators increasingly left their gifts to the poor in the hands of their lay executors or kin rather than giving it to a church institution. Andrew Strhla's will demonstrates very well a lack of trust in the clergy. In 1430 having given each monastery and the parish annual rents of 70 groschen (ie. costing each 700 groschen) for memorial prayers and masses he gave:

> "a perpetual rent of 60 groschen for the poor in the hospital. He bequeaths that every year in perpetuity, seventy-eight ells (two *postavy*)[25] of cloth be bought for 240 or 270 groschen and that these be

[22] This does not include the enormous gift of 135000 czech groschen that the noble Lady Rožmitál made in 1496 establishing a second hospital. The terms of her will were not carried out. Strnad, 2, 365 and note on 366.

[23] G. Zarnecki, The Monastic Achievement (New York, 1972) 110.

[24] Bělohlávek, 75 and František Šmahel, "Husitské město Slunce", in: Minulostí západočeského kraje 19 (1983) 139–42.

[25] An English ell measured 45 inches. One *postav* sold for 150 groschen in 1456 and 120 groschen in 1526. Strnad, 12, 9, 755.

divided among the poor and the working people (*chudym a pracnym lidem*), half at Easter and the other half at Christmas. He establishes a 60 groschen perpetual rent for his soul and those of his ancestors and that every year it be distributed among the poor. He establishes a perpetual rent of 60 groschen for the students in the school and for that rent they shall do whatever my executors instruct them to do. And my undersigned executors are to establish these perpetual rents for the parish, the two monasteries, the hospital, for the cloth, for the school and the 60 groschen for distribution among the poor so that these rents not dissipate but that they be given perpetually. Should my executors see that the priests or the brothers in both monasteries do these services in a slovenly way or do not wish to do them, or that the preachers neglect to remember our souls or to pray to God for them each Sunday, then the executors are to remove and to seize the rent from those who neglect that service and they are to give it to others for other acts of mercy for our souls as they shall see fit ..."[26]

Similarly, John Milíčovec made a generous gift to the poor with a friend as executor. He added a clause that his wife Lida was to deliver part of the gift personally with her own hands:

"Lady Lida shall take all the rest of this year's grain and from it feed the poor, bake the bread, brew the beer and distribute it among the poor and those with not enough, for the soul of John Milíčovec and those of his ancestors without fail."[27]

Similarly in July 1464 Anna, the wife of Andrew, took great care that her gift for the baths be in fact so used. She bequeathed

"780 groschen for perpetual baths for the poor to wash every year, namely that a perpetual rent be purchased with these 780 groschen and that it be dispensed through her husband Andrew, or through her kinsmen, so that the rent does not dissipate, but that it be given out to the poor for baths perpetually every year."[28]

The average gift to the poor left in the hands of lay persons to administer or arrange grew consistently from 613 groschen in the fourteenth century to 781 in the sixteenth. Its highest point was in the first half of the fifteenth century when it was 2848 groschen (see table 2).

The total value of the gifts administered by the laity reflect the burgers' alienation from ecclesiastical institutions especially the Hospi-

---

[26] Strnad, 1, 328. In addition he gave the children of Andrew of Predenice 600 groschen "if they return again to the christian faith and leave the heretical wycliffite and taborite faith; ..."

[27] Strnad 1, 382. See also 2, 102, 192.

[28] Strnad, 2, 102.

tal.[29] From 1400 to 1449 lay administered gifts jumped to close to 20000 groschen from less than 4000. In the second half of the century it increased to close to 30000 and then dropped again in the sixteenth century to just below 15000. The size of the average gift for lay administration follows somewhat the same trend. In the fourteenth century it was 613 groschen; it jumped to 2848 in the first half of the fifteenth century but then declined again as more people gave to keep the aggregate total high but the average gift became more modest. In the fifteenth century from 84 to 92 percent of the total given to the poor as material gifts was lay administered.

Judging from this data there was support among the Plzeň people for the anti-ecclesiastical ideas of the Hussite reformers. One of their main ideas was that the clergy was too powerful and wealthy and that the poor were deprived of their due as the result of the oppression of the Church. In addition Czech reformers cultivated a personal piety of contemplation, prayer, scripture reading and preaching. The mass was important for inner renewal and teaching and caring for the sick and aged were also stressed.[30] A radical priest, Wenceslas Koranda was active in Plzeň in 1419 and perhaps some years earlier.[31] The city pressured the more radical followers of John Žižka to leave in 1420 and after that remained steadfastly loyal to king and Church. Nevertheless it seems that many continued to sympathize with the anti-clerical notions of the religious reformers but not with the more radical social and political ideas that dominated the Hussite revolution until 1434.

Church Building

The Plzeň people's material concerns can also be seen in the gifts made to the structures of the churches. They wanted to ensure that gifts given for the enhancement and maintenance of church buildings were so used and not for the priests' own needs. Thus in 1500 a man gave 1000 tiles to the church of St. Mary (Dominicans) "and when God wills it he will cover the church."[32] Procop Reš's 1476 will represents the many. After he gave a number of other charitable gifts he stated: "And if they shall do it strong and well, out of stone, he bequeaths the Hospital 600 groschen, and thus that his son John should pay it out to the workers

[29] This runs counter to the trend described by Chiffoleau, 306–7. Also in 12th century Genoa the church served as conduit for funds to the poor. Epstein, 169, 200.

[30] Kaminsky, 11, 17–20, 46–50, 271–275; Bělohlávek, 75; and John Klassen, "Women and Religious Reform in Late Medieval Bohemia," in: Renaissance and Reformation 5 (1981) 203–06.

[31] Kaminsky, 169, n. 86, 299.

[32] Strnad, 2, 411.

and the masons, according to those by whom this work is ordered".[33] He did not explain what the project undertaken was but the hospital's structure needed some maintenance. He wanted to make sure his money went to that end and authorized his son to pay it as the work progressed.

The percentage given to the parish for physical upkeep remained roughly the same. It however increased for the Mendicant orders in the second half of the fifteenth century and the early part of the sixteenth. Both monasteries served as fortifications for the town. The Dominican house was built on the north wall and the Franciscan on the east. They evidently bore part of the brunt of defense during the Hussite wars. After 1450 the townspeople responded to both houses and made gifts to repair damage done. In the second half of the fifteenth century 68 percent of the gifts made to the Dominicans were for structural repairs, up from 7–8 percent in the previous years. The Franciscans apparently had not suffered material damage to the same extent because gifts for its structure remained relatively small; never more than 19 percent. Windows in the Dominican monastery were broken and several testators instructed that their gift to the Order be given to repair the house of God or gave pewter or glass for the windows. One person gave a gift "for the middle cellar of the monastery".[34]

Plzeň testators continued to expect the clergy to pray for their souls when they made gifts for the structure of the church and when they made lay people executors of their gifts. It is however noteworthy that most did not spell out specifically the type, number, frequency and timing of the masses. Nor did they give much attention to the details of organizing their funeral services. If anything, the role of the clergy became more muted.

This general picture is even more true for the smaller town of Bydžov in north central Bohemia and it seems also for south Bohemia. Bydžov was on the domain of the Vartemberk family and within the Hussite sphere of influence during the revolution. Most of the dowry and property arrangements, which generally included instructions for disposal at death, had no gift for the soul at all. Those that did almost always gave for the church's fabric (*pro fabrica ecclesie nostre*).[35] Rarely did they request prayers as well.

From 13 July 1403 to 1405 six persons specified that at his or her death the survivor was not to give sixty groschen to the parish for the

[33] Strnad, 2, 192. .

[34] Strnad, 2, 312, 327, 664, 699.

[35] Jan Kapras, Liber Conscientiae Civitatis Novobydžoviensis a. a. MCCCXI–MCCCCLXX (Nový Bydžov 1907) 172 passim.

soul.[36] Most likely they had agreed not to pay rent or a death due to an ecclesiastical institution, with which a previous owner had burdened the property. It may well be that these couples were supporters of Hus or even of the Waldensians. Even though Bydžov had public baths, no one included a gift to them in their last will.

During the Hussite wars gifts for the soul in Bydžov ceased almost entirely. The parish got a gift in 1421, 1430, 1455, 1463 and two in 1464. The hospital got one in 1439, 1457, two in 1464 and one in 1469 when a man gave his whole estate to the poor for sake of his soul.[37] No one made a gift to the Franciscan monastery after 1415.

The Poor as People

From early on charity to the poor was part of church liturgy and ritual. The poor were also expected to pray for the souls of the deceased and often seen merely as symbols with whom one should identify in order to avert the fate of the rich man who neglected Lazarus.[38] Some late medieval burgers however, visualized the poor as real people. They considered how their gifts would affect the material life of the recipients and saw the poor as having certain good and bad traits.

The deaths of the better off citizens meant also that the poor received food. These were given both as part of the funeral rituals and as separate gifts. In addition to money and annual perpetual rents,[39] which were to be used for food, clothing, drink and hot baths, the poor were also given gifts in kind such as beer, wine, cloth and wood. It may have been customary to give whatever was in the house at the time of death. For example one man gave "lard and other eatables in my house for common distribution to the poor", and another gave the meat and cheese left in the house.[40]

---

[36] Kapras, 187–197 (*quicunque ipsorum prius morte fuerit preventus, extunc neuter eorum unam sexag. super parochiam pro anima merito et jure dare tenetur.*) For south Bohemia see František Šmahel, "Dvanáct prameny sond k sociálním poměrům na táborsku od poliviny 14. do konce 15. století," in: Husitský Tábor 9 (1986–87) 286.

[37] Kapras, 264.

[38] L. K. Little, Religious Poverty and the Profit Economy in Medieval Europe (Ithaca, New York, 1978) 67–8, 94–5.

[39] Strnad, 1, 342, 2, 738 and elsewhere.

[40] *Item lardum et alia comestibilia in mea domo existencia do pauberibus communiter distribuenda.* In addition he gave "his house ... and all its contents, with three bronze pots, of which one is valued at sixty groschen, three leather breast plates and three iron helmets, and three (pair) of gauntlets and all feathered things (bedding?) he assigns and gives to the hospital situated before the city of Plzen" (... *cum tribus*

Some were given wood for fuel and for building. In 1503 Anna Šafránková gave "her Franciscan sisters" her house and twelve waggons of wood a year for fuel and if the house should burn they were to be given additional wood from her property to rebuild.[41]

The poor got lots of cloth. It figures frequently in wills suggesting that people felt draping cloth over the funeral bier was very important and that the poor were present at funerals in some role. One woman stated that the cloth placed over her corpse was later to be given to the poor. In 1453 Margaret Berbetová gave "150 groschen for a web of cloth for the funeral canopy after her death, and after the burial of her body it shall be distributed among the poor; ..."[42] One specified that the cloth go to the priests and students for ringing the bells at a second service.[43] Most simply gave the gift with no reference to the role the cloth played in the funeral services. In 1504 Barbara Lemberková set up an endowment to give the poor cloth each year and adding a very practical and a this worldly touch she gave "... the poorer quality bedding to lady Dorothy Krásná which she was to loan to poor women for childbirth and then take back from them again."[44] Her gift suggests that the birthing circumstances for poor women were not comfortable nor hygienic unless they found some wealthy benefactor.

The heating of the baths, presumably for the benefit of the poor, was connected to the wake or mourning just after death and to the spiritual exercises which were thought to benefit the soul's passage into the world beyond. In endowing the heating of baths Plzeň residents, like many German citizens, differed from both southern France and Italy.[45] Giving the poor a warm bath was very important to Plzeň residents. Twenty-seven testators made specific reference to baths. Most simply gave for a one time heating of the baths. Others paid for annual heating for two or three years and nine set up perpetual endowments to heat the baths. Sophia Maršová arranged for them to be heated during Ember days (*suchi dni* four times a year) in perpetuity. She saw that her gift had practical significance for the poor. Not only should the poor pray

---

loricis et tria pillea ferrea et triplices cirotecas et plumalia omnia delego et do ad hospitale ante ciuitatem Pilsnensem situm, ...). Strnad, 1, 147 and 2, 103.

41 Strnad, 1, 428, 2, 446–7.

42 Ibid., 2, 9 (*a na páry po její smrti aby polozen byl a po pochovánie tela jejieho chudým aby rozdá byl*). I owe to Dr. F. Šmahel the information that *páry* should likely read *máry* or bier. For other gifts of cloth not explicitly related to burial see Strnad, 1, 391, 2, 1–2, 2, 70, 354, 366, 511, 671, 702.

43 Strnad, 2, 183.

44 Strnad, 2, 466.

45 See A. Martin, Deutsches Badewesen in vergangenen Tagen (Jena, 1906) 188–94.

for her soul, she said she was arranging for the baths "so that the poor can wash themselves".[46] In her gift the cleanliness of the poor was to add to her own godliness.

In Plzeň the heating of the baths was closely tied to the funeral arrangements and was part of the acts of mercy and the alms customarily handed out at death. The poor could expect the town baths to be heated for them when the rich of their city died. The poors' hygiene and nutrition was joined to the funeral ceremony and ritual as the propertied citizens prepared for their departure from this world and for their entrance into the next. This can be clearly seen in the instructions of Peter Pucher in 1385 and of Sophia Mařsová in 1424 quoted above (page 65). Peter instructed his friend Crun:

> "to buy half a meat bench or butcher's shop (*maccellum*) for (ten sixty of groschen) 600 groschen ... from which he must give each year in perpetuity one quarter of a hundred weight of well softened tallow for the light at the first Eucharist of the cemetery of the Blessed Virgin of the brothers minor of our town. The said Nicholas, or whoever shall be the possessor of the above property, must conduct an anniversary (mass) in our parish church once a year in perpetuity with thirty two groschen in the customary manner. During Ember days he must bath the poor in the middle bath (*in mediocri balneo*) because it will be able to hold more people and he must buy one good container (*vas*) of beer for them for five groschen. This he must always do for the soul of the above Peter and for the souls of his predecessors with twenty groschen."[47]

THE POOR AND SOCIAL ATTITUDES

The urban revolts in the Empire of the second half of the fifteenth century threatened the better off who distinguished between the good or deserving poor and those who were not. Writers no longer saw the poor as virtuous and begging and alms-giving lost much of the attraction they held within medieval piety. In the early sixteenth century the poor were described as deceitful and greedy for the goods of the rich.[48] This more negative view was shared by some in Plzeň. One man in 1437, saw the poor as not as grateful as they might be. Having given his poor kin a gift he added that "whatever he gives anyone, this each and everyone

[46] Strnad, 1, 307.

[47] Strnad, 1, 162. For others see 109, 160, 254, 307; 2, 100–1, 102, 180, 183, 276, 285, 299, 329, 345, 351, 354, 361, 369, 370, 446, 466, 572, 581, 616, 664, 671, 702.

[48] C. Lis and H. Soly, Poverty & Capitalism in Pre-Industrial Europe (Atlantic Highlands, N. J., 1979) 82–86.

is to accept well and be thankful ..."[49] A wealthy noble woman in 1496 saw the good poor as those too modest to appear in the streets begging. She wanted her executors to search out those whose sense of dignity kept them from begging and instructed them to "ask everywhere in the towns and villages after the righteous (*spravedlivy*) poor people who might be ashamed to beg, let the cloth be distributed among them in the name of God; ..."[50] This woman was convinced that not all poor deserved her generosity but she continued to seek out those who needed help so that she could share her plenty with them.

Gifts to the City

Plzeň people did not place great importance on helping out their city beyond what they paid in taxes and fees. They gave some 10080 groschen in the period studied.[51] In most cases where they made gifts to the council they did so for the repair of roads perhaps to out of the way places such as chapels. Women seem to have been especially concerned about the safety of roads and bridges. In 1380 Elizabeth, widow of John Ošmakal, "assigned thirty groschen for the road towards All Saints imploring strongly that no negligence be committed in anything of the above."[52] And in 1459 a widow Anna gave an unnamed amount to the community for breaking stones "... so that here the road can be brought through towards Lochotín and repaired for riding through the community; ...[53] Her concern for safety was also reflected in the instruction that whoever bought the estate should "repair the dike beside the road so that no damage be done to the neighbours below". One woman, in 1526, specified that her gift was for cobbling the road.[54] In 1444 Thomas Nárožník gave a court with allod fields, meadows, woods rivers and all pertinences with full dominion to the town council to do with as they please.[55]

As the propertied residents of late medieval Plzeň thought about death and the world beyond, they made gifts to people who were to intervene on behalf of their souls. In their selection of recipients and in

---

[49] Strnad, 1, 391.

[50] Strnad, 2, 366.

[51] 1290 groschen upto 1399, 6450 from 1400 to 1449, 2250 from 1450 to 1499 and only 90 groschen from 1500 to 1526.

[52] Strnad, 1, 143.

[53] Strnad, 2, 46.

[54] Strnad, 2, 753. For other women's gifts for roads see 194, 428; 2, 1, 284, 354. For other gifts to Plzeň see 1, 197, 199, 381; 2, 339, 381–2.

[55] Strnad, 1, 403, 413.

the purpose or function of their gifts we can recognize a moderate anti-clericalism. In addition their gifts had a this worldly utility for the poor, for the church structure and to a lesser extent for the community of Plzeň. Each decision to endow the poor and the church building rather than a mass or vigil deprived a priest of additional income. Lack of trust in the clergy can also be seen every time a testator chose a lay over a clerical administrator. In sum the Plzeň resident felt that material charity and buildings were as important as religious rituals such as masses and vigils in ensuring his or her soul's safe passage into the next world.

The beliefs and practices of the Czech townspeople at the end of the Middle Ages suggests Bohemian history can be integrated quite well with that of late medieval Europe in general. Although there were differences, the basic patterns were similar to those in small towns as far away as France. People believed that the Church's liturgy along with the prayers of the poor eased the transition from this world into the next.

The study of lay piety through wills also casts light on the nature of change in mentalities or ways of thinking. There was obviously an under-current of thought in late medieval Bohemia which can be characterized as anti-clericalism and which existed among the people. Leaders such as Jan Hus simply gave more eloquent expression to it and thereby attracted both adherents as well as wrathful clergy. But the ideas remained among the people whether they followed the leaders of the revolution or not. The people of Plzeň were among the revolution's most staunch opponents but their wills suggest that they acted in agreement with its more moderate program. It was as though the ideas had a life of their own among the people to which 'great leaders' such as Hus gave their own more eloquent expression.

TABLE ONE: SPIRITUAL GIFTS OF PLZEŇ RESIDENTS

Years	1	2	3	4	5	6	7
1307–99						41	2[4.8]
Parish	33440[a]	41.2	3810[11]	1857	18		
Dominicans	24870[b]	30.7	2100[8]	1243	20		
Franciscans	12470[c]	15.4	750[6]	1559	8		
Poor/Sick	10308	12.7	–	1145	9		
Total	81088						
1400–49						35	6[17.1]
Parish	24875[d]	43.9	300[1]	1309	19		
Dominicans	7700[e]	13.6	600[7]	700	11		
Franciscans	2500[f]	4.4	–	500	5		
Poor/Sick	21560	38.1	–	2156	10		
Total	56635						
1450–99						125	38[30.4]
Parish	41116[g]	33.0	3960[9]	806	51		
Dominicans	22410[h]	18.0	15285[68]	521	43		
Franciscans	31042[i]	25.0	5880[19]	757	41		
Poor/Sick	29880[j]	24.0	–	808	37		
Total	124448						
1500–26						132	59[44.6]
Parish	29880[k]	40.9	3300[11]	711	42		
Dominicans	8856[l]	12.1	3645[41]	268	33		
Franciscans	14132[m]	19.4	2025[14]	403	35		
Poor/Sick	20180	27.6	–	560	36		
Total	73048						

Source: Strnad, vols. 1 & 2.

Notes:

Column 1 includes the total sum given. By spiritual gift is meant those described as *pro anima*, *zá duše*, or *skutky milosrdnee*. Not included were gifts to kin or household members unless they were described as poor.

Column 2 indicates percentage of total gifts given.

Column 3 indicates sums given to the institution's building. Ornates and chalices, objects for religious ritual have not been included. [ ] represents % column 3 is of column 1.

Column 4 indicates average size of gift.

Column 5 the number of testators making a bequest.

Column 6 the total number of wills recorded.

Column 7 the number of testators making no spiritual bequest, [ ] % of all testators.

a. All perpetual rent gifts have been converted into the cost it took to establish them. For example before 1495 it took 600 groschen to establish and annual rent of 60 groschen. After that it took 720 groschen to do the same. Strnad, 1, 226-7 & 2, 345. The sum includes the gift of a brewery assessed at a value of 5400 groschen

(Strnad, 1, 3 & 2, 572) and gifts of grain converted into their cash value as given in F. Graus, Dějiny venkovského lidu v čechách v době předhusitské 2 (Prague, 1957) 410. There were also gifts in kind whose value was difficult to assess such as chickens, wax, southern or Austrian wine.

b. Includes one gift of wheat converted into cash value but not an annual gift of 4 hens and 32 sheep.

c. All monetary except one gift of cloth valued at 50 gr.

d. Gifts were all monetary.

e. All monetary.

f. All monetary.

g. In addition there were gifts described as "one half of the estate", "what remains of the estate" or "some sheep I share with ..."

h. Not included are some gifts in kind such as hops, pictures and a paternoster, some silver , some bedding where the amount was unspecified.

i. Including three barrels of beer valued at 16 groschen each (Graus, 422). In addition some bedding, some gilded belts were given and one donor gave half the value of the estate and another gave one-third of the estate.

j. In addition there were gifts described as "some barley", "a gold plated ornate", and "1200 groschen after the debts have been paid."

k. In addition there were three gifts where the amount was not specified.

l. Includes two meadows valued at 150 groschen and some cloth and beer valued at the rates given by Graus. Not included is a slad of beer, some silver and one gift where the amount was not specified.

m. Includes gifts in kind valued according to rates given by Graus.

TABLE TWO: GIFTS TO THE POOR

Years	Amount Given	Percentage	Average Gift	Number of Donors	Number of Wills
1307–99					41
Total	10308		1145	9	
Hospital	6630	64.3	657	4	
Laity	3678	35.7	613	6	
1400–49					35
Total	21560		2156	10	
Hospital	1620	7.5	405	4	
Laity	19940	92.5	2848	7	
1450–99					125
Total	29880		807	37	
Hospital	5325	17.8	253	21	
Laity	24555	82.2	1023	24	
1500–26					132
Total	20180		560	36	
Hospital	5340	26.5	281	19	
Laity	14840	73.5	781	19	

Source: Strnad, vols. 1 & 2.

Culture Matérielle et Donations Pieuses au Bas Moyen Age en Forez

MARGUERITE GONON

Les archives du département de la Loire, ancienne province de Forez, ont conservé l'enregistrement de 5720 testaments échelonnés de 1203 à 1460. Ces testaments, enregistrés à la Cour de Forez, l'ont été à la demande des héritiers pour éviter toute contestation. Il est sûr que d'autres testaments n'ont pas été enregistrés; et bien d'autres personnes n'ont pas jugé bon de tester. Les sources sont donc originales, sans interpolation, mais très partielles. En outre, les testaments du XIIIe s.[1] sont des testaments solennels, dictés par le testateur, écrits et scellés sous son contrôle, l'acte étant ouvert à la mort du testateur; tous émanent de gens ayant une situation personnelle ou administrative importante. Aux XIVe–XVe s., les testaments nuncupatifs ou publics émanent de gens de toutes conditions, telle cette paysanne de Mably, 1315 "dicens quod nil habebat quando ipsam cepit in uxorem et quod nil habebat in hospicio" (B 1851 bis, f. 130). Un peu moins de 3 % de ces actes ne comportent pas de legs pieux; les usages locaux étaient sans doute capables de résoudre ce problème.[2]

A qui sont destinés ces legs pieux?

Dans tous les cas à l'église paroissiale, représentée par le curé et les desservants, à charge de dire messe pour le défunt: messe de funérailles, de trentaine ou de quarantaine, de bout de l'an, anniversaires, accompagnés de procession sur la tombe et d'inscription à "l'obit".[3] Plus rares sont les legs à chacune des églises de l'archiprêtré sous le vocable de la Vierge, pour Pommiers et Roanne.[4] Plus tard sont citées "les églises voisines où l'on avait coutume de se rendre processionnellement lors des Rogations. Ces legs sont si répandus que nous ne pouvons en donner les cotes" (*Les institutions ... en Forez au XIVe s. d'après les testaments*,

[1] Ils sont publiés dans les *Chartes du Forez*, 24 volumes, Klincksieck, éditeur, Paris, 1933–1983.

[2] Ainsi Marg. del Montelhar (la famille subsiste en 1988) en instituant son frère et son mari comme héritiers universels, en 1314, demande "ita quod facerent facta sua in ecclesia consuetudo" (B 1853, 56v).

[3] Jusqu'au Concile Vatican II, en Forez, en milieu rural, le nécrologe était lu chaque dimanche à la grand messe.

[4] Par ex. 17 mentions sur 123 actes dans B 1851 bis.

1960, p. 60). A partir de 1380, les testaments publics sont plus brefs et, s'ils mentionnent encore des legs à diverses églises, ils ne précisent plus "de l'archiprêtré" ni "où l'on va lors des Rogations".[5] Certains autels reçoivent aussi de dons, mais le cas est rare. Plus fréquents sont les legs à certaines aumônes: de le sainte Agathe, le 8 février, "del Jarisolet, Charissolent": il s'agit de l'aumône destinée primitivement à recueillir des fonds pour financer le passage outre-mer d'un pélerin pour Jérusalem. Cette aumône est mentionnée en 1445 encore (B 1901, 147). Bien entendu, les testateurs les plus aisés et les prêtres fondaient souvent prébende, de 10 sous à 10 livres de rente, du XIIIe au XVe s.[6]

Rituelles sont les donnes aux pauvres: "il s'agit d'aumônes en nourriture ou en vêtements aux pauvres de la paroisse ou des paroisses voisines. Nous avons trouvé 1671 mentions (sur 3228 testaments) certaines fort importantes: en 1355 à Montbrison, un cordier lègue cinq aumônes ou donnes "usque ad summam XXV sester. (25 x 16 = 400 doubles décalitres, près de 5000 kilos de seigle), XXV *petasis sive bacons* (lards) usque ad pondus viginti quintalis".[7] Qu'en est-il à la fin du XIVe s.? Sur les 2550 testaments connus, 95 % sont des testaments publics. Le notaire qui interroge va le plus souvent à l'essentiel; les questions relatives aux legs aux pauvres sont parfois omises, et la coutume réglait peut-être ces dons; en 1383 et 1398, à S.-Etienne, les pauvres recevront "secundum consuetudines patrie" (B 1885, 100v, 97v). A cette époque

[5] Quelques exceptions: en 1398, à S.-Julien d'Oddes, Martin Goyon lègue 5 d.v. à chacune de luminaires d'églises où l'on va en procession lors des Rogations (B 1882,42); mentions analogues à Mably (B 1883, 95) et Tourzy (B 1884, 39; B 1884, 127, 166).

[6] *Les institutions ... en Forez ... XIVe s.* (Klincksieck, 1960), p. 60. Ainsi en 1395, à S.-Galmier, 100 l.t. de principal, une maison et ses meubles, vignes pour deux messes par semaine (B 1885, 43v); en 1399, à S.-Germain-Laval, une veuve augmente de 20 écus d'or la prébende fondée par son feu mari (B 1882, 108); en 1400, à S.-Bonnet le Château, un bourgeois drapier: 10 l.t. l'an; en 1403 à Feurs: 100 l.t. de principal (B 1883, 82, 138v); en 1408 à S.-Germain-Laval: 20 f. or, une vigne, une cuve et des créances non précisées (B 1887, 172); en 1410, à Mays, un prêtre: 160 l.v., maison et deux prés (B 1887, 51); en 1416, à Cervière, une veuve de paysan fieffé: 80 l.t. (B 1884, 61v); un chevalier, seigneur de S.-Priest en Jarez augmente de 60 s.t. l'an la prébende fondée par son père, et fonde une autre prébende de 100 s.t. l'an, plus logement du prébendier (B 1901, 163); en 1421, à Chazelles sur Lyon, la veuve d'un chevalier fonde prébende de 60 s.t. l'an, lui fournissant un calice doré et sa patène, un drap d'or, des nappes d'autel, aube et amict (B 1901, 243); en 1434, à S.-Rambert, un notaire: 6 f. l'an (B 1901, 21v); en 1441, à Montrond, la servante du seigneur: 50 l.t. (B 1901, 40v); en 1441 aussi la femme du coseigneur de Cremeaux: 5 l.t. l'an (B 1901, 256).

[7] V. *Les institutions ... en Forez ... XIVe s.* p. 61, note 1.

où sévissent la guerre anglaise et la peste, "aliquis notariis nundum esset ausum ibidem accedere ob metum morbi impedimie" (B 1896, 38); on réglait sa succession avant de nommer les pauvres: 626 testateurs ne leur donnent rien et ce sont, à 80 %, les femmes coupables de cet oubli. En outre, certains notaires, fatigués de recevoir à la suite une dizaine de testaments, oublient d'interroger les testateurs sur ce point. Plus nombreux encore (729 actes, soit près de 27 % du total) sont ceux qui chargent l'héritier de ce soin: en 1411, un héritier ainsi chargé explique qu'il a fait "bonum prandium cum pane, vino, carnibus et aliis" et qu'un an après, il a fait aumône d'une miche de pain blanc de 2 deniers et de viande salée (B 1892, 202). Les pauvres n'étaient vraiment pas oubliés puisque 21 personnes[8] les instituent héritiers; huit ordonnent que leur soit offert un bon repas, à l'issue duquel ils emporteront de la nourriture, pain et viande salée le plus souvent.[9] Les "bons repas" ont lieu le jour de l'enterrement et peuvent être renouvelés un an après "janius apertis" (B 1895, 9v); il est cependant précisé en 1404 "convivium in quo convocentur parrochiani de Luriaco, scilicet de qualibet domo una persona" (B 1888, 47). Combien de convives partageaient-ils ce repas? 2 boeufs, 6 setiers (1150 kilos) de seigle, 4 (960 kilos de froment, plus lourd que le seigle) de froment, un demi porc, du vin à volonté, les pauvres emportant en outre un quartier de pain de seigle (3 kg) et demi pain de froment (250 gr.); 1080 kg de seigle et 960 de froment en pain, 350 litres de vin, une bonne vache, un taureau, un bon porc (B 1883, 26, 65); ailleurs encore: 1440 kg de pain blanc, 1540 kg de pain de seigle, 920 litres de vin, 8 moutons, 2 boeufs, 2 porcs, 48 kg de pois (B 1885, 182v), etc. Parfois le prix seul du repas est indiqué,[10] mais, le plus souvent ni prix ni quantité ne sont notés. Il est seulement précisé "quod devastentur", qu'on mangera pain, viande, légumes et qu'on boira du vin. Au début du XVe s., le pain est mêlé: 2/3 froment, 1/3 seigle; 115 mentions jusque vers 1410–1422. Puis la mode paraît changer: tant de pain de seigle, dans 385 cas, soit 15 % des actes, tant de pain de froment (444 cas, soit 17 %). Même si les temps sont durs, les pauvres sont servis "pro

[8] B 1884, II, en 1411; B 1885, 12, 25, 127, en 1466; B 1886, 22 en 1409, 51 en 1410, 79 en 1410, 29 en 1409 et f. 163; B 1887, 8v, 11, 45, 48; B 1889; 122v, 123; B 1890, 8; B 1894, 42v; B 1896, 185v; B 1898, 132; B 1899, 37; B 1901, 155v, 303.

[9] Après le repas de funérailles, on leur partagera 2 setiers de seigle, un "*petasonem sive bacon salsatum*" en 1409 (B 1883, 16; B 1886, 100, 159; B 1889, 158v; B 1890, 18, 68; B 1894, 133v; B 1897, 7, 46).

[10] B 1882, 38v; B 1889, 69; 10 f. or; 52v, 172v: 25 l.t. et 145; B 1890, 48: 200 f. or; B 1884, 64: 25 l.t.; B 1892, 28, d'un chevalier, 160 écus, et 106v: 25 écus; B 1895, 184, d'un paysan: 15 l.t.; B 1896, 6: 15 l.t.; B 1897, 58v: 24 l.t.; B 1899, 25: 25 écus d'or ainsi que f. 131v: 100 l.t.; B 1901, 16: 15 f. en sel et 15 f. en pain et viande.

Dei amitie" (B 1882, 128). Parfois et peut-être à cause de ces malheurs des temps, on ordonne une simple aumône en grain: 25 en seigle, 2 en froment. Le curé de S.-Martin d'Estreaux donna ainsi 1 bichet (12 kg) de seigle chacune à treize filles pauvres, sans autre précision (B 1882, 185).

Cent soixante actes sur deux mille cinq cent cinquante et un, soit 6 % environ, mentionnent que le repas comportera de la viande, sans autre. Dans la même proportion, il s'agit de viande fraîche, un luxe à cette époque; dans cent quarante quatre cas, cette viande est celle d'une génisse, d'une vache ou d'un taureau appartenant au testateur. Les Foréziens appréciaient peu le mouton: quatre mentions seulement, toutes de 1422 (B 1890, 37; B 1891, 22v, 29; B 1892, 3v). On servait et on distribuait surtout de la viande salée, de porc le plus souvent, appelée *petason*, lard de poitrine maigre, ou *bacon* qui était encore naguère le nom du lard, jamais fumé: 8 % des testateurs léguèrent de ce lard salé. Cinq testateurs prévoient que, si le repas de funérailles a lieu pendant le Carême, la viande sera remplacée par du poisson d'eau douce ou de mer.[11] Contrairement aux actes des XIIIe– début XIVe s., ceux de la fin du XIVe et jusqu'en 1466 ne mentionnent jamais les oeufs comme nourriture en Carême. Quant aux fromages, ils ne sont cités qu'une seule fois (B 1882): fromages de vache secs, fromages *de clon*,[12], fromages mi-chèvre mi-vache, et *fourme*, fromage à persillage bleu fabriqué dans les Monts du Forez depuis 1210 au moins.[13]

3 % environ des testateurs, 91 sur 2551, pensent à préciser que le repas comportera des légumes "epulis, herba, oleribus, *ortolagiis*". Ils étaient rares alors[14] et on appréciait surtout ceux qui se conservaient en hiver. Un repas avec des légumes est signe de distinction.

Le vin faisait nécessairement partie du repas, et à suffisance; en 1409 à Marols, sur un plateau trop élevé pour qu'y pousse la vigne, un paysan ordonne son repas "et de vino illud quod devastare poterit" (B 1886, 82v). Il s'agit de vin rouge, sauf à S.-Léger, dans la côte roannaise, où l'on fait toujours du vin blanc, produit de luxe (B 1887, 38, 188).

---

[11] V. *La vie familiale en Forez ... au XIVe s.* (Belles-Lettres, 1961) Les étangs de Forez, XIIIe–XVe s. ont fait l'objet d'une étude dans un hebdomadaire agricole, *Paysans de la Loire* en 1962: leurs poissons étaient carpes, tanches, brêmes, poissons blancs, brochets, anguilles; dans les rivières, on pêchait truites et saumons. Les poissons de mer étaient "tam salsatis quam recentibus". De la mer, ils arrivaient à Lyon en bateaux dont la coque, doulée de fer, servait de vivier. De Lyon, ils étaient amenés en Forez dans des *buidons*, bâts eux aussi doublés de fer.

[12] *La vie familiale en Forez*, p. 191 note 4.

[13] V. tables des *Chartes du Forez*, verbo fromages.

[14] *La vie familiale en Forez*, p. 186–190.

Ces repas de funérailles ne mentionnent jamais de dessert, pâtisserie ou fruits; l'habitude en était restée jusque vers 1960: du saucisson en entrée, un plat de pommes de terre, du boeuf-bouilli le plus souvent – et du fromage: la bienséance exigeait que ce repas ne fût pas un repas de fête. C'était, dans le prolongement de la messe, le pain partagé. A l'issue de ce repas, le prêtre du village, toujours invité, disait d'ultimes prières, De profundis et Libera me, enfin le Notre Père que tout le monde récitait avec lui. Les mêmes convenances voulaient que, si le notaire était présent, il ne parlât pas de testament ce jour-là. Ce n'était que lors de la quarantaine et dans la maison du mort que la question était abordée avec la curiosité que l'on devine et l'âpreté des discussions qui suivaient! Ces coutumes sont mortes vers 1960.

Un don peu courant, que les pauvres emportaient, était le don de sel, mentionné quarante cinq fois au XVe s. dont, à Montbrison en 1434, 80 cartes – soit 20 doubles-décalitres – léguées par un marchand. Le sel était cher, bien que le Forez ne connût pas alors la gabelle; on l'amenait par convois de la Méditerranée. Trois testateurs préférèrent donner "salsa", de la sauce: peut-être du verjus?[15]

Naturellement quelques gens riches donnaient de l'argent,[16] telle la femme d'un chevalier léguant 6 livres tournois, soit 5 deniers à chaque pauvre, ce qui suppose la présence de 288 pauvres à la messe (B 1891, 3v)! En général, on donnait 2 deniers.[17] Il ne faut pas oublier qu'en Forez la monnaie était rare; on vivait encore et volontiers dans une économie de troc.

Tout aussi rares sont les legs en vêtements, toujours le fait de gens riches: en 1380, un donzeau lègue à six pauvres femmes 30 aunes de drap de couleur à leur partager; un homme aisé, 6 livres tournois pour deux vêtements à deux pauvres femmes (B 1885, 138v, 158v). En 1413, un juge de Forez souhaite que treize pauvres soient vêtus de serge noire et portent torches près de son corps; en 1424, un chevalier fait même don de même qu'en 1413 un licencié en lois (B 1892, 87, 157, 184). En

---

[15] En 1405 (B 1883, B 1885, B 1886). La recette du verjus nous est connue par les registres audienciers: il faut, de bonne heure, le 15 août, aller prendre, sans être surpris, des raisins dans une vigne ne vous appartenant pas. Ces raisins très verts, écrasés, fermentent pendant une semaine. On filtre le jus en ajoutant un peu de sel, du miel. Voilà le verjus!

[16] En 1902, le comte de Neufbourg, lors de l'enterrement de son père, avait distribué 50 f. aux pauvres, en pièces de 2 sous (10 centimes): il était venu des pauvres de 40 kilomètres à la ronde.

[17] B 1882, 13v; B 1884, 111v 144; B 1885, 3v; B 1889, 40v; B 1891, 3v; B 1892, 87; B 1896, 49; B 1899, 80; B 1901, 163; cinq autres disent simplement: "on leur distribuera de l'argent".

1433, une femme aisée demande que son corps soit couvert de 3 aunes et demie de brunette, beau drap de laine, dont on fera des capuches pour de pauvres femmes; en 1433, legs d'une capuche de 7 s. 6 d. t. à dix femmes dans le besoin (B 1897, 16v, 24v). En 1434, un chanoine de Montbrison veut que son corps soit accompagné par treize pauvres vêtus de noir, qui tiendront torches (B 1898, 84). En 1441, un habitant de S.-Bonnet le Château veut que son corps soit couvert de 3 aunes de grosse serge noire, dont on fera une robe pour un pauvre (B 1899, 131 bis). En 1431, un donzeau veut que soient habillés treize pauvres (B 1900, 157). En 1432, en 1444 un curé demande qu'aux coins du catafalque se tiennent quatre pauvres de noir vêtus; en 1430, c'est un chevalier, vaniteux, qui souhaite la présence de douze pauvres vêtus de noir "ad honorem apostolorum" (B 1901, 67, 118v, 189). La mode du noir, après 1380, traduit l'évolution de la mentalité à l'égard de la mort: naguère, c'était l'entrée au Paradis; dorénavant (pestes, guerre anglaise), c'est une terrible épreuve; les danses macabres des églises en font foi.

Jusque vers 1400 et pour 3228 actes, 450 font mention de dons aux hôpitaux.[18] Au XVe s., ces donations se perpétuent envers les hôpitaux de la paroisse, de N.-D. du Puy, de S.-Antoine de Viennois;[19] elles sont en mobilier (lits), linge (couvertures, draps) ou en argent.

En est-il des viagers spécifiés par les testateurs[20] au XVe s. comme aux siècles précédents? Outre les immeubles, habitations, terres, prés,

---

18 V. *Les institutions ... en Forez ... XIVe s.*, p. 62.

19 Il faut tenir compte des 626 testaments publics dont les témoins sont interrogés sur l'essentiel: institution de l'héritier, les légataires (v. ci-devant, p. 83).

20 Pour les XIIIe–XIVe s, v. *Les institutions ... en Forez ... XIVe s.*, p. 64–65, 69, 79. Pour le XVe s., 655 viagers pour 2492 testaments, généralement formulés "vult quod sit dominus-a, gubernator-rix et habeat victum et vestitum in domo sua". Il est précisé une seule fois (B 1891, 39v) que l'usufruitière travaillera "pro suo posse". Un viager peut être légué à une nonne: 1 setier de seigle, 1 émine de froment, 2 saumées de vin, un *petason*, lard, de trois en trois ans, une robe "panni coloris" et de 6 en 6 ans un manteau de couleur (B 1882, 160); viagers analogues: 1885, 55v; B 1892, 123v: elle aura en plus une vache; B 1894, 112v: la robe donnée chaque année sera de 4 l.t. Un moine recevra 10 écus d'or l'an; B 1896, 168; B 1901, 245v Ces viagers à des religieux sont très curieux. D'autres viagers à des laïques sont précisés: en 1402 (B 1882, 38v): 10 métiers de seigle, un porc gras de 20 s.t., 12 gros de florin "pro pulmento", une lampe d'huile, une vache et son veau nourris par l'héritier, les fruits d'un jardin; elle pourra prendre "de rapis in rapperia, de lignis in lignerio pro suo chalfagio". En 1400 (B 1886, 14v), outre logement et mobilier, des arbres fruitiers: noyers, poiriers, elle tiendra les animaux qu'elle voudra et des ruches; elle recevera une émine de froment, un setier de seigle, 20 s.t., 3 ânées de vin "de primo radio" (le meilleur), 8 chars de bois qu'on lui amènera. En 1420 (B 1889, 202v), une mère reçoit en viager une ânée de vin; ce à quoi les deux frères du testateur ou un seul "movit murmur irascendo et dicendo quod mater satis habebat ad potandum"!

vignes, taillis, est souvent précisé le montant annuel du viager. Aucune mention de viager lorsque tout a été réglé par contrat de mariage[21] ou lorsque des faits graves sont reprochés au conjoint: en 1408, une testatrice blessée à mort par son mari (B 1885, 72); en 1411: une belle-mère réclamait un don pour son fils, à quoi la testatrice, sa bru, la pria "eamdem tenere in pace" (B 1886, 147). En viager, on lègue des céréales: 43 fois du froment, 64 fois du seigle et toujours en quantité double du froment: les bénéficiaires semblent moins bien lotis que les pauvres (page 84). L'orge n'est mentionnée qu'une fois (B 1882, 54). La viande peut être de la viande fraîche, pour 40 sous ou un écu (60 sous) l'an, dans 13 testaments; ce peut être un petit porc qui sera engraissé dans la maison des héritiers; un porc gras dans 14 cas, du porc salé dans 20 cas. Le poisson est cité une seule fois comme source de revenus (B 1898, 114). En revanche, les légumes à prendre au jardin, "*ortaliis* in orto" sont mentionnés 26 fois, et détaillés en "rapis in raperia" 22 fois, choux 17 fois, poireaux 9 fois, pois 10 fois, fèves 7 fois. Aucune allusion au beurre, au fromage, la tenue de vache, chèvre, brebis y suppléant; cependant, en 1420 est léguée "quandam *formam* casei" (B 1888 bis, 284). Huit fois une rente en sel est spécifiée et six fois l'huile, dont une pour la lampe (B 1898, 85). Un seul testateur pense à léguer des fruits de son verger à sa femme (B 1886, 14v) et deux, des noix (B 1892, 74). Quant au vin, il en est fait mention 17 fois. En viager et pour fournir nourriture et vêtements sont aussi légués des animaux dans 31 testaments: des plus pauvres, une chèvre (B 1884, 25; B 1890, 5; B 1896, 153) ou deux (B 1886, 84), un porc et des poules (B 1894, 74), *pollaliis*, une chèvre et son chevreau (B 1889, 134v) aux plus riches, deux vaches, l'une mouchetée de rouge, l'autre blanche, une velle, cinq brebis, quatre agneaux, une chèvre (B 1887, 57v), une vache et son veau, une vache pleine, deux boeufs (B 1885, 130), une truie et un porcelet, trois brebis et leurs trois agneaux, quatre poules, une chèvre et son chevreau, une vache (B 1882, 38v). C'est ce dont disposaient, jusque vers 1955, les paysannes veuves en Forez. Il faut noter que les "vaccas dotales" sont citées 17 fois au XVe s., évéluées 5 s.t.[22]

Le cheptel, outre la viande, fournissait la laine (5 mentions) qui, tissée à la maison, donnait la serge, "... panno quo fiunt in domo eiusdem

[21] Les citations textuelles de contrats de mariage deviennent nombreuses au cours du XVe s.: B 1897, 19v, 24v; B 1898, 12v, 47, 64v, 80 bis qui est un contrat où le viager est stipulé, 84v, 100v, 119, B 1899, 15, 31, 151v, 179, 180v, 189, 189 bis; B 1900, 17, 72v, 77v, 80, 89v, 98v, 102v, 111, 153, 161v; B 1901, 4, 6v, 9, 13, 21v, 37, 39, 75v, 99v, 159v, 183, 221, 245v, 252, 291.

[22] *La société forézienne ...*, p. 183-187.

testatoris" paysan (23 mentions), le cuir pour les chaussures (B 1886, 5v; B 1888, 20).

Autres productions mentionnées dans les testaments: dans 31 actes, du bois pour le chauffage, bois que les héritiers devront amener à la veuve, ou qu'elle prendra tout coupé "in *lignerio*, ... *chapoterio*, ... *tailherio*". Huit testateurs lèguent du chanvre et cinq de la toile de chanvre ou de la filasse; un seul, du lin (B 1883, 39).

Les maigres renseignements concernant les troupeaux ne donnent que bien peu de précisions: en 1411, un paysan possède au moins[23] des vaches, des brebis, des chèvres, des porcs, des poules (B 1886, 152); en 1412: 2 chèvres, un petit porc, une vache et son veau (B 1888, 5); en 1421: 10 brebis, une ruche, 8 vaches et leurs veaux, une autre vache, son veau et des brebis (B 1888 bis, 8v); en 1420: 3 vaches, 4 brebis (B 1889, 236v); 8 brebis et leurs agneaux, 2 vaches et un veau, une génisse (B 1892, 61); en 1426, à Chalmazel, à 1000 m. d'altitude, 4 vaches, des brebis (B 1893, 113); avant 1436, un mari avait apporté en dot 2 vaches, une chèvre et 10 brebis (B 1898, 53v). Un seul paysan, en 1435, cite "suum equum pili favelli" avec une vache et d'autres bovins,[24] tenus en commande. Somme toute, ce qui était déjà connu, un cheptel peu important, ce qui se conçoit quand on sait combien les exploitations, "*curtil*" étaient petites. En 1408, un paysan possède deux maisons, 2 vignes, deux grands coffres, 4 bennes à vendange, deux tonneaux et une cuve en sapin, deux brocs d'étain et divers autres ustensiles de cuisine et des outils pour travailler la vigne (B 1886, 114v). En 1415: maisons, granges, jardins, *verchères* (bonne terre bien fumée près de la maison), prés, champs, pâtures, bois et rives, terres "cultis et incultis", aucune surface n'étant donnée (B 1888, 65v). En 1403, à Cuzieu, en bon terrain: maisons, cour, jardin, *verchère* de 5 métérées (1/2 hectare), une *seytive* (1 hectare) de pré, un bon pré près du béal, soit 8 hectares, quatre terres non mesurées et 2 hectares de pré; il cite son araire, ses vases à vin mais ne dénombre pas les animaux: c'était un paysan riche (B 1890, 8). En 1413, le juge de Forez possède des étangs (B 1892, 87), ainsi qu'un habitant aisé de S.-Haon le Châtel en 1439 (B 1898, 114). Un seul inventaire est contenu dans cette série de testaments: en 1420, un jeune paysan impubère, de S.-Just sur Loire, possède deux maisons; des jardins, une *plantée* (jeune vigne ne donnant pas encore de fruits), 3 vignes, une cartalée (2/5 d'hectare) de terre; sur cette très petite tenure, il nourrit un porc

[23] Les biens ne sont énumérés que dans les inventaires.

[24] La commande consiste à "mettre en pension" du bétail dont le croît ou les pertes sont partagés entre le propriétaire et le "nourrisseur".

et il cite pêle-mêle, mobilier, outils, ustensiles,[25] une *tine* (cuve) de 16 ânées (l'ânée est de 93 litres environ), "quamdam *bariteleri* (une trémie pour le grain), *majadam* (maie), duas *botes* (tonneaux) ad portandum vinum, unam clicellam sive *bast*, unam parvam *arcam*" (coffre), 9 draps, des serviettes, des nappes, un lit garni, deux tables et quatre bancs, 12 écuelles en bois, 8 *essoria* (séchoirs?), une cuve 12 ânées et demie, des peignes à chanvre et 16 livres (de 420 grammes) de fil, un *achon* (petite hache), "unum gabeum (serpette)", des ustensiles de cuisine, 6 livres de chanvre, 4 bennes, 2 "*cados sive baraux* (barils de 50 l.), unum *serretum* (scie), unum talochiam, unum magnum gladium, duos *panies calatos* ad defferendum pices (*sic*), unam parvam cellam equi, unam *peretam* (chaudron), XXV. *palhassonos* (corbeilles où lèvent les tourtes de pain), unum vantellum, quamdam strilam, unum volam, unam *bicornutam* (benne à vendange), sex dolia" chacun de 7 ânées, un tonneau de 3 ânées, un autre d'une ânée, un autre de 4 seaux, une cuve, un bassin, un *embossour* (entonnoir), une selle, un tamis, de l'argent. Au moins comprenons-nous qu'il était fort à son aise, bien que possédant peu de bien-fonds (B 1890, 84v).

* * *

Que tirer de ces actes qui omettent des précisions qui réjouiraient tant les pauvres historiens? Ils confirment ce que tant d'actes de XIIIe s. et tant de terriers du XIVe s. nous ont appris: le Forez est une petite province, médiocre quant à l'étendue et à la qualité de son sol. Les terres y étaient bien cultivées, mais un an sur deux ou sur trois, par manque d'engrais autre que le fumier. Elles produisaient des céréales: avoine (qui n'apparaît pas dans les testaments, mais souvent dans les terriers), orge qu'on cultive moins aux XIVe et XVe s. qu'au XIIIe, seigle qu'on semait en tous terrains et en altitude et qui donnait partie du pain, froment qu'on cultivait dans les sols profonds, mais qui sert à faire le pain partout, même dans les villages haut perchés. Ce pain de froment, donné souvent aux pauvres, devient plus rare à partir de 1380 (guerre anglaise): on lègue dorénavant deux fois plus de seigle que de froment en viager. La vigne, bien soignée, fournit surtout du vin rouge et les habitants de la montagne avaient tous vigne sur les coteaux,[26] même s'ils étaient obligés de parcourir 20 ou 25 km par de petits chemins; l'habitude n'est pas encore tout à fait morte.

[25] *La vie familiale en Forez ... au XIVe s.*, p. 73–99, 100–111; 112–122. En 1439, un paysan lègue 5 bennes, une cuve de 12 ânées, une houe, une pioche.

[26] V. Abbé Epinat, *La vigne et le vin en Forez au moyen âge* 1937, dans *Bulletin de la Diana*, Montbrison.

Les troupeaux produisaient assez de viande, semble-t-il, fournissant de surcroît laine et cuir. Les étangs, bien entretenus, donnaient carpes, tanches et brochets, la Loire fournissant saumons et truites: le Carême en était moins dur! Les légumes étaient peu variés, complétés sans doute par les herbes dont on faisait cueillette au printemps dans les prés: on le fait encore quelque peu ... . Les fruits (noix et noisettes, cerises, pommes, poires, raisins) ne sont pas très abondants: nous ne sommes pas un pays de vergers.

Le chanvre poussait dans chaque exploitation: on lui réservait les meilleures terres, et la toile de chanvre servait pour le linge de corps aussi bien que pour les draps et le linge de cuisine.

Les Foréziens n'étaient pas misérables; ils mangeaient à leur faim, semble-t-il, mais seuls les gens riches pouvaient user de produits raffinés, comme les épices. "On est du petit monde" ont encore coutume de dire les vieux paysans foréziens!

Villes et villages foréziens cités dans le texte

Materielle Kultur und religiöse Stiftung in Spätmittelalter und Reformationszeit. Das Beispiel des Spitals

Ulrich Knefelkamp

Bis zum 12. Jahrhundert lag die Versorgung von Armen, Kranken und anderen Bedürftigen im christlichen Abendland in den Händen der Kirche und ihrer Institutionen, vor allem in Klosterspitälern und Spitälern der Domherren und Chorherren[1]. In diesem Jahrhundert begann im Deutschen Reich die Welle von Stadtgründungen, die im 13. Jahrhundert Ausmaße annahm, die erst im 19. Jahrhundert wieder erreicht werden konnten.

Die Städte bildeten attraktive Anziehungspunkte für die Menschen der Umgebung wie auch für Personen aus fernen Regionen. Dadurch wuchsen die Städte zu neuen Zentren mittelalterlicher Kultur mit einer neuartigen Verfassungs-, Sozial- und Wirtschaftsstruktur heran. Gleichzeitig entstanden damit neue Probleme im Bereich der Sozialfürsorge, denn ein großer Teil der nun in der Stadt ansässigen Menschen kam vom Land aus gefestigten Familienstrukturen und war im Fall von Armut und Krankheit ohne Hilfe in der fremden Umgebung. Die Kirche war nicht mehr in der Lage, mit ihren Einrichtungen den sozialen Zuständen gerecht zu werden, daher mußten neue Lösungen gefunden werden.

Die im 12. Jahrhundert entstandenen geistlichen Ritterorden und Laienorden konnten nur einen Teil dieser Aufgabe übernehmen[2]. Es gab zwar Initiativen von Bürgern und Handwerken, aber das reichte für die große Zahl der Bedürftigen nicht aus. Hier mußte Kapital von reichen

---

[1] Immer noch grundlegend für die Spitalgeschichte ist das Werk von Siegfried Reicke, Das deutsche Spital und sein Recht im Mittelalter I/II. Stuttgart 1932. Als Überblick sind heranzuziehen die Arbeiten von Dieter Jetter, Geschichte des Hospitals I. Westdeutschland. Wiesbaden 1966; ders., Grundzüge der Hospitalgeschichte. Darmstadt 1973; ders., Das europäische Hospital. Köln 1986; dazu die Zeitschrift "Historia Hospitalium" der deutschen Gesellschaft für Krankenhausgeschichte, hrsg. von A. H. Murken.

[2] Zu den Ordensspitälern vgl. Jesko v. Steynitz, Mittelalterliche Hospitäler der Orden und Städte als Einrichtungen der Sozialen Sicherung. Berlin 1970.

Stadtbürgern oder Adeligen der Umgebung eingebracht werden, um entsprechend großzügige Einrichtungen der christlichen Sozialfürsorge[3] zu schaffen.

Der Anreiz zur Anlage des Kapitals war in der christlichen Religion begründet, die quasi als ein Ventil zum sozialen Ausgleich den "Almosen" geschaffen hatte. Zu den wichtigsten Begriffen, die in diesem Zusammenhang auftauchen, zählt "Seelgerät", d. h. fromme Stiftung "remedio animae" oder "pro salute animae", also zum Seelenheil des Stifters. Die Stiftung konnte schon zu Lebzeiten geschehen bzw. meistens in Testamenten verfügt werden. Die Formulierung lautete in der Regel, daß die Stiftung erfolgt sei zum Wohl der Armen und zugleich für das eigene Seelenheil und das der nächsten Verwandten.

Eine Form dieser frommen Stiftung war die Gründung eines Spitals, das man im Mittelalter allgemein als "Gotshaus" bezeichnete. Sowohl die architektonische Anordnung wie die Form des Zusammenlebens rechtfertigten diese Bezeichnung, denn eine Kapelle gehörte zum Spital genauso wie eine klosterähnliche Gemeinschaft[4]. Festgelegt war dies in der Stiftungsurkunde oder der Spitalordnung, die meistens bereits durch den Stifter vorgegeben war.

Dabei behielt er sich in der Regel die Oberaufsicht über das Spital bis zu seinem Lebensende vor, dann verblieb es häufig in seiner Familie oder wurde dem Rat der Stadt übergeben. Im allgemeinen wurden ein oder mehrere Pfleger eingesetzt, die vor der Familie oder dem Rat die

---

[3] Zur christlichen Fürsorge und den damit verbundenen Motiven vgl. Gerhard Uhlhorn, Die christliche Liebestätigkeit, 3 Bde. Stuttgart 1882–90; Friedrich Scherpner, Theorie der Fürsorge. Göttingen 1962; Thomas Fischer, Städtische Armut und Armenfürsorge. Göttingen 1979; Uta Lindgren, Bedürftigkeit – Armut – Not. Münster 1980; Wolfram Fischer, Armut in der Geschichte. Göttingen 1982; Michel Mollat, Die Armen im Mittelalter. München 1984; Robert Jütte, Obrigkeitliche Armenfürsorge in deutschen Reichsstädten der Frühen Neuzeit. Köln–Wien 1984; Bronislav Geremek, Geschichte der Armut. München 1988; außerdem die Artikel "Almosen" (J. Gründel) und "Armut" im Lexikon des Mittelalters I. 1980, Sp. 450 f. und Sp. 984 ff.

[4] Zur Architektur und Entwicklung des Spitals zum Krankenhaus vgl. Ulrich Craemer, Das Hospital als Bautyp des Mittelalters. Köln 1963; Dankwart Leistikow, Hospitalbauten in Europa aus zehn Jahrhunderten. Ingelheim am Rhein 1967; Axel Hinrich Murken, Die bauliche Entwicklung des deutschen Allg. Krankenhauses im 19. Jahrhundert. Göttingen 1979; ders., Vom Armenhospital zum Großklinikum. Köln 1988. Zum Zusammenleben und zum Alltag im Spital vgl. jetzt Adalbert Mischlewski, Alltag im Spital zu Beginn des 16. Jahrhunderts. In: A. Kohler – H. Lutz (Hrsg.), Alltag im 16. Jahrhundert. Wien 1987, 152–173; Ulrich Knefelkamp, Sozialasyl und Reichsschatzkammer – das Heilig-Geist-Spital in Nürnberg vom 14. –17. Jahrhundert. Habilschrift Bamberg 1987, IV (UB Bamberg u. Stadtarchiv Nürnberg), gedruckt in den Nürnberger Forschungen. Nürnberg 1989.

Verantwortung trugen und das Spital nach außen hin vertraten. Sie mußten dafür sorgen, daß das Spital im Sinn des Stifters geführt wurde.

Die eigentliche Aufsicht und Verwaltung des Spitals lag bei dem Spitalmeister, dem oft zahlreiches Personal zur Verfügung stand. Die wichtigste Position nahm neben ihm der Schreiber ein, der die Bücher führen und den Haushalt kontrollieren mußte. Die Insassen des Spitals standen unter der Aufsicht der Spitalmeisterin, meist die Frau des Spitalmeisters. Sie hatte die Küche unter sich und Pflegemägde für die alten und kranken Personen.

Neben diesem Personal gab es auch Bäcker und Bierbrauer, die für Eigenbedarf arbeiteten, dazu Knechte, die Bier- und Weinkeller betreuten oder schwere Arbeit im Haus verrichteten. Außerdem gab es noch Bedienstete außerhalb des Hauses, die auf den Feldern und Besitzungen des Spitals arbeiteten. Von außen kamen Handwerker ins Spital, die ständig Beschäftigung fanden.

Die Kapelle und ihre Altäre wurden von einem oder mehreren Geistlichen betreut, die meistens dem Bischof der betreffenden Diözese unterstellt waren, aber oft von dem jeweiligen Stifter oder der Stadt vorgeschlagen werden konnten. Kompetenzstreitigkeiten mit der zuständigen Stadtpfarrei wurden in der Regel schon vorher durch entsprechende Verfügungen ausgeräumt[5].

Alle diese Personen sorgten dafür, daß es den Insassen des Spitals gutging. Nach dem Willen des Stifters sollten in der Regel aufgenommen werden: *Arme, Alte, Krüppel, Kranke, Wöchnerinnen, Waisen, Geisteskranke und Pfründer.*

Ein solches Spital war ein allgemeines Spital und hatte als zentrale Versorgungsanstalt einer Stadt die Funktion eines Sozialasyls. Es diente also vorrangig den sozial schwachen Randgruppen und Gruppen mit niedrigem Verdienst.

Allerdings haben viele Spitäler diesen allgemeinen Charakter im 14. und 15. Jahrhundert verloren. Der überwiegende Teil von ihnen wurde zu reinen Pfründneranstalten, in denen sich vermögende Bürger mit einer Pfründe einkaufen und bis zu ihrem Lebensende versorgen las-

[5] Zum Stiftungsrecht vgl. Hans Liermann, Handbuch des Stiftungsrechts I. 1963; außerdem Alois Mitterwieser, Geschichte der Stiftungen und des Stiftungsrechts in Bayern, Diss. iur. Würzburg 1907; Siegfried Reicke, Stiftungsbrief und Stiftungsrecht im Mittelalter. In: Zeitschrift der Savigny-Stiftung für Rechtsgeschichte, German. Abt. 53 (1933) 243–76. Zu den Stiftungen fürs Seelenheil vgl. Karl Stüber, Commendatio animae. Sterben im Mittelalter (Geist und Werk der Zeiten 48) Bern – Frankfurt/Main 1976; Gerhard Jaritz, Seelenheil und Sachkultur. In: Europäische Sachkultur des Mittelalters (Veröffentlichungen des Instituts für mittelalterliche Realienkunde Österreichs 4 = Sb. Ak. Wien, phil.-hist. Klasse 374) Wien 1980, 57–81.

sen konnten. So entstanden sogenannte Reiche Spitäler und Armenspitäler neben den Spitälern für ansteckende Kranke wie Leprakranke, die ebenfalls zum Seelenheil gestiftet wurden.

Um seiner Aufgabe nachkommen zu können, mußte die Stiftung eines Spitals entsprechend materiell ausgestattet werden. Die Grundausstattung des Stifters wurde im Verlauf der Zeit durch Zustiftungen anderer Personen ausgeweitet. Diese Stiftungen waren von unterschiedlicher Art: Grundbesitz, Ausstattungen von Priesterpfründen und Altären, Geldgeschenke, liturgische Geräte, Bücher und Gewänder sowie Naturalspenden und Bäder für die Kranken.

Als wichtigstes Element muß zweifellos der Grundbesitz angesehen werden. Denn das System der Grundherrschaft garantierte dem Spital entsprechende Naturaleinnahmen und darüber hinaus Geldeinnahmen, wenn man Überschüsse verkaufen konnte[6]. Die Größe und Aufnahmekapazität eines Spitals war vor allem abhängig von dem Umfang des gestifteten und erworbenen Grundbesitzes.

Diese allgemeinen Ausführungen sollen im folgenden an einem herausragenden Beispiel, dem *Heilig-Geist-Spital in Nürnberg*, verdeutlicht werden.

Der überaus reiche Finanzier Konrad Groß (ca. 1280–1356), Bürger der Reichsstadt Nürnberg und "Bankier" Kaiser Ludwigs des Baiern[7], ließ 1339 eine umfangreiche Stiftungsurkunde verfassen, in der die Stif-

[6] Zur Wirtschaftsführung im Spital haben folgende Autoren schwerpunktmäßig gearbeitet: Wolfgang Berger, Das St. Georgs-Hospital zu Hamburg. Hamburg 1976; Werner Haug, Das St. Katharinen-Hospital der Reichsstadt Esslingen. Esslingen 1965; Christian Heimpel, Die Entwicklung der Einnahmen und Ausgaben des Heiliggeistspitals zu Biberach an der Riß. Stuttgart 1966; Klaus Militzer, Das Markgröninger Heilig-Geist-Spital im Mittelalter. Sigmaringen 1975; Heinz Muschel, Das Spital der Reichen Siechen zu St. Katharina in Ulm. Ulm 1965; Stefan Sonderegger, Wirtschaftliche Regionalisierung in der spätmittelalterlichen Nordostschweiz. Am Beispiel der Wirtschaftsführung des Heiliggeistspitals St. Gallen. In: Schriften des Vereins für die Geschichte des Bodensees und seiner Umgebung 105 (1987) 19–37; Michaela v. Tscharner-Aue, Die Wirtschaftsführung des Basler Spitals bis zum Jahre 1500. Basel 1983.

[7] Zu Konrad Groß vgl. G. W. K. Lochner, Konrad Groß. In: Allgemeine Deutsche Biographie 9 (1879); August Gemperlein, Konrad Groß, der Stifter des Nürnberger Heiliggeistspitals und seine Beziehungen zu Kaiser Ludwig. In: Mitteilungen des Vereins für Geschichte der Stadt Nürnberg (MVGN) 39 (1944) 83–126; Wilhelm Schultheiß, Konrad Groß, sein Geschlecht und seine Zeit. In: Festschrift 600 Jahre Heiliggeist-Spital-Stiftung (Nürnberg 1939) 19–26; ders., Konrad Groß. In: Neue Deutsche Biographie 7 (1966); ders., Konrad Groß. In: Fränkische Lebensbilder 2 (1968) 59–82; Martin Lagois, Konrad Groß. Großkaufmann, Reichsschultheiß 1280–1356. In: Chr. v. Imhoff (Hrsg.), Berühmte Nürnberger aus neun Jahrhunderten. Nürnberg 1984, 19 f.

tung seines Spitals bestätigt wurde[8]. Da er bereits seit 1331 Land für diesen Zweck gekauft hatte und Stiftungen an das Spital und seine Siechen fielen, ist davon auszugehen, daß die Spitalgebäude 1339 zum Teil schon standen. Somit konnte er eine große Lücke füllen, denn das St. Elisabeth-Hospital des Deutschen Ordens (Mitte 13. Jahrhundert) konnte die vielen Kranken nicht mehr aufnehmen. Daneben gab es schon seit 1234 das Leprahaus St. Johannis und die Leprahäuser St. Jobst (1308), St. Leonhard (vor 1317) und St. Peter (ca. 1320), ebenfalls Stiftungen reicher Bürger.

Nur in wenigen Fällen ist eine Gründungsurkunde von Spitälern erhalten geblieben und nur selten eine so ausführliche verfaßt worden, daher soll sie besonders behandelt werden.

In einer umfangreichen Einleitung werden in der Urkunde die Motive des Stifters vorgestellt: Er hat den sehnlichen Wunsch, unter Eingebung der göttlichen Gnade, die zeitlichen Güter gegen die himmlischen einzutauschen. Denn mit der Unterstützung der Armen will er sich die Errettung vom ewigen Unglück verdienen. Er hält sich dabei an die Worte des Evangelisten Matthäus (25,34) über die Barmherzigkeit: "... denn ich war hungrig und ihr habt mich gespeist, ich war durstig und ihr habt mich getränkt, ich war krank und ihr habt mich besucht, ich war nackt und ihr habt mich bekleidet, ich war fremd und ihr habt mich aufgenommen, ich war gefangen und ihr seid zu mir gekommen." Da man diese Werke der Barmherzigkeit gut in einem Spital erfüllen kann, ist ihm schon vor langer Zeit der Gedanke an den Bau eines Spitals eingegeben worden.

Aus diesen Gründen hat Konrad Groß zum Wohl seiner eigenen Seele und der seiner Eltern, Freunde und Wohltäter ein Spital für die Armen Christi unserem Herrn Jesus Christus und seinen Armen, die jetzt schon dort untergebracht sind, zu ewigem Almosen geschenkt. Dies geschieht mit Zustimmung des Bischofs Leupold II. von Bamberg und Herrn Günthers, des Rektors der Kirche zu St. Sebald in Nürnberg, in dessen Sprengel das Spital liegt.

Das Spital ist errichtet am Rand der Stadtbefestigung der Sebalder Stadtseite am Kopf der oberen Brücke auf dem Eigengut des Stifters. Zu dem Gesamtkomplex gehören eine Kapelle mit Friedhof und eine Reihe von Häusern und Gebäuden, die mit sehr hohem Aufwand und Kosten bereits errichtet sind oder noch gebaut werden sollen.

Zur Mehrung des Gottesdienstes in der Stadt und zum Trost der

---

[8] Die Stiftungsurkunde vom 13. Januar 1339 zählt zu den bedeutendsten Urkunden des Stadtarchivs Nürnberg. Sie ist aus drei Pergamentblättern zusammengefügt und mißt in der Höhe 146,5 cm und in der Breite 71,5 cm. Edition bei Knefelkamp, Sozialasyl und Reichschatzkammer, Habilschrift, Anhang I und bei Löhlein. In: MVGN 52 (1963/64).

Armen Christi sollen sechs Priester und 12 Kleriker oder arme Scholaren Unterhalt, Nahrung und Verbleib im Spital erhalten. Die Priester sollen den armen Insassen des Spitals, den Gesunden und krank Darniederliegenden, ebenso wie den Dienern und Aufwärtern, die auf gemeinsame Kosten des Spitals leben, die Sakramente der Buße, der hl. Eucharistie und der letzten Ölung spenden. Und wie sie die Spitalangehörigen kostenlos beerdigen, so sollen sie auch alle anderen, die auf dem Spitalfriedhof begraben sein wollen, dort der Erde übergeben, jedoch ohne Beeinträchtigung der Bestattungsgebühren, die nach allgemeinem Recht der Pfarrkirche zufallen, aus der die Leute stammen.

Die 12 Chorschüler, also der priesterliche Nachwuchs, sollen von einem Schulmeister in den Anfangsgründen der Wissenschaft unterrichtet werden. Zusammen mit den Priestern sollen sie alljährlich an seinem Todestag einen Jahrtag begehen mit Gesang und Messe. Das gilt auch für die späteren Stifter.

In der Spitalkapelle sollen sechs Altäre sein, an denen die Priester ihre Pfründen haben. Ein Priester, der bei einer anderen Pfründe verpflichtet ist, soll nicht zugelassen werden. Falls ein Spitalpriester eine andere Pfründe annimmt, wird er entlassen.

Im Turm der Kapelle dürfen drei Glocken hängen, mit denen die Priester und Schüler zu Gebeten und Gottesdiensten gerufen werden, so oft es nötig ist. Damit der Pfarrkirche St. Sebald kein Nachteil entsteht, ist es untersagt, die üblichen Fest- und Fastentage, sowie Interdikte, Suspensionen, Hochzeitsaufgebote etc. zu verkünden, darüber hinaus Brot zu weihen, außer allein für die Siechen, die Diener und Spitalangehörigen. Die Predigt darf man nur hören am Fest des Hl. Geistes oder wenn sich Klerus und Volk zu besonderem Anlaß versammeln oder bei der Bestattung eines Toten.

Damit wegen der Schenkungen, Vermächtnisse und Almosen an das Spital kein Streit entsteht, wird vereinbart, daß dem Pfarrer von St. Sebald jährlich 12 Pfund Haller gegeben werden, der für alle Zeiten auf die Einnahmen verzichtet.

Zur Gewährleistung der Gottesdienste wird der Pfleger angehalten, dafür zu sorgen, daß Bücher, Kelche, Glocken, kirchliche Gewänder, Kerzen, Hostien, Wein, Salz, Wasser, Chorröcke und alles sonstige für die Kapelle nötige vorhanden ist.

Der oder die Pfleger sollen später von den Patronen (fünf Ratsmitglieder) ernannt werden. Sie sollen nur für eine bestimmte Zeit bestellt werden und sind zu entfernen, wenn sie sich als unbrauchbar und unzuverlässig erwiesen haben. Nach ihrer Wahl aber sollen sie sofort einen Eid auf die heiligen Evangelien in die Hände der Patrone ablegen, daß sie das Spital und seine Siechen getreu verwalten werden, zu Beginn ihrer

Tätigkeit ein Register über Hab und Gut aufstellen, alles Gut bewahren und möglichst vermehren werden, alles zum Nutzen der Armen tun wollen und sich nichts persönlich aneignen werden.

Von den gemeinsamen Einkünften des Spitals soll der Pfleger zuerst 220 Pfund Haller an die Priester und den Schulmeister zahlen, 12 Pfund Haller an den Pfarrer von St. Sebald und 68 Pfund Haller an den Stifter, sowie Schulden und die nötigen Ausgaben begleichen. Von dem Rest soll er den Unterhalt für sich, die Schüler, Aufwärter, Diener, Pfründner, Siechen und armen Kindbetterinnen des Spitals bestreiten.

Alle Güter, die dem Spital gehören oder noch vermacht werden, alle Schenkungen, Opfergelder, Vermächtnisse und Almosen sollen vom Pfleger entgegengenommen und verwaltet werden. Da mit großer Wahrscheinlichkeit damit zu rechnen ist, daß die göttliche Barmherzigkeit vielen Christgläubigen in kommender Zeit eingeben wird, dem Spital sich und ihre Habe zu verschreiben, so hat der Stifter bestimmt, daß den Pfründnern nach Annahme ihres Besitzes auf Lebenszeit nach Gebühr Nahrung, Kleidung und alles Notwendige gereicht wird.

Damit Hab und Gut sowie sämtliche Rechte des Spitals und der Siechen erhalten bleiben, sollen drei große Pergamentregister angelegt werden. Im ersten sind alle Urkunden, Privilegien, Briefe und sonstigen Verschreibungen aufzuzeichnen; im zweiten sind die Verzeichnisse über alles Hab und Gut des Spitals mit Beschreibung der Grenzen, Dienste und Freiheiten einzuschreiben; im dritten sind Namen, Vornamen und Herkunftsorte der Insassen anzugeben.

Der Stifter hat sich das Patronatsrecht und die Leitung des Spitals auf Lebenszeit vorbehalten. Nach seinem Tod fällt alles an seinen ältesten Sohn, danach an den zweiten Sohn. Nach dessen Ableben soll das Spital an den Rat der Stadt Nürnberg übergehen. Dann sollen fünf ehrbare Männer des Rates geeignete Priester und Spitalpfleger suchen und dem Bischof von Bamberg präsentieren. Dabei sollen sie sich von keiner menschlichen Zuneigung leiten lassen, sondern denen den Vorzug geben, die tauglicher sind, ärmer und für das Spital von großem Nutzen.

Damit das Spital über die nötige wirtschaftliche Basis verfügt, hat der Stifter um seines, seiner Eltern, Freunde und Wohltäter Seelenheils willen als ewiges Almosen folgende Dinge, Güter, Besitzungen, Gerichtsbarkeiten und Rechte dem Spital übereignet: das Spital selbst mit allen Gebäuden und Rechten – alle Reliquien von Heiligen, dazu Kelche, silberne und andere Kreuze, Glocken, Bücher, kirchliche Gewänder, Altartücher und sonstige Zier- und Gebrauchsgegenstände in allen Gebäuden des Spitals – das Patronatsrecht an der Pfarrkirche von Bechtal und Hausheim im Eichstätter Bistum – die Pfarrkirche von Herzogenaurach (ausgenommen die bischöflichen Rechte), aber der Bischof Otto von Würzburg hat sie mit dem Spital vereinigt – den Zehnten der Kirche in Oberferrieden, Bistum Eichstätt – aus seinem väterlichen Erbe die Mühle am Sand – den Zins von der Mühle bei Schnaittach, Bistum Bamberg – einen Hof mit Zubehör in Simonshofen – einen Hof in der Pfarrei Hausheim, Bistum Eichstätt – zwei Höfe mit Gütern zu Haunstetten im Bistum Eichstätt – schließlich 11 Huben zu Aue in der Pfarrei Schwimbach, Bistum Eichstätt. Diese Mühlen, Höfe und Huben geben an Zinsen jährlich 433 Pfund Haller, die 509 Gulden und 7 Schilling Haller wert sind.

Da er das Spital und dessen Besitz ausbauen und vermehren will, hat er sich die Verfügungsgewalt über die übertragenen Rechte und Besitzungen soweit vorbehalten, wie es ihm zum Vorteil und zur Entwicklung des Spitals dienlich erscheint. Er hat sich auch auf Lebenszeit das Recht ausbedungen, alle Personen im Spital einzusetzen. Außerdem will er aus der Gesamtsumme der Einkünfte jährlich 68 Pfund Haller ausgezahlt haben zur Verteilung an die bei seinem Jahrtag Beteiligten oder zu einem anderen frommen Zweck.

Zur Bestätigung der Stiftung hat eine stattliche Zahl von Zeugen unterschrieben: an der Spitze ein päpstlicher Legat, dann der Abt des Zisterzienserklosters Ebrach, Bistum Würzburg, Mönche des Klosters Heilsbronn, Bistum Eichstätt, und weitere Kleriker, Notare und Schreiber aus Nürnberg. Als Verfasser gibt sich Herdegen, Geistlicher des Bistums Bamberg und öffentlicher Notar, zu erkennen.

Der Pfarrer Günther von St. Sebald zu Nürnberg, Domherr zu Bamberg, bekennt, daß er auf den Nutzen und die Ehre seiner Kirche geachtet hat. Er glaubt, daß durch das Spital die Barmherzigkeit gemehrt und die Stellung seiner Kirche verbessert wird. Ausdrücklich erklärt er sich mit der Abfindung von 12 Pfund Haller einverstanden, die jährlich als Entschädigung für die Opfergaben vom Spital entrichtet werden.

Auch Bischof Leupold II. von Bamberg bestätigt noch einmal ausdrücklich seine Zustimmung zu der Stiftung, weil sie nicht nur zum öffentlichen Nutzen, sondern auch zur Mehrung von Gottesdienst und Barmherzigkeit beiträgt. Er glaubt ebenfalls, daß durch das neue Spital sein Ansehen, das der Bamberger Kirche und der Kirche St. Sebald gesteigert wird. Abschließend billigt das Bamberger Domkapitel das in der Urkunde Aufgezeichnete, soweit es seine Angelegenheiten betrifft. Drei schwere Siegel hängen an der Urkunde: des Bischofs, des Domkapitels und des Domherrn.

Aus der Urkunde geht hervor, daß der Stifter sein Spital bereits selbst bestens ausgestattet hatte. Als wichtige wirtschaftliche Basis müssen die zahlreichen Güter angesehen werden, dazu kommen noch die ersten Priesterpfründen, Reliquien und liturgische Bücher, Gewänder und Geräte, z. B. Kelche, Monstranzen, Leuchter.

Dem Beispiel des Stifters folgten viele andere Personen, meistens Patrizier und ihre Frauen, aber auch ehemalige Spitalmeister oder Priester und andere Mitglieder des Spitals. Sie stifteten für ihr Seelenheil ("pro remedio animae"), wobei die Familie eingeschlossen war, ganze Dörfer, Höfe, Wiesen und Äcker oder deren Erträge und Zehnten. Dazu gehörten Holzlieferungen zu Bau- oder Brennholz und Getreidelieferungen, sowie Wein, Eier, Käse, Schweine, Gänse und Hühner[9].

Während diese Naturalien ganz allgemein an das Spital fielen, bestand eine andere Form der Stiftung darin, speziell den Kranken eine Verbesserung ihrer leiblichen Versorgung zukommen zu lassen: Wein, Bier, Fisch, Fleisch, Zucker, Käse, Semmel und Gebackenes. Zu diesem Zweck setzte man meistens eine bestimmte Geldsumme aus, von deren Zinsen die Naturalien bezahlt werden sollten. Oft wurden von solchen Geldsummen aber auch nur die Jahrtage ausgerichtet, dabei konnten dann kleinere Geldgeschenke an den Priester, den Schulmeister und die Chorschüler fallen, die den Jahrtag begingen.

Hervorzuheben ist hier der sogenannte "Goldene Trunk", den Friedrich Heimendorfer 1406 stiftete, nämlich jedem Armen im Spital einmal in der Woche Wein auszuschenken. Andere schlossen sich an. Sogar im späten 16. Jahrhundert wurde dies beibehalten, wie ein Blick in ein Rechnungsbuch aus dem Jahr 1571 zeigt. Dort sind jeweils 1/3 Eimer Wein pro Woche an jeden Armen gestiftet, d. h. es werden pro Stiftung (3) zwischen 100 und 135 Maß Wein in der Woche ausgeschenkt.

Eine weitere spezielle Form war die Stiftung von Ewigbetten. In diesem Fall erwarben reiche Familien das Recht, ihre gekauften Betten mit Kranken ihrer Wahl zu belegen, die allerdings den Aufnahmebedingungen des Spitals entsprechen mußten (Bedürftigkeit). Außerdem kauften manche Handwerke solche Betten für ihre Berufskollegen.

Auch im liturgischen Bereich vergrößerte sich der Besitz erheblich, denn gerade hier taten sich einzelne Familien als großzügige Stifter hervor, das gilt besonders für Meßgewänder, an denen man als äußeres Merkmal sehr gut das Wappen der Stifterfamilie anbringen konnte.

Neben dem Stifter Konrad Groß ist besonders auf Herdegen Valzner zu verweisen, der vor allem eine Kapelle mit Altar in der Spitalkirche stiftete, außerdem Bücher und Gewänder. Er ist derjenige, der neben Konrad Groß in einem Tischgrabmal geehrt wurde.

Zu diesem mehr materiellen Bereich traten noch Stiftungen anderer Art. Das herausragendste Beispiel gibt Jörg Keyper, dessen "Stiftung

[9] Vgl. die zusammengestellten Übersichtstabellen über die zahlreichen Stiftungen bei Knefelkamp, Sozialasyl und Reichsschatzkammer, Habilschrift, III, 1.

der ärztlichen Hilfe" 1486[10] von seinen Testamentsvollstreckern umgesetzt wurde. Von dem Geld sollen ein Arzt und ein Wundarzt angestellt werden. Im Jahr 1498 kann man von dem inzwischen angewachsenen Stiftungskapital auch noch eine Apotheke mit einem Apotheker und einem Lehrjungen einrichten. Diese umfassende medizinische Versorgung ist nach bisherigen Erkenntnissen für den deutschsprachigen Raum in dieser Zeit einmalig.

Insgesamt vermehrten sich die Stiftungen im Verlauf des 15. Jahrhunderts erheblich, wobei besonders die Zahl der Jahrtage und Ewigmessen für die Stifter anstieg.

Auch in der geistlichen Versorgung blieben die Stiftungen nicht aus. Nach und nach wurden zu den 6 vorhandenen Priesterstellen weitere 4 und dazu 5 Vikarstellen gestiftet, außerdem die Pfründe für einen Prediger, die Zahl der Altäre erhöhte sich ebenfalls auf 10. Die Spitalkirche, die schon in den ersten Jahren nach der Gründung erstaunliche Ausmaße hatte, wurde auf diese Weise eine beachtliche Kirche mit einer ansehnlichen Zahl von Klerikern und folgenden Altären: Hl. Geist, Jungfrau Maria, 12 Apostel, Hl. Katharina, Hl. Elisabeth, Hl. Nikolaus (später Hl. Johannes d. T.), Trinitatis, Hl. Erasmus, Hl. Drei Könige, Corporis Christi und Aller Seelen.

Diese große Zahl hing mit dem steigenden Bedarf im 15. Jahrhundert zusammen. Im Jahr 1487 beschloß der Rat der Stadt Nürnberg die Erweiterung des Spitals, die komplizierten Bauarbeiten wurden erst 1527 abgeschlossen. Auf einem Bogen über die Pegnitz erstreckten sich zwei neue Gebäudekomplexe, die "Sutte" mit den Krankensälen in zwei Geschossen und der "Kreuzigungshof" mit den Einzelkammern der Pfründner (vgl. Abb. 1). Diese Gebäude boten aber auch nur für eine gewisse Zeit genug Platz, das heißt, etwa 200 Kranke und 50 Pfründner fanden Unterkunft. Der Stifter Konrad Groß hatte bereits festgelegt, daß 120 Kranken und 70 Siechenbetten neben dem Personal vorhanden sein sollten. Das ist eine erstaunlich hohe Zahl. Es ist nicht klar, ob diese Zahl schon im 14. Jahrhundert erreicht wurde. Nach der Mitte des 16. Jahrhunderts liegt die Zahl der Bedürftigen meistens weit darüber. Dadurch treten ständig Klagen wegen Überfüllung auf. Aus Platz- und Geldmangel konnte man diese Mißstände nicht beseitigen.

Inzwischen hatte nämlich die *Reformation*[11] im Bereich des Stif-

---

[10] Vgl. Stadtarchiv Nürnberg, D2/II (H-G-S/Amtsbücher Nr. 10 "Stiftbuch der ärztlichen Hilfe").

[11] Zur Reformation in Nürnberg vgl. u. a. F. Roth, Die Einführung der Reformation in Nürnberg. Nürnberg 1885; Adolf Engelhardt, Die Reformation in Nürnberg. Nürnberg 1936; Gerhard Pfeiffer (Hrsg.), Quellen zur Nürnberger Reformationsgeschichte. Neustadt an der Aisch 1968; Gottfried Seebaß, Die Reformation in

tungswesens ihre Folgen gezeigt. Waren an dem Umbau noch andere Kirchen, Stadt und Bürger gemeinsam als Geldgeber aufgetreten, so ließ die Spendenwilligkeit nach der Reformation erheblich nach, aber die bestehenden Stiftungen wurden weiterhin ausgerichtet.

Andererseits war auch das Almosenwesen neu strukturiert worden. Bereits 1522 wurde eine neue Almosenordnung mit einem zentralen Almosenamt geschaffen[12], nach der Säkularisierung der Kirchengüter im Jahr 1525 teilte man das Almosenamt in ein Stadt- und ein Landalmosenamt. Das Heilig-Geist-Spital bildete das Spitalamt. Die einzelnen Positionen des Spitals wurden jetzt von diesem Amt besoldet. Das bedeutete, daß die Stadt nun die totale Aufsicht über das Spital hatte, also auch die Geistlichen selbst einsetzte und bezahlte.

In einer Ratssitzung im Mai 1525[13] hatte man beschlossen, daß alle Vikarier der Stadt aufgefordert werden sollten, Bürger der Stadt zu werden. Ihnen wurden 8 Tage Bedenkzeit eingeräumt, um ihre Konkubinen fortzuschicken oder ihre Heiratsabsicht zu verkünden. Die Zahl der Geistlichen wurde auf 6 beschränkt, dazu kam der Prediger bzw. kamen seit 1507/18 zwei Suttenprediger für die Kranken. Die Priesterpfründen wurden eingezogen, dafür erhielten sie ein festes Gehalt. Für diesen Bereich waren also keine Stiftungen mehr nötig, weil sie materiell abgesichert waren, wenn auch nicht allzu üppig, wie spätere Klagen immer wieder zeigen.

Was den Priesternachwuchs angeht, so hatte man mit der Reformation die Spitalschule, die in der Spitalgeschichte ebenfalls als Besonderheit gilt[14], abgeschafft. Aber 1529 wurde sie wieder eröffnet, allerdings

---

Nürnberg. In: MVGN 55 (1968) 252–68; ders., Der Nürnberger Rat und das Religionsgespräch vom März 1525. In: Jahrbuch für fränkische Landesforschung 34/35 (1974/75) 467–99; Friedrich Wilhelm Kantzenbach, Gottes Ehre und der Gemeine Nutzen. Die Einführung der Reformation in Nürnberg. In: Zeitschrift für bayerische Kirchengeschichte 47 (1978) 1–26; außerdem die Ausstellungskataloge "Reformation in Nürnberg – Umbruch und Bewahrung". Nürnberg 1979 und "Martin Luther und die Reformation in Deutschland". Nürnberg 1983.

[12] Zu den Almosenordnungen vgl. Max Rüger, Mittelalterliches Almosenwesen. Die Almosenordnungen der Reichsstadt Nürnberg. Nürnberg 1932; Ingomar Bog, Über Arme und Armenfürsorge in Oberdeutschland und in der Eidgenossenschaft im 15. und 16. Jahrhundert. In: Jahrbuch für fränkische Landesforschung 34/35 (1974/75) 983–1001.

[13] Staatsarchiv Nürnberg, Rep. 60b, Ratsbuch 13, fol. 7v: 10. Mai 1525.

[14] Zum Schulwesen in Nürnberg vgl. Emil Reicke, Magister und Scholaren. Leipzig 1901; Klaus Leder, Kirche und Jugend in Nürnberg und seinem Landgebiet 1400 bis 1800. Neustadt an der Aisch 1973; Karl Schlemmer, Gottesdienst und Frömmigkeit in der Reichsstadt Nürnberg am Vorabend der Reformation. Würzburg 1980; Franz Machilek, Schulen und gelehrte Bildung. In: Martin Luther und die Reformation

mit der Begründung, daß man 12 armen Bürgerknaben eine entsprechende Bildung ermöglichen wollte, um sie dann auf die Universität zu schicken[15]. Auf diese Weise wollte man die Stiftung des Konrad Groß für 12 Knaben weiterführen.

Wie erwähnt, sah es besonders schlecht bei der Versorgung der kranken und armen Insassen aus. Die ständigen Epidemien, Mißernten und Teuerungen produzierten im 16. Jahrhundert eine ständig wachsende Zahl von Bedürftigen. Nachdem die Spendenbereitschaft gerade hier empfindliche Lücken schuf, wurde im Rat u. a. beschlossen (z. B. im Jahr 1623[16]) darauf zu achten, daß kein Testament mehr anerkannt würde, in dem nicht eine erträgliche Summe an das Spital oder Almosen verfügt war, auch die Erben sollte man ermahnen und die Gäste bei Hochzeiten.

Das Spital versuchte, auf jede Weise aus der Misere herauszukommen. So wurden die Maßnahmen gegenüber den Pfründnern immer strenger, die ihre ganzen Besitztümer dem Spital bereits bei Eintritt ins Spital überlassen mußten. Im Jahr 1565 wurde beschlossen, den Spitalhof, der 1369 gestiftet worden war, zu verkaufen, weil die jährlichen Verluste eine ständige Belastung waren. Man verkaufte und verlieh ihn gegen Erbrecht, das hatte den Vorteil, daß man mit festen Einnahmen rechnen konnte.

Das veränderte System nach der Reformation brachte die Zentralisierung des Almosen- und Fürsorgewesens, das hatte den Vorteil der gleichmäßigen Verteilung der Gelder bzw. auch der Verteilung von Geldern an Institutionen, die dringend der Hilfe bedurften. So wurden z. B. 1565 die Klosterfrauen von St. Clara, St. Katharina und Pillenreuth aufgefordert, von ihrem Überfluß an das Spital abzugeben[17]. Aber diese Gelder reichten nicht aus, da die Privatpersonen sich jetzt mehr auf die städtischen Behörden verließen, die mit den Problemen fertig werden mußten. Nur bei den Behörden gingen noch Spenden ein, die Institutionen selbst wurden vernachlässigt.

Zusammenfassend kann man sagen: In Nürnberg wurde im 14. Jahrhundert – die meisten Spitäler dieser Art wurden im 13. Jahrhundert

---

in Deutschland. Ausstellungskatalog. 1984, 89–116; Rudolf Endres, Die Bedeutung des lateinischen und deutschen Schulwesens für die Entwicklung der fränkischen Reichsstädte. In: Schulgeschichte im Zusammenhang der Kulturgeschichte, hrsg. vom Bayerischen Nationalmuseum. 1984, 144–161.

[15] Staatsarchiv Nürnberg, Rep. 60b, Ratsbuch 15, fol. 5r: 6. März 1529; vgl. Friedhelm Brusniak, Nürnberger Schülerlisten des 16. Jahrhunderts als musik-, schul-, und sozialgeschichtliche Quellen. In: MVGN 69 (1982) 6.

[16] Staatsarchiv Nürnberg, Rep. 60c, Verlässe des inneren Rates zum Losungsamt 7, fol. 140v.

[17] Staatsarchiv Nürnberg, Rep. 60b, Ratsbuch 32, fol. 362r f.

gegründet – von dem reichen Kaufmann und Finanzier des Kaisers, Konrad Groß, das Heilig-Geist-Spital gestiftet. Er soll dies unter anderem aus Gewissensnot getan haben, weil er enge Beziehungen zu dem gebannten Kaiser Ludwig dem Bayern unterhielt. Eigentlich handelt es sich aber um eine übliche Stiftung "pro remedio animae", die dem Reichen durch Fürbitte und Dankgebete der Bedürftigen einen entsprechenden Platz nach der Auferstehung der Seele im Himmel sichern sollte[18].

Das Spital war seine bedeutendste Stiftung. Er war u. a. an der Neugründung des Spitals in Kitzingen beteiligt, stiftete einen Jahrtag im Zisterzienserkloster Ebrach, gründete mit Ludwig dem Bayern die Klause Pillenreuth für fromme Frauen, schloß Gebetsverbrüderungen mit 35 Klöstern und stiftete eine Ewigmesse im St. Clara-Kloster in Nürnberg und den Jahrtag im Heilig-Geist-Spital (1343). An dieser Feier sollten jährlich über 500 Personen teilnehmen und für ihn beten – also ein großes Spektakel, das der Größe seiner Stiftung entsprach.

Auffällig ist wirklich der Umfang der Stiftung. Konrad Groß gründete sein Spital für 200 Personen, der Durchschnitt lag sonst etwa bei 40–50 Personen, und stattete es hervorragend aus. Dabei entblößte er sein Vermögen derartig – allein sein zugestifteter Grundbesitz aus der Region hatte etwa den Wert von 5000 fl. –, daß seine Söhne gegen ihn prozessierten. Diese Tatsache zeigt, wie sehr ihm diese Stiftung am Herzen lag. Ob die große Gewissensnot, die große Not seiner Heimatstadt ihn trieben oder ob es ein geschäftliches Kalkül war – je größer die Investition, desto höher der Gewinn –, das kann nicht eindeutig geklärt werden; wahrscheinlich spielte alles eine Rolle, sicher ist das damit verbundene gesellschaftliche Prestige entscheidend[19].

Abschließend kann man festhalten, daß die Stiftung im Jahr 1989 ihr 650jähriges Bestehen feierte. Dies verdankt sie einerseits ihrer Wandelbarkeit – sie paßte sich den Bedürfnissen der Zeit an –, andererseits

[18] In der Diskussion gab Peter Jezler den Hinweis, daß in Italien im 14. Jahrhundert die sogenannten Wucherstiftungen üblich waren, mit denen die entsprechenden Finanzleute ihr Gewissen beruhigen konnten.

[19] Zum mittelalterlichen Kaufmann und seinem Gewissen vgl. Jacques Le Goff, Marchands et banquiers au Moyen Age. Paris 1956; Eduard Maschke, Das Berufsbewußtsein des mittelalterlichen Kaufmanns (1964). Jetzt in: ders., Städte und Menschen. Wiesbaden 1980, 380–419; Hermann Leloux, Kirche und Charitas im Leben der Genossenschaft des deutschen Kaufmanns zu Brügge. In: Hansische Geschichtsblätter 91 (1973) 34–45; Renate Märtins, Wertorientierungen und wirtschaftliches Erfolgsstreben mittelalterlicher Großkaufleute. Köln 1976; Franz Irsigler, Kaufmannsmentalität im Mittelalter. In: C. Meckseper – E. Schraut (Hrsg.), Mentalität und Alltag im Spätmittelalter. Göttingen 1985, 53–75; Iris Origo, "Im Namen Gottes und des Geschäfts". München 1985; Jacques Le Goff, Wucherzins und Höllenqualen. Stuttgart 1988.

der engen Verbundenheit zu führenden Familien der Stadt Nürnberg und der Achtung des Rates der Stadt vor dem Willen des Stifters.

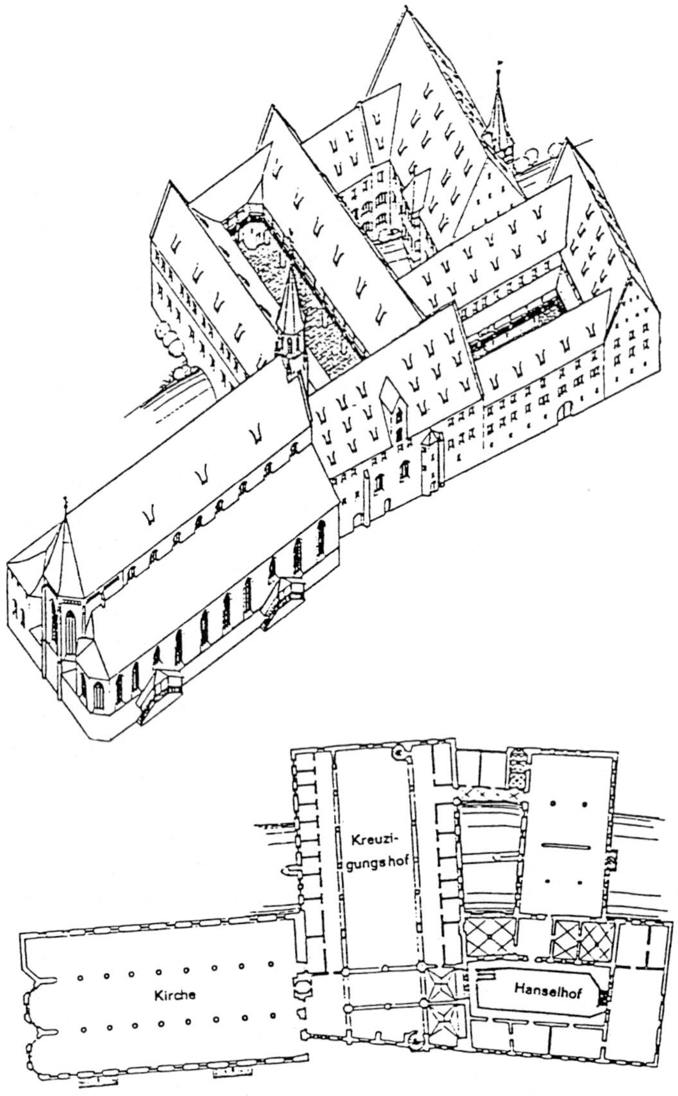

Abb. 1: Das Heilig-Geist-Spital in Nürnberg
(aus: Ulrich Craemer, Das Hospital als Bautyp des Mittelalters. Köln 1963)

Objektstiftung und Wallfahrt im Mittelalter

Christine Edith Janotta

Die Grundlage für die Untersuchung bildet geographisch gesehen der salzburgische und der bayerisch-fränkische Raum. Die geographische Eingrenzung bezieht sich auf die Lage der Wallfahrtsorte, selbstverständlich nicht auf die Herkunft der Wallfahrer, die diesen Raum vielfach überschreitet. Ein bekannter Wallfahrsort wie Altötting, der uns hier auch als Beispiel dienen wird, hat natürlich ein weites Einzugsgebiet[1]. Für Inchenhofen wurden die Untersuchungen noch spezifiziert. Hier wird die Herkunft der Wallfahrer auch in zeitlichem Zusammenhang gesehen. Folgende ganz bemerkenswerte Aussage kann für diesen Wallfahrtsort getroffen werden: Es zeigt sich, daß auch im Mittelalter ein erheblicher Anteil der Wallfahrer aus den Nachbargemeinden kommt. Aus Österreich liegt der Anteil insgesamt bis in das 18. Jahrhundert nur bei 0,9 %, im Mittelalter hingegen etwas höher bei 8,5 bzw. 3,1 %[2]. Dabei muß bedacht werden, daß sich solche Angaben oft nur auf drei bis vier Wallfahrer beziehen. Die Aussagekraft in den folgenden Statistiken wird dadurch natürlich stark relativiert. Dies ist allerdings ein Manko, das man bei allen statistischen Auswertungen immer in Rechnung stellen muß. Man hat daher für die folgenden Überlegungen generell festzuhalten: Sobald in den Statistiken ein Anteil unter 10 % absinkt, muß immer damit gerechnet werden, daß es sich nur um Einzelfälle handelt, die auf Grund ihrer Zufälligkeit kaum Aussagekraft haben. Wenn man als Vergleichsbeispiel zu den beiden genannten bayerischen Wallfahrtsorten einen Salzburger Kultort des Mittelalters wählt, so zeigt sich bei Vitalis, dem Heiligen von St. Peter in Salzburg, daß auch hier die Streuung der Herkunftsorte der Wallfahrer nur etwa 50 km beträgt; nur einzelne Wallfahrer kommen aus weiter entfernt gelegenen Orten[3].

Als Quellen dienen für das Salzburger Beispiel wie auch für alle anderen sowohl schriftliche als auch nichtschriftliche Quellen. Die schriftlichen sind die Mirakelberichte, die nichtschriftlichen die fallweise noch

---

[1] Vgl. die Karte in Maria Angela König, Weihegaben an U. L. Frau von Altötting 1. München 1939 (Faltkarte im Anhang).

[2] Ulrich Weidner, Die Inchenhofener Mirakelbücher. In: Altbayern und Schwaben 5 (1982/83) Tabelle 3, 17.

[3] Vgl. die Karte in: Salzburgs Wallfahrten in Kult und Brauch (Katalog der XI. Sonderschau des Dommuseums zu Salzburg) Salzburg 1986, 92.

erhaltenen Objekte. Die Überlieferung beider Quellen ist natürlich stark dem Zufall überlassen. Mirakelberichte sind erstens nicht bei allen Wallfahrtsorten angelegt worden, zweitens natürlich auch in verschiedener Form und Ausführlichkeit überliefert. Auch eignen sich nur manche dazu, Zusammenhänge zwischen Votivgaben und Wallfahrt herzustellen. Ein Mangel fällt hier vor allen Dingen ins Gewicht, der später noch ausführlicher diskutiert werden muß. Es ist für die mittelalterlichen Mirakelbücher eher nicht die Regel, daß Opfergaben erwähnt werden, während dies bei Berichten aus der Neuzeit viel regelmäßiger geschieht. Dadurch werden die Aussagen der Mirakelbücher in dieser Beziehung natürlich stark relativiert, vor allen Dingen die statistische Auswertungen sind mit einigen Fragezeichen zu versehen.

Die aus dem Mittelalter überlieferten Objekte selbst sind ebenfalls mit einigen Imponderabilien behaftet. Neben der Zufälligkeit der Überlieferung ist auch die Datierung der erhaltenen Votivgaben ein Problem. Zwar haben einzelne Forscher, vor allen Dingen auch die Familie Kriss-Rettenbeck, in umfangreichen Werken Votivgaben vorgestellt und gesammelt, doch umgeht man auch in diesen Fällen das Datierungsproblem[4]. Es ist eigentlich noch nicht gelungen, Kriterien aufzustellen, die eine genaue Datierung erlauben würden, wenn man von den Votivtafeln mit Datumsangabe als Stiftungsobjekte absieht. Die meist schlichte "naive" Ausführung praktisch fast aller Votivgaben wird eine derartige Datierung immer sehr erschweren, wenn nicht sogar unmöglich machen. Falls nicht glückliche Fundumstände eine Analogdatierung erlauben, erschwert dieses Problem die Erforschung der Zusamenhänge erheblich.

Befassen wir uns zunächst mit den schriftlichen Quellen, also den Mirakelbüchern, die bei dieser Untersuchung Verwendung gefunden haben.

Die ältesten Mirakelberichte unserer Untersuchung sind jene aus der "Vita Oudalrici"[5]. Sie stammen noch aus dem 10. Jahrhundert und wurden anläßlich des ersten öffentlichen Kanonisationsprozesses der Kirchengeschichte aufgezeichnet. Gemäß dem Zweck der Vita, die Heiligsprechung des Augsburger Bischofs zu erreichen, sind die Berichte ziemlich ausführlich und systematisch. Die Vita enthält ca. 30 Mirakelberichte. Dabei werden erstaunlich viele Angaben über Votivgaben gemacht.

Zu einem ganz ähnlichen Zweck, wenn auch später, sind die Mirakelberichte des Vitalis zu Salzburg (St. Peter) verfaßt worden. 1462/63

[4] Rudolf Kriss – Lenz Rettenbeck, Eisenopfer. Das Eisenopfer in Brauchtum und Geschichte. München 1957; Lenz Kriss-Rettenbeck, Das Votivbild. München 1958; ders., Ex Voto. Zeichen, Bild und Abbild im christlichen Votivbrauchtum. Zürich 1972; ders., Bilder und Zeichen religiösen Volksglaubens. München 1963.

[5] MGH SS IV 419–425.

wurde bereits eine Kanonisation von Vitalis angestrebt. Zu diesem Behufe wurden auch die Mirakelberichte hergestellt[6]. Der Konkurrenzkampf zwischen St. Peter und dem Domkapitel hat eine Heiligsprechung verhindert, doch blieb der Kanonisationsakt aus dem 15. Jahrhundert erfreulicherweise erhalten[7]. Vitalis wurde niemals förmlich kanonisiert, erst 1519 wurden Messe und Officium gestattet. Auf eine ältere Sammlung der Wunderberichte müssen die 39 aus dem Jahre 1181 überlieferten Mirakel zurückgehen. Insgesamt sind in der Handschrift 185 Wunder überliefert, neben denen aus dem 12. Jahrhundert die Mehrzahl aus dem 15. bzw. 17. Jahrhundert. Aus dem Mittelalter sind 119 Votationen aufgezeichnet. Durch den laufenden Kanonisationsprozeß des 15. Jahrhunderts bezieht sich ein erheblicher Teil der Mirakelberichte auf diese Zeit. Die Votanten kamen natürlich vorwiegend aus dem salzburgisch-bayerischen Bereich, doch auch aus dem kärntnerisch-steiermärkischen Gebiet, hier vor allen Dingen aus den Salzburger Besitzungen. Die breiteste geographische Streuung der Votanten zeigt sich bemerkenswerter Weise bei den Mirakelberichten des 12. Jahrhunderts, was darauf schließen läßt, daß hier eine Auswahl aus einer reichhaltigeren Sammlung von Mirakeln getroffen worden ist.

Ebenfalls aus Salzburg stammen die Mirakelberichte der Heiligen Erentrud vom Kloster Nonnberg, die ältesten Mirakelsammlungen von einem Kaplan Caesarius aus dem Beginn des 14. Jahrhunderts[8]. Wiewohl bei Erentrud eine kontinuierliche Verehrung während des gesamten Mittelalters angenommen werden muß, sind die Mirakelberichte lückenhafter und zahlenmäßig geringer als bei Vitalis. Da sie nicht als Grundlage für einen Kanonisationsprozeß dienten, wurden sie nicht mit der gleichen Sorgfalt aufgezeichnet wie jene von Vitalis. Für das Mittelalter können überhaupt nur 8 Votanten nachgewiesen werden.

Wesentlich interessanter sind aus dem Salzburger Bereich die Mirakelberichte von St. Virgil, dem Heiligen des Domes. Aus dem Mittelalter sind hier 105 Mirakel überliefert[9]. Weniger bedeutend ist dann in der Stadt Salzburg die Verehrung des Eberhard. Es gibt hier 11 Mirakelberichte, die ausschließlich aus dem Mittelalter stammen[10].

Für den Salzburger Bereich wurden ausschließlich ungedruckte Mirakelberichte verwendet, während für den bayerisch-fränkischen Raum

---

[6] Vgl. Christine Edith Janotta, Vitalis/Erentrud. In: Salzburgs Wallfahrten 90.

[7] Die Handschrift ist ungedruckt und liegt im Archiv St. Peter, Salzburg, Hs. A 15.

[8] Erhalten in einem Fragment des 14. Jahrhunderts im Archiv Nonnberg, Salzburg, VIII 196 Aa 1.

[9] Statistisch ausgewertet wurden die Mirakelberichte von Adolf Hahnl in: Salzburgs Wallfahrten 102–105.

[10] Ebenfalls ausgewertet von Adolf Hahnl in: Salzburgs Wallfahrten 111.

ausschließlich gedruckte Berichte als Grundlage für diese Untersuchung gedient haben. Da wäre zunächst der berühmte Wallfahrtsort Altötting zu nennen. Zwei Mirakelbücher sind näher untersucht worden. Einmal das älteste gedruckte Mirakelbuch von Altötting aus den Jahre 1494/95[11]. Es ist dies ein Wiegendruck, der lediglich 8 Seiten umfaßt und von Hans Schobser in Augsburg gedruckt wurde. Die Schrift diente sicherlich Propagandazwecken und scheint weite Verbreitung erfahren zu haben. In dem Büchlein sind 25 Mirakel überliefert. Leider sind handschriftliche Aufzeichnungen aus Altötting nicht mehr erhalten, wiewohl sie vorhanden gewesen sein müssen, da es Berichte gibt, daß in Altötting drei auf Pergament in deutscher Sprache geschriebene Bände mit Mirakelberichten existiert haben[12]. Ebenfalls nur 8 Seiten umfaßt das Altöttinger Mirakelbuch von 1540[13]. Der Zweck der Anlage war sicher der gleiche wie bei dem ältesten Mirakelbuch. Es steht auch drucktechnisch in Zusammenhang mit dem ersten Mirakelbuch, da es aller Wahrscheinlichkeit nach vom Sohn des Hans Schobser, Andreas, in München gedruckt worden ist[14]. In diesem Buch sind 27 Mirakel überliefert.

Westlich von München liegt der Wallfahrtsort Grafrath für den in drei Bänden die erstaunliche Anzahl von 12.131 Mirakeln überliefert sind[15]. Ein vierter Band ist verlorengegangen. Uns interessiert hier nur der erste Band, der die Jahre 1444 bis 1635 umfaßt. Die Eintragungen reichen also erheblich über das Mittelalter hinaus. Da aber 5177 Eintragungen noch in der zweiten Hälfte des 15. Jahrhunderts gemacht worden sind, werden bei einem statitistischen Erfassen der Quelle die Ergebnisse für das Mittelalter noch in erträglichem Rahmen verzerrt. Die Eintragungen werden von mit der Materie vertrauten Schreibern vorgenommen, sind ziemlich knapp und entsprechen einem gewissen Schema. Wenn die Bittsteller selbst ihr Anliegen in das Buch eingetragen haben, werden die Eintragungen ausführlich und umständlich.

Weiters haben für die Untersuchung auch die Inchenhofner Mirakelbücher Verwendung gefunden[16]. Ein Band dieser Aufzeichnungen umfaßt die Jahre 1258–1436. Ab 1390 kann man annehmen, daß die

---

[11] Robert Bauer, Das älteste gedruckte Mirakelbüchlein von Altötting. In: Ostbayerische Grenzmarken 5 (1961) 144–151.

[12] Ebd. 151.

[13] Robert Bauer, Das Altöttinger Mirakelbüchlein von 1540. In: Ostbayerische Grenzmarken 6 (1962/63) 241–248.

[14] Ebd. 241.

[15] Karl-S. Kramer, Die Mirakelbücher der Wallfahrt Grafrath. In: Bayerisches Jahrbuch für Volkskunde 1951, 80–102.

[16] Weidner, Die Inchenhofener Mirakelbücher 5–33.

Eintragungen fortlaufend gemacht worden sind. Ein weiterer Band in deutscher Sprache umfaßt Berichte aus den Jahren 1504 bis ca. 1512. Für die Statistik wurde allerdings ein gedruckter Band von 1752 herangezogen, in den nicht alle Wunderberichte aus den handschriftlichen Aufzeichnungen übernommen worden sind[17]. In diesem Band sind für das 14. Jahrhundert 39 Mirakelberichte, für das 15. Jahrhundert 131 und für das 16. Jahrhundert 146 überliefert.

Für den fränkischen Raum existiert eine umfangreiche Untersuchung der Mirakelberichte seiner Wallfahrtsorte[18]. In der Statistik sind dort alle Wallfahrtsorte zusammengefaßt. So wird es zwar schwierig, Aussagen für einzelne Wallfahrten zu machen, man hat aber dafür eine geschlossene Darstellung, wie sie eigentlich für keinen anderen geographischen Bereich existiert.

Aus diesen hier vorgestellten schriftlichen Quellen soll zunächst einmal festgestellt werden, wie weit im Mittelalter überhaupt Objektstiftungen verzeichnet werden. Nach den einzelnen Mirakelberichten gegliedert, ergibt sich folgendes: In der "Vita Oudalrici" sind in ca. 43 % der Fälle Objektstiftungen angegeben. Bei den Altöttinger Mirakelbüchern zeigt sich ein ziemlich unterschiedliches Ergebnis. Im älteren Mirakelbuch sind nur in 16 % der Fälle Votivgaben verzeichnet, während bei jenem Buch von 1540 bereits in 55 % der Fälle Angaben zu den Votiven gemacht werden. Bei den Salzburger Mirakelbüchern ist das Ergebnis ebenfalls ziemlich unterschiedlich. Bei der heiligen Erentrud kann man bei acht Votanten, die noch in das Mittelalter datieren, nur einmal eine Votivgabe feststellen. Bei den Wunderberichten des Eberhard sind überhaupt keine Objektstiftungen angegeben. Ein verschwindender Prozentsatz, nämlich 5 %, ergibt sich auch bei den Mirakelberichten des Hl. Virgil. Bei seinem Konkurrenten in der Gunst der Wallfahrer, Vitalis, sind in 48 % der Fälle Votivgaben verzeichnet. Im Falle der Wallfahrt Grafrath ergibt sich ein Anteil der Objektstiftungen von 61 % in den Eintragungen. Hier muß allerdings daran erinnert werden, daß das untersuchte Mirakelbuch bis 1635 geführt worden ist. Bei Inchenhofen ergibt sich für das Mittelalter ein Anteil der Objektstiftungen von 52 %. Die fränkischen Mirakelbücher haben einen Anteil der Votive von 25 %. Dabei muß hier gesondert angemerkt werden, daß sich davon wieder 91 % auf Mirakelberichte aus der Zeit nach 1400 beziehen. Aus dieser Aufstellung ergibt sich, daß es für mittelalterliche Verhältnisse schon sehr erfreulich ist, wenn man in 40–50 % der Fälle Objektstiftungen nachweisen kann. Es fällt ganz

---

[17] Dieser Weg wurde gewählt, da so die vorbildliche statistische Auswertung von Ulrich Weidner verwendet werden konnte.

[18] Dieter Harmening, Fränkische Mirakelbücher. In: Würzburger Diözesangeschichtsblätter 28 (1966) 25–240.

allgemein auf, daß Kanonisationsakte in dieser Beziehung sorgfältiger geführt worden sind. Dies kann man bei den Angaben zu Vitalis feststellen, ist aber besonders auffallend bei der "Vita Oudalrici", da man ja sonst allgemein sagen kann, daß je früher die Mirakelberichte sind, desto unergiebiger erweisen sich die Angaben zu den Objektstiftungen. Dies kann auch durch die Gegenprobe bewiesen werden. Denn nur einmal bei den von mir untersuchten Wallfahrstorten kann ein Auswertungsergebnis von über 61 % erreicht werden, bei Grafrath, wo die Eintragungen bis in das 17. Jahrhundert gehen. Wenn man bei Grafrath beispielsweise nur die Eintragungen des 16. Jahrhunderts betrachtet, dann beträgt der Anteil der Objektstiftungen an den Votationen 80 %. Man könnte diese Beispiele beliebig fortführen. Sie würden bestätigen, was man für das Mittelalter leider als Tatsache hinnehmen muß: In den mittelalterlichen Berichten sind Objektstiftungen weit weniger häufig anzutreffen als in den neuzeitlichen. Es ist natürlich nun schwierig, dies als eindeutiges Indiz zu werten. Nach den Kanonisationsakten würde man schließen, daß bei etwa 50 % der Votationen auch Opfergaben gegeben wurden. Wie weit dieser Prozentsatz nun für die tatsächlich ausgeführten Objektstiftungen im Mittelalter stehen kann, ist ziemlich ungewiß. Doch würde ich nicht dazu tendieren, die anteilsmäßig geringere Anzahl der Objektstiftungen im Mittelalter nur auf die Besonderheiten der schriftlichen Quellen zurückzuführen. Es scheint doch so gewesen zu sein, daß der Brauch, bei Verlobungen und Wallfahrten auf jeden Fall eine Opfergabe mitzubringen, in der Neuzeit regelmäßiger gehandhabt worden ist als im Mittelalter. Wie wir später noch sehen werden, sind in der Neuzeit die Opfer auch vielfältiger und einfallsreicher. Es dürfte ein anderer Bezug zu den Opfergaben geherrscht haben. In der Neuzeit dürfte es selbstverständlicher als im Mittelalter gewesen sein, die Votation mit einer Objektstiftung zu verbinden. Wie weit diese Überlegungen tatsächlich zutreffen, kann von uns heute nicht mehr verifiziert werden. Selbst wenn Objektstiftungen im Original erhalten sind, sind sie nicht zu datieren. In der Mehrzahl der Fälle kann man aber annehmen, daß sie überhaupt im Laufe der Jahrhunderte vernichtet worden sind. Es ist zum Beispiel fast völlig unmöglich, Eisen- oder Holzvotive ohne eine weitere Datierungshilfe einem Jahrhundert zuzuordnen. Hinzu kommt, daß die Votivgaben erfahrungsgemäß in regelmäßigen Abständen vernichtet worden sind. Besonders die florierenden Wallfahrtsorte, bei denen man die meisten Objektstiftungen vermuten kann, waren durch die Fülle der Gegenstände gezwungen, diese auch wieder zu entfernen. Erheblich sind davon natürlich die Wachsvotive betroffen, die regelsmäßig eingeschmolzen wurden und den hohen Kerzenverbrauch in mittelalterlichen Kirchen zu decken helfen mußten. Aber auch scheinbar so handfeste Gaben wie

Eisenvotive wurden vielfach vernichtet. Entweder wurden sie überhaupt Opfer der Kriege, oder man hat sie eingegraben. Für die Neuzeit gibt es dann auch Berichte, daß gerade Eisenvotive in den Wallfahrtsorten vom Mesner gegen eine Gebühr verliehen worden sind. Nach erfolgter Votation wurden die Eisengestalten wieder eingesammelt[19]. Von dieser Handhabung der Stiftungsobjekte sind scheinbar nur die Votivtafeln ausgenommen gewesen. Vor deren Vernichtung hat man offenbar zurückgeschreckt und sie daher an allen möglichen Stellen der Kirchen aufgehängt. Doch wie weiter unten noch ausführlicher dargelegt wird, kann man sie im Bereich nördlich der Alpen kaum vor der Mitte des 15. Jahrhunderts nachweisen, und auch hier nur vereinzelt. Die nichtschriftlichen Quellen lassen also für die Frage nach der Häufigkeit der Votivgaben völlig aus, und bei den schriftlichen Quellen ist man natürlich immer mit der Vertrauenswürdigkeit der Quelle und der Gewissenhaftigkeit des Eintragenden konfrontiert.

Nach dieser allgemeinen Bestandsaufnahme soll nun dargelegt werden, welche Objektstiftungen es überhaupt in dem untersuchten Bereich gegeben hat.

Beginnen wir vielleicht mit den *Wachsvotiven*, da sie nach den schriftlichen Quellen im Mittelalter die häufigsten waren. Hier ist grundsätzlich zwischen ungeformtem Wachs bzw. Kerzen und Wachsbildern zu unterscheiden. Kerzen waren als Stiftungen sehr beliebt, wohl besonders auch bei den Mesnern der Wallfahrtskirchen, da diese am leichtesten einer weiteren Verwendung zugeführt werden konnten. Ungeformtes Wachs wurde nach Gewicht gegeben, wobei natürlich das Gewicht im allgemeinen einen symbolischen Wert hatte. So wurde häufig Wachs im Gewicht eines geretteten Kindes geopfert. Die Wachsbilder waren eine besonders beliebte und einfache Möglichkeit Körperteile nachzubilden, die so als Identifikationsopfer von den geheilten Votanten gespendet wurden. Man kann annehmen, daß solche Wachsvotive vom Votanten erworben werden mußten, dies für ihn aber keine allzu großen Umstände bereitete. Die Wachsvotive wurden im allgemeinen mit Hilfe von Holzmodeln hergestellt[20]. Diese so erzeugten Wachsfiguren konnten sich die Votanten bei Wachziehern oder Lebzeltern besorgen. Es gab aber auch Wachsvotive, die mit der Hand geformt worden sind[21]. Diese konnten wohl auch vom Votanten selbst hergestellt werden. Wachs war ja an und für sich

[19] Der Votivgabenforscher L. Kriss-Rettenbeck berichtet von diesem Brauch, wie er noch in unserem Jahrhundert gehandhabt worden ist; Kriss-Rettenbeck, Ex Voto 113 ff.

[20] Vgl. die Abbildung einer solchen Holzmodel in König, Weihegaben an U. L. Frau von Altötting 1, Tafel 12.

[21] Vgl. eine Abbildung bei Kriss-Rettenbeck, Ex Voto, Fig. 26, 120.

eine teure Spende, und es ist in diesem Zusammenhang recht interessant, daß es bereits im Mittelalter zum Beispiel in Altötting die Möglichkeit gegeben hat, Wachs direkt bei der Kapelle aus den überflüssigen Beständen zu günstigem Preis zu kaufen[22]. Welche wichtige Rolle Wachs bei den Objektstiftungen gespielt hat, zeigt ein statistischer Vergleich. So wird zum Beispiel im älteren Altöttinger Mirakelbuch ausschließlich Wachs gespendet, wobei es sich nur einmal um ein Wachsbild handelt. Auch im jüngeren Altöttinger Mirakelbuch spielt Wachs eine wichtige Rolle. Bei 52 % der Objektstiftungen wird Wachs gegeben, wobei bei 33 % ungeformtes Wachs gespendet wird, in 6 % der Fälle ein Wachsbild, in 13 % eine Wachsfigur. Die fränkischen Mirakelbücher weisen einen Anteil von 19 % an ungeformtem Wachs und von 10 % an Wachsbildern auf. Im Salzburger Bereich ist im Mittelalter ebenfalls Wachs die bevorzugte Objektstiftung. Die einzige Votivegabe, die für Erentrud im Mittelalter schriftlich belegt ist, ist eine Kerze. Auch bei Virgil sind bei den wenigen Votivgaben zu 90 % Kerzen angegeben. Ganz klar auch der Befund bei Vitalis: 37 % der Votivgaben sind Wachskerzen und 27 % Wachsfiguren. Noch eindeutiger ist der Befund bei Inchenhofen. Hier machen die Wachsstiftungen 59 % der Fälle im Mittelalter aus. Wenn man hier als Vergleich den Gesamtanteil der Wachsvotive bis in das 18. Jahrhundert nimmt, so zeigt sich die besondere Bedeutung der Wachsvotive im Mittelalter. Insgesamt machen nämlich bei Inchenhofen die Wachsobjekte nur 29 % aus. Zum Schluß das interessante Ergebnis von Grafrath. Hier wird nur bei 19 % der Fälle ungeformtes Wachs und bei 8 % ein Wachsbild gegeben. Dieses Ergebnis muß aber in Zusammenhang mit der Tatsache gesehen werden, daß die Eintragungen in dem verwendeten Codex bis 1635 reichen. Wie an anderer Stelle noch ausgeführt wird, spielt in Grafrath Geld als Objektstiftung die wichtigste Rolle. Wenn man also von Grafrath absieht, ist es bei allen anderen hier verwendeten Mirakelbüchern so, daß sich jeweils der höchste Prozentsatz der Objektstiftungen im Mittelalter auf Wachs bezieht.

Nehmen wir vielleicht als nächstes Stiftungsobjekt die *Eisenvotive*. Dies nicht deshalb, weil sie im Mittelalter besonders zahlreich sind, sondern weil sie schon von jeher in der Forschung besonderes Interesse erweckt haben. Sie wirken faszinierend, wohl nicht zuletzt auf Grund ihrer archaischen Formen. Jeder, der sie erstmals erblickt, wird an prähistorische oder zumindestens vor- bis frühchristliche Gebilde erinnert. Ob sie letztlich auf solche Vorbilder zurückzuführen sind, ist bis heute nicht endgültig geklärt[23]. Die naive Form der Darstellung liegt in

[22] Vgl. König, Weihegaben an U. L. Frau von Altötting 49.

[23] Vgl. Katalog Steirische Eisenvotive, hrsg. vom Steiermärkischen Landesmuseum Joanneum. Graz 1984, 13.

der Entstehungsgeschichte solcher Eisenvotive begründet. Der Wallfahrer hat sich wohl um einen nahegelegenen Schmied umgesehen, der mit mehr oder weniger großem künstlerischen Empfinden die gewünschten Votive hergestellt hat. Es war nebensächlich, ob dies ein Huf- oder Wagenschmied, ein Nagelschmied, Schlosser oder Spengler war. Eisenvotive wurden ausschließlich für figürliche Opfer verwendet, in erster Linie für Tiervotive. Figurinen von Rindern, Pferden, Gänsen etc. sind eigentlich die häufigsten Eisenvotive. Daneben hat man auch vereinzelt menschliche Figuren dargestellt, sowie einzelne menschliche Körperteile. Es wurde oben schon erwähnt, daß die Datierung der Eisenvotive ein besonderes Problem ist. Wenn nicht glückliche Fundumstände dies erleichtern, kann ein Eisenvotiv praktisch überhaupt nicht eingeordnet werden. Man nimmt heute an, daß die meisten Eisenvotive, die sich noch erhalten haben, zwischen dem 17. und 19. Jahrhundert enstanden sind. Im Steirischen Volkskundemuseum gibt es zwei Eisenrinder, die um 1400 datiert werden[24]. Ihre Herkunft ist allerdings ungeklärt. Die tierlichen Eisenvotive werden allgemein mit der Leonhardsverehrung in Zusammenhang gebracht. Dies trifft aber bei genauerer Betrachtung nur für den bayerisch-schwäbischen Raum zu, während im steirisch-kärntnerischen Bereich durchaus andere Patrone überwiegen. Da die Leonhardsverehrung ja erst später einsetzt, Ende 12. Jahrhundert, nimmt man an, daß die menschlichen Figurinen früher zu datieren sind. Doch ist alles, was mit der Datierung der Eisenvotive zusammenhängt, recht fragwürdig. Die Verbreitung der Eisenvotive ist in den hier untersuchten Wallfahrtsorten nicht sehr groß. Im fränkischen Bereich kann kein einziges Mal ein Eisenvotiv nachgewiesen werden, was für die Verbreitungstheorie spricht, daß nur im bayerisch-alemannischen Einflußgebiet Eisenvotive gegeben wurden. Im Salzburger Bereich findet man nur bei Vitalis Eisenopfer, wobei auch sie nur 4 % der Gesamtvotivgaben ausmachen. Allerdings wird in der Vita des Vitalis von *imagines ferreae* und *cereae* geschrieben, sodaß man mit Gewißheit anehmen kann, daß ursprünglich mehr Eisenvotive vorhanden gewesen sind[25]. Eine Feststellung, die man sicher auch auf die anderen Wallfahrtsorten ausdehnen kann, wenn man die Verlustumstände, wie sie oben erwähnt worden sind, in Betracht zieht. Im Bereich Salzburg-Land sind Eisenvotive mehrfach anzutreffen. Vor allen Dingen der bekannte Würdinger aus Weng am Wallersee wird immer wieder als markantes Beispiel dieser Objektgruppe angeführt[26]. In den für diese Untersuchung herangezogen Mirakelbüchern von Altötting wird

---

24 Ebd. 9.

25 Leopold Schmidt, Eisenopfer beim Vitaliskult in Salzburg. In: Österreichische Zeitschrift für Volkskunde 52 (1949) 59.

26 Abgebildet im Katalog Salzburgs Wallfahrten n. 493.

kein einziges Mal ein Eisenopfer erwähnt. Bei der Wallfahrt Grafrath finden sich in den untersuchten Berichten 41 mal Eisenvotive. Dies entspricht allerdings nur einem Prozentanteil von ca. 1 %. Bei den Inchenhofner Mirakelbüchern sind 28 % der Objektstiftungen Eisenvotive. Dieser erstaunliche Befund ist leicht zu erklären. Inchenhofen ist ein Leonhardswallfahrtsort. Damit wird bestätigt, was bereits oben über die Leonhardswallfahrt im bayerischen Raum gesagt wurde. Man kann also zusammenfassend sagen, daß Eisenvotive sicher eine besonders reizvolle Erscheinung der Objektstiftungen sind, aber im allgemeinen keineswegs die gleiche Verbreitung erfahren haben wie die Wachsvotive. Sie scheinen doch eher an bestimmte Kulte gebunden gewesen zu sein. Sie dürften auch im Mittelalter ziemlich beliebt gewesen sein und zumindest nach den hier untersuchten schriftlichen Quellen häufiger geopfert worden sein als in der Neuzeit. So beträgt der Anteil der Eisenvotive in Inchenhofen insgesamt bis in die Mitte des 18. Jahrhunderts nur 9 %. Der Höhepunkt der Beliebtheit von Eisenopfern ist hier eindeutig das 15. und die erste Hälfte des 16. Jahrhunderts.

Eine einfache und billige Form von Votivgaben waren sicher die *Holzvotive.* Sie waren billig im Material und konnten von einem geschickteren Wallfahrer selbst hergestellt werden. Holzvotive sind praktisch auf die Nachahmung von erkrankten Körperteilen, selten von kleinen Figuren beschränkt. In Altenötting sind derartige Votive überhaupt nicht nachzuweisen. Bei den Salzburger Heiligen können auch nur bei Vitalis Holzvotive gefunden werden. Sie machen allerdings nur 5 % der Votivgaben aus. Hier gilt das bei den Eisenvotiven für Vitalis bereits Gesagte[27]. Auch bei den fränkischen Mirakelbüchern kommen keine Holzvotive vor. Bei der Wallfahrt Grafrath machen sie ebenfalls einen verschwindenden Anteil aus, der weit unter einem Prozent liegt. Auch in Inchenhofen können das gesamte Mittelalter hindurch keine Holzvotive nachgewiesen werden. Ein Sonderfall muß aber erwähnt werden. Am Grab des Hl. Ulrich in Augsburg wurden mehrfach Holzstäbe hinterlassen. Sie werden dort gleich häufig geopfert wie Kerzen. Diejenigen, die von einer Gehbehinderung durch den Bischof von Augsburg geheilt worden sind, haben aus Dankbarkeit ihre Stützstöcke hinterlassen[28]. Dies ist aber eine spezifische Erscheinung der Ulrichsverehrung in Augsburg. Man kann die Stöcke nicht eigentlich zu den Holzvotiven rechnen. Abschließend betrachtet kann man sich bei den Holzvotiven des Eindrucks nicht erwehren, daß diese mehr gespendet wurden als in den Mirakelberichten erwähnt wird. Möglicherweise erschienen diese Votive zu gering, um in ihnen Aufnahme zu finden.

---

[27] Vgl. Anm. 25.

[28] Vgl. MGH SS IV, 420, cap. 7.

Eisen, Wachs und Holz waren die Materialien, die im allgemeinen im Mittelalter als Objektstiftungen bei Wallfahrtskirchen erwähnt werden. Daneben gab es auch andere Stiftungen, deren Anteil eher gering war. Hier wäre vielleicht zunächst an *Geldspenden* zu denken. Wenn man sich das mittelalterliche Verhältnis zum Geld in Erinnerung ruft, dann wird es verständlich, daß es für den einfachen Wallfahrer naheliegender war, Objekte, wie sie oben genannt sind, zu stiften als Geld. Gerade die ländliche Bevölkerung konnte eher beim Dorfschmied ein Eisenvotiv gegen eine Naturalleistung bestellen, als das wenige Bargeld, daß sie besaß, aus der Hand zu geben. Dementsprechend gering war daher auch der prozentuelle Anteil von Geld an Objektstiftungen. Bei den Salzburger Mirakelbüchern ist nur bei Vitalis der Anteil bei 6 %. In den anderen Mirakelbüchern ist überhaupt keine Geldspende verzeichnet. Im älteren Altöttinger Mirakelbuch gibt es überhaupt keine Geldspenden, bei jenem von 1540 macht der Anteil der Geldspenden immerhin 13 % aus. Bei den Inchenhofner Mirakelbüchern ist der Anteil wie bei Vitalis bei 6 %. Erstaunlich hoch sind die Geldzuwendungen in den fränkischen Mirakelbüchern, immerhin 20 %. Dieser hohe Anteil scheint vor allen Dingen auf den Wallfahrtsort Maria Nesseln in Heilbronn zurückzuführen zu sein. In einer Quelle werden bei einer Beschreibung dieses Wallfahrtsortes auch ausdrücklich die Geldspenden an die erste Stelle gesetzt[29]. Es mag die Nähe der Stadt eine gewisse Rolle spielen, wobei hier vielleicht überhaupt festgestellt werden muß, daß bei den fränkischen Wallfahrtsorten der Anteil jener Orte, die in einer Stadt oder nahe einer solchen sind, höher ist als beispielsweise im bayerischen Gebiet. Ganz besonders hoch ist der Anteil der Geldspenden bei dem Wallfahrtsort Grafrath, wobei mehr als die Hälfte auf Zinsbarmachungen entfallen. Die Eintragungen für Grafenrath sind aber bis 1635 geführt. Dies deutet an, was auch bei Vergleichen mit anderen Wallfahrtsorten festgestellt werden muß: die Neuzeit neigt mehr zu Geldvotiven als das Mittelalter: eine Entwicklung, die sicher teilweise mit der allgemeinen Wirtschaftsentwicklung erklärt werden kann. Erschwerend kommt bei Geldvotiven natürlich hinzu, daß man völlig auf die schriftlichen Quellen angewiesen ist, da man auf überlieferte Objekte nicht zählen kann. Außerdem sind vielleicht gerade die Geldvotive jene Stiftungen, die am seltensten in Mirakelberichte aufgenommen worden sind. Man hat schon damals Geld eher als Spende an die Kirche betrachtet als als Objektstiftung, die besonders erwähnt werden muß.

Bei diesem Überblick seien zum Schluß die anderen Objektstiftungen erwähnt, die bei den hier untersuchten Wallfahrtsorten zu finden sind. So war es zum Beispiel üblich, daß man die *Kleidung*, in der man

[29] Harmening, Fränkische Mirakelbücher 31 f.

zur Wallfahrt gekommen ist, als Dank für eine Heilung gestiftet hat. Solche Spenden kommen im zweiten Mirakelbuch von Altötting vor (Anteil 6 %), in den Inchenhofner Mirakelbüchern im Mittelalter allerdings nur in einem einzigen Fall, desgleichen auch einmal in den fränkischen Mirakelbüchern. In Grafrath ist der Anteil der Kleidervotive mit 4 % relativ hoch. Immer wieder kam es auch zur Spende von lebenden Tieren, die im allgemeinen nicht näher definiert waren, bei den fränkischen Mirakelbüchern wird in vier Fällen ausdrücklich ein Huhn als Stiftungsobjekt genannt. Hier wird auch einmal ein Ei als Votivgabe erwähnt. Diese *Tierspenden* sind sicher in Zusammenhang mit der wunderbaren Heilung eines Tieres zu sehen. Das erste Ei, das die so gerettete Henne gelegt hat, wurde dem Heiligen als Dank gegeben. Bei Frauen kam es auch hin und wieder vor, daß aus Dankbarkeit für die Genesung die abgeschnittenen Haare an der Wallfahrtsstätte übergeben wurden. Erwähnenswert ist auch noch eine Besonderheit bei den Mirakelberichten des Heiligen Vitalis. Hier machen 6 % der Votivgaben *Weinspenden* aus. Ungewöhnlich bei Vitalis ist auch die einmalige Spende von Lampenöl. Bei den hier untersuchten Wallfahrtsorten müssen noch die zahlreichen *Kornspenden* in Grafrath gesondert erwähnt werden. Sie machen immerhin 10 % der Votivgaben aus. In keinem anderen der untersuchten Wallfahrtsorte wurde Korn gespendet. Kramer hat bei seiner Untersuchung festgestellt, daß die Kornvotive mit Unterleibsleiden in Zusammenhang stehen[30]. Sicher spielt aber auch die mystische Bedeutung des Korns eine Rolle, die Symbolik von Fruchtbarkeit und Kraft. Gesondert möchte ich hier die Votivgaben in der "Vita Oudalrici" anführen: erstens weil die Aufzeichnungen zeitlich wesentlich früher sind als jene der anderen Wallfahrtsorte, aber auch, weil sie von den üblichen Objekten abweichen. Erwähnt wurde bereits oben die Opferung von Holzstäben. Besonders erstaunlich sind aber die wertvollen Objekte, die man hier teilweise findet. Da man sich im Kanonisationsakt sicher bemüht hat, die illustresten Votanten anzuführen, sind auch die angegebenen Objektstiftungen dementsprechend wertvoll. Einmal wird ein Silberarm gespendet, einmal gar 5 Pfund Silber und Gold, plus Wachs, plus einem Golddenar. Ähnlich vergleichbare wertvolle Objektstiftungen sind in den hier untersuchten Mirakelbüchern nur noch bei Erentrud am Nonnberg in Salzburg, allerdings erst in der Neuzeit, verzeichnet. Da der Nonnberg das bevorzugte Kloster adeliger Nonnen war, wurde die Wallfahrt auch vorwiegend aus diesen Kreisen besucht[31].

Einen gesonderten Abschnitt möchte ich den *Votivtafeln* widmen. Wenn man heute eine Wallfahrtskirche betritt, dann fallen in vielen

---

30 Kramer, Die Mirakelbücher der Wallfahrt Grafrath 100.

31 Vgl. Janotta, Vitalis/Erentrud 95 und 96.

Fällen die zahlreichen Votivtafeln ins Auge. Wie verhält es sich damit im Mittelalter und welche Bedeutung für die Forschung können solche Votivtafeln haben? Was sagen dazu die schriftlichen Quellen? In den hier untersuchten Mirakelbüchern wird kein einziges Mal die Spende einer Votivtafel erwähnt. Es zeigt sich, daß die Votivtafel, die so gerne mit einem Wallfahrtsort in Verbindung gebracht wird, fast ausschließlich in der Neuzeit verwendet worden ist. Da ihre Anfänge aber in das 15. Jahrhundert zurückreichen und sie m. E. als Quelle so ungemein interessant sind, seien doch einige weiterführende Worte gestattet. Man kann annehmen, daß die Votivtafeln in der zweiten Hälfte des 15. Jahrhunderts in der Schweiz, Deutschland und Österreich gebräuchlich geworden sind. In Deutschland wurde dieser Brauch in seiner Entwicklung durch die Reformation gehemmt. Wir haben daher nur wenige Tafeln aus dem 15. und 16. Jahrhundert, sehr viele dann aus dem 17. bzw. vor allem auch aus dem 18. Jahrhundert. Altötting wird in der Forschung gerne als typisches Beispiel angeführt. Hier hat sich auch eine Votivtafel von 1501 erhalten, eine von 1517 und dann bis 1633 keine einzige mehr[32]. Man nimmt heute an, daß sich die Votivtafel aus dem Stifterbild entwickelt hat, und die Grenzen zwischen beiden dementsprechend fließend sind. Da gibt es zunächst das einfache Schema des Stifterbildes, das den Stifter zeigt, wie er sein Wohl einem bestimmten Heiligen anheimstellt. Zunächst wird kein konkreter Anlaß für diese Votation angegeben. Nun tritt gegen Ende des 15. Jahrhunderts neben die Person des Stifters auch die Darstellung eines spezifischen Verlöbnisgrundes. Der Wandel zum Votivbild wird so vollzogen. Diesen Wandel machte das Votivbild in Italien schon wesentlich früher durch. Hier haben wir in Umbrien die älteste erhaltene Votivtafel von ungefähr 1400[33]. Die Tafel hat noch stark den Charakter eines Stifterbildes. Da aber die beiden abgebildeten Männer, offensichtlich die Stifter, einen Strick um den Hals haben, ist ein konkreter Anlaß für die Votation gegeben, es ist mithin kein reines Stifterbild mehr.

In Zusamenhang mit den wenigen überlieferten Votivtafeln aus dem 15. und 16. Jahrhundert kann doch die Frage zur Diskussion gestellt werden, wie weit sich diese als Quelle für die Realienkunde eignen. Sicher ist es schwierig, auf Grund der geringen Zahl der überlieferten Tafeln Aussagen zu treffen. Man kann aber annehmen, daß gerade Votivtafeln von Malern hergestellt worden sind, die weniger durch große Vorbilder 'verbildet' worden sind und daher vielleicht mehr gezwungen waren, in ihren Bildern ein Abbild der Wirklichkeit zu bringen, als dies beispielsweise bei den großen Tafelbildern der Altäre der Fall gewesen ist. Auch haben die

[32] Kriss-Rettenbeck, Das Votivbild 109.

[33] Abgebildet ebd. Abb. 108.

Votanten wohl größtes Interesse daran gehabt, daß sie, ihre Umgebung und ihr Votationsgrund möglichst realistisch wiedergegeben worden sind. Der Bezug zwischen Votant und Bild war ein sehr persönlicher, der dem Stifterbild verglichen werden kann. Doch um diese Überlegungen weiterzuspinnen, fehlen noch genaue Untersuchungen. Zwar gibt es relativ ausführliche Bestandsaufnahmen von Votivbildern, doch fehlen eigentlich Untersuchungen, wer solche Votivbilder gemalt hat. Waren es in der Frühzeit so wie später vielfach berufsmäßige Tafelbildmaler, die von den Votanten aufgesucht wurden, oder hat man leidlich malbegabte Personen der näheren Umgebung um eine Votivtafel gebeten? Wenn man die späteren Votivtafeln betrachtet, gewinnt man den Eindruck, daß offensichtlich beides der Fall war. Es gab sicher Professionisten, die dementsprechend routinierte Tafeln lieferten. Manche Tafeln der Barockzeit zeigen eine Inszenierung, die jedem barocken Theaterspiel zur Ehre gereichen würde. Bei diesen Tafeln ist auch der Einfluß von Kunstrichtungen und wohl auch von formelhaften Bildelementen besonders groß. Daneben existieren in großer Zahl die 'naiven' Darstellungen, die weitgehend frei von künstlerischem Wollen sind und in erster Linie dem Zweck dienen. Gerade diese Darstellungen haben für den Historiker und Realienkundler größere Aussagekraft als die besonders 'schönen' Votivbilder. Diese Überlegungen treffen sicher auch in beschränktem Maße für das Mittelalter und die frühe Neuzeit zu. Die geringe Anzahl der Votivtafeln aus dieser Zeit ist daher besonders bedauernswert.

Zum Schluß sei noch angemerkt, daß Stiftungen wie Messen und Gebete, die zwar in den Mirakelberichten nicht sehr zahlreich, aber immerhin doch erwähnt werden, in diese Untersuchung nicht aufgenommen worden sind. Diese sind ja keine Objektstiftungen im eigentlichen Sinn.

Die vorgelegte Untersuchung stellt einen ersten Versuch dar, Objektstiftungen bei Wallfahrten unter einem historischen bzw. realienkundlichen Aspekt zu betrachten. Da bis jetzt derartige Votivgaben, wenn überhaupt, eher unter dem volkskundlichen Gesichtspunkt betrachtet worden sind, konnten hier nur einige grundsätzliche Überlegungen gebracht und Beispiele vorgestellt werden. Eine weitere Beschäftigung mit der Problematik können vor allen Dingen auch in geistes- und kulturgeschichtlicher Hinsicht interessante Ergebnisse zeitigen.

Pro remedio animae – Motivation oder leere Formel. Überlegungen zur Stiftung religiöser Kunstobjekte

ELISABETH VAVRA

[...] Bischof Albrecht [...] transferirt die Steiger herrn zu Zabern [...] ins stift, welchs er kürzlichen erbawen und angericht hatte, darin er neben erweiterung an der kirchen, so er zu Zabern bawte, auch ein köstliche capel bawte zu seinem begrebnis, auch einen altar mit köstlichem gemeldt und ewiger meß, [...] auch eine köstliche tafel, stab und ornat machen laßen, welche seine vorfahren nicht do gehabt haben[1].

Im Vordergrund der folgenden Überlegungen sollen nicht einzelne Objekte einer Stiftung, deren kultur- und kunsthistorische Einordnung stehen, sondern der stiftende Mensch und die äußeren Einflüsse, denen eine Stiftung ausgesetzt ist. Es können hier keine endgültigen Ergebnisse angeboten werden, dazu ist die Materie zu umfangreich und vielschichtig. Überblickt man die getroffenen Verfügungen in Stiftungsurkunden und -dokumenten, so nehmen Geldbeträge zur Anschaffung von "Kunstobjekten" einen beträchtlichen Raum ein. Das können Geldmittel sein, die in Bestimmungen über die Abhaltung des Jahrtages oder der Begräbnisfeierlichkeiten zur Anschaffung liturgischer Geräte oder Paramente dienen sollen. So kann es sich dabei etwa nur um die Anschaffung von Bahrtüchern handeln, wie im Testament des Hans Ulrich Meyer von Weiler im Freiburger Münster 1466 (Anhang I). Über die Ausstattung von Altarpfründen geben testamentarische Verfügungen oder Bestandsaufnahmen anläßlich der Übertragung der Pfründe Auskunft. Auch hier ist ein weit gespannter Bogen möglich – abhängig von den finanziellen Möglichkeiten: Der Freiburger Bürger und Ritter Johann Snewelin stattet seinen Altar mit zwei ewigen Lichtern und die beiden Priesterpfründe mit je einem silbernen Kelch aus (Anhang II). Einer der beiden Kelche hat sich im Münsterschatz erhalten[2] (Abb. 2). Sehr oft werden solche Altarstiftungen und Priesterpfründe mit den notwendigen

[1] Hans Rott, Quellen und Forschungen zur südwestdeutschen und schweizerischen Kunstgeschichte im XV. und XVI. Jahrhundert. III. Der Oberrhein 1. Stuttgart 1938, 300-301.

[2] Hermann Gombert, Der Freiburger Münsterschatz. Freiburg–Basel–Wien 1965, 54, Abb. 6 sowie Ausst. Kat. Kunstepochen der Stadt Freiburg. Freiburg 1970, Kat. Nr. 108.

liturgischen Geräten und Paramenten versehen, wie sie etwa anläßlich der Übergabe der Digesheim-Pfründe (1447) aufgezählt werden (Anhang III). Die nächste Stufe ist die Stiftung einer Kapelle, die zumeist als Ort für die Abhaltung der Jahrtagsfeiern und bisweilen als Begräbnisstätte dienen sollte. Von den zahlreichen erhaltenen Objekten seien hier zwei Beispiele wiederum aus dem Freiburger Münster aufgeführt: Nikolaus Locherer, Dekan des Freiburger Kapitels, stiftete eine der Chorkapellen, nachdem er bereits 1493 am Sebastiansaltar eine ewige Priesterpfründe eingerichtet hatte[3]. Die Kapelle stattete er mit einem Altar, einem Werk des Bildhauers Sixt von Staufen, aus[4] (Abb. 3). Ferner finanzierte er die Verglasung der Kapelle[5]. Die gemeinsame Stiftung mehrerer, unterschiedlichen Generationen angehörender Familienmitglieder ist die Ausstattung der Stürzelkapelle: Glasfenster, Stürzel-Kelch und einer der gestifteten Wandbehänge (Abb. 4) haben sich erhalten[6].

Im folgenden sollen in Auswahl äußere Faktoren, die das Entstehen und die Ausgestaltung von Kunststiftungen beeinflussen können, aufgezeigt werden. Der Wunsch, ein Objekt zu schenken, das durch Inschrift, Hauszeichen, Wappen oder Bild des Stifters kenntlich gemacht ist, entspringt einerseits dem Gedanken, sich des ewigen Andenkens und der Fürbitte nachfolgender Generationen zu versichern, andererseits bietet sich die Möglichkeit, auf persönliche Leistungsfähigkeit zu verweisen. Demzufolge tangiert die Stiftung von Kunstobjekten jeglicher Qualität und Quantität nicht nur religiöse, sondern auch öffentliche Interessen, wie es Eintragungen in Ratsprotokollen, Kirchenmeisterbüchern etc. belegen. Es seien hier nur einige, meiner Meinung nach charakteristische Fälle aus dem Nürnberger Raum als Beispiele angeführt:[7]

Zum einen wurde der Rat angerufen, wenn der Fall eintrat, daß zwei Parteien für Kosten zur Errichtung oder Renovierung desselben Objektes aufkommen wollten:

1473 August 3: *Item in der sach des sarchs sanct Deocari zu Sanct*

---

[3] Die ewige Priesterpfründe auf dem Sebastiansaltar stattete er mit Kelch, Paramenten und einem Missale aus. Der Kelch hat sich im Freiburger Münsterschatz erhalten; vgl. dazu Gombert, Münsterschatz 57 sowie Kunstepochen der Stadt Freiburg, Kat. Nr. 200.

[4] Ingeborg Schroth, Meister Sixt, der Bildhauer von Staufen. In: Schauinsland 72 (1956) 82–101, sowie Kunstepochen der Stadt Freiburg, Kat. Nr. 305.

[5] Kunstepochen der Stadt Freiburg, Kat. Nr. 257.

[6] Kunstepochen der Stadt Freiburg, Kat. Nr. 259, 203 und 211.

[7] Als Quelle dient Theodor Hampe, Nürnberger Ratsverlässe über Kunst und Künstler im Zeitalter der Spätgotik und Renaissance (Quellenschriften für Kunstgeschichte und Kunsttechnik des Mittelalters und der Neuzeit NF XI) Wien–Leipzig 1904, nicht aber die in den Nürnberger Archiven vorhandenen Originalquellen.

Larenczen der Volkmer und der Im Hoffe halben ist erteilt, die dinck, die vormals in herr Nicolas Großen und Paulus Volkmers frage uf eritag Sanct Urbanus tag, bleiben zu lassen, das also gelaut hat: wo sich die Im hofe und die Volkmer irer sarch halben zu S. Larenczen uf dem mitteln altar miteinander vertragen, das gebeue uf gemeine costen ze machen, so wol man in ir wappen doran machen zu lassen vergonnen; welcher teil aber das allein tun wolt, demselben sollen sein wappen auch doran gemacht werden: und würden die parteyen irrig also das yeder teil das gebeue machen wolt, sollen sie das lose darumb werffen; wo das aber mit einander nit tun oder keyn teil für sich selbs tun wolt, so wil ein rat den, als der itzunt stet, ungefasset sten lassen[8].

Es könnte sich bei dem strittigen Objekt um den Deocarus-Altar handeln, einer Stiftung des Andreas Volckamer aus dem Jahre 1437, der um diese Zeit vielleicht bereits renovierungsbedürftig geworden war. Dieser Altar diente zur Aufnahme des Deocarus-Schreines in der Predella und gehörte zu dem Zwölfbotenaltar, einem am linken Pfeiler situierten Choraltar[9]. Wie der Streit ausging bzw. zu wessen Gunsten das Los fiel, verschweigen die Quellen. Der Altar trägt heute nur die Stifterbilder und Wappen des Andreas Volckamer und dessen Gattin Margaretha Haller aus der Entstehungszeit[10].

Ein ähnlich gelagerter Fall taucht in den Protokollen des Jahres 1478 auf, nun zwischen den Familien Topler und Behaim:

1478 Jänner 31: *Item mit Lienharten Beheim ze handeln uff sein anbringend tafel halben, die durch Niclao Toplern uff Sant Peters altar zu S. Sebolt an der Beheim tafel stat gesetzt ist, uff meynung, wo er nit mag beteuren, daz er von machung solicher tafel vorher nit wissens gehabt hab, so sol soliche gesatzte tafel steend beleiben; zu versuchen, sie gütlich zu vertragen.*

1478 Februar 5: *Item bei N. Topler seiner aufgesatzten tafel halb mer fleiß ze haben, daz er sein schilt davon thue, und herwider bringen.*

1478 Februar 10: *Item die irrung zwischen N. Topler und den Beheimen der aufgerichteten tafeln halb in einem besambten rate wider furlegen.*

1478 Mai 12: *Item des Toplers aufgesatzten tafel halb mit dem Lienh. Beheim und Merten Beheim ze reden und sie des herkomens der Beheimtafel zu underrichten*[11].

---

[8] Hampe, Ratsverlässe 12 f.

[9] Vgl. Walter Haas, Die mittelalterliche Altaranordnung in der Nürnberger Lorenzkirche. In: Herbert Bauer – Gerhard Hirschmann – Georg Stolz, 500 Jahre Hallenchor St. Lorenz zu Nürnberg. Nürnberg 1977, 63–108, bes. 96, 106.

[10] Nürnberger Malerei 1350–1450. In: Anzeiger des Germanischen Nationalmuseums 1930/31, Abb. 102–117.

[11] Hampe, Ratsverlässe 20 f.

In diesem Fall wurde eine Tafel der Familie Behaim – es läßt sich nicht mehr eruieren, ob es sich dabei um einen Altar oder um ein Epitaph handelte – durch Nikolaus Topler widerrechtlich ersetzt; bei der neuaufgesetzten Tafel handelt es sich vermutlich um den noch heute in St. Sebald befindlichen Petrusaltar, der das Bild des Stifters Nikolaus Topler trägt.

Der Rat der Stadt entschied auch, ob einem Bürger die Errichtung eines Denkmals, einer Kapelle etc. gestattet sei:

1463 Juli 1: *Item dem Zeringer* [am Rande vermerkt: *Endres Czeringer*] *vergönnt, ein creucz uf der steynnen brücken in einem steinen geheuß zu setzen*[12].

1465 April 9: *Item Heinrich Meischner ist vergönnt, ein capellen zu Rötenbach ze machen, doch das sie gesetzet werde an die ende, do die fraiß herein in die stat gehort*[13].

Der Rat griff ein, wenn es notwendig war, Angehörige einer Familie zu mehr Sorgfalt in der Pflege ihres Familiengedächtnisses zu ermahnen, wie etwa im Fall des Glasfensters der Familie Vorchtel in St. Sebald. Heinrich Vorchtel, der 1346–1370 Kirchenpfleger von St. Sebald war, setzte in seinem Testament einen Betrag zur Errichtung eines Glasfensters im Chor aus. Die Familie verarmte im 15. Jahrhundert und äußerte daher wiederholt die Bitte an den Rat, das Recht an dem Fenster veräußern zu dürfen, was ihr aber aus Pietät gegenüber dem Gedächtnis der Ahnen verweigert wurde. Erst 1515 überließ der Rat das Fenster der Familie Pfinzing[14].

Der Rat sorgte auch dafür, daß geplante Bauvorhaben zügig vorangetrieben wurden: Konrad IV. Imhoff errichtete auf dem Rochusfriedhof eine dem Pestheiligen geweihte Kapelle[15]. Als die Verhandlungen mit dem Rat bezüglich der Besetzung der Kaplanstelle und anderer Befugnisse zu keinem Ergebnis kamen und der Bau deshalb von den Imhoffs verzögert wurde, erteilte der Rat den Bescheid: *So sy aber solchs nicht thun oder nachgeben, wird ein Rat anndern leuten gestatten, solche Capellen zepawen.*

Nicht zuletzt zeigte sich der Rat als Wahrer der Tradition, auch in künstlerischen Belangen. So finden wir in Entscheidungen betreffend

---

[12] Ebd. 8.

[13] Ebd. 9.

[14] Zur Geschichte der Verglasung vgl. Wolfgang von Stromer, Die Fensterstiftungen des Sebalder Ostchors. In: Helmut Baier (Hrsg.), 600 Jahre Ostchor St. Sebald – Nürnberg 1379–1979. Nürnberg 1979, 80–93.

[15] Heinrich Dormeier, St. Rochus, die Pest und die Imhoffs in Nürnberg vor und während der Reformation. In: Anzeiger des Germanischen Nationalmuseums (1984) 7–72.

künstlerischer Angelegenheiten die stehende Formel: *nit anders tun noch machen, dann von alter herkommen.*

Verlangte Angemessenheit und Einschränkung kommt in Positionen betreffend Leichenschilde und Kirchenausstattungen zum Ausdruck: 1496 März 24: *Es ist in eynem rat verlassen, die leychschilt, die man in der kirchen aufhenckt, nach dem form der schwarzen tafel, die in eynem rat gezaygt ist, zu(zu)machen und nit grosser, wol mag ymant sein leichschilt wol kleyner machen. Es sol auch nymant keynerlei erhabenß noch geschnittens an keinem schillt lassen machen, sunder allein die wappen daran zu malen in laut des gesetz, deßhalben ufgericht*[16].

Die endgültige Formulierung findet sich in den vermutlich 1497 festgelegten Verordnungen betreffend Leichenschilde, Grabsteine und Gemälde (siehe auch Anhang IV). Hier wird die Rolle des Kirchenmeisters und seine Verantwortlichkeit für die Ausschmückung der Kirchen mit Kunststiftungen festgelegt: *Auch gebietten unnser herren vom rate, das hinfür kayn ir burger, burgerin, ir gewalt oder yemants von iren wegen zu sant Sebolt, zu sant Lorenntzen, zum newen spital und unnser lieben frowen capeln inn eynichen stull derselben kyrchen, noch an oder inn dieselben kyrchen eynich gemehlde, schylt, zaychen oder tafeln nyt schlahen, henncken oder malen, auch nit abprechen lassen, auch auf kaynen grabstayn eynichen schylt oder zaychen machen lassen, on wissen unnd sonnder vergunst des kyrchenmaysters. Wer sollichs uberfüre, der solt von ayner yeden überfaren fart eynes yeden stucks zway phundt newer haller gemayner statt zu puss geben*[17].

Anhand einiger ausgewählter Beispiele soll nun im folgenden der Versuch unternommen werden, persönliche Beweggründe bei der Auswahl von 'Kunstobjekten' als religiöse Stiftungen herauszuarbeiten.

A. Stiftungen Herzog Ludwigs des Gebarteten für die Kirche zur Schönen Unserer Lieben Frau in Ingolstadt

Die Stiftungen Herzog Ludwigs des Gebarteten für die Liebfrauenkirche in Ingolstadt zählen wohl zu den komplexesten ihrer Art; und das nicht nur durch die Vielzahl, sondern auch durch den reichen Urkundenbestand, der auf uns gekommen ist[18]. Ich möchte nur in Kürze die

[16] Hampe, Ratsverlässe 79.

[17] Joseph Baader, Nürnberger Polizeiordnungen aus dem XIII bis XV Jahrhundert (Bibliothek des litterarischen Vereins in Stuttgart LXIII) Stuttgart 1861, 113 f.

[18] Zusammengestellt bei Franz Xaver Buchner, Archivinventare der katholischen Pfarreien in der Diözese Eichstätt (Veröffentlichungen der Gesellschaft für fränkische Geschichte, 5. Reihe: Inventarien fränkischer Archive 2) München–Leipzig 1918, 657–836.

wichtigsten, 'Kunstobjekte' betreffenden Punkte anführen; es ist hier nicht der Ort die Stiftungsgeschichte in extenso zu erläutern[19]. Herzog Ludwig der Gebartete bestimmte 1429 die Ingolstädter Liebfrauenkirche zu seiner Begräbnisstätte. Im selben Jahr und in der Zeit bis 1438 stiftete er zu den bereits vier bestehenden Messen acht ewige Messen, acht Kapläne und acht Chorschüler, sechzehn Psalteristen-Sänger, einen Organisten, einen Singschulmeister und einen Untersangmeister, fünfzehn Fürbitt-Pfründner in einem eigenen Pfründehaus, achtzehn weitere Fürbitt-Arme; im Jahre 1441 erweiterte er die Stiftung auf insgesamt 25 tägliche Messen und 1000 bepfründete Arme, die täglich als Stundengebetsreihe je 206 Paternoster und Avemaria zu leisten und drei täglichen Messen und Fürbitten am Stiftergrab beizuwohnen hatten.

Die Grundsteinlegung zur neuen Pfarrkirche Unserer Lieben Frau in Ingolstadt erfolgte am 18. Mai 1425. In der darauf bezugnehmenden Bauinschrift finden zu diesem Zeitpunkt nur die von der städtischen Verwaltung genannten 'Baumeister' Erwähnung. Vier Jahre nach der Grundsteinlegung bestimmte der Herzog den Kirchenneubau zu seiner Grablege. Er ordnete an, daß sein Vater, Herzog Stephan, von Niederschönfeld nach Ingolstadt überführt werde, ebenso seine beiden früh verstorbenen Kinder und seine Gemahlin, Anna von Bourbon. Weiters verfügte er, daß der in Kloster Kaisheim seit 1408 deponierte Heiltumsschatz aus dem Besitz der Herzogin nach Ingolstadt transferiert werde, darunter der Heilige Dorn, und die Heiligkreuzreliquie Herzog Stephans. Einen wichtigen Punkt dieser ältesten erhaltenen Stiftungsurkunde bildete die genaue Festlegung des Bildinhaltes des auszuführenden Grabsteins für die Grablege. Die zahlreichen aus den nachfolgenden Jahren erhaltenen Stiftsbriefe zeugen vom tiefen Interesse des Herzogs an seiner Stiftung, die ja wohl gleichzeitig die Hausstiftung der Ingolstädter Linie der Wittelsbacher darstellen sollte. Das Konzept der Stiftung erscheint uns als spätmittelalterliches Gesamtkunstwerk, an dem neben den bildenden Künsten, die den Rahmen dafür schufen, auch die Musik, der Gesang und nicht zuletzt die theatralische Inszenierung beteiligt waren. Über den Anordnungen betreffend die ausführenden Künstler, sei es Organist oder Bildhauer, steht die Devise *das man alweg den pesten [...], so man in vinden kan, darzu haben müg.*

Die Grablege des Herzogs fand ihren Platz im erhöhten Ostchor;

[19] Vgl. dazu die ausführlichen Darstellungen der Stiftung durch Theodor Straub, Die Hausstiftung der Wittelsbacher in Ingolstadt. In: Sammelblatt des Historischen Vereins Ingolstadt 87 (1978) 20–144, sowie Siegfried Hofmann, Die liturgischen Stiftungen Herzog Ludwigs des Gebarteten für die Kirche zur Schönen Unserer Lieben Frau in Ingolstadt. Ein Beitrag zum Verhältnis von Liturgie und Hallenkirche. In: ebd. 145–266.

über der Grablege sollte ein kunstvolles Hochgrab errichtet werden, eine klassische Lösung für die Plazierung von Stiftergrab und Tumba vor dem Hochaltar. So konventionell diese Lösung ist, so unkonventionell sind die Wünsche bezüglich der Gestaltung der Deckplatte; ungewöhnlich hoch auch die Summe, die in der das Grabmal betreffenden zusammenfassenden Urkunde des Jahres 1438 genannt wird: 1000 Gulden rh. Die in der Urkunde vom Juli 1429 niedergelegte Beschreibung des Grabsteins verlangte die Darstellung der Trinität, einen gewappneten Mann mit einem Spruchband, das die Worte *O sancta trinitas, miserere mei und vergib mir all mein sünd* tragen sollte, weiters das Wappen und Panier des Herzogs, den Spiegel (stellvertretend für die Spiegeldevise *Als wie du wilt*), den Oswaldraben sowie Kastanienlaubwerk (Abb. 5). Hinter diesen ungewöhnlichen Vorstellungen für ein Stiftergrabmal stehen vermutlich zwei auslösende Momente: die familiären Zwistigkeiten ließen es unangebracht erscheinen, den gängigen Typus des Stifters mit seinen Gemahlinnen zu wählen. Der Weg zur idealtypischen Darstellung wurde stattdessen eingeschlagen. Die kniende Gestalt des Ritters verkörpert in seiner Haltung gegenüber der Dreifaltigkeit gleichzeitig christliche Demut und Gottesgnadentum. Er steht stellvertretend für den herzoglichen Stifter und für dessen Geschlecht. Am Rande sei hier bemerkt, daß der Grabstein der letzten Ruhestätte Herzog Ludwigs in Raitenhaslach eine ähnlich ungewöhnliche Lösung bietet: Die Darstellung der in einer Zeichnung überlieferten Platte ist auf das bloße Wappen reduziert; auf die persönliche und politische Situation weist das Helmkleinod hin, das von einer Kette umschlossen wird; das Wappen wird von drei Engeln umgeben, deren einer die Kette demonstrativ öffnet.

Die Ingolstädter Stiftungskapellen waren von Anfang an mit sieben Altären bestiftet, die sich aus den Quellen erschließen lassen. Für jeden der sieben Altäre bestimmte der Herzog in der Schenkungsurkunde vom 3. Februar 1438 den Umfang und die Art der Altarstiftungen. Neben der Grundausstattung mit *drei meßgewand, ain meßpuch und ain kelch* gehörte jeweils ein *pild* des Heiligen, dem der Altar geweiht war, dazu: Katharina, Georg, Johannes der Täufer, Johannes der Evangelist, Leonhard, Barbara und eine Pietà für den Marienaltar. Die meisten der in der Urkunde angeführten Statuen waren gleich gestaltet: *auf ainem silbrein fuß gesetzt und ain silbrein ruckplat dahinter gemacht ist und in den fuß sein heiligtum verslossen und aussenumb in die leisten sein legend verstochen.* Eine Variation erfolgte nur in der Anbringung der Legendenszenen, die auch auf der Rückseite oder auf dem Fuß ihren Platz fanden. Was uns interessiert, sind die zwar schematisch formulierten, aber inhaltlich sehr persönlichen Zusätze des Stifters anläßlich der Aufzählung der Altäre:

bei St. Katharina: *Und pitten [...], das si den allmächtigen got pitten, das er uns all unser sunde vergeb, sunder die sund der unkeusch und die sund der frashait [...]*
bei St. Georg: *das er den allmächtigen got für uns pitt, das er uns all unser sünd vergeben wolle und sunderlich was wir in ritterlichen sachen oder kriegen und mit zurn gesündet haben [...]*
bei St. Johannes dem Täufer: *das er got für uns pitt, [...] und besunder die sünd der trackhait an gotsdienst [...]*
bei St. Johannes dem Evangelisten: *[...] und sunder die sünd der hoffart, damit wir viel gesündt haben [...]*
bei St. Leonhard: *[...] sunder die sünd des neids, was wir damit gesündet haben [...]*
bei St. Barbara: *[...] das sie uns noch dehain unser kind on ware reu und lautre peicht und on den zarten fronleichnam unsers herrn Jhesu Christi nicht ersterben laß [...]*

Über das Programm des Chorfensterzyklus sind wir durch die Chronik des Andreas Felix Oefele informiert: *totius Lineae Ingolstadienses Principes et conjuges liberique scitè expressi erant.* Es handelt sich dabei also um die Darstellung der Mitglieder der Ingolstädter Linie in der Form einer dynastischen Stifterbildreihe.

Wichtiges Element einer solchen Hausstiftung war auch der Besitz von Hausreliquien und die Möglichkeit einer Heiltumsschau. Der Grundstock dazu wurde in Ingolstadt durch die Überführung der Reliquien aus dem Besitz Annas von Bourbon, der ersten Gemahlin Herzog Ludwigs, gelegt. Die beiden Sonderreliquien, der Heilige Dorn und die Heiligkreuzpartikel aus dem Besitz Herzog Stephans, wurden während der allwöchentlichen Fronleichnamsprozession am Donnerstag zur Schau gestellt.

2000 Gulden waren im Stiftsbrief von 1429 für die Ausstattung mit liturgischen Geräten, Büchern und Paramenten vorgesehen und zwar für den Altargottesdienst (Kelche, Meßgewänder und Meßbücher), den Prozessionsgottesdienst (sechs Wandelkerzen, die Anfertigung des Reliquiars für die Kreuzreliquie und einer Monstranz für die Hostie) sowie für den Psaltergesang am Grab (Stundenbücher, Psalter und vier Ewiglicht-Öllampen zur Beleuchtung). Der in der Urkunde gebrauchte Terminus *gezierd des heiligtumbs* spricht dafür, daß dieser Teil der Stiftung sehr wohl unter dem Aspekt des Repräsentativen gesehen wurde, wobei die Prinzipien der evangelischen Armut und sakral-fürstlicher Prachtentfaltung gleichermaßen Beachtung fanden: *vmb zierd vnd notturft.* Für nahezu sämtliche Altäre gab es zwei Ausstattungen: für den Alltag und solche *darynn die leuiten dienen an hochzeitlichen tagen.* Ebenso doppelt war die Ausstattung der Psalteristen: kostbar geschriebene und ausgeführte Pergamentpsalterien und einfache, *damit man die kostlich psalter spart.*

Ein weiterer Höhepunkt der Ausstattungsstiftung war die Übereignung des 'großen Kleinod': das *große Unser Frauen Bild* (Abb. 6). Daß Herzog Ludwig dieses Kleinod als Hauptkultbild auswählte – er verfügte ja auch über andere, wie etwa das jetzt in Altötting aufbewahrte *Goldene Rössl* (Abb. 7), das er zwar ebenfalls der Stiftung überließ, aber mit dem Zusatz, daß es bei finanziellen Problemen veräußert werden dürfe –, mag mehrere Gründe gehabt haben. Zunächst bestach das Kunstwerk durch seine 'Materialheiligkeit'. Nach der genauen Beschreibung im Stiftungsbrief verfügte es über nahezu die doppelte Anzahl von Edelsteinen und Perlen im Vergleich zum *Goldenen Rössl.* Die ikonographische Lösung der Darstellung entsprach den Intentionen des Stifters: Maria ist die thronende Himmelskönigin, der sich das Herrscherpaar Karl VI. und seine Gemahlin nähern. Zwei Engel und zwei ritterlich-königliche Heilige, Georg und Elisabeth, die die Herrschaftszeichen darbringen, treten als Fürbitter auf. Das Thema war sakralpolitisch und herrschaftstheologisch aufgefaßt und gelöst. Ein weiteres Motiv war sicher, daß die Wahl des Altarbildes es ermöglichte, den Kirchennamen auf "Zur schönen Unserer Lieben Frau" abzuändern und damit den Status der Kirche als Stiftungskirche zu unterstreichen.

Trotz allen herrscherlichen Prunkes, den die Hausstiftung in Ingolstadt ausstrahlte, versuchte der Stifter, ohne den Boden traditionellen kirchlichen Denkens zu verlassen – hatte er doch aus politischen Gründen bereits genügend Probleme mit der Amtskirche –, einen gemäßigten Reformkurs einzuschlagen. Er kommt in den bei allen Aufwand sparsamen Kunststiftungen zum Ausdruck, im Bestreben, die Gestaltung der Grablege weniger unter dem Gesichtspunkt der Verherrlichung seiner Herrscherpersönlichkeit als des Herrschergedankens an sich zu sehen und in den hier uns nur am Rande berührenden Verordnungen betreffend die Pfründe. Ihre Dotierung war angemessen, aber nicht allzu reichlich. Die Inhaber waren zu Gehorsam, Ehelosigkeit und bescheidener Lebensführung verpflichtet.

B. Ausgburg, St.-Anna-Kirche, Hirnsche Grabkapelle

In einer Urkunde vom 3. Oktober 1420 bestätigen Prior, Subprior und der Konvent des Karmeliterklosters zu Augsburg, daß der *erber und frumme man Cunrat Hyrn der cramer, burgere zu Augspurg, und frawe Afra, sein eliche wirtin [...] ain capelle in unserm kyrchof, als man vornan hineingaut, uff ire aigen pfenning, getzing und koste mit unserm gunst und guten willen getzierlich haund gepuwen.* In einer am 27. Oktober 1420 ausgestellten Urkunde bestimmen die Stifter, das Ehepaar Hirn, die in der Kapelle abzuhaltenden liturgischen Feiern. Die Bestimmungen umfassen die ewigen Messen, das ewige Licht, die Feier der Jahrtage, die Bestattung des Ehepaares in der Kapelle und die Art und Weise, wie das Salve Regina abzuhalten ist. Wieder wird in der Urkunde betont, daß der Bau der Kapelle durch das Kloster gestattet wurde. Nach dem Tod Conrad Hirns, vermutlich 1426, erweitert Afra Hirn die Stiftung durch die Übereignung eines Gutes sowie durch die Übertragung eines Zehentanteiles an das Karmeliterkloster. Die Witwe setzt mit 1. Februar 1429 die Meister der Augsburger Goldschmiede zu Pflegern ihrer Stiftungen ein, da keine Nachkommen vorhanden sind. Als Gegenleistung überläßt sie den Goldschmieden den hinteren Altar in der Kapelle für deren Jahrtage und Trauergottesdienste. Der Kapellenbau und seine Ausstattung sind nur ein Teil der zahlreichen Stiftungen, die das Ehepaar Hirn – teilweise noch zu Lebzeiten – tätigt. Conrad Hirn ist ab 1390 in den Steuerlisten nachweisbar. Neben seiner Kramer- und Händlertätigkeit dürfte er auch bei Geldgeschäften eine glückliche Hand gehabt haben. Die weiteren großen Stiftungen des Ehepaares umfassen die Errichtung eines Pilgerhauses sowie eines Seelhauses, was Afra Hirn nach dem Tod ihres Gatten am 28. Dezember 1428 beurkundet. Weiters setzt sie neben zahlreichen Einzellegaten auch eine Almosenspende aus, die jährlich durch die Stadt an bedürftige Mitglieder verteilt werden soll[20].

Der an der Nordseite des Taufchores der St.-Anna-Kirche errichtete Kapellenbau umfaßte vor den Umbauten des Jahres 1496 ein zweijochiges Schiff mit 5/8 Chorschluß. Außen durch abgetreppte Wandpfeiler schlicht gegliedert, weist er im Inneren neben der Gliederung durch die Gewölbejoche infolge der baulichen Verhältnisse noch eine Zweiteilung durch den in den Raum hereinragenden Wandpfeiler des Taufchores auf. Der Eingang lag in der Nordwand des Chorraumes. Diese räumlichen Voraussetzungen erleichterten auch die Durchführung der liturgischen Handlungen. Zumindest seit 25. Juni 1433, aber vermutlich bereits früher, verfügte die Kapelle über zwei Altäre; der eine, den Heiligen Jakobus und Helena geweiht, war im Chorraum plaziert, der andere, dem heiligen Eligius geweiht, an der Westwand der Kapelle. So konnten die vom Ehepaar Hirn gestifteten Messen am Altar im Chorraum, die der Goldschmiede am Eligius-Altar gelesen werden.

Von der künstlerischen Ausstattung sind Teile der Ausmalung[21] und

---

[20] Zur Situation in Augsburg vgl. Rolf Kießling, Bürgerliche Gesellschaft und Kirche in Augsburg im Spätmittelalter. Ein Beitrag zur Strukturanalyse der oberdeutschen Reichsstadt (Abhandlungen zur Geschichte der Stadt Augsburg 19) Augsburg 1971.

[21] Johannes Wilhelm, Augsburger Wandmalerei 1368–1530 (Abhandlungen zur Geschichte der Stadt Augsburg 29) Augsburg 1983, 184–223, Abb. 29–50.

die Stiftertumba[22] erhalten. Die Schlußsteine zeigen die Wappen des Stifterpaares, der Schlußstein im Chor ein figürliches Relief der heiligen Helena. Die Laibungen der Fenster des Chorschlusses sind mit Bildern der Heiligen Oswald, Jakobus, Josep des Dramär, Nikolaus, Martin und Thomas versehen. Die Fresken der Nordwand widmen sich dem Leben der heiligen Helena (Befragung der Juden, Kreuzfindung, Kreuzprobe), an der Südwand finden sich schließlich die Bekehrung Hermogenes durch Jakobus, der Zug und die Anbetung der Heiligen Drei Könige sowie Bilder der Passion (Letztes Abendmahl, Gefangennahme, Geißelung, Dornenkrönung). Das Grabmal des Stifterehepaares, das im Zuge der Umbauten 1889 in den nördlichen Querflügel des Augsburger Domes übertragen wurde, wurde als Tumba ausgeführt und war im Zentrum des vorderen Raumkompartimentes der Kapelle situiert. Es besteht aus einem Unterbau aus Sandstein und einer Deckplatte aus Rotmarmor; die Längsseiten tragen Reliefs mit Darstellungen der Auferstehung Christi (kombiniert mit dem Thema der drei Frauen am Grab) auf der südlichen und zweier Propheten auf der nördlichen Längswand. Die Deckplatte zeigt im flachen Relief die Figuren der Heiligen Helena und Jakobus und zu deren Füßen das kniende Stifterpaar (Abb. 8). Die umlaufende Inschrift *hie leit chonrat hiren und affra sein husfra stifter der / kapellen die bard uoll / pracht am nechsten suntag pfingsten m cccc xxv Jar / s iacobvs s elena* nimmt auf die Situierung der Tumba Rücksicht und beginnt daher nicht, wie üblich, auf der Schmalseite, sondern auf der den die Kapelle betretenden Gläubigen zugewandten Seite, wie ja auch der Inhalt der Inschrift nicht auf die Todestage der Stifter, sondern auf das Weihedatum der Kapelle bezugnimmt.

Auswahl des Bildprogrammes und Gestaltung der Tumba sind Ausdruck der Wünsche des Stifterehepaares. Hirn war Mitglied der Jakobusbruderschaft, seine Gemahlin hatte die heilige Helena als Schutzpatronin gewählt. Auf Jakobus und Helena ausgerichtet ist das Programm der Fresken – auf der Frauenseite die Legende der heiligen Helena, auf der Männerseite das Jakobuswunder – und die Gestaltung der Deckplatte der Tumba. Auf die erhoffte Auferstehung verweist das Relief der Längsseite der Tumba. Auf die von Christen geforderte Mildtätigkeit weisen z. T. die in den Fensterlaibungen aufgeführten Heiligen (Oswald, Nikolaus, Martin).

Der Umstand, daß das Ehepaar ohne Nachkommen verstarb, machte es notwendig, noch zu Lebzeiten Vorsorge zu treffen, daß die Stiftungen auch durchgeführt wurden. Von den Möglichkeiten, die sich hier boten – Einsetzen eines Klosters, der Stadtverwaltung, von Privatpersonen –,

[22] Volker Liedke, Die Augsburger Sepulkralskulptur der Spätgotik 1: Zum Leben und Werk des Meisters Ulrich Wolfhartshauser. In: Ars Bavarica 14 (1979) 42–52.

erwählte das Ehepaar die Meister der Goldschmiede als Pfleger. So war Kontinuität in der Verwaltung gewährleistet und auch in der liturgischen Funktion der gestifteten Kapelle, nicht nur zu Zeiten der festgesetzten Jahrtage, Ewigmessen etc.

C. Stiftungen des Münchner Patriziers Balthasar Pötschner (Anhang V)

Das im Münchner Stadtarchiv erhaltene Kopialbuch des Pötschnerschen Benefiziums verzeichnet neben finanziellen Zuwendungen für karitative Zwecke auch die Ausgaben für 'Kunstobjekte'. In der Auflistung werden an die 25 Kirchen namentlich erwähnt[23]. Neben den Hauptkirchen und -klöstern in München, wie der Stadtpfarrkirche St. Peter, der Frauenkirche, den Augustinern und Barfüßern, sind es solche, mit denen die Familie durch Grundbesitzungen verbunden war; so etwa waren die Pötschner Patronatsherren in Riedersheim, wohin sie auch eine Kapelle stifteten. Weiters finden sich in der Liste berühmte Wallfahrtsorte, wie Einsiedeln, das Kloster Andechs und St. Wolfgang am Abersee; andere verweisen auf die durch die berufliche Tätigkeit bedingte Reisetätigkeit sowie auf Beziehungen zu auswärtigen Städten: so etwa Rom, Stams oder St. Christoph am Arlberg. Die Auflistung der Kunstobjekte zeigt örtliche wie typenreiche Vielfalt: neben der Stiftung eines Öllichtes, das wohl nur bedingt dieser Gruppe zuzurechnen ist, und den Kosten für die Errichtung einer *marterseil bei Taglfing* stehen Kapellenausstattungen in St. Sebastian bei Ebersberg und die bereits erwähnte in Riedersheim. Unter den Einzelstiftungen dominieren *tafl* und *scheiben*.

Die Kapellenstiftung zu St. Sebastian in Ebersberg umfaßte eine Altartafel, eine Statue des heiligen Sebastian an einem Pfeiler und einen wertvollen roten Chormantel. 1490 erfolgte die Ausführung eines Glasgemäldes *von sandt Gregori erscheinung und mich im harnasch und in mainem klainat*, 1501 eine plastische oder gemalte Darstellung der Ölbergszene.

Die Stiftungen für die Kapelle in Riedersheim setzen mit dem Jahr 1491 ein; zunächst erfolgen die Aufrichtung eines geschnitzten, gefaßten Altares und die Anschaffung zweier Glocken; 1499 werden die Ausgaben für die Kapellen- und Altarweihe vermerkt.

Die dritte im Kopialbuch erwähnte Kapelle ist die für oder in *Newenpötschnberch*; es handelt sich dabei vermutlich um die Hauskapelle eines nach der Familie Pötschner benannten Edelsitzes oder 'gefreiten

---

[23] Zitiert nach Volker Liedke, Die Münchner Tafelmalerei und Schnitzkunst der Spätgotik I: Von den Anfängen bis zum Pestjahr 1430. In: Ars Bavarica 17/18 (1980) 76–81.

Hauses' im Bereich Münchens, da vom 4. Juli 1448 eine Urkunde über die Weihe einer *capella in Pötschnpach in opido Monacensis nostre dioc.* erhalten ist. Für diese Annahme spricht auch der Umstand, daß nur Kosten für bauliche Maßnahmen und ein Sakramentsgitter vermerkt sind, nicht aber für Ausstattungselemente.

Die Einzelstiftungen von Tafelbildern weisen ein durchgehendes ikonographisches Leitmotiv auf. Balthasar Pötschner stellt sich und seine Familie unter den Schutz der Heiligen Drei Könige, die auch die Namenspatrone seiner drei Söhne sind. Die Bilder in Andechs, Einsiedeln und Stams zeigen dieses Bildmotiv in Verbindung mit der Stifterfamilie. Ausnahmen bilden die Stiftungen nach St. Christoph und Rom, da die Verehrung der Lokalheiligen in der Thematik der Tafeln Berücksichtigung findet.

Innerhalb der Stiftungen für Münchner Kirchen dominieren die klösterlichen Gemeinschaften, darunter die Augustiner und Barfüßer. Bei letzteren kam Pötschner für die Ausstattung und vermutlich auch für die baulichen Kosten zur Errichtung eines Kreuzgewölbes auf, weiters für eine Serie von Skulpturen (Christus Salvator mit den zwölf Aposteln) sowie für ein Glasfenster in der *abseyten*. Dem Augustinerkonvent finanzierte er ein Glasfenster in der St. Magdalenenkapelle. In beiden Klöstern besaß er Kirchenstühle, ebenso in St. Peter und der Frauenkirche. Die besondere persönliche Beziehung zum Kloster Andechs – sein Vorfahre Peter Pötschner wurde während einer Wallfahrt in Andechs vom Blitz erschlagen – dokumentiert sich in der reichen Bestiftung dieses Klosters: dazu zählen die Erneuerung des Gedenkkreuzes, das anläßlich des Todesfalles gestiftet wurde, ein Altar mit der Darstellung der Vierzehn Nothelfer für eine Kapelle im Kreuzgang sowie zwei Glasfenster für dieselbe Kapelle, die bereits erwähnte Tafel mit den Heiligen Drei Königen und den Stiftern, eine Figur des heiligen Nikolaus am Pfeiler links vom Fronaltar sowie die Stiftung eines schwarzen Meßgewandes, wohl für die Jahrtagsmessen.

Besondere familiäre Umstände lassen die Michaelerkirche in Wien unter den Ausgaben aufscheinen: Caspar Pötschner, ein Sohn Balthasar Pötschners, starb in Wien und wurde in der genannten Kirche begraben; der Vater finanzierte den Grabstein, den er von Braunau antransportieren ließ und zahlte für die Erlaubnis, einen Grabstein legen zu lassen, *sechs pfund pfening den kirchprobsten*.

Von den zahlreichen Stiftungen hat sich nur das Epitaph in der Münchner Stadtpfarrkirche St. Peter erhalten (Abb. 9), für das wir keinen Hinweis im Kopialbuch finden. Er ließ dieses 1505 bei Markus Haldner anfertigen; Vorbild in der Komposition war das 1482 von Erasmus Grasser geschaffene Epitaph für Ulrich Aresinger. Als ikonographisches

Motiv wählte Pötschner die Gregorsmesse, die er auch als Motiv für das 1490 nach St. Sebastian zu Ebersberg gestiftete Glasfenster verwendete.

Charakteristika der Stiftungen sind ihre starke Familienbezogenheit und ihre weite Streuung. Letztere erlaubt wohl den Schluß, daß gerade die in entfernte Kirchen getätigten weniger dem Zweck der Repräsentation als *pro remedio animae* dienten. Als typisches Prestigeobjekt kann hingegen das Epitaph in St. Peter angesprochen werden, v. a. wenn man bedenkt, daß Balthasar Pötschner zu seiner eigentlichen Begräbnisstätte das Kloster in Ebersberg bestimmte, wo er im Sinne der christlichen Demut einen einfachen Stein anfertigen ließ, der nur sechs Gulden kostete.

D. Die Stiftungen Sebald Schreyers (Anhang VI)

Bestens durch Rechnungs- und Kopialbücher dokumentiert sind die nahezu zahllosen Stiftungen von 'Kunstobjekten', die der Nürnberger Sebald Schreyer in Kirchen seiner Heimatstadt und in auswärtige tätigte[24]. Aus dem im Anhang angeführten Quellenbestand sollen hier nur die wichtigsten verzeichneten Objekte Erwähnung finden. Am Ostchor der Sebalduskirche, deren Kirchenpfleger er durch 21 Jahre war, errichtete er gemeinsam mit seinem Neffen, Matthäus Landauer, eine Grablege. Die Grablege der Familie bestand dort bereits seit dem Chorneubau. Die Nischenwände schmückte ein Fresko mit Szenen aus der Passion. 1490 beschloß Schreyer, dieses Fresko durch ein Steinrelief zu ersetzen: *in stainwerck zu bringen, Got zu lob, der kirchen zu eren, in und iren eltern zu einer gedechtnus.* Nach der Genehmigung durch den Rat beauftragten die Stifter am 11. September 1490 mit der Durchführung Adam Krafft[25]. Das Steinrelief mit der Darstellung der Kreuztragung, Kreuzabnahme, Grablegung und Auferstehung wurde am 21. April 1492 vollendet und mit Kupferdach, Steinbalustrade und Eisengitter versehen. Vom Bamberger Bischof konnte Schreyer einen Ablaß gewinnen, der mit 22. Mai 1493 bestätigt wurde und 1508 aufgrund des großen Andranges auf alle Tage des Jahres erweitert wurde. Für St. Sebald stiftete Schreyer ewige Lichter, Glasfenster mit Wappen der Familie, liturgische Geräte und Paramente, darunter einen kostbaren *gelwen samaten ornat mitsamt ainem kormantel und ainer corporaltaschen mit dem corporal ... und das*

---

[24] Zur Person Sebald Schreyers vgl. Elisabeth Caesar, Sebald Schreyer. Ein Lebensbild aus dem vorreformatorischen Nürnberg. In: Mitteilungen des Vereins für Geschichte der Stadt Nürnberg 56 (1969) 1–205 (mit ausführlichem Quellen- und Literaturverzeichnis); die Stiftungen betreffende Quellen zum Teil zitiert bei Albert Gümbel, Kirchliche Stiftungen Sebald Schreyers 1477–1517. In: Mitteilungen des Vereins für Geschichte der Stadt Nürnberg 18 (1908) 99–133 und ders., Sebald Schreyer und die Sebalduskapelle zu Schwäbisch-Gmünd. In: ebd. 16 (1904) 125–150.

[25] Vgl. dazu Caesar, Schreyer 152–156.

meßgewant mitsamt den zweien rocken mit Schreyer- und Kamermaisterschilten, den mantel mit Schreyer- und Kamermaisterschilten und Schreyerhelm in ainer scheiben mit ainer umschrift in den worten "Munere has vestes Schreyer edilis sue ob salutem familie superis fore gratas precatur 1491". Weiters kam er für diverse finanzielle Aufwendungen auf, die sich aus seiner Tätigkeit als Kirchenmeister ergaben. So ließ er auf seine Kosten die Bibliothek der Kirche ordnen, neu binden, ergänzte den Buchbestand und ersetzte schadhaft gewordene Meßgewänder.

Unter den Stiftungen für Kirchen und Klöster in Nürnberg dominieren Glasfenster; mit dem Wappen der Familie versehene Scheiben stiftete er nach St. Egidien, zu den Augustinern, den Franziskanern, den Dominikanern und den Karmeliten. Glasfenster sind es auch, die er auswärtigen Klöstern und Kirchen widmete: so 1489 für das Spital zum heiligen Geist in Neumarkt in der Oberpfalz, 1496 für die Kirche zu Puschendorf, 1506 für das Predigerkloster in Brünn und das Dominikanerkloster in Schwäbisch-Gmünd, 1508 für das Predigerkloster in Kemnath, 1511 für die Pfarrkirche in Altdorf und das Kloster zu Neůkirchen am Brand. Umfassender sind die Stiftungen für das Barfüßerkloster in Riedfeld, in das der Bruder seiner Mutter Heinrich Fuchs eingetreten war. Hierher stiftete er einen Marienaltar, der in den Rechnungs- und Kopialbüchern genau beschrieben wird[26].

Im Boden einer stadtpolitsch genährten Heiligenverehrung wurzelnd gehörte zu einem Motiv Schreyerscher Stiftungstätigkeit die Verbreitung des Sebalduskultes. Dazu dientėn – neben den aus der Rolle des Kirchenmeisters von St. Sebald resultierendeh Möglichkeiten – die Aufträge zur Neufassung der Legende des heiligen Sebald, zur Abfassung von Hymnen auf den Heiligen, die Anbringung des Bildes des Heiligen auf zahlreichen Kunststiftungen sowie die Stiftung einer Sebalduskapelle in Schwäbisch-Gmünd. 1505 auf der Flucht vor der zweiten großen Pestepidemie zog sich Schreyer mit seiner Familie nach Schwäbisch-Gmünd zurück. Zu seiner großen Verwunderung mußte er feststellen, daß in dieser mit Nürnberg politisch und auf dem Handelssektor eng verbundenen Stadt der Patron Nürnbergs wenig bis überhaupt nicht bekannt war. Die erste Aktion Schreyers, um dem Abhilfe zu verschaffen, war die Verbreitung der von ihm in Auftrag gegebenen Sebaldushymne, ein Werk des Nürnberger Dichters und Gelehrten Conrad Celtis. Den Druck dieser Hymne ließ Schreyer durch den Stadtpfarrer in allen Kirchen und Kapellen Schwäbisch-Gmünds und des Umlandes verteilen und anschlagen. Bewegt durch eine schwere Erkrankung seiner Gemahlin und durch Bitten des Pfarrers entschloß er sich zur Errichtung einer Sebalduskapelle anstelle eines eingestürzten Turmes der Kirche Unserer Lieben

[26] Siehe Anhang VI.

Frau, der späteren Heiligenkreuzkirche. Er finanzierte den Bau, ließ den Schlußstein des Gewölbes mit dem Schreyerschild versehen, sorgte für die Ausführung der Glasfenster (Sebaldus, Maria im Strahlenkranz, Stifterehepaar) und veranlaßte die Errichtung des Altartisches. Weiters stattete er die Kapelle mit den notwendigen Paramenten und liturgischen Geräten aus. Am 2. Juni 1507 wurde die Kapelle durch den Augsburger Bischof geweiht. Ungefähr ein Jahr später wird der von Schreyer gestiftete Flügelaltar, eine Arbeit aus der Dürer-Werkstatt, aufgerichtet: *[...] auf seinen altar ein große tafeln, mit zwei aufgeenden flugeln und zweien neben- oder plintflugeln machen lassen, unden mit einem sarch und oben mit einem gespreng, [...] und in das corpus der tafeln ist ein groß geschnitten s. Sebolts pild, oben mit zweien geschnitten, swebenden engeln, der einer, nemlich zu der rechten seiten, ein schilt des kungreichs Danmark mit einer kron, und der ander zu der linken seiten ein schilt des kunigreichs Frankreich, auch mit einer kron, haltende und unden zu den fussen, zu der rechten seiten Sant Sebolts, des Schreyers pildung mit Schreyerschilt und -helm und zu der linken seiten seins weibs pildung mit Kamermeisterschilt und -helme, auch alles geschnitten, und oben auf der tafeln ain gespreng und mitten in dem gespreng ein gros geschnitten crucifix. So ist an den flugeln, die innen und außen 12 teil geteilt sind, gemalt Sant Sebolts leben, nemlich in ein ides teil zwo oder drei materi und an dem sarch ist auswendig gemalt ein brustpild unser lieben frauen, ir kind Jesum am arm habende, und dabei die 14 nothelfer, all mit prustbildern. Und an den orten desselben sarchs auf der rechten seiten Schreyer und der linken seiten Kamermeister schilt und inwendig an den turlein des sarchs ist gemalt ein englischer grus [...]. So ist solche tafeln fertig und aufgesetzt worden in der vasten im 15 hundert und achten jar.* Die Schenkung eines Heiltumsschreines mit Reliquien, darunter solche des heiligen Sebalds, und von Fastentüchern komplettieren die Stiftung.

Schreyer verschied 1520 ohne männliche Nachkommen; mit ihm stirbt der Mannesstamm der Familie aus. Soweit sich sein verlorenes Testament aus den Urkunden über die Vollstreckung rekonstruieren läßt, verfügte der Erblasser die Aufteilung seines Vermögens in Stiftungen für Begräbnis und Jahrtag, in Auszahlungen an Verwandte, kleinere Geldspenden an diverse Kirchen, Klöster und karitative Einrichtungen sowie der Einrichtung einer weiteren Kaplaneistelle in St. Sebald. Der nach Erfüllung dieser Bestimmungen übrigbleibende Rest sowie die beiden Wohnhäuser in Nürnberg gingen an das von Georg Keipper gestiftete *große Almosen der abkommen Bürger.* Für Kunststiftungen ist kein Betrag vorgesehen, diese tätigte Schreyer bereits zu Lebzeiten.

Auch hier erkennen wir eine ähnliche Haltung wie bei den Stiftungen des Augsburger Ehepaares Hirn. Die größten Kunstunternehmungen, die Schreyer initierte und finanzierte, erfolgten zu einem Zeitpunkt, da bereits offensichtlich war, daß die Familie Schreyer im Mannesstamm aussterben werde. Schreyers Gemahlin Margarethe war zwei Jahre älter als ihr Mann; im Alter von 42 Jahren - 1486 - erkrankte sie an einem Unterleibsgeschwür. Ihre Genesung verdankte sie nach Ansicht Schreyers der wunderbaren Fügung Gottes und der Fürsprache des Hl. Sebald, nicht aber der Kunst der Ärzte. An Kinder war nicht mehr zu denken. Sein Bruder Stephan starb 1482 ohne Nachkommen. Aus diesen familiären Gründen resultierte das Bestreben Schreyers die Existenz der Familie der Nachwelt zu dokumentieren: 1490 mit dem Auftrag zur Schaffung einer dauerhaften Ausschmückung der Grablege der Familie bei St. Sebald, im selben Jahr mit der Errichtung eines 'Familienaltares' im Kloster Riedfeld und schließlich 1507 mit dem Altar der Sebalduskapelle in Schwäbisch-Gmünd, der seinem Gedächtnis und dem seiner Gemahlin gewidmet war.

Die vorgesetzten Erläuterungen konnten nur einige Problemkreise anschneiden, die bei der Untersuchung religiöser Kunststiftungen Berücksichtigung finden sollten. Ein offenes Problem stellt z. B. noch die Auswahl der bestifteten Klöster und Kirchen dar, da gerade im Spätmittelalter Faktoren, wie Platzmangel in den einzelnen Kirchen, ebenfalls Berücksichtigung finden müßten, was aber erst nach einer jeweiligen Rekonstruktion der Gesamtausstattung möglich ist[27]. Aus den angeführten Faktoren, die in einigen Richtungen hin noch erweiterbar wären, läßt sich u. a. der Schluß ziehen, daß sich der mittelalterliche Mensch des öffentlichen Charakters einer solchen Stiftung sehr wohl bewußt war, und daß er es sehr wohl verstand, im Rahmen seiner finanziellen Möglichkeiten und im Rahmen der ihm von der Öffentlichkeit zugebilligten Möglichkeiten diesen Charakter zu nutzen. Zumindest für die größeren Städte gilt, daß die einzelnen Familien bestrebt waren, für ein 'ewiges Gedenken' zu sorgen und daß dies auch durchaus im Sinne der Stadtregimente war. Ein besonderer Fall trat immer dann ein, wenn eine Familie im Mannesstamm ausstarb. Dies führte zumindest in den mir bekannten Fällen zu einer Häufung von Kunststiftungen, die dann unter der Devise *ad majorem gloriam familiae* standen. In ihrem Verhalten schlossen sich damit die führenden städtischen Oberschichten eng an den durch adelige Geschlechter vorgegebenen Maßstab an.

---

[27] Mit einer ähnlichen Situation sah man sich im ausgegehenden Mittelalter ja auch bei der Stiftung von Altarpfründen konfrontiert: so gab es im Freiburger Münster etwa gegen Ende des 15. Jahrhunderts 85 Kaplaneistiftungen. Wie schwierig es unter diesem Umständen war, die vorgeschriebenen Messen zu lesen, ist wohl offensichtlich.

ANHANG I: Bestimmungen über das Begräbnis des Hans Ulrich Meyer von Weiler im Münster zu Freiburg, 1466 August 18[28].

Wir Clewi von Ougspurg und Michel Mittag pflegere unser lieben frouen buws ze Fryburg tunt kunt menglichem und verjehent offenlich an disem brief, das der fromm vest junker Hans Ulrich Meyer von Wyler mit uns als pflegern an des yetzgenanten buws statt überkomen und einsworden ist, uns bar bezalt, geben und geweret hat achtzig guter rinischer guldin, darumb wir oder unser nachkomen pfleger nach sinem tod und abgang sin lipvell, sübenden und drisigesten ze begon und ze halten schaffen, bestellen, usrichten und bezalen söllent und wöllent in massen er uns das nach dis briefs wisung empholhen, bescheiden, geschafft und verlassen hat [...]. Des ersten söllen wir schaffen und bestellen, das die lich in unser lieben frouen münster ze Fryburg in sins vaters seligen grab begraben und der grabstein wider daruf geleit und vermuret werde [...] uf denselben tag der lipvell uf die bar legen ein nüw gerücht sidin tuech, das bi drissig guldin wert sig; item zu der lipfell schaffen und bestellen ze lüten die groß gloggen als bishar gewonlich gewesen ist, darzu zwölf stangkerzen und vier barkerzen, der yegliche sechs pfunt wachs haben, die man mit der bare in die kilchen tragen, die bar uf sin grab, die vier barkerzen darnebent uf sine liechtstöck und die zwölf stangkerzen bi sant Johanns altar zu yeglicher siten sechs stellen und die alle brennen lassen soll bis die gesungen selmeß uskompt [...].

ANHANG II: Testament des Ritters Johann Snewelin, 1347 Oktober 9 (in Auszügen)[29].

Zem erst min begrebde ze Gunterstal: drü guoti gerühi tücher sol man uf den boun legen, der sol eins werden ünsere vrouwen, eins dem spital und eins gen Guinterstal, alles ze messacheln; item min best ros, verdeket mit eim sidin waffenkleit, und min best harnesch, ouch ze ünsere vrouwen an die obern fenster ze verglasende, ros und harenesch, das waffenkleit ze messacheln [...]. Item so han ich geheissen und geordent, das man geben sol hundert march und zwenzig march silbers zwuo priesterpfruonda ze machende zem münster ze mim alter und zwei ewigü liechter darzuo, ietweder pfruonde und liecht von sehzig marchen, und sol der einen der Osterberg min kapelan han, und alle die wile die nüt uf sint gericht, so sol man zwein priestern pfruonde da gen von minem nützen und ouch das ander gelt davon usrichten die sehse, unz mans gekoufen mag, das

[28] Zitiert in Auszügen nach Peter P. Albert, Urkunden und Regesten zur Geschichte des Freiburger Münsters. In: Freiburger Münsterblätter 10 (1914) 40 f.

[29] Peter P. Albert, Urkunden und Regesten zur Geschichte des Freiburger Münsters. In: Freiburger Münsterblätter 4 (1908) 83 f.

sü ouch fürderliche tuon sont [...]. Item alles min silberin geschirre, was des ist, da sol man zwen kelche zem erst von machen von zwelf pfunt pfenningen Friburger münz ane geverde an die zwuo pfruonda zem münster; das überig alles sol alles den Karitusern werden, ouch kelche davon ze machend, die sü ouch behaben sont und nüt verkofen [...].

ANHANG III: Beschreibung der Hans von Digesheim-Pfründe im Münster zu Freiburg, 1447 nach Juni 29[30].

Item Joannes Juwant caplan der obgenanten pfrunde het gemacht und geordnet an dieselb pfrunde nach sinem leben und das ouch ein instrument inhalt darumb gegeben zwei diurnal, ein summerteil und ein winterteil, in pergameno beide und vast guet. Item ein gueten psalter, ouch in pergameno, und ein guten calender mit einem briefer ouch in pergameno, alles umb gottes willen [...]. Item zu junker Hansen von Tigeßhein pfrunde gehorent dis nochgescriben ornament. Item des ersten ein kelch, inwendig verguldet, und ein paten, [...] und ein nuwe buchs dazu mit der von Tigeßhein schilt. Item ein blouw gerucht semit casukel mit einem cruz, ist mit vergulten silberin spenglin gemachet, und zwen silberin schilt dor-uf, der ist einer von Tigeßhein und der ander von Wißnegk, ein nüwe albe, ein umbler, ein stol und ein hantfan mit grüner sidin gezieret. Item ein wiß arras casukel mit zwein schilten geneiget daruf, ein alb, ein umbler, ein stol, ein hantfan, ouch wiß arras. Item ein rot casukel tobel arras, ouch mit schilten daruf geneiget, ein alb, ein umbler, ein stol, ein hanftan, ist vast werktäglich. Item zwei corporal-ledlin und corporal darinne, der ist eins mit sidin tuch uberzogen und eins mit guldin tuch. Item missale speciale cum ceteris missis in hoc contentis et in pergameno scriptis.

ANHANG IV: Auszüge aus den Nürnberger Verordnungen, betreffend Leichenordnung und Begräbnis sowie Leichenschilde, Grabsteine und Gemälde[31].

Von Leychtüchern.
Es sollen auch die leychtücher nit lennger dann von der begrebnuss biss auf den aussganng des sibennden und darnach an dem dreyssigisten tag auffgebraytet werden, unnd dazwischen nit; unnd wer das darüber zu thun schüffe oder bestellet, oder die es auffbraytet, der yedes sollt aines yeden tags, als offt es darumb fürbracht wurde, gemayner statt zu puss geben ain phundt newer haller. Es soll auch füran kain unnser burger

[30] In Auszügen zitiert nach Peter P. Albert, Urkunden und Regesten zur Geschichte des Freiburger Münsters. In: Freiburger Münsterblätter 8 (1912) 87 f.
[31] In Auszügen zitiert nach Baader, Nürnberger Polizeiordnungen 109–114.

oder burgerrin eynich aigen leychtuch nit haben, sonnder ain yedes mag die, so das zu schulden kompt, inn den pfarren nemen, nachdem sein stanndt anzaigt [...].

Eyn erber rate dieser statt ist auss sonndern unnd mergklichen ursachen, sie darzu bewegennde, und zuvoran zu verdruckung hoffart, kostlichkayt und uncost daran komen, ernstlich und vestigclich gebietennde, das hynfür eynicher ir burger oder burgerin dieser statt oder yemands annders von iren wegen an gemaynen stetten unnd ennden inn dieser statt und gepiete nyt auffrichten oder aufhenncken sollen oder zu bescheen verfügen eynichen leychschilt oder scheyben, der über drey guldin cost oder werdt sey [...].
Es soll auch eynicher leychschylt oder scheyben hie inn dieser statt unnd inn eins erbern rats gepiettenn an gemaynen stetten nit aufgehanngen werden on sonnders wissen und gunst der kyrchenpfleger oder der jhenen, die des zu erlawben macht haben, bei der gemelten peen zehen guldin.
Nachdem bisshere auch mit auffhenckung der leychschylt in namen und von wegen der abgestorben personen hie inn den kyrchen mit grosse und kostlichayt manigfalltige uberflüssigkeit fürgenomen, geübt und gebraucht worden, ist ayn erber rate, got dem allmechtigen zu lobe auch umb gemaynes nutz und notturfft willen, solliche eytelkayt des uncostens, auch sorgveltigkayt des abfallens sollicher schylte, verhynnderung der liecht und anndere ursach angesehen, daran komen ernstlich und vestigclich gebiettende..., das die figur des abgestorben wappens annders nit dann auff schlecht gehobolt holtz gemalt, unerhaben, unaussgeschnytten, auch on helm und mit ainer schlechten überschrifft, also doch, das der schylt mitsambt der überschryfft die grosse des mass oben angezaygt nit ubertreffe [...]

ANHANG V: Auszüge aus dem Kopialbuch des Pötschnerschen Benefiziums bei St. Peter, München[32].

München:
[...] Zu Allenheiligen auf san Peters gotzackher ain grabstein, darunder ligt mein son Onoferus Pötschner seliger und Margreth Schweithartin, Anna Pärtin selig, mein her Walthaser Potschners schwestern, jede ain besundern grabstain darbey und der stain über meinen son Onoffere seligen gesteet mitsambt dem hawen fünfthalben gulden rh.
Item die scheiben meins sons Walthaser seligen ob unser grebnuß zu sand Peter, gesteet siben gulden reinisch.
Zu dem heiligen Geist im spital zu München, zuvordrist an dem pfeiler gegen dem chor, auf der lincken seyten vom Tal wertz, sand Philipp apostel.

[32] Zitiert nach Liedke, Münchner Tafelmalerei 76–81.

Item das stainwerckh hab ich, her Walthaser Pötschner, den Salvator mit den zwelfpoten von newen machen lassen und ain glas in der abseyten, darin sand Erasm, sand Sigmund, Katherina, Maria Magdalena [...]. Item ain glas in dem kreytz[g]angkh und die Pötschn darin, auch darhinder ein gemäl, wie Josep von seinen brüdern verkauft ist worden und ain gewelb, das darüber ist, mit einem schilt.
Zu sand Niclas ain stainen gevast pild, dabey ich, her Walthauser Pötschner, mit meinen sönen und mein hausfraw mit iren töchtern gemalt steen.

Ebersberg, St. Sebastian:
Item die tafel auf dem altar gemacht, gesteet neun gulden rh., auch ain altarrockh darunder. Item sandt Sebastians pild an dem pfeiler und mein, her Walthauser Pötschners grebnuß darbey. Auch ainen grabstain bestelt umbs sechs gulden. Auch ainen roten damaschkhen khormandtel mitsambt dem gespreng und gulden knopfen, auch gulden porten und fransen, geben in das kloster an unser lieben Frawen Liechtmeßtag anno 1478. jar, gestet sechsundfünftzig gulden rh., drey schilling, fünftzehen pfening. Item fünftzehen gulden reinisch dem glaser von sandt Gregori erscheinung und mich in harnasch und in mainem klainat und umb die scheiben und das netz darfür in der capeln neben des fürsten gemach bey der argl. Actum in die collacionis sancti Johannes Baptiste 1490. Item an dem pogen ob der capelen, daran hab ich her Walthasar lassen machen ain ölperg, davon ze lon geben acht gulden reinisch anno tausentfünfhundertain jar.

Inchenhofen, St. Leonhard:
Item ein staine pild s Linharts mitten in der kirchen an ainem pfeiler, kost fünf gulden rh., vierundviertzigk pfening.

Kloster Andechs:
Item im krewtzgangh ist ain capellen, darauf auf den altar lassen machen ein tafl in den eren der viertzehen nothelfer und zway glas darin, kost fünf gulden rh. Item ein swartz meßgewandt mit einem crucifix dartzu. Mer ein tafel, daran die heiligen drey künig mit meinen kindern, stet in der kirchen, in der abseiten hinder dem predigstul, kost zwen gulden rh. Item sandt Niclas pild bey dem fronaltar, an dem pfeiler zu der lincken handt.

Kloster Einsiedeln:
Item die heiligen drey künig mitsambt meinen sonen Walthauser, Melchior, Caspar, gemacht auf ein tuech steend, zu unser lieben Frawen zu Aindsigl gemacht anno 1466. jar.

Wasserburg am Inn:
Item ainen grabstein vor des heiligen krewtzaltar zu sandt Jacob in der pfarrkirchen zu Wasserburg.

Rott am Inn:
Ein glas hab wir zu Rot in dem closter in der abseiten.

Pullach im Isartal:
Item ain glas zum heiligen Geist Pulach, auf der grechten handt bey dem fronaltar, und ain schilt darob im gwelb, kost vier gulden rh., anno 1464.

Zorneding:
Item mein vorvordern haben lassen machen ein klains glas zu Zornolting und sandt Martein darin.

Stams in Tirol:
Item zu sand Johans zu Stamß hab wir machen lassen ein täfl, stet an der wandt, daran Johannes Waptista, auch mein hausfraw, Caspar, Melchior, Walthauser, Barbara, Erntrawdt, Katherina, Felicitas, kost zwen gulden rh., gemacht 1477. jar.

St. Wolfgang am Wolfgangsee:
Item zu sand Wolfgang hinder Saltzburg ain tafel lassen machen, stet in ainer seilen, daran auch steet Casper, Walthaser, Melcher und ander kinder, kost zwen gülden reinisch.

Thalkirchen:
Item ain tafel gen unser Frawen Talkirchen auf dem altar, zu der gerechten handt als man hinein geet, rast darauf sand Katherina und die fünf hertzen leid der muter Gots sind daran gemalt, kost newn gulden rh., gescheen 1466. jar.

Ramersdorf:
Item ain tafel lassen machen gen unser lieben Frauen zu Rämelstarff, daran die siben frewd unser lieben Frawen gestelt, umb drey gulden rh., anno 1470.

Solln:
Item ich hab ein glas lassen machen gen Solen in dem chor, daran Johannes Waptista und Elspet patron, gesteet sechsthalben gulden rh., anno 1470 [...]. Item das sacramenthaws zu Soln hab ich lassen machen Barbare anno 1471, gestet dreytzehen schilling pfening. Item das gätter fur das sacramenthaws, gestet siben schilling zwaintigk pfening, anno 1472.

Riedersheim:
Item neun gulden rh., ain ort und sechsendtzwaintzig pfening dem maister Jörgen, schnitzer, umb die tafel gen Riedershaim ze schneiden, an dem Pfintztag vor dem Pfingsttag 1491. Item sechs gulden rh., drey schilling, sibenundzwaintzig pfening gestend die zwo glocken in der capellen zu Ridershaim. Item acht gulden rh. und sechtzig pfening dem Lienhart maler von dem obern täfel zu fassen. An s Claratag im 1491. jar.

Neufahrn:
Item aindlef gulden rh., fünf schilling, zechen pfening umb das glas zu dem heiligen Geist zu Newfarn, an Montag vor Letare 1492 versprochen.

Wien, Michaelerkirche:
Item sechtzehen fl rh. gesteet der grabstain zu kaufen und zu hawen über den Caspar meinen son seligen, der da ligt zu Wienn in sandt Michelskirchen vor dem Fruemeßaltar. Item sechs pfund pfening den kirchprobsten, das sy den stain haben lassen legen zusambt ainem gestickhten erbl und ein samate schwartze kappen, die man tregt ob dem sacrament, hat mein son seliger dahin geschaft. Item drey gulden rh., sechs schilling fünfundtzwaintig pfening von dem grabstain von Prawnaw gen Wienn zu fürn.

Harlaching:
Item newn schilling pfening gestet das gemalt thuch zu sand Anna zu Hadlaching.

St. Christoph am Arlberg:
Item zu sand Cristof auf dem Adlperg hab ich ein tafel lassen machen, daran sandt Cristof und meine kind darbey.

Rom, St. Peter:
Item ain tafel zu Rom in sand Petersmünster, daran sand Peter und sand Pauls und die kind, die ich dieselb zait hett.

Loreto:
Item zu unser Frawen Laretta hab ich ein wappen.

Arezzo:
Item zu Arett, da sandt Barbara ligt, auch ein wappen.

Neupötschenberg:
Item die capellen gestet zu machen fünfundzwaintzig gulden rh. und drey gulden reinisch, fünfunddreissigk pfening umb den altarstain. Item sechßhalben gulden rh. umb das gätter des sacramentsghkews.

Pfaffenhofen:
Item zu Pfaffenhofen hab ich h Walthasar verordent zu leuten frue gein tag das Ave Maria und dartzu ain gemalte tafel mit unser lieben Frauen rosenkrantz, davon ich jerlich dem mesner hab geben ain lodenrockh oder ain tuch zu einem par hosen, anno tausendtvierhundertainsundachtzigk.

ANHANG VI: Stiftungen Sebald Schreyers (in Auswahl)[33]

Nürnberg, St. Sebald:
Item auf solchen des Hannsen Schreyers abgang hat Sebolt Schreyer, sein sun dem gemelten seinem vater ein gedechtnus mit einer scheiben, darin

---

[33] Zitiert nach Gümbel, Kirchliche Stiftungen 100–132.

Schreyerschild und -helm und seiner beder weiber, nemlich Eyben und Fuchs schiltlein, auch der jarzal dabei, als gewonheit ist, machen [...]. Item Hanns Schreyer hat mitsamt Marxen Landauer, seinem eiden, ein ewig imens licht bei iren begrebnussen hinter dem sacrament zu Sant Sebolt gestift [...]. Item Sebolt Schreyer und Mathes Landauer haben bei den obgemelten iren begrebnussen ein neu gitter machen und fursetzen lassen [...]. Item Sebolt Schreyer und Mathes Lanndauer haben das geheus der lampen des immerlichtes, von iren eltern bei iren begrebnussen zu s. Sebolt hinter dem sacrament gestift, gepessert mit einem neuen glaswerk von venedischen scheiben [...]. Item Sebolt Schreyer hat ein silberin vergult creuz, mit Schreyer- und Fuchsenschilt verzaichet, zu einem pacem zu s. Seboltztag im 85. jar gen s. Sebolt gegeben [...]. Item Sebolt Schreyer hat zu sant Sebolt zu Nurenberg auf sant Michelskor hinden das mitel venster [...] machen lassen, nemlich in die mitten unsern herren ain kreutz, unser lieben frauen und sant Johannes darunter, zu oberst ain zibori und Hannsen Schreyer mit zwaier seiner frauen, nemlich Fuchßin und Eyben, schilten und zu unterst Schreyers schilt und helm, auf der ainen seiten selbs mit ainem klainen Schreyersschiltlein und auf die andern seiten sein weib mit ainem klainen Kamermaisterchiltlein [...]. Item Sebolt Schreyer hat ein meßgewant von einem gelben sammat mit einem crucifixstammen, mit perlein geheft, und aller zugehorung, mit Schreyer- und Kammermaisterschilten verzeichnet, machen lassen [...]. Item Sebolt Schreyer hat [...] einen ganzen gelwen samaten ornat mitsamt ainem kormantel und ainer corporaltaschen mit dem corporal machen und das meßgewant mitsamt den zweien rocken mit Schreyer- und Kamermaisterschilten, den mantel mit Schreyer- und Kamermeisterschilten und Schreyerhelm [...] machen lassen [...]. Item Sebolt Schreyer ist [...] erlaubt und [...] angesagt worden, das fenster ober dem sagerer in der gemelten kirchen zu S. Sebolt zu verneuen [...]. Item Sebolten Schreyer ist [...] zugegeben und erlaubt [...] das gemeld der ausladung am vorbestimten sagrer in der kirchen zu s. Sebolt und unter dem zunachst bestimten der Schreyer fenster mitsamt der pildnus der zwolfpoten s. Petri und s. Paulus, ein Veronica oder das angesicht Cristi haltende, daruber oder darob zu machen [...]. Item Sebolt Schreyer hat [...] das pild sancti Andree, des zwolfpoten, so in dem mitlern gang der gemelten kirchen an dem untern pfeiler der seiten gen dem markt oder der Pegnitz warts in stein, unden mit einem Schreyerschilt gehauen, steet, verneuen oder von neuem in gold vaßen laßen [...]. Item Sebolt Schreyer hat [...] verneuen und von neuen in gold vassen das pild s. Thathei [...]. Item Sebolt Schreyer hat zu solchem obgemelten imerlicht ein neu lampengeheuß mit dreien zwifachen schenkeln zu sechs lichten und unden mit einem Schreyerschilt, alles von messing gegossen, machen lassen [...]. Item Sebold Schreyer hat lassen machen zwen gel cormentel von tuch von damaschket [...]. Item Sebolt Schreyer hat von einem flecken des gelben damaschkatuch, so an den obgemelten kormenteln uberbeliben ist, ein decken zu dem sacrament machen lassen [...]. Item mer hat gemelter Schreyer von einem flecklein des gemelten uberbeliben gelben damaschkatuch ein tuch auf die sacramentladen machen lassen [...]. Item Sebolt Schreyer hat ein kupfrein, außen versilberten und vergulten sarch, vornen mit 24 verglasten kestlein oder unterschiden, machen lassen und darein verordent und verschlossen die 22 stuck heiltum, so ime herr Florian Waldauff von Waldenstain zum Rettenberg, ritter seliger, darzumaln romischer kaiserlicher majestat rat und schatzmeister etc., geschickt, gegeben und ine damit verert hat [...].

Nürnberg, Egydienkloster:
Item Sebolt Schreyer hat [...] in irer neuen liberei ein glasfenster von scheiben, darinnen in der mitten das pild sant Sebolts und darneben in der rechten seiten Schreyerschilt und in der linken seiten Kamermeisterschilt machen laßen [...].

Nürnberg, Augustinerkloster:
Item Sebolt Schreyer hat zu den Augustinern in Nurenberg [...] ain gewelb, nemlich das mitel in der abseiten vor unser lieben frauen altar und oberhalb der tur des eingangs bei s. Jorgen capelln, mit Schreyersschilt verzaichent, machen lassen [...]. Item Sebalt Schreyer hat [...] in dem cor zu der rechten seiten des hohen altars [...] ein glas- oder kirchenfenster von 24 plettern in dreien zeilen [...] verneuen und machen lassen [...].

Nürnberg, Franziskanerkloster:
Item Sebolt Schreyer hat [...] in irem neuen sichhaus ein kamern [...] mit zweien vierfachen rauten verglasen lassen [...] zu der rechten seiten s. Johannspild des taufers mit einem Schreier schilt und die linken seiten s. Genefeefenpild mit einem Fuchsenschild und in die andern auf die rechten seiten s. Seboltspild auch mit einem Schreierschilt und die linken s. Margarethenpild mit einem Kammermeisterschilt machen lassen [...].

Nürnberg, Karmeliterkloster:
Item Sebold Schreier hat [...] in irem creuzgank und in der seiten gen dem aufgang der sunnen oder gegen dem sagerer über [...] ein glasvenster, nemlich das dritt, von acht plettern in zweien zeilen mitsamt dem pogen machen und verneuen lassen [...]. Item so hat der gemelt Sebolt Schreyer [...] das negst fenster an dem obgemelten Schreyerfenster [...] gleich dem andern machen und verneuen lassen [...]. Item Sebald Schreyer hat in der kirchen des closters [...] in der abseiten gein miternacht [...] ein drifach glasfenster, vier zeil hoch on das formberk, verneuen und von venedischen scheuben machen lassen [...]. Item Sebolt

Schreyer hat [...] in irem capitelhaus das dritt venster [...] von venedischen scheuben verneuen oder machen lassen [...].

Nürnberg, Predigerkloster:

Item als die herren zu den predigern hie in irem chor weissen und ober dem gestul ein gemel des leidens Cristi machen haben lassen, ist Sebolten Schreyer ein figur desselben gemels zu der rechten hand des eingangs zugeeigent worden, nemlich als Cristus von seinen eltern verloren und in der synagog lerend unter den juden wider funden ward [...]. Item Sebold Schreyer hat [...] vergult pild sant Barbara mit seinem und seines weibs schilten zu machen, vornen an die seul unter der porkirchen [...]. Item Sebolt Schreyer hat [...] neben dem obgemelten sant Barbarapild gegen altar der jungfrauen warts noch ein vergult pild der heiligen iunkfrauen sant Genefeva, so zu welsch genant wirt Janaviva, unden mit Schreyer- und Fuchsschiltlein verzeichent, machen lassen [...]. Item Sebolt Schreyer hat [...] vor seinem stul an der mauer ein gemalt tefelein, oben mit einem vesperpild und unden mit sant Gregorius erscheinung, mit Schreyer- und Kammermeisterschilten verzeichent, anmachen lassen [...]. Item Sebolt Schreyer hat [...] im rebenter an zweien seulen lassen machen vier pild zuerst unser lieben frauen pild, als sie das kindlin am arm hat, mit Schreyer- und Fuchsenschilten [...]. Zum andern ein pild sancti Dominici mit Schreyer- und Eybenschilten [...]. Zum dritten ein nackete parmherzigkeit mit einem Schreyerschilt, an der untern seul und hinaufwartz gen dem gemelten pild s. Dominici. Zum vierden aber unser lieben frauen bild mit einem kindlin am arm, wie das erst mit Schreyer- und Kammermeisterschilten verzeichent, an der gemelten untern seulen [...]. Item Sebolt Schreyer hat [...] ein kirchenfenster in der gemelten predigerkirchen hinden im gibel vor s. Birgitta altar von 60 pletern in vier zeilen mit auswechseln des steinwerks, das dann dazumalen mitsamt dem glaswerk ser gebrechlich und schadhaft gewesen ist, ganz von neuem mit scheiben machen lassen [...].

Nürnberg, St. Jobst:

Item S. Schreyer hat zu sand Jobst in den sichkobel den priestern [...] zwei betbucher, auf perchamen geschriben, gegeben [...]. Item Sebolt Schreyer hat in der capellen des sundersichkobels zu st. Jobst vor der stat Nuremberg ein glasvenster [...] von venedischen scheiben außerhalb vier klein pletlein, so von geprenntem glas gemacht sind, machen lassen [...].

Nürnberg, Sebastiansspital:

Item Sewolt Schreyer hat in der capell des haus sancti Sebastiani [...] ain glasfenster [...] machen lassen [...].

Altdorf:
Item Sebolt Schreyer hat zu Altdorf in der pfarrkirchen [...] zunachst bei unser lieben frauen altar ein zwifach glasfenster [...] alles mit venedischen scheiben machen lassen [...].

Brünn (Mähren):
Item Sebolt Schreyer hat im closter predigerordens [...] in der liberei ein glasfenster [...] von venedischen scheiben machen [...] lassen [...].

Buschendorf:
Item Sebolt Schreyer hat in der kirchen s. Wolffgangs [...] als man zu der untern tur derselben kirchen hinein get, zu der linken hand ein glasfenster machen lassen [...].

Kemnath:
Item Sebolt Schreyer hat [...] im frauencloster predigerordens von der driten regel in irm rebenter ein glasvenster [...] machen [...] lassen [...].

Neumarkt:
Item Sebolt Schreyer hat in dem haus des spitals des hailigen gaistes orden zu dem Neuenmarkt in irer neuen conventstuben zwai zwifache venster verglasen und in das ain oben Schreyerschilt mit ainer uberschrift "Sebolt Schreyer" und in das ander oben Kamermaisterschilt mit ainer uberschrift "Margaretha Kamermaisterin" machen lassen [...]. Item Sebolt Schreyer hat in dem obgemelten haus [...] vor s. Sebastians- und s. Lienhartsaltar [...] ein kirchenvenster von vier pletern [...] machen lassen [...].

Neunkirchen a. Br.:
Item Sebolt Schreyer hat in dem closter [...] in irer kirchen zu underst in unser lieben frauen vergitteren capellen ein vierfach glasfenster von dreien zeilen on das formberk von venedischen scheiben machen lassen [...].

Kloster Riedfeld:
Item Sebolt Schreyer hat in dem closter [...] unser lieben frauen altar, so zu der rechten hand des eingangs in den kor steht [...] gezirt und nemlich das gewelb malen und oben zu vordest, oberhalb dem pogen, außerhalben des gewelbs ein geschnitten Schreyerschilt aufmachen lassen, dessgleichen auch auf dem gemelten altar ein sarch, daran in der mitten unser lieben frauen prustpild mit ainem kindlin am arm in ainem rosenkranz und darneben auf jedem ort ainen engl, ainen rosenkranz in der hand haltende, neben dem ainen engl zu der rechten hand Hannsen Schreyer, seinen vater, mit Schreyerschilt und -helm, vor im Sebolten Schreyer mit ainem quattirten schilt, Schreyer und Kamermaister, vor demselben Stephan Schreyer, auch mit einem quattirten schilt, Schreyer und Lingk,

und vor demselben funf ire geschwistergit, alle des gemelden Hannsen Schreyers sun, und neben dem andern engl zu der linken hand bede des gemelten Hannsen Schreyers frauen, nemlich Füchsin und Eybin, jede mit schilt und helm, und vor ine drei eelich sein töchter, jede mit ainem quattirt schilt, die erste Marstaller und Schreyer, die andern Landauer und Schreyer, die dritten Örttel und Schreyer und vor ine vier ledige ire geschistergit, alle des obgenannten Hannsen Schreyers töchter, und auf demselben sarch ein tafeln, darin ein frei geschnitten vergult unser lieben frauen pild in der sunnen, ir kindlein am arm tragende, oben mit zwaien engeln, die kron ob irem haupt haltende, und an beden flugeln inwendig zwai halbgeschniten, auch vergulde pild, das ain zu der rechten hand s. Katherina, unden daran Sebolt Schreyer mit Schreyerschilt, das ander zu der linken hand s. Margretta, unden daran Margretha Schreyerin mit Kamermaisterschilt geschnitten, und aussen an den gemelten flügeln ainen englischen gruß, auch mit Schreyer und Kamermaisterschilten verzaichent, und darneben zwen plintflügel, an dem ainen zu der rechten hand s. Barbara und dem andern zu der linken hand s. Jenefeen pild gemalet, machen und aufsetzen lassen [...]. Item Sebolt Schreyer hat [...] für das groß crucifix in der gemelten kirchen an das hungertuch lassen malen ein große barmherzigkeit mit den zeichen des leidens Cristi und sternen und unden an das kattel darauf die gemelt barmherzigkeit stet, ein Schreyerschiltlein [...].

Abbildungsnachweis:

2–4: Ausstellungskatalog Kunstepochen der Stadt Freiburg – 5–7: Sammelblatt des Historischen Vereins Ingolstadt – 8: Ars Bavarica 14 – 9: Ars Bavarica 17/18.

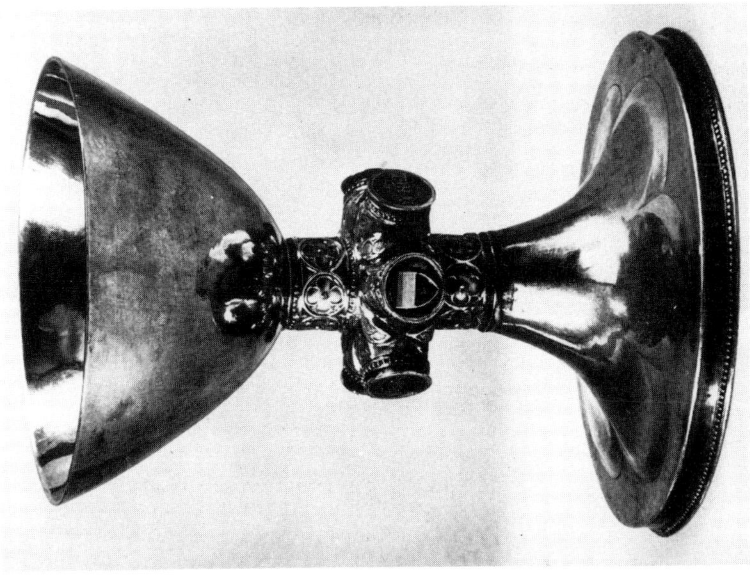

Abb. 2: Snewelin-Kelch, 14. Jh. Freiburg, Münsterschatz.

Abb. 3: Hl. Bernhard von Clairvaux vom Lochereraltar des Freiburger Münsters, Sixt von Laufen, 1522–24. Freiburg, Münster.

Abb. 4: Wandbehang mit Darstellung des Judaskusses, Stiftung der Mutter Conrad Stürzels, vor 1518. Freiburg, Münsterschatz.

Abb. 5: Modell für das Grabmal Herzog Ludwigs des Bärtigen, Hans Multscher, 1435. München, Bayerisches Nationalmuseum.

Abb. 6: "Unser Frauen Bild", Ölbild nach dem zerstörten Original. München, Bayerisches Nationalmuseum.

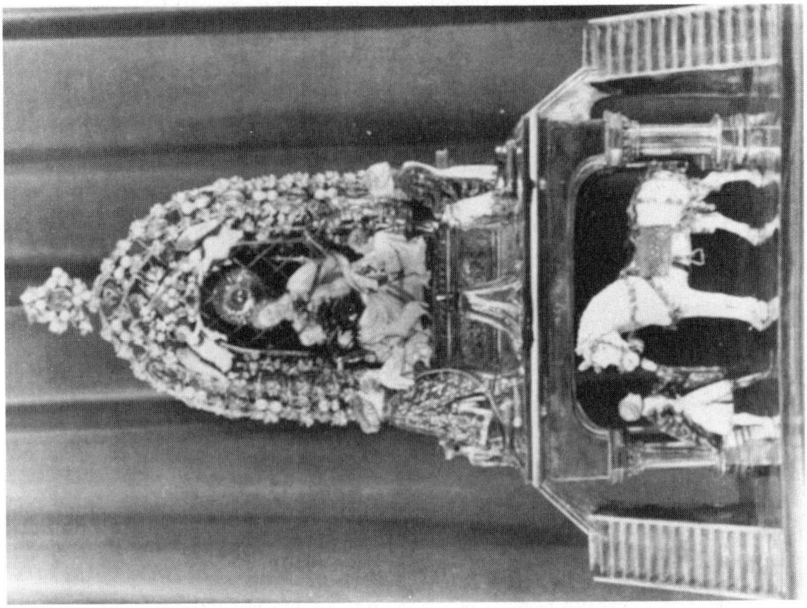

Abb. 7: "Goldenes Rössl", vor 1438. Altötting, Kirchenschatz der Wallfahrtskirche.

Abb. 8: Deckplatte der Tumba des Ehepaares Conrad und Afra Hirn, Ulrich Wolfartshauser, um 1425. Augsburg, Dom.

Abb. 9: Epitaph des herzoglichen Rats Balthasar Pötschner, Markus Haldner, 1505. München, Stadtpfarrkiche.

Kunststiftungen im spätmittelalterlichen Köln*

Wolfgang Schmid

Über das Thema dieses Beitrages ließe sich ein dickes Buch verfassen oder eine interdisziplinäre Tagung mit zahlreichen Teilnehmern veranstalten – beides wäre zu wünschen, weil es über Kunststiftungen in Köln zwar zahlreiche Einzelstudien, aber keine zusammenfassende Untersuchung gibt. Viele Aspekte dieses Themas, das für die Stadt- wie für die Kunstgeschichte gleichermaßen wichtig erscheint, sind zudem noch weitgehend unerforscht.

Es gibt zwei Möglichkeiten, sich mit Kunststiftungen zu befassen: zunächst die quellenmäßig gut dokumentierte Fallstudie über ein Kunstwerk, einen Auftraggeber oder die Ausstattungsgeschichte einer Kirche. Die andere Möglichkeit, welche hier gewählt werden soll, besteht darin, das Thema von der Makroebene her anzugehen und vom Beispiel Köln ausgehend einige allgemeine Beobachtungen und Überlegungen zur Diskussion zu stellen[1].

Nach einigen Vorüberlegungen zur Quellenlage, Methode und Terminologie soll im Folgenden der Versuch unternommen werden, das Phänomen der Kunststiftung in ein komplexes System von Beziehungen zwischen Bürgerschaft und Kirche einzuordnen. Näher analysiert wird dann die Frage der Zusammensetzung der Auftraggeber und der geistlichen Institutionen, für die Kunststiftungen bestimmt waren. Nur kurz skizziert wird zum Abschluß die Rolle der Kunststiftungen als Bestandteil der Beziehungen zwischen der Stadt und ihrem Umland. Ausgeklammert bleiben muß die Frage der wirtschaftlichen Voraussetzungen, Rahmenbedingungen und Folgen der Kunststiftungen, ihre Bedeutung für das städtische Kunsthandwerk und den Fernhandel[2].

---

* Verwendete Abkürzungen: AHVN = Annalen des Historischen Vereins für den Niederrhein; JbKGV = Jahrbuch des Kölnischen Geschichtsvereins; PGRG = Publikationen der Gesellschaft für Rheinische Geschichtskunde; Mitt. = Mitteilungen aus dem Stadtarchiv von Köln.

[1] Der Beitrag stellt einige Überlegungen aus der Dissertation des Verfassers über Stifter und Auftraggeber im spätmittelalterlichen Köln zur Diskussion. Anstelle von Einzelbelegen müssen hier einige allgemeine Literaturhinweise genügen.

[2] Vgl. z. B. Margret Wensky, Die Stellung der Frau in der stadtkölnischen Wirtschaft im Spätmittelalter (Quellen und Darstellungen zur Hansischen Geschichte N. F. 26) Köln–Wien 1980.

I. Quellenlage

Die Quellenlage ist für das Thema außerordentlich günstig: Verglichen mit anderen Städten nördlich der Alpen setzt die schriftliche Überlieferung in Köln extrem früh ein und ist außerordentlich dicht: Das Stadtarchiv besitzt ca. 60000 Urkunden, weitere befinden sich im Archiv des Erzbistums Köln und im Landeshauptarchiv Düsseldorf. Die Aktenüberlieferung ist nicht minder umfangreich: Ratsmemoriale, Briefbücher und Rechnungen sind seit dem 14. Jahrhundert zwar nicht lückenlos, aber doch in erdrückender Fülle erhalten[3]. Neben der städtischen Überlieferung ist der Nachlaß der geistlichen Institutionen zu berücksichtigen. Es haben sich z. B. – um nur eine Zahl zu nennen – 156 Nekrologe erhalten[4]. Die Überlieferung hat aber auch Lücken: Durch das indirekte Steuersystem bedingt fehlen z. B. quantifizierbare Quellen, die Aufschluß über die Vermögensschichtung geben könnten. Was man ebenfalls weitgehend vermißt, sind biographische Quellen, die z. B. Auskünfte über Mentalität und Motivation von Stiftern ermöglichen[5]. Als drittes fehlen Rechnungsserien für die geistlichen Institutionen[6].

Die Überlieferung an Kunstwerken steht der an Schriftquellen in nichts nach: Aus keiner deutschen Stadt sind so viele Tafelbilder, Goldschmiedearbeiten, Glasfenster, aber auch Handschriften, liturgische Gewänder und Skulpturen überliefert wie aus der rheinischen Metropole. Um nur wenige Beispiele zu nennen: A. Stanges keineswegs vollständiges Verzeichnis der Tafelbilder vor Dürer zählt für Köln fast 350 Objekte auf[7]. Der Umfang der Produktion in der ersten Hälfte des 16. Jahrhunderts läßt sich bisher nicht genau schätzen. Allein für die bedeutendste Werkstatt – die des Malers Bartholomäus Bruyn des Älteren – stellte

---

[3] Hugo Stehkämper, Das historische Archiv der Stadt Köln und sein neues Haus. In: Köln, das Reich und Europa. Abhandlungen über weiträumige Verflechtungen der Stadt Köln in Politik, Recht und Wirtschaft im Mittelalter (Mitt. 60) Köln 1971, XI–XLII, XI–XII, XVIII.

[4] Anna-Dorothee von den Brincken, Die Totenbücher der stadtkölnischen Stifte, Klöster und Pfarreien. In: JbKGV 42 (1968) 137–175.

[5] Wolfgang Herborn, Bürgerliches Selbstverständnis im spätmittelalterlichen Köln. Bemerkungen zu zwei Hausbüchern aus der ersten Hälfte des 15. Jahrhunderts. In: Die Stadt in der europäischen Geschichte. Festschrift Edith Ennen. Bonn 1972, 490–520.

[6] Vgl. die Übersichten bei Heinrich Schäfer, Inventare und Regesten aus den Kölner Pfarrarchiven. In: AHVN 71 (1901), 76 (1903), 83 (1907).

[7] Alfred Stange, Kritisches Verzeichnis der deutschen Tafelbilder vor Dürer 1. München 1967, 17–111. Ein aktueller Überblick bei Frank Günter Zehnder, Gotische Malerei in Köln. Altkölner Bilder von 1300–1550 (Wallraf-Richartz-Museum Köln, Bildhefte zur Sammlung 3) Köln 1989.

H.-J. Tümmers ein Werkverzeichnis zusammen, das 182 Nummern und weitere 97 nicht überprüfte Zuschreibungen enthält[8]. Der Katalog von H. Westhoff-Krummacher verzeichnet zudem noch 115 Porträts[9]. Auch die Zusammenstellung der gotischen Kölner Plastik von E. v. Nostitz umfaßt 187 Katalognummern[10]. Für die Goldschmiedekunst und die Glasmalerei fehlen entsprechende Übersichten. Ausstellungen der letzten Jahre – z. B. "Ornamenta Ecclesiae"[11] oder "Herbst des Mittelalters"[12] – haben jedoch gezeigt, daß die Zahl der erhaltenen Kunstwerke, auch aus der romanischen Zeit, außerordentlich groß ist.

II. Probleme der Terminologie

Zum Begriff der 'Kunststiftung' sind einige systematische und terminologische Vorüberlegungen erforderlich. Es handelt sich dabei um die Stiftung von Objekten, die heute als Kunstwerke bezeichnet werden[13]. Sie bilden damit eine eher seltene Ausnahme: Gestiftet wurde in der

---

[8] Horst-Johs Tümmers, Die Altarbilder des älteren Bartholomäus Bruyn. Mit einem kritischen Katalog. Köln 1964.

[9] Hildegard Westhoff-Krummacher, Barthel Bruyn der Ältere als Bildnismaler (Kunstwissenschaftliche Studien 35) München 1965.

[10] Charles Eugene von Nostitz, Late Gothic Sculpture from Cologne. Ph. Diss. New York University 1978.

[11] Ornamenta Ecclesiae. Kunst und Künstler der Romanik. Kat. 3 Bde. Köln 1985.

[12] Herbst des Mittelalters. Spätgotik in Köln und am Niederrhein. Kat. Köln 1970.

[13] Der Begriff 'Kunststiftung' kommt in den zeitgenössischen Quellen nicht vor. Genannt werden Tafelbilder, Fenster oder Kelche. Das Phänomen der Kunststiftung existierte, es gibt jedoch keine adäquate Begrifflichkeit dafür, vor allem aber keinen Oberbegriff. Ähnliche Probleme ergeben sich bei dem Terminus 'Künstler'; die Quellen bezeichnen ihn als Maler, Glaser oder Goldschmied. Der Begriff *ornamenta* bzw. *ornamenta ecclesiae* bezeichnet Objekte, die zum Schmuck der Kirche und zur Ehre Gottes dienen – er reduziert Kunstwerke damit jedoch auf ihre religiösen und liturgischen Funktionen, die – wie noch zu zeigen sein wird – lediglich einen Aspekt darstellen. Der Begriff der 'Objektstiftung' erscheint mir zu allgemein, weil damit den Zeitgenossen ästhetische Empfindung abgesprochen und auch die Möglichkeit preisgegeben wird, Kunstwerke von der Stiftung von 'Objekten' im weitesten Sinne abzugrenzen, von denen sie sich in einigen Punkten unterscheiden. Elisabeth Vavra, Kunstwerke als religiöse Stiftung. Überlegungen zum Stifterbild in der deutschen Tafelmalerei des Spätmittelalters. In: Xavier Barral I Altet (Hrsg.), Artistes, artisans et production artistique au moyen age 2. Paris 1987, 257–268. Zur Frage der mittelalterlichen Ästhetik vgl. Johan Huizinga, Herbst des Mittelalters. Studien über Lebens- und Geistesformen des 14. und 15. Jahrhunderts in Frankreich und in den Niederlanden, 11. Aufl. Stuttgart 1975, 391–400; Paul Michel, Formosa deformitas. Bewältigungsformen des Häßlichen in der mittelalterlichen Literatur (Studien zur Germanistik, Anglistik und Komparatistik 57) Bonn 1976; Rosario Assunto, Die Theorie des Schönen im Mittelalter. Köln 1982.

Regel Geld – in Form von Bargeld, Renten, aber auch ausstehenden Guthaben; hinzu kamen Immobilien. Kunststiftungen bilden einen Bestandteil der Gruppe der Objektstiftungen. Abgrenzungsversuche stoßen jedoch auf Schwierigkeiten: Wenn z. B. 1495 und 1506 die Kaufleute Peter Blitterswich und Engelbrecht Moll in ihren Testamenten eine Reihe von Klöstern mit jeweils einer Tonne Heringe bedenken, so ist das eine Objekt-, aber sicherlich keine Kunststiftung, wenngleich die beliebte Fastenspeise von den Mönchen sicherlich geschätzt wurde[14]. Bei Caesarius von Heisterbach ist die Geschichte des Bürgers Karl überliefert, der sich überlegte: "Die Sünde wiegt schwer, aber auch Ankersteine besitzen ihr schönes Gewicht. Darum will ich zu künftigen Bauten an der Kirche der Hl. Apostel solche Steine kaufen, damit, wenn am Tage des Gerichts meine guten und bösen Werke auf die Wagschale gelegt werden, die Hl. Apostel diese Steine in die Schale meiner Guthaben legen, und so diese das Übergewicht erhält." Zwar hatten die Kanoniker gar nicht die Absicht, zu bauen, aber da sie die Steine nun einmal hatten, vergrößerten sie ihre Kirche. Eine Stiftung zum Bau kann man – wenn auch mit erheblichen Einschränkungen – als Kunststiftung bezeichnen[15]. Ebenfalls um 1200 gab der Kanoniker Reiner zwei Kaufleuten Geld, damit sie ihm aus Norwegen ein Eisbärenfell mitbringen, das er für den Hochaltar von St. Andreas stiften wollte; daraus läßt sich eine hohe Wertschätzung für Eisbärenfelle erschließen, die der von Tafelbildern in modernen Museen in nichts nachsteht[16].

Die wenigen Beispiele verdeutlichen die Schwierigkeiten, Kunststiftungen aus der Gruppe der Objektstiftungen herauszulösen. Denn auch bei der Suche nach zeitgenössischen Kriterien der Wertschätzung lassen uns die Quellen weitgehend im Stich. Wenn in einem Testament Objekte besonders hervorgehoben oder gestiftet werden, läßt sich daraus schließen, daß der Besitzer zu ihnen eine besondere Beziehung besaß: Tafelsilber und Kleider sollten zu liturgischen Geräten bzw. Gewändern umgearbeitet werden, Rosenkränze und Gürtel wurden zum Schmuck von Marienbildern vermacht[17]. Hinzu kommen – nicht nur bei An-

[14] Bruno Kuske, Quellen zur Geschichte des Kölner Handels und Verkehrs im Mittelalter. 4 Bde. (PGRG 33) Bonn 1917–1934 (Ndr. Düsseldorf 1978), 3, Test. Nr. 22, 170.

[15] Alexander Kaufmann, Wunderbare und denkwürdige Geschichten aus den Werken des Caesarius von Heisterbach. In: AHVN 47 (1888); 53 (1891), Tl. 1, 87–88.

[16] Ebd. Tl. 1, 86–87; vgl. Adolf Reinle, Die Ausstattung deutscher Kirchen im Mittelalter. Eine Einführung. Darmstadt 1988, 298–299.

[17] Beispiele bei Kuske (wie Anm. 14) 3, 189–365.

gehörigen der Universität – Bücher[18]. Gemälde und Skulpturen sind erheblich seltener, wenngleich sich für das 15. Jahrhundert bereits kleine 'Kunstsammlungen' mit überwiegend religiösen Bildern und für das 16. Jahrhundert mehrere Antikensammlungen nachweisen lassen. Dies alles betrifft jedoch den privaten Bereich. Für die kirchliche Kunst läßt sich die Wertschätzung indirekt erschließen – aus der Tatsache der Stiftung selbst, ihren mitunter recht hohen Kosten und der Sorgfalt, die in der Wahl des Materials und seiner Verarbeitung erkennbar ist.

Bei den Stiftungen lassen sich zwei Gruppen unterscheiden, alltägliche und außergewöhnliche. Wenn man in einer Pfarrei für ein Ausstattungsstück sammelte oder in einem Testament Legate für den Dombau, die Bettelorden und die Pfarrkirche vorsah, war dies alltäglich. Wenn aber der Kaufmann Johann Hardenrath um 1465 für die Stiftskirche St. Maria im Kapitol eine prachtvolle Kapelle mit eigenem Sängerchor stiftete, dann war das selbst dem Verfasser der recht spröden Koelhoffschen Chronik eine längere Würdigung wert[19]. Kunststiftungen zählen somit zu den außergewöhnlichen Stiftungen.

Die Aussagen von testamentarischen Verfügungen über Kunststiftungen sind in der Regel recht dürftig. Auch bei bedeutenden Stiftern werden häufig überhaupt keine Kunstwerke erwähnt. Aufwendige Stiftungen wurden meist schon zu Lebzeiten in Angriff genommen. Dadurch konnten Probleme mit dem Empfänger frühzeitig aus dem Weg geräumt werden und der Stifter mußte sich nicht auf seine Treuhänder verlassen. Keine eindeutige Aussage ist auf die Frage möglich, von wem im Einzelfall die Initiative ausging: Der eine Extremfall ist eine Klosterkirche, die Gelder für ihre Ausstattung benötigte und sich auf die Suche nach kapitalkräftigen Stiftern machte – diese dokumentierten ihren Beitrag dann durch Wappen und Stifterbilder. Auf das ikonographische Programm, das häufig Themen aus der Geschichte des Ordens zum Inhalt hatte und für seine Ziele warb, nahmen sie kaum Einfluß[20]. Das andere Extrem ist ein vermögender Stifter, der sich in einer Kirche eine prachtvolle Grabkapelle errichtete und ausstattete. Er ließ die Schutzheiligen seiner Familie darstellen und sorgte durch Inschriften, Wappen und Stifterbilder dafür, daß jeder Besucher der Kirche sah, wer diese Kapelle

[18] Beispiele bei Hermann Keussen, Regesten und Auszüge zur Geschichte der Universität Köln (Mitt. 36–37) Köln 1918.

[19] Die Kunstdenkmäler der Rheinprovinz 7,1. Düsseldorf 1911, 215–217, 222–223, 243, 262–267; Harald Kümmerling, Zeugnisse für die Musikpflege in der Hardenrath-Kapelle. In: Colonia Romanica 3 (1988) 96–98.

[20] Hans Vogts, Zur Bau- und Kunstgeschichte des Kölner Karmeliterklosters. In: JbKGV 14 (1932) 148–184; ders., Die Machabäerkirche in Köln, eine Kunststätte der Spätgotik. In: JbKGV 5 (1922) 87–112.

gestiftet hatte. Die bereits genannte Hardenrathkapelle ist hierfür ein anschauliches Beispiel.

III. Zur Motivation der Stifter

Die Frage nach den Motiven der Stifter ist schwer zu beantworten. Wenn z. B. der Kölner Kanoniker Konrad von Leithen 1364 einen Altar stiftete, weil der eigentliche Sinn weltlichen Besitzes darin läge, ihn für das Seelenheil zu verwenden, dann kann dies sein tatsächliches Motiv gewesen sein, ebensogut aber auch ein Topos[21]. 1512 blickte der Kaufmann Johann Rinck in seinem Testament auf 32 Jahre *arbeit, perikell und sorgen syns lijfs und guederen over die zee und sunst zo wasser und lande* zurück. Er riet seinen Söhnen, da *sulcher handel nyet der sicherste der sielen en is*, davon ab und legte ihnen die Wahl eines anderen Berufes nahe, nämlich eines Professors an der Kölner Universität[22]. Solche persönlichen Bekenntnisse sind eher selten. Auch der Stellenwert sozialer Repräsentation und politischer Legitimation ist schwer zu gewichten. Bereits um 1300 kritisierte der Mystiker Meister Eckhart: "Willst du erkennen, wie viel Leute ihr eigen Lob und Ehr in den Almosen suchen, so bedenke doch, was sie thun: sie machen Fenster, Chorröcke und Altäre in die Kirchen und zeichnen sie mit ihren Wappen und Namen, nämlich, daß ihre Freigebigkeit von allen Menschen erkannt werde. Aber also haben sie ihren Lohn dahin!"[23] Eckhart hatte vielleicht die Stiftungen des 'alten' Patriziats vor Augen – wie hätte er erst über die Stifterbilder des 15. und 16. Jahrhunderts geurteilt? Ein weiteres Motiv ist die soziale Konkurrenz zwischen den führenden Familien der Stadt: Die Flügelaltäre und auch die Proportionen der Stifterbilder wurden immer größer. Um 1500 baute man Stadtpaläste und Treppentürme um die Wette[24]. Anfang des 16. Jahrhunderts versuchte man, Adelsprivilegien

---

21 Die Regesten der Erzbischöfe von Köln im Mittelalter 7 (PGRG 21) Düsseldorf 1982, Nr. 187.

22 Kuske (wie Anm. 14) 3, Test. Nr. 198; vgl. Franz Irsigler, Hansekaufleute. Die Lübecker Veckinchusen und die Kölner Rinck. In: Hanse in Europa. Brücke zwischen den Märkten. 12.–17. Jahrhundert. Kat. Köln 1973, 301–327, 322–323; Marlene Besold-Backmund, Stiftungen und Stiftungswirklichkeit. Studien zur Sozialgeschichte der beiden oberfränkischen Kleinstädte Forchheim und Weismain (Schriften des Zentralinstituts für Fränkische Landesforschung und allgemeine Regionalforschung an der Universität Erlangen-Tübingen 27) Neustadt a. d. Aisch 1986, 37–45.

23 Zitat nach Alfred Peltzer, Deutsche Mystik und deutsche Kunst (Studien zur deutschen Kunstgeschichte 21) Straßburg 1899, Ndr. Nendeln 1979, 91.

24 Hans Vogts, Das Kölner Wohnhaus bis zur Mitte des 19. Jahrhunderts (Rheinischer Verein für Denkmalpflege und Landschaftsschutz, Jahrbuch 1964–1965) 2. Aufl. 2 Bde. Neuss 1966, 2, 438–454.

zu erlangen. Recht treffend hat dies 1589 der Kölner Chronist Hermann Weinsberg charakterisiert: *Der adel toits den fursten nach, die burger und richen dem adel nach. Die es nit wol vermogen, verderben oder werden verschimpt. Und leist got dan die straif uber all komen*[25].

Darüber hinaus war Familienbewußtsein ein nicht zu unterschätzender Faktor, vor allem wenn es darum ging, durch Stiftungen das Andenken an eine aussterbende Familie zu sichern[26]. In einem Eintrag zum Jahre 1544 äußerte sich Weinsberg allgemein zur Frage der Funktion der Kunst seiner Zeit: *Man findet auch wol in alten gemelen und finstern in kirchen und heusern vil vernoimder leut, die auch nit lange doit gewesen sint, aber man weis eiz nit van irem geblode, ja van irem gebeins und war sei gewont haben und wem sei zustendich gewesen sint, wa auch alles ir grois gut verbliben ist. Und wan das gemeils nit uberich, so weren sei gar uis der gedechtnis komen, als weren sei uff erdrich nehe gewesen*[27] Man wird Weinsbergs Auffassung sicherlich nicht ganz gerecht, wenn man daraus eine rein profane Funktion kirchlicher Kunstwerke ableitet, denn nur um diesen Aspekt geht es ihm hier im Zusammenhang mit Überlegungen, ein eigenes Stammhaus zu fundieren. Kunststiftungen sollten das Andenken an aussterbende Familien bewahren. Als Gattungen nennt er Glasfenster und Tafelbilder, die relativ billig waren und die er auch selbst gestiftet hat.

Auf die Frage der Motivation der Auftraggeber läßt sich nach diesen kurzen Überlegungen keine allgemein gültige Antwort geben. Es zeigt sich ein ganzes Bündel religiöser und profaner Motive, die sich schwer voneinander trennen und gewichten lassen. Eine nichtreligiöse Motivation für Kunststiftungen, wie sie in Weinsbergs Aufzeichnungen nachweisbar ist, läßt sich in den eher formelhaften Begründungen von Stiftungsurkunden oder Testamenten kaum finden. Daß solche Motive auch im 14. und 15. Jahrhundert eine Rolle gespielt haben, ist aus den Quellen nicht explizit nachzuweisen; dafür spricht allerdings die Form und Funktion der Kunstwerke, z. B. die Anbringung von Stifterbildern und Wappen.

---

[25] Das Buch Weinsberg. Kölner Denkwürdigkeiten aus dem 16. Jahrhundert, bearb. von Konstantin Höhlbaum, Friedrich Lau und Josef Stein (PGRG 3, 4, 16) 5 Bde. Leipzig–Bonn 1886–1926, 4, 83–84.

[26] Karl Schmid – Joachim Wollasch (Hrsg.), Memoria. Der geschichtliche Zeugniswert des liturgischen Gedenkens im Mittelalter (Münstersche Mittelalter-Schriften 48) München 1984; Peter-Johannes Schuler (Hrsg.), Die Familie als sozialer und historischer Verband. Untersuchungen zum Spätmittelalter und zur frühen Neuzeit. Sigmaringen 1987.

[27] Weinsberg (wie Anm. 25) 1, 221.

IV. Bürgerschaft und Kirche

Eine sinnvolle Analyse von Kunststiftungen ist nur möglich, wenn man sie vor dem Hintergrund der Gesamtzahl aller Stiftungen betrachtet. Diese sind, so banal diese Feststellung auf den ersten Blick klingen mag, ein Bestandteil der Beziehungen zwischen 'Bürgerschaft' und 'Kirche'. Eine weitere Ebene dieser Beziehungen stellen personelle Verflechtungen dar, z. B. der Eintritt von Verwandten in Klöster, die Ämter der Kirchmeister in den Pfarreien, der Provisoren bei den Hospitälern und die Universitätskanonikate an den Stiftskirchen. Trotz der Vorarbeiten von H. Johag[28], M. Gechter[29] und T. Diederich[30] weiß man über das soziale Umfeld der einzelnen geistlichen Institutionen noch zu wenig. Die Erforschung der Stifts- und auch der Klosterkirchen hat in den letzten Jahren gute Fortschritte gemacht, große Lücken bestehen noch bei den Frauenklöstern und Pfarrkirchen.

Wenn man Stiftungen als Bestandteil der Beziehungen zwischen Bürgerschaft und Kirche definiert, muß zumindest in groben Strichen geklärt werden, was unter beiden Begriffen zu verstehen ist[31].

Über die Größe und Sozialstruktur der Kölner 'Bürgerschaft' sind mangels quantifizierbarer Quellen nur grobe Schätzungen möglich. Die Einwohnerzahl wird um 1500 ca. 40000 betragen haben. Die Bürgerschaft war rechtlich zweigeteilt – in Bürger und Eingesessene – und sozial vielfältig gegliedert: Nach dem Sturz des 'alten' Patriziats wurde sie in 22 politischen Zünften organisiert. Im Verlauf des 15. Jahrhunderts entstand ein 'neues' Patriziat, ein begrenzter, eng miteinander verwandter Kreis von Familien, die turnusmäßig die wichtigsten Ämter besetzten und das politische Leben der Stadt bestimmten[32]. Auch wenn sich die

[28] Helga Johag, Die Beziehungen zwischen Klerus und Bürgerschaft in Köln zwischen 1250 und 1350 (Rheinisches Archiv 103) Bonn 1977.

[29] Marianne Gechter, Kirche und Klerus in der stadtkölnischen Wirtschaft im Spätmittelalter (Beiträge zur Wirtschafts- und Sozialgeschichte 28) Wiesbaden 1983.

[30] Toni Diederich, Stift – Kloster – Pfarrei. Zur Bedeutung der kirchlichen Gemeinschaften im Heiligen Köln. In: Hiltrud Kier – Ulrich Krings (Hrsg.), Köln: Die romanischen Kirchen. Von den Anfängen bis zum Zweiten Weltkrieg (Stadtspuren 1) Köln 1984, 17–78.

[31] Vgl. allg. Jürgen Sydow (Hrsg.), Bürgerschaft und Kirche (Stadt in der Geschichte 7) Sigmaringen 1980; Gunter Zimmermann, Spätmittelalterliche Frömmigkeit. Eine sozialgeschichtliche Nachbetrachtung. In: Zeitschrift für historische Forschung 13 (1986) 65–81.

[32] Wolfgang Herborn, Die politische Führungsschicht der Stadt Köln im Spätmittelalter (Rheinisches Archiv 100) Bonn 1977; ders., Verfassungsideal und Verfassungswirklichkeit in Köln während der ersten zwei Jahrhunderte nach Inkrafttreten des Verbundbriefes von 1396 dargestellt am Beispiel des Bürgermeisteramtes. In: Wilfried

einzelnen sozialen Schichten nicht mit der wünschenswerten Schärfe voneinander abgrenzen lassen, ist zumindest eine vielfältige topographische und gewerbliche Gliederung zu erkennen[33]. Topographisch war die Stadt in 19 Pfarreien unterschiedlicher Größe und Bevölkerungszahl eingeteilt, gewerblich war die Gliederung durch die politischen Zünfte teilweise, aber nicht gänzlich vorgegeben. Hinzu kommen die bisher wenig erforschten Bruderschaften mit recht unterschiedlichem sozialem Umfeld. Weiter sind Nachbarschaft und Verwandtschaft von Bedeutung. Die ca. 2000 Geistlichen (mit ca. 1000 Dienern) stellen eine sozial wenig homogene Gruppe dar, die sich in Kanoniker, Ordensgeistlichkeit und Pfarrklerus mit oft armen Altaristen untergliedern läßt. Als drittes sind – ebenfalls mit rechtlichem Sonderstatus – die ca. 1500 Angehörigen der Universität zu nennen.

Das grob skizzierte Bild wird durch drei Faktoren kompliziert: Zunächst sind die einzelnen sozialen Gruppen auf das engste miteinander verflochten: Bürgersöhne studierten und wurden Kanoniker, andere traten in Klöster ein. Institutionen wie das Amt des Kirchmeisters führten zu weiteren Verklammerungen. Als zweites war dieses soziale System keineswegs statisch; dies zeigt vor allem das Beispiel von Neubürgern, denen in wenigen Generationen der Aufstieg in die städtische Führungsschicht gelang. Hinzu kommen als drittes das hohe Maß an externen Verflechtungen und eine berufsspezifische Mobilität: Als Beispiele seien überregional agierende Kaufmannsfamilien, wandernde Studenten und Handwerksgesellen sowie Geistliche mit Kanonikaten an mehreren Stiften genannt.

Nicht minder schwierig ist der Versuch zu bestimmen, was in Köln um 1500 die 'Kirche' ist, nämlich eine große Zahl von sehr heterogenen geistlichen Institutionen unterschiedlichen Alters. Zu nennen sind allein elf Stiftskirchen, an der Spitze das Domstift, gefolgt von sieben Männer- und drei Frauenstiften. Hinzu kommen 19 Pfarrkirchen, mit den Stiften zum Teil durch die Institution der Stiftspfarrei oder durch Inkorporation verbunden. Breit war auch das Spektrum der insgesamt ca. 56 klösterlichen Gemeinschaften, das von den alten Benediktinerabteien

---

Ehbrecht (Hrsg.), Städtische Führungsgruppen und Gemeinde in der werdenden Neuzeit (Städteforschung A 9) Köln–Wien 1980, 25–52; ders., Zur Rekonstruktion und Edition der Kölner Bürgermeisterliste bis zum Ende des Ancien Régime (Zugleich ein Verzeichnis der Verdienten Amtleute der Richerzeche bis 1391). In: Rheinische Vierteljahrsblätter 36 (1972) 89–183.

[33] Klaus Militzer, Führungsschicht und Gemeinde in Köln im 14. Jahrhundert. In: W. Ehbrecht (wie Anm. 32) 1–24; Franz Irsigler, Soziale Wandlungen in der Kölner Kaufmannschaft im 14. und 15. Jahrhundert. In: Hansische Geschichtsblätter 92 (1974) 59–78; ders., Kölner Wirtschaft im Spätmittelalter. In: Hermann Kellenbenz (Hrsg.), Zwei Jahrtausende Kölner Wirtschaft, 2 Bde. Köln 1975, 1, 217–319, 225–234.

über die Bettelorden bis hin zu den Neugründungen des 15. Jahrhunderts reichte[34]. Die zahlreichen Beginenkonvente des 13. und 14. Jahrhunderts hatten ihre ursprüngliche Bedeutung weitgehend verloren; bei einer Revision durch den Rat wurden 1452 94 Konvente mit mindestens 637 Beginen gezählt. Ein Teil von ihnen nahm eine Ordensregel an[35]. Als geistliche Institutionen sind weiter 35 Hospitäler anzusprechen, hinzu kommen ca. 27 Kapellen und eine Reihe von Stadthöfen, allein 16 von Zisterzienserklöstern[36]. Alter, Struktur und soziales Umfeld der über die ganze Stadt verstreuten Institutionen waren recht unterschiedlich.

Die Schlagworte 'Bürgerschaft' und 'Kirche' bezeichnen somit ein höchst komplexes, zudem zeitlichen Entwicklungen unterworfenes System mit einer vielfältig gegliederten Bevölkerung auf der einen und einer ebenso differenziert strukturierten Gruppe geistlicher Institutionen auf der anderen Seite. Die Kenntnis dieses Systems und der Struktur der Verbindungen zwischen beiden Bereichen stellt eine wesentliche Voraussetzung für die Einordnung und Interpretation der Kunststiftungen dar.

V. Probleme und Perspektiven der Auftraggeberforschung

Die Möglichkeiten, die eine systematische Auseinandersetzung mit den Auftraggebern der Kunststiftungen bietet, wurden von der kunsthistorischen Forschung in Köln bisher wenig genutzt. Von wenigen Ausnahmen abgesehen – etwa die Arbeiten von H. M. Schmidt[37] oder B. Lymant[38] – wurde selbst die gängige Literatur zur Stadtgeschichte kaum rezipiert. Dies erscheint um so bedauerlicher, als das spätmittelalterliche Köln in den letzten Jahrzehnten zu einem zentralen Experimentierfeld der stadtgeschichtlichen Forschung geworden ist; der Reichtum der Überlieferung bietet für fast jede Fragestellung ausreichendes Quellenmaterial. Auftraggeberforschung wurde in Köln fast ausschließlich von Histori-

---

[34] Diederich (wie Anm. 30); Hermann Keussen, Topographie der Stadt Köln im Mittelalter (Preis-Schriften der Mevissen-Stiftung 2) 2 Bde. Bonn 1910 (Ndr. Düsseldorf 1986) 1, 144*–155*.

[35] Johannes Asen, Die Beginen in Köln. In: AHVN 111 (1927) 81–180; 112 (1928) 71–148; 113 (1928) 13–96; Joseph Greving, Protokoll über die Revision der Konvente der Beginen und Begarden in Köln im Jahre 1452. In: AHVN 73 (1902) 25–77.

[36] Gerd Steinwascher, Die Zisterzienserstadthöfe in Köln. Bergisch-Gladbach 1981.

[37] Hans Martin Schmidt, Der Meister des Marienlebens und sein Kreis. Studien zur spätgotischen Malerei in Köln (Beiträge zu den Bau- und Kunstdenkmälern im Rheinland 22) Düsseldorf 1978.

[38] Brigitte Lymant, Die Glasmalereien des Schnütgen-Museums. Bestandskatalog. Köln 1982; dies., Das Heller-Fenster in St. Maria im Kapitol. In: Colonia Romanica 3 (1988) 89–95.

kern betrieben, anzuführen sind ältere Arbeiten von E. v. Oidtmann[39], W. Baumeister[40] und H. Vogts[41]; für die letzten Jahre sind Studien von W. Herborn[42], F. Irsigler[43], G. Weilandt[44] und A. Kulenkampff[45] zu nennen.

Um aber eine – aus der Sicht des Historikers – interessante Auftraggeberforschung zu betreiben, muß die Frage nach Quellen, Methoden und Fragestellungen neu diskutiert werden. Von kunsthistorischer Seite scheint das Hauptinteresse darin zu liegen, Anhaltspunkte für Datierungsvorschläge zu gewinnen. Historische Arbeiten beschränken sich häufig auf die Feststellung, daß bedeutende Persönlichkeiten nicht nur im politischen, wirtschaftlichen und geistigen Leben der Stadt hervorgetreten sind, sondern auch Kunstwerke gestiftet haben. Hier ist zu fragen, wie sich Kunstwerke stärker als bisher für stadtgeschichtliche Fragestellungen auswerten lassen.

Von besonderer Bedeutung erscheint hierbei zunächst die Rekonstruktion der Entscheidungsprozesse, die stattfanden, bevor ein Kunstwerk überhaupt in Auftrag gegeben wurde: Ein Stifter mußte sich – zu einem ganz bestimmten Zeitpunkt – zunächst einmal für die Stiftung

---

39 Ernst von Oidtmann, Stifterbilder auf rheinischen Kunstwerken. In: AHVN 119 (1931) 86–120.

40 Wilhelm Baumeister, Die Rolinxwerd und ihr Verwandtenkreis. Ein Beitrag zur Geschichte Kölner Familien im 15. Jahrhundert. In: Mitteilungen der Westdeutschen Gesellschaft für Familienkunde 7 (1933) Sp. 401–409, 441–451; 8 (1933–1936) Sp. 12–25.

41 Hans Vogts, Die Kölner Patriziergeschlechter des Mittelalters als Bauherren und Förderer der Kunst. In: AHVN 155–156 (1954) 501–525. S. o. Anm. 20 u. 24.

42 Wolfgang Herborn, Wirtschaftliche und soziale Grundlagen des Kölner Mäzenatentums im 13. und 14. Jahrhundert am Beispiel der Familien vom Hirtze und Hardevust. In: Vor Stephan Lochner. Ergebnisse der Ausstellung und des Colloquiums (Kölner Berichte zur Kunstgeschichte 1) Köln 1977, 164–178.

43 Franz Irsigler, Peter Rinck (+ 8. Februar 1501). In: Rheinische Lebensbilder 6. Köln 1975, 55–69; ders., (wie Anm. 22); ders.–Wolfgang Schmid, Die wirtschaftliche Führungsschicht Kölns als Auftraggeber des Kunstgewerbes im 15. und frühen 16. Jahrhundert. In: Gli aspetti economici del mecenatismo in Europa (secoli XIV–XVIII). Istituto internazionale di storia economica Francesco Datini, Prato 1985 (im Druck).

44 Gerhard Weilandt, Kölner Auftraggeber. In: Ornamenta Ecclesiae (wie Anm. 11) 2, 359–368.

45 Angela Kulenkampff, Zur Ausstattung der Grablege der Grafen von Neuenahr im ehemaligen Zisterzienserinnenkloster Mariengarten in Köln zwischen 1459 und 1530 – zugleich ein Beitrag zum Werk des Meisters der heiligen Sippe. In: Festschrift für Gerhard Bott. Nürnberg 1987, 29–52; dies., Stifter und Stiftungen in der Pfarre St. Kolumba in Köln in der Zeit von 1464–1487. In: Wallraf-Richartz-Jahrbuch 48–49 (1987–1988) 443–452.

entscheiden und eine Kirche aussuchen, für die das Objekt angefertigt werden sollte. Weitere Entscheidungen waren in Kooperation mit dieser Kirche zu fällen: Man mußte eine bestimmte Gattung – Flügelaltar oder Fenster – wählen, das ikonographische Programm festlegen, einen Künstler beauftragen. Gattung, Form, Funktion und Ikonographie eines Kunstwerks waren somit in hohem Maße von außerkünstlerischen Faktoren bestimmt[46].

Wenn diese Vorinformationen gesichert sind, können sie als Ausgangspunkt dazu dienen, neben dem politischen und dem wirtschaftlichen Aspekt die kultisch-kulturelle Dimension stärker als bisher als Kriterium der Zugehörigkeit zur städtischen Oberschicht heranzuziehen. Im einzelnen sind als kulturelle Elemente Buchbesitz, Studium, Sachkultur und als kultische Aspekte Beziehungen zu geistlichen Institutionen, Stiftungen und vor allem Kunststiftungen von Interesse. An Vorarbeiten kann z. B. auf Untersuchungen von R. Kießling[47] und U. Dirlmeier[48] verwiesen werden. Die Möglichkeiten, die dieser Ansatz bietet, sind – und das gilt nicht nur für Köln – noch lange nicht ausgeschöpft.

Bei der praktischen Umsetzung stößt man allerdings auf Schwierigkeiten: Die erste besteht darin, daß sich die Quellenpublikationen und auch die stadtgeschichtliche Literatur weitgehend auf die politisch-rechtlichen und die wirtschaftlich-sozialen Aspekte konzentriert haben. Relativ gut aufgearbeitet sind in Köln auch die Quellen zur Universitätsgeschichte[49]. Bei den Beziehungen zwischen Bürgerschaft und Kirche muß dagegen weitgehend Neuland betreten werden, da bisher lediglich die Pfarrarchive[50] und ein Bruchteil der Testamente[51] erschlossen sind. Hinzu kommt, daß die Zusammenstellung der Schriftquellen zur Kunstgeschichte noch heute weitgehend auf den Arbeiten von J. J. Merlo

---

[46] Wolfgang Schmid, Der Michaelsaltar in der Trierer Pfarrkirche St. Gangolf. Ein spätgotisches Kunstwerk in seinem historischen Zusammenhang. In: Kurtrierisches Jahrbuch 28 (1988) 23–98, 81–90.

[47] Rolf Kießling, Das gebildete Bürgertum und die kulturelle Zentralität Augsburgs im Spätmittelalter. In: Bernd Moeller – Hans Patze – Karl Stackmann (Hrsg.), Studien zum städtischen Bildungswesen des späten Mittelalters und der frühen Neuzeit (Abh. Ak. Göttingen, phil.-hist. Klasse 3/137) Göttingen 1983, 553–585.

[48] Ulf Dirlmeier, Merkmale des sozialen Aufstiegs und der Zuordnung zur Führungsschicht in süddeutschen Städten des Spätmittelalters. In: Hans-Peter Becht (Hrsg.), Pforzheim im Mittelalter. Studien zur Geschichte einer landesherrlichen Stadt (Pforzheimer Geschichtsblätter 6) Sigmaringen 1983, 77–106.

[49] Hermann Keussen (Bearb.), Die Matrikel der Universität Köln, 7 Bde. (PGRG 8) Bonn–Düsseldorf 1892–1981; ders. (wie Anm. 18).

[50] Schäfer (wie Anm. 6).

[51] Zusammengestellt bei Wilhelm Baumeister, Verzeichnis der Kölner Testamente des 13.–18. Jahrhunderts (Mitt. 44) Köln 1953. Auszüge bei Kuske (wie Anm. 17).

(gest. 1890) beruht, zu dessen Zeit die Ordnung und Erschließung der Bestände des Stadtarchivs überhaupt erst in Angriff genommen wurde[52].

Bei der Aufarbeitung der erhaltenen Kunstwerke ergeben sich andere Probleme: Seit der Kunstdenkmäler-Inventarisation in der Zwischenkriegszeit[53] – welche die Bestände der Museen nicht berücksichtigte – ist die Forschung in einer kaum noch zu überblickenden Zahl von Aufsätzen, Monographien und Ausstellungskatalogen vorangeschritten. Bestandskataloge, die es auch dem Historiker ermöglichen, die erhaltenen Tafelbilder, Glasmalereien oder Goldschmiedearbeiten zu überblicken, fehlen dagegen für viele Bereiche. Ausnahmen sind z. B. die Editionen der Glasmalereien des Domes[54] oder des Schnütgen-Museums[55].

Hinzu kommt ein drittes Problem: Spätmittelalterliche Auftraggeber beschränkten sich in der Regel nicht darauf, ein Tafelbild oder Glasfenster zu stiften. Wenn eine Kapelle als Grabstätte eingerichtet wurde, ließ man Wand- und Tafelmalereien anfertigen, Glasfenster einsetzen, liturgische Geräte und Gewänder herstellen und erwarb geschriebene oder gedruckte Bücher. Ähnliches gilt für die Wohnhäuser: Zu einem prächtigen Stadtpalast gehörten nicht nur bunte Glasfenster, sondern auch Wandmalereien und plastischer Schmuck. Eine arbeitsökonomisch sicherlich sinnvolle Beschränkung auf die Stifter einer einzigen Kunstgattung kann hier wesentliche Erkenntnismöglichkeiten verstellen.

Geht man von den Schriftquellen und den erhaltenen Kunstwerken aus, lassen sich in Grundlinien die Zusammensetzung der Auftraggeber und auch zeitliche Veränderungen erkennen: Bischofsviten und Klosterannalen zeigen, daß im 10. und 11. Jahrhundert die Erzbischöfe die maßgeblichen Stifterpersönlichkeiten waren, die bekanntesten Beispiele sind Bruno (953–965), Folkmar (965–967) und Anno II. (1056–1075). Aus bisher nicht eindeutig geklärten Gründen zogen sie sich nicht erst nach der Schlacht bei Worringen (1288), sondern bereits an der Wende vom 11. zum 12. Jahrhundert als Stifter zurück. Den Dreikönigsschrein und den gotischen Dom gab das Domkapitel in Auftrag. Daneben traten die Kanoniker der anderen Stiftskirchen als Auftraggeber hervor. Seit

---

52 Johann Jacob Merlo, Kölnische Künstler in alter und neuer Zeit (PGRG 9) Düsseldorf 1895.

53 Die Kunstdenkmäler der Rheinprovinz. Bd. 6,1–4, Bd. 7,1–4, Bd. 7,3,2. Düsseldorf 1906–1937.

54 Herbert Rode, Die mittelalterlichen Glasmalereien des Kölner Domes (Corpus Vitrearum Medii Aevi, Deutschland 4,1) Berlin 1974.

55 Lymant, Glasmalereien (wie Anm. 38); vgl. jetzt auch Ulrike Bergmann (Bearb.), Schnütgen-Museum. Die Holzskulpturen des Mittelalters 1000–1400. Köln 1989. Dem Verfasser mag die Euphorie gegenüber naturwissenschaftlichen Untersuchungsmethoden aus verschiedenen Gründen bedenklich erscheinen.

dem 12. Jahrhundert lassen sich auch bürgerliche Stiftungen nachweisen. 1144 ließ der Bürger Hermann die spätere Pfarr- und Klosterkirche St. Mauritius errichten, der Bürger Karl gab um 1200 Steine für den Bau von St. Aposteln, und die Patrizierstochter Richmond errichtete das Kloster Weiher. Die Angehörigen des 'alten' Patriziats stifteten im 13. und 14. Jahrhundert vor allem Klöster und Konvente sowie Altäre; als spezifische Kunststiftungen sind Reliquienbüsten, Wand- und Glasmalereien zu nennen[56].

Für das 15. und frühe 16. Jahrhundert ist die Zahl der erhaltenen Tafelbilder so groß, daß der Versuch unternommen werden kann, auf die soziale Zusammensetzung der Auftraggeber und ihre Veränderungen im Übergang von der Spätgotik zur Renaissance zu schließen. Es handelt sich dabei um eine methodisch sicherlich nicht unproblematische Vorgehensweise: Der Bestand an Tafelmalereien ist durch Verluste dezimiert und nur bei einem Teil, etwa bei einem Drittel bis zur Hälfte, läßt sich der Stifter feststellen. Hinzu kommt, daß die Identifizierung der Auftraggeber nach Wappen oder Inschriften meist auf die Forschung des 19. Jahrhunderts zurückgeht und einer kritischen Überprüfung nicht immer standhält. Aus der Zusammenstellung lassen sich daher allenfalls grobe Anhaltspunkte über das 'soziokulturelle Milieu' Kölns im 15. und 16. Jahrhundert gewinnen[57].

Einige Beobachtungen erscheinen dennoch bemerkenswert: Der Anteil der Stiftungen Kölner Bürger stieg von 34 % während der Gotik auf 52 % während der Renaissance; die Bürgermeisterfamilien spielten dabei eine wichtige, aber keine dominierende Rolle. Überraschend hoch ist dagegen der Anteil der geistlichen Auftraggeber: Er beträgt zunächst 40 % und sinkt dann auf 27 % ab. Gemessen an ihrem Anteil an der Gesamtbevölkerung sind die Geistlichen in beiden Perioden erheblich überrepräsentiert. In einer Exportgewerbe- und Fernhandelsstadt hätte man eigentlich ein anderes Resultat erwartet. Während der Gotik spiel-

56 Einzelbelege bei Vogts (wie Anm. 41) und Weilandt (wie Anm. 44); vgl. auch Herborn (wie Anm. 42) und Thomas Zotz, Städtisches Rittertum und Bürgertum in Köln um 1200. In: Institutionen, Kultur und Gesellschaft im Mittelalter. Festschrift für Josef Fleckenstein ... Göttingen 1984, 609–638; Alfred Haverkamp, "Heilige Städte" im hohen Mittelalter. In: František Graus (Hrsg.), Mentalitäten im Mittelalter. Methodische und inhaltliche Probleme (Vorträge und Forschungen 35) Sigmaringen 1987, 119–156.

57 Zusammenstellung nach Stange (wie Anm. 7); Tümmers (wie Anm. 8); Westhoff-Krummacher (wie Anm. 9); Hans Kisky, Anton Wonsam von Worms als Maler. Diss. phil. masch. Köln 1945, und der seither erschienenen Literatur; vgl. die Zusammenstellung bei Zehnder (wie Anm. 7) 104–106. Bei den folgenden Überlegungen muß zudem unberücksichtigt bleiben, daß die Übergänge zwischen Spätgotik und Renaissance eher fließend waren.

	Gotische Malerei ca.1300 - 1400	ca.1400 - 1530	*Summe*	Renaissance-Malerei (ca.1515 - ca.1555) Bruyn: Altäre	Bruyn: Porträts	Woensam	*Summe*	*Gesamt-summe*	+/-
Kölner Auftraggeber									
Bürgermeisterfamilien	2(15%)	15(13)	17(13)	11(26)	6(15)	-	17(19)	34(15)	+6%
Bürger	-	27(23)	27(21)	4(9)	26(63)	-	30(33)	57(26)	+12%
Zwischensumme	2(15)	42(36)	44(34)	15(35)	32(78)	-	47(52)	91(41)	+18%
Kanoniker	(1)(8)	18(15)	19(15)	10(23)	-	2(33)	12(13)	31(14)	-2%
Ordensgeistliche	8(62)	25(22)	33(25)	5(12)	1(2)	3(50)	9(10)	42(20)	-15%
Zwischensumme	9(70)	43(37)	52(40)	15(35)	1(2)	5(83)	21(23)	73(33)	-17%
Professoren	-	6(5)	6(5)	3(7)	6(15)	1(17)	10(11)	16(7)	+6%
Summe: Köln	11(85)	91(78)	102(78)	33(77)	39(95)	6(100)	78(87)	180(82)	+9%
Auswärtige Auftraggeber									
Adel	-	9(8)	9(7)	3(7)	-	-	3(3)	12(5)	-4%
Bürger	-	4(4)	4(3)	1(2)	-	-	1(1)	5(2)	-2%
Geistliche	2(15)	13(12)	15(12)	6(14)	2(5)	-	8(9)	23(10)	-3%
Summe	2(15)	26(23)	28(22)	10(23)	2(5)	-	12(13)	40(18)	-9%
Gesamt	13(100)	117(100)	130(100)	43(100)	41(100)	6(100)	90(100)	220(100)	

TABELLE 1: AUFTRAGGEBER DER KÖLNER TAFELMALEREI

ten die Angehörigen der Orden eine größere Rolle als die Stiftsgeistlichkeit. Während der Renaissance fand hier eine Umschichtung statt. Zudem erscheint der starke Rückgang der Stiftungen von Geistlichen aus beiden Gruppen bemerkenswert[58]. Ein leichter Zuwachs ist bei den Professoren zu beobachten, sie stellten eine kleine, aber recht interessante Gruppe dar[59]. Bei ihren Stiftungen bedachten sie nicht nur Kirchen, sondern auch Einrichtungen der Universität. Als Auftraggeber kommen ferner der Rat, Zünfte und Bruderschaften in Frage. Sie spielten jedoch in Köln – im Vergleich zu anderen Städten – eine relativ geringe Rolle, sieht man von bemerkenswerten Einzelfällen wie Stephan Lochners Altar der Ratskapelle[60] oder dem Altar der Rosenkranzbruderschaft[61] ab.

Bemerkenswert erscheint weiter das Verhältnis zwischen Kölner und auswärtigen Auftraggebern: Hierzu zählen die Klöster und Stifte des Rheinlandes, die ihre Kunstwerke in Köln anfertigen ließen, aber auch die Bürger der Kleinstädte im städtischen Nahbereich und einige adelige Familien. Der Anteil der auswärtigen Auftraggeber sank von 22 % auf 13 % während der Renaissance ab. Die 'Exportquote' der Kölner Malerei war nicht sonderlich hoch; die rheinischen Kirchen ließen ihre Altäre zum Teil auch in niederländischen Werkstätten anfertigen. Hinzu kam die Konkurrenz der niederrheinischen Städte. In Köln selbst bevorzugte man dagegen die Erzeugnisse der einheimischen Produktion, Importe waren eher selten[62].

Aus der Tabelle lassen sich weitere Überlegungen ableiten: F. G. Zehnder hat zuletzt hervorgehoben, daß die Kölner Malerei der Spätgotik

---

58 Auch wenn Porträts nach den oben genannten Kriterien nicht als Kunststiftungen anzusehen sind, wurden sie in der Tabelle berücksichtigt. Sie zeigen deutlich, daß diese Bildgattung eine Domäne der Kölner Bürger war; Geistliche und Auswärtige spielten als Auftraggeber kaum eine Rolle. Dadurch läßt sich nachweisen, daß es Bildgattungen gab, die von einzelnen sozialen Gruppen besonders bevorzugt wurden.

59 Hubert Graven – Otto H. Förster, Die alte Kölner Universität und die Kunst. Köln 1935; Hartmut Boockmann, Ikonographie der Universitäten. Bemerkungen über bildliche und gegenständliche Zeugnisse der spätmittelalterlichen deutschen Universitäten-Geschichte. In: Johannes Fried (Hrsg.), Schulen und Studium im sozialen Wandel des hohen und späten Mittelalters (Vorträge und Forschungen 30) Sigmaringen 1986, 565–599.

60 Rolf Lauer – Christa Schulze-Senger – Wilfried Hansmann, Der Altar der Stadtpatrone im Kölner Dom. In: Kölner Domblatt 52 (1987) 9–80.

61 500 Jahre Rosenkranz. 1475 Köln 1975. Kat. Köln 1975, Nr. A 5.

62 Vgl. die Zusammenstellung bei Horst Vey, Südniederländische Künstler und ihre kölnischen Auftraggeber. In: Jaarboek van het Koninklijk Museum voor Schone Kunsten 7 (1968) 7–32.

recht konservativ war[63]. In der Beobachtung, daß die Geistlichkeit die größte Auftraggebergruppe darstellte, lassen sich mögliche Ursachen dafür suchen. Es sei aber davor gewarnt, Begriffe wie 'Bürgertum' mit 'innovativ' und 'Geistlichkeit' mit 'konservativ' zu assoziieren, weil sich eine entsprechende Zweiteilung bei den erhaltenen Objekten nicht nachweisen läßt. Ein gewisser Hang zum Konservativen ist auch in anderen Bereichen zu beobachten, etwa bei der Universität. Humanismus und reformatorische Ideen konnten sich in Köln nicht so recht durchsetzen[64]. Trotz mancher Abschwächung läßt sich eine Kontinuität spätmittelalterlicher Frömmigkeitsformen – einschließlich der Kunststiftungen – bis zum Ende des 16. Jahrhunderts beobachten. Das Kölner Bürgertum, das als Auftraggeber der Renaissancekunst eine wichtige Rolle gespielt hat, scheint nicht sonderlich anspruchsvoll gewesen zu sein: Qualitativ lassen sich Arbeiten aus Köln mit denen aus Nürnberg oder Augsburg kaum vergleichen. Dies gilt nicht nur für die Tafelmalerei, sondern auch für die Goldschmiedekunst.

Warum aber ist Kölns Rolle als Renaissancezentrum mit den oberdeutschen Metropolen nicht mehr zu vergleichen? Auf den ersten Blick ließe sich die Lösung des Problems im Fehlen qualifizierter Kunsthandwerker vermuten. Kein Kölner erreichte die Bedeutung eines Dürer oder Jamnitzer. Auch großgewerbliche Organisationsformen, vergleichbar etwa mit den Augsburger Goldschmieden[65], lassen sich für Köln bisher nicht nachweisen. Aber Künstler waren in hohem Maße mobil, zwischen den großen Städten bestand ein enges Netz kommunikativer Verbindungen, personelle Migration, ein Austausch von Ideen, Vorlagen und Objekten[66]. Technologische Innovationen ließen sich transferieren, Auftragsarbeiten auch über weite Strecken versenden. Außergewöhnliche künstlerische Leistungen setzen eine entsprechende Nachfrage voraus,

[63] Frank Günter Zehnder, Kölner Stadtansichten aus der zweiten Hälfte des 15. Jahrhunderts. In: Kölner Museums-Bulletin 1 (1987) 5–18; ders. (wie Anm. 7) 6.

[64] R. W. Scribner, Why was there no Reformation in Cologne? In: Bulletin of the Institute of Historical Research 49 (1976) 217–241; Severin Corsten, Kölner Kaufleute lesen Brants Narrenschiff. Humanistisch gesinnte Großbürger zu Beginn des 16. Jahrhunderts. In: Wolfgang Milde – Werner Schuder (Hrsg.), De captu lectoris. Wirkungen des Buches im 15. und 16. Jahrhundert dargestellt an ausgewählten Handschriften und Drucken. Berlin–New York 1988, 67–80.

[65] Helmut W. Seling, Silberhandel und Goldschmiedekunst in Augsburg im 16. Jahrhundert. In: Welt im Umbruch. Augsburg zwischen Renaissance und Barock. Kat., 3 Bde. Augsburg 1981, 3, 162–170.

[66] Wolfgang Schmid, Kunst und Migration. Wanderungen Kölner Maler im 15. und 16. Jahrhundert. In: Gerhard Jaritz – Albert Müller (Hrsg.), Migration in der Feudalgesellschaft (Studien zur historischen Sozialwissenschaft 8) Frankfurt–New York 1988, 315–350.

Auftraggeber, die daran interessiert waren. Die Kölner Führungsschicht schien jedoch mit Bartholomäus Bruyn d. Ä. recht zufrieden gewesen zu sein, sie ließ jedenfalls Altäre und Porträts in großer Zahl bei ihm anfertigen. Aufträge an auswärtige Künstler waren relativ selten, sie betrafen zumeist Kunststiftungen ersten Ranges, z. B. Gräber der Erzbischöfe für den Dom[67]. Die Bankiers Nicasius und Georg Hackeney ließen 1524 einen ganzen Renaissancelettner von Mecheln nach Köln bringen[68] und der Köln-Frankfurter Kaufmann Jacob Heller beauftragte für seine Kunststiftungen Meister in Frankfurt, Köln, Mainz und Nürnberg – Dürers Heller-Altar[69].

Die Kölner Stadt- und Kunstgeschichte des 16. Jahrhunderts ist – verglichen mit dem späten Mittelalter – bisher wenig aufgearbeitet[70]. Um Grundlinien im Stiftungsverhalten zu erkennen, sei ein Blick in die Aufzeichnungen des Hermann Weinsberg geworfen, die eine der wichtigsten Quellen der Stadtgeschichte seiner Zeit darstellen[71]. Weinsberg ist zudem der einzige Auftraggeber, dessen Stiftungen man aus seinem Gedenkbuch vollständig rekonstruieren kann. Dieses ist darüber hinaus von besonderem Interesse, weil es detaillierte Rückschlüsse auf das Verhältnis von Künstler und Auftraggeber ermöglicht und Auskünfte über die Entstehung von Kunststiftungen gibt. Für einen Angehörigen der oberen Mittelschicht hat Weinsberg außerordentlich viel gestiftet, z. B. mehrere Glasfenster und einen Flügelaltar. Seiner Zunft schenkte er einen kleinen Altar. Hinzu kommen mehrere Porträts und Wandmalereien in seinem Hause. Seine Aufzeichnungen machen darüber hinaus deutlich,

---

67 Eine zusammenfassende Darstellung fehlt, vgl. Kunstdenkmäler (wie Anm. 53) 6, 3, 251–276, und Reiner Dieckhoff, Die mittelalterliche Ausstattung des Kölner Domes. In: Arnold Wolff (Hrsg.), Der gotische Dom in Köln. Köln 1986, 33–65, 47–56; vgl. für Mainz Gisela Kniffler, Die Grabdenkmäler der Mainzer Erzbischöfe vom 13. bis zum frühen 16. Jahrhundert. Untersuchungen zur Plastik und zur Ornamentik (Dissertationen zur Kunstgeschichte 7) Köln–Wien 1978, die allerdings die gerade im Bereich der Grabmalskunst noch lange nicht ausgeschöpften Möglichkeiten historischer Interpretationsansätze nur unzureichend nutzt. Vgl. den Beitrag von Ingo Herklotz in diesem Band und Gerhard Schmidt, Die gotischen "gisants" und ihr Umfeld – Überlegungen zum Wirklichkeitsbezug spätmittelalterlicher Grabmäler. In: Kunsthistoriker. Mitteilungen des Österreichischen Kunsthistorikerverbandes 4 (1987) Nr. 3/4, 65–72.

68 Wolfgang Schmid, Nicasius Hackeney (+ 1518). In: Rheinische Lebensbilder 11. Köln 1988, 37–58, 46–49.

69 Lymant, Heller-Fenster (wie Anm. 38).

70 Hermann Kellenbenz, Wirtschaftsgeschichte Kölns im 16. und beginnenden 17. Jahrhundert. In: ders. (wie Anm. 33) 1, 321–427.

71 Weinsberg (wie Anm. 25); Wolfgang Herborn, Hermann von Weinsberg (1518–1597). In: Rheinische Lebensbilder 11. Köln 1988, 59–76.

welche Bedeutung korporative Stiftungen besessen haben: Die Kirchmeister seiner Pfarrei sahen, daß andere Kirchen neue Ausstattungsstücke erhielten. Sie ergriffen die Initiative, sammelten Geld, fragten in der Pfarrei, bei Bekannten und Verwandten, bis sie das erforderliche Kapital aufgebracht hatten[72].

Die bei der Untersuchung einzelner Kunststiftungen gewonnenen Resultate bedürfen einer Verknüpfung mit den Ergebnissen der stadtgeschichtlichen Forschung. In den Veränderungen der Zusammensetzung der Auftraggeber spiegelt sich in groben Zügen sozialgeschichtlicher Wandel im mittelalterlichen Köln wider: Die Verdrängung des Erzbischofs, die Blütezeit des 'alten' Patriziats im 13. und frühen 14. Jahrhundert und dann auch die Konsolidierung eines 'neuen' Patriziats im 15. Jahrhundert.

Eine Kombination von Schriftquellen und Bildquellen ermöglicht auch eine Typologie der Stifter. Über die gängigen, an der Zugehörigkeit zu bestimmten sozialen Gruppen orientierten Systematisierungsversuche hinaus ermöglichen Fallstudien die Entwicklung einer Typologie, die sich an biographischen Voraussetzungen und den daraus resultierenden individuellen Motiven ableiten läßt. Der wichtigste Stiftertyp im spätmittelalterlichen Köln war der des Zuwanderers: Oft nicht unvermögende Neubürger, die sich von einer Übersiedlung in die rheinische Metropole eine Verbesserung ihrer kaufmännischen Arbeitsbedingungen versprachen. Nach der Zuwanderung schlossen sich Neubürger häufig der Kaufmannsgaffel Windeck an[73]. Heiratsverbindungen zunächst mit Kaufmannstöchtern, später mit Angehörigen der führenden Familien der Stadt, förderten die Karriere. Hinzu kam die Bekleidung städtischer Ämter, die Wahl in den Rat, ins Gebrech und dann – als höchste Stufe – zum Bürgermeister. Der Erwerb eines repräsentativen Wohnhauses, seine Ausstattung mit Kunstwerken, die Anschaffung eines aufwendigen Tafelsilbers dienten dazu, den Zeitgenossen die neu erworbene Bedeutung der Familie vor Augen zu führen. Viele Neubürger machten noch in der ersten Generation aufwendige Kunststiftungen, damit auch im kirchlichen Bereich der Aufstieg ihrer Familie dokumentiert wurde. Charakteristisch für eine solche Laufbahn und die daraus abzuleitenden Motive für die Errichtung eines Wohnhauses und einer Familienkapelle ist die Geschichte des bereits mehrfach genannten Johann Hardenrath.

Es lassen sich aber noch andere Stiftertypen herausarbeiten. Viele bedeutende Familien sind nach wenigen Generationen wieder ausgestorben. Die Ursachen dürften in den im 16. Jahrhundert weitgehend ge-

---

[72] Einzelbelege bei Irsigler – Schmid (wie Anm. 43) Kap. VI.

[73] Klaus Militzer, Die Gaffel Windeck im 14. und 15. Jahrhundert. In: JbKGV 57 (1986) 17–74.

schlossenen Heiratskreisen zu suchen sein, aber auch in der Vorliebe für vermögende Witwen als Heiratspartnerinnen. Der Tatsache, daß das Aussterben der Familie im Mannesstamm vorauszusehen war, verdanken wir einige der schönsten Kunststiftungen. Als Beispiele seien Nikolaus von Nattenheim, Peter Rinck, Jacob Heller und Nicasius Hackeney genannt. Sie setzten sich und ihrer Familie bereits zu Lebzeiten ein Denkmal, sorgten mit aufwendigen Kunststiftungen dafür, daß sie nicht in Vergessenheit gerieten.

Die Versuche, eine Typologie spätmittelalterlicher Auftraggeber zu entwickeln, ließen sich fortsetzen. Einige Sondergruppen wurden bereits erwähnt, z. B. die ikonographisch recht interessanten Epitaphien von Professoren oder die Grabmäler der Erzbischöfe. Weiter wäre zu untersuchen, warum einige bedeutende Familien als Stifter kaum oder nicht hervorgetreten sind[74]. Die Söhne von Neubürgern zogen sich häufig aus dem Fernhandel zurück, studierten, verlagerten den Schwerpunkt ihrer Aktivitäten an die Universität und in die städtische Politik. Dadurch entfiel sowohl die religiöse als auch die soziale Motivation für aufwendige Stiftungen: Eine Tätigkeit als Professor war für das Seelenheil weniger gefährlich als die eines Kaufmanns[75], und daß die Familie eines Bürgermeisters gesellschaftlich etabliert war, wußten ihre Zeitgenossen.

Zum Abschluß sei darauf hingewiesen, daß auch in der Zusammensetzung der Kunststiftungen Verlagerungen stattfanden[76]. Unübersehbar ist dabei ein qualitativer Wandel: Statt Kirchen und Reliquienschreine stiftete man im 15. und 16. Jahrhundert eher Tafelbilder und Glasfenster, die erheblich billiger waren. Die Retabeln wurden vielfach auf Altäre gesetzt, die von den alten Patrizierfamilien gestiftet worden waren; Altarstiftungen werden selten. Ein Rückgang ist auch im Kirchenbau zu beobachten: Neubauten sind selten, man beschränkte sich vielfach auf Reparaturen und Anbauten[77]. Auch der Dombau wurde eingestellt. Es wäre eine interessante Frage, ob sich Zusammenhänge zwischen dieser quantitativen Verlagerung auf der einen und qualitati-

---

[74] Während unser Bild von der Bedeutung der einzelnen Familien als Kunststifter von Verlustraten beeinträchtigt ist, läßt sich das allgemeine Stiftungsverhalten aus Urkunden, Nekrologen und Testamenten zwar nicht vollständig, aber doch weitgehend erschließen. Eine Erklärung ist allerdings schwierig.

[75] Vgl. z. B. das Testament des Johann Rinck von 1512 (wie Anm. 22).

[76] Auf die Frage gattungsspezifischer Konjunkturen kann im Rahmen dieser Untersuchung nicht eingegangen werden, vgl. den Beitrag von Gerhard Jaritz in diesem Band.

[77] Klaus Militzer, Wirtschaftsleben am Niederrhein im Spätmittelalter. In: Rheinische Vierteljahrsblätter 49 (1985) 62–91, 85, Anm. 152.

ven Aspekten – konservative Künstler, anspruchslose Auftraggeber – auf der anderen Seite herstellen lassen.

VI. Empfänger von Kunststiftungen

In den meisten Testamenten wurde eine große Zahl von geistlichen Institutionen bedacht. Wahrscheinlich spielte dabei kaufmännisches Denken eine Rolle, die Annahme, durch eine möglichst breite Streuung des Risikos könne sichergestellt werden, daß wenigstens ein Teil der Kirchen ihrer Verpflichtung, für das Seelenheil des Stifters zu beten, auch nachkam. Als weiteres Motiv dürfte eine gewisse Neigung zum Quantitativen eine Rolle gespielt haben: Je größer die Zahl der Kirchen war, in der für einen Stifter gebetet wurde, desto kürzer war der zu erwartende Aufenthalt im Fegefeuer bemessen. Als drittes spielte das unterschiedliche Ansehen der einzelnen Klöster eine Rolle. Der strenge Kartäuserorden und Häuser, die sich der Windesheimer Kongregation angeschlossen hatten und reformiert worden waren, boten die Gewähr, daß sie ihren Verpflichtungen bis zum Jüngsten Gericht nachkamen. Auch die Vorliebe für bestimmte Heilige, oftmals eine ausgeprägte Marienverehrung, machte sich bei der Auswahl der Kirchen bemerkbar, die in einem Testament bedacht wurden. Hinzu kamen Wallfahrtsorte und bei Neubürgern, aber auch noch bei ihren Erben, die Kirchen ihrer Heimatgemeinde. Daneben gab es konventionelle Legate, die sich in fast jedem Testament nachweisen lassen, z. B. an den Erzbischof, für die vier Bettelorden oder den Dombau.

Intensivere Beziehungen eines Stifters beschränkten sich zumeist auf eine kleinere Zahl geistlicher Institutionen, in der Regel auf die Pfarrkirche sowie ein Männer- und ein Frauenkloster, in die Verwandte eingetreten waren. Bei der Auswahl der Klöster spielte nicht nur deren Ansehen, sondern häufig auch die unmittelbare topographische Nachbarschaft eine Rolle. In einer dieser drei Kirchen wählte der Stifter seine Grabstätte.

	Altarretabelstiftungen (ca.1300–1530)	Rentenstiftungen (1480–1540) fl. (%)	Rentenkäufe geistlicher Institutionen (1480–1540) fl. (%)
Pfarrkirchen	32(19%)	8126(19)	2869(7)
Stiftskirchen	65(39)	5460(13)	1443(3)
Männerklöster	37(22)	9410(22)	11815(27)
Frauenklöster	27(16)	13311(32)	15956(36)
Hospitäler	2(1)	2550(6)	11200(26)
Kapellen	3(1)	–	–
Sonstige	–	3200(8)	625(1)
Summe	166(100)	42057(100)	43908(100)

Tabelle 2

Diese Beziehungsstruktur bestimmte auch die Verteilung der Kunststiftungen. Bei den Kanonikern und den Professoren liegen die Verhältnisse etwas anders, sie wählten meist eine der Stiftskirchen, an denen sie bepfründet waren. Beziehungen zwischen bürgerlichen Auftraggebern und Stiftskirchen sind eher selten, lassen sich aber – wie das Beispiel der Hardenrathkapelle in St. Maria im Kapitol zeigt – ebenfalls nachweisen.

Um einen Überblick über die Bestimmungsorte der Kunststiftungen zu gewinnen, seien die gotischen Altarretabeln, die überwiegend an der Wende vom 15. zum 16. Jahrhundert entstanden sind, herangezogen[78]. Die Zuordnung der Tafelbilder, heute zum größten Teil in Museen aufbewahrt, zu einzelnen Kirchen wirft ähnliche Probleme auf wie die Untersuchung der Auftraggeber: Auch hier ist die Verlustrate von Kirche zu Kirche verschieden, auch hier stammen die meisten Lokalisierungsvorschläge aus der Literatur des 19. Jahrhunderts. Wie schwankend der Boden ist, auf dem sich die Forschung bewegt, hat vor einigen Jahren der Münchner Gemäldekatalog von G. Goldberg und G. Scheffler gezeigt[79]. Trotz dieser Vorbehalte lassen sich einige Grundstrukturen herausarbeiten:

Bei den Bestimmungsorten stehen die Stiftskirchen mit 39 % an erster Stelle – dies dürfte vor allem durch den hohen Anteil der geistlichen Auftraggeber zu erklären sein. Annähernd gleich groß war der Anteil der Ordenskirchen. Hier stehen die Männerklöster – vor allem die Kartause – mit 22 % an erster Stelle, an zweiter die Frauenklöster (16 %). Stifter waren hier die Mitglieder der Orden und Familienangehörige, die in den Klosterkirchen ihre Grablege wählten. Überraschend gering ist mit 19 % der Anteil der Pfarrkirchen. Bei einigen könnten Baumaßnahmen im 15. Jahrhundert der Grund gewesen sein, warum Gelder eher für den Bau als für die Ausstattung verwendet wurden[80]. Aber auch die recht unterschiedliche Bedeutung der einzelnen Pfarrkirchen dürfte eine Rolle gespielt haben[81].

Zur Ergänzung dieser Beobachtungen sei eine weitere Quellengruppe

---

78 Einzelbelege bei Wolfgang Schmid, Altäre der Hoch- und Spätgotik (Geschichtlicher Atlas der Rheinlande 12,1 = PGRG 12 1b N. F.) Köln 1985, 26–33.

79 Gisela Goldberg – Gisela Scheffler, Altdeutsche Gemälde. Köln und Nordwestdeutschland. Alte Pinakothek München (Bayerische Staatsgemäldesammlungen, Gemäldekataloge 14) Textband. München 1972.

80 Durch den gotischen Neubau bedingt besitzt auch der Kölner Dom relativ wenige spätmittelalterliche Ausstattungsstücke, vgl. Dieckhoff (wie Anm. 67); Verschwundenes Inventarium. Der Skulpturenfund im Kölner Domchor. Kat. Köln 1984.

81 In der wohl bedeutendsten Kölner Pfarrkirche, St. Kolumba, wurden in der zweiten Hälfte des 15. Jahrhunderts ein Neubau errichtet und gleichzeitig aufwendige Ausstattungsstücke gestiftet, vgl. Kulenkampff, Stifter (wie Anm. 45).

herangezogen: Die Stadt Köln hatte sich nach der Neußer Fehde erheblich verschuldet und hierfür immense Summen auf dem Rentenmarkt aufgenommen. Ein großer Teil der Rentbriefe hat sich erhalten. Es läßt sich daraus nicht nur die Funktion Kölns als Kapitalmarkt, sondern auch die Rolle des Rentenkaufs für bürgerliche Stiftungen erkennen[82]. Von den knapp 500000 fl., die zwischen 1480 und 1540 in Form von Erbrenten angelegt wurden, erwarben Kölner Bürger 53 %. Zudem kauften sie 10 %, um sie geistlichen Institutionen zu stiften. 15 % der Renten gingen an Geistliche und an geistliche Institutionen in Köln, 22 % an auswärtige Käufer[83].

Daß 10 % der Renten gekauft wurden, um sie für Stiftungen zu verwenden, erscheint bemerkenswert[84]. Es ist dabei zu berücksichtigen, daß eine Stiftung auch noch zu einem späteren Zeitpunkt möglich war, z. B. bei der Errichtung des Testaments. Renten wurden zudem vererbt und auch die nächste Generation machte noch Stiftungen – langfristig ist also der Anteil der gestifteten Renten erheblich höher als 10 % anzusetzen. Die 'Stiftungsquote' ist dabei keineswegs konstant, sie war zwischen 1480 und 1500 am höchsten, von 1500 bis 1540 sank sie beträchtlich ab.

Untersucht werden soll hier die Frage, wie groß die Anteile der einzelnen geistlichen Institutionen waren. Zur Ergänzung soll weiter berücksichtigt werden, daß Kirchen und Klöster auch selbst Gelder auf dem Rentenmarkt anlegten, wobei nicht eindeutig zu klären ist, inwieweit es sich dabei auch um gestiftetes Kapital handelte. 54 % der gestifteten Renten gingen an Klosterkirchen, vor allem an Frauenklöster (32 %) und etwas weniger (22 %) an Männerklöster. Mit 63 % stehen Klöster auch bei den Rentenkäufen an erster Stelle. Mit großem Abstand folgen die Pfarrkirchen (19 %), und noch geringer ist der Anteil der Stiftskirchen (13 %). Bemerkenswert hoch ist dagegen mit 26 % der Käufer der Anteil der Hospitäler[85].

---

82 Zusammenstellung nach: Das Urkunden-Archiv der Stadt Köln seit d. J. 1397. Inventar VII. 1481–1505. In: Mitt. 39 (1928); VIII. 1506–1540. In: Mitt. 40 (1929) 4–161. Die Rolle Kölns als Finanzzentrum ist bisher noch ungenügend herausgearbeitet; vgl. Richard Knipping, Das Schuldenwesen der Stadt Köln im 14. und 15. Jahrhundert. In: Westdeutsche Zeitschrift für Geschichte und Kunst 13 (1894) 340–397; Irsigler, Wirtschaft (wie Anm. 33) 297–305 und Gechter (wie Anm. 29) 186–222.

83 Die Zahlen weichen etwas von den Berechnungen von M. Gechter (wie Anm. 29, 194–204) ab, die aufgrund anderer Quellen die Gesamtschuld untersucht hat.

84 Auch die Medici-Bank verwendete 1465 10 % ihrer Gewinne für Stiftungen, vgl. Heinrich Sieveking, Die Handlungsbücher der Medici (Sb. Ak. Wien, phil.-hist. Klasse 151, 5) Wien 1906, 49.

85 Vgl. Rolf Kießling, Bürgerliche Gesellschaft und Kirche in Augsburg im Spätmittelalter. Ein Beitrag zur Strukturanalyse der oberdeutschen Reichsstadt (Abhandlungen zur Geschichte der Stadt Augsburg 19) Augsburg 1971, 182–193, 246–287.

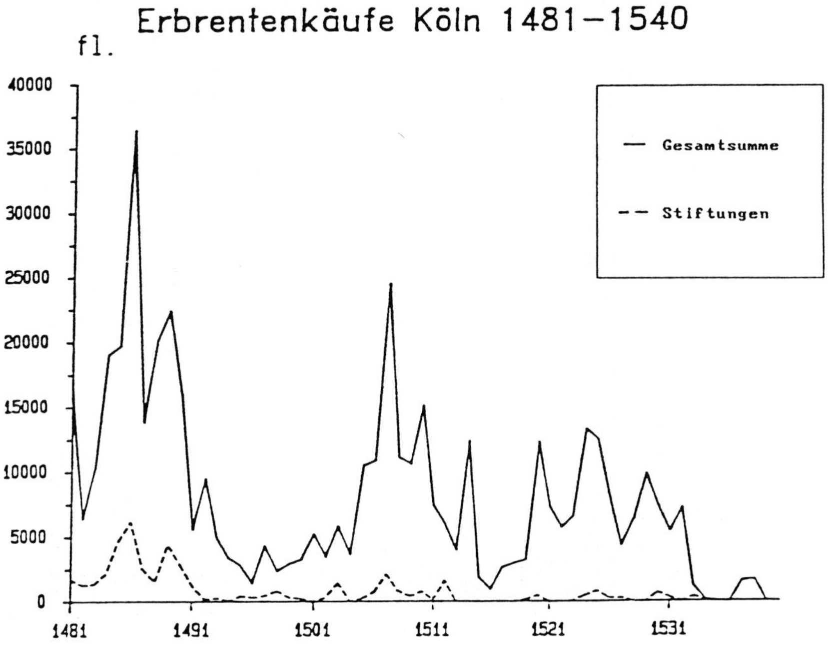
Erbrentenkäufe Köln 1481–1540
fl.
40000
35000
30000
25000
20000
15000
10000
5000
0
1481
1491
1501
1511
1521
1531
Gesamtsumme
Stiftungen

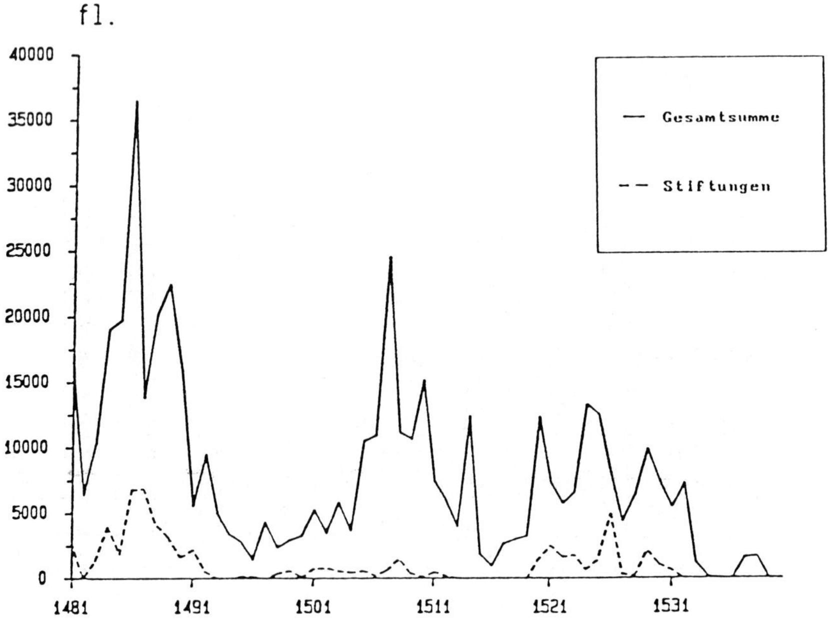
fl.
40000
35000
30000
25000
20000
15000
10000
5000
0
1481
1491
1501
1511
1521
1531
Gesamtsumme
Stiftungen

Erbrentenkäufe Köln 1481–1540

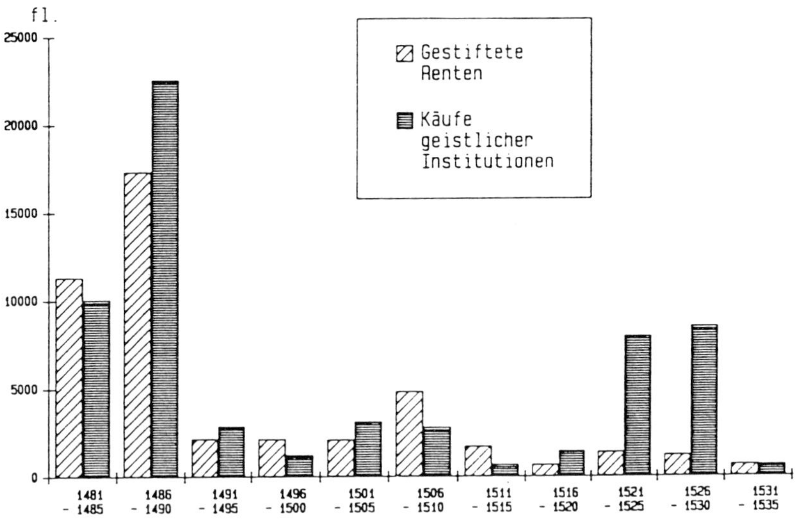

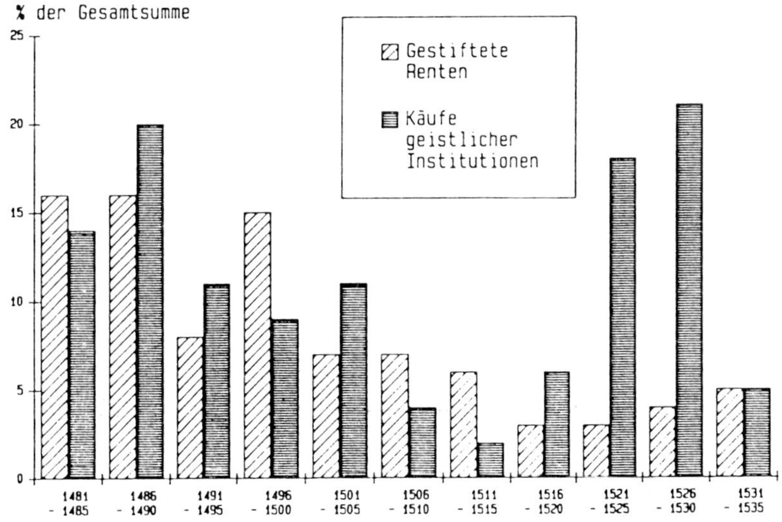

Die Untersuchungen über die Verteilung von Altären und Renten haben kein übereinstimmendes Bild ergeben. Dies hat zwei Gründe, einmal die unterschiedliche Funktion der verschiedenen geistlichen Institutionen: Hospitäler spielten eine andere Rolle als etwa Pfarr- oder Ordenskirchen. Zu berücksichtigen ist weiter die unterschiedliche Funktion der einzelnen Stiftungen: Kunststiftungen stellen hier einen spezifischen Ausschnitt aus der Gesamtzahl dar. Umfang, Verlauf und Verlagerungen der Geldströme auf dem Stiftungsmarkt lassen sich bisher nicht eindeutig rekonstruieren[86]. Karitative Stiftungen, die hier nicht näher untersucht werden können, waren jedenfalls nicht minder kapitalaufwendig[87].

VII. Kunststiftungen und städtische Zentralität

22 % der in Köln gemalten gotischen Tafelbilder wurden von Auswärtigen in Auftrag gegeben. Kunststiftungen stellen auch einen Bestandteil der Beziehungen zwischen Stadt und Umland dar, beleuchten einen wichtigen Aspekt im kultischen Zentralitätsgefüge der Städte[88]. Diese beherbergten in ihren Mauern zahlreiche Kirchen mit Reliquien, die Anziehungspunkte für Pilger darstellten[89]. Stiftungen gingen vom Land in die Stadt und aus der Stadt an ländliche Kirchen. Wenige Beispiele müssen hier genügen: Das Stiftungsverzeichnis der Kölner Kartause zeigt deutlich, daß auswärtige Adelige, Geistliche und Bürger einen bedeutenden Anteil der Stifter ausmachten[90]. Für den ländlichen Raum läßt sich als Beispiel der Wallfahrtsort Bödingen bei Siegburg anführen, seit 1424 Sitz eines Klosters der Windesheimer Augustiner-Chorherren. Das Stiftungsverzeichnis, das die Jahre 1424 bis 1542 umfaßt, ermöglicht es, den

---

[86] Irsigler – Schmid (wie Anm. 43) Kap. III.

[87] Robert Jütte, Obrigkeitliche Armenfürsorge in deutschen Reichsstädten der frühen Neuzeit. Städtisches Armenwesen in Frankfurt am Main und Köln (Kölner Historische Abhandlungen 31) Köln–Wien 1984, 218–330.

[88] Zum Problem der kultisch-kulturellen Zentralitätsfunktionen vgl. allg. Gerhard Kaufmann (Hrsg.), Stadt-Land-Beziehungen. Göttingen 1975; Günter Wiegelmann (Hrsg.), Kulturelle Stadt-Land-Beziehungen in der Neuzeit (Beiträge zur Volkskultur in Nordwestdeutschland 9) Münster 1978; Kießling (wie Anm. 85); Wolfgang Schmid, Raumprobleme in der Tafelmalerei der Gotik. Kunstgeographische und wirtschaftsgeschichtliche Untersuchungen über Köln, Nürnberg, Augsburg und Ulm. In: Kunst in Hessen und am Mittelrhein 27 (1987) 95–109; ders. (wie Anm. 66 u. 78).

[89] Anton Legner, Kölnische Hagiophilie. Die Domreliquienschränke und ihre Nachfolgeschaft in Kölner Kirchen. In: Kölner Domblatt 51 (1986) 195–274; Die Heiligen Drei Könige. Darstellung und Verehrung. Kat. Köln 1982; Frank Günter Zehnder, Sankt Ursula. Legende Verehrung Bilderwelt. Köln 1985.

[90] Johann Jacob Merlo, Kunst und Kunsthandwerk im Karthäuserkloster zu Köln. In: AHVN 45 (1886) 1–52.

Anteil der Kölner Bürger mit 15 % und den der Kölner Geistlichen mit 7 % zu beziffern[91]. Ähnliche Beobachtungen lassen sich bei Testamenten machen: Der Junker Nikolaus von Nattenheim aus Hillesheim in der Eifel bedachte 1467 35 geistliche Institutionen mit Schwerpunkten in den Städten Trier, Koblenz und Köln[92]. Als städtisches Gegenbeispiel sei das Testament des Kölner Professors Peter Rinck von 1501 angeführt. Darin werden insgesamt 80 geistliche Institutionen bedacht; davon 45 in Köln und 35 an anderen Orten[93].

VIII. Schlussbemerkungen

Kunststiftungen sind für mehrere Teilbereiche der stadtgeschichtlichen Forschung von Interesse. Hier konnten nur drei Aspekte behandelt werden, ihre Bedeutung für die Analyse der Beziehungen zwischen Stadt und Land, zwischen Bürgerschaft und Kirche sowie die Möglichkeiten, die sie für Untersuchungen der städtischen Führungsschicht bieten. Vernachlässigt werden mußten andere Auswertungsmöglichkeiten, z. B. Stifterbilder für mentalitäts- und frömmigkeitsgeschichtliche Fragestellungen heranzuziehen, realienkundliche Aspekte aller Art und nicht zuletzt auch die wirtschaftsgeschichtlichen Folgen der Stiftungen; sie stellten einen wesentlichen Faktor der Nachfrage für die Werkstätten der Maler, Glaser und Goldschmiede dar. Daß sie auch für den Fernhandel wichtig waren, zeigte schon das Eisbärenfell des Kanonikers Reiner.

Beobachtungen und Überlegungen auf der Makroebene der Gesamtheit aller Kunststiftungen ermöglichen allenfalls eine Zwischenbilanz der Forschung. Sie resultieren aus einer Reihe von Fallstudien und sollen weitere anregen. Der Umfang der Überlieferung zwingt zur Beschränkung. Die Einordnung einer Kunststiftung in ihren historischen Zusammenhang erfordert ihre Analyse aus der Perspektive der Person des Stifters, aus seinen Beziehungen zu geistlichen Institutionen, aus seinem Testament und seinen anderen Stiftungen. Im Gegenzug ist die Einordnung in den Rahmen der Bau- und Ausstattungsgeschichte der Kirche erforderlich. Erst vor dem Hintergrund der Stadt-, Wirtschafts-, Sozial-, Familien-, Kirchen-, Frömmigkeits- und kirchlichen Rechtsgeschichte ist eine sinnvolle historische Interpretation des einzelnen Kunstwerks möglich.

---

91 Vgl. Mauritius Mittler, Das Bödinger Memorienbuch (Siegburger Studien 6–7) Siegburg 1981; Werner Beutler, Köln und Bödingen. In: Gabriel Busch (Hrsg.), Bödingen ist eine Wallfahrt wert. Siegburg o. J., 211–229.

92 Schmid (wie Anm. 46) 47–52.

93 Irsigler, Rinck (wie Anm. 43).

Eine weitere Option ist der Vergleich mit anderen Städten:[94] Es lassen sich dabei zahlreiche Gemeinsamkeiten, aber auch Unterschiede beobachten. Eine Gemeinsamkeit ist z. B. – bis zur Reformation – die Einbindung der Kunststiftungen in den Rahmen der spätmittelalterlichen Frömmigkeit. Stiftungen der Stadt, der Zünfte und Bruderschaften spielten in Köln eine eher untergeordnete Rolle. Hier gab es viele bedeutende, aber keine wirklich dominierende Stifterfamilie[95]. Vergleiche sind aber nicht nur auf der Ebene der Auftraggeber von Interesse. Auch die Formen und Bedingungen zünftiger Kunstproduktion in den einzelnen Städten weisen Unterschiede auf, die zu einer vergleichenden Betrachtung anregen[96]. Ähnliches gilt für die Ausstattung der einzelnen Städte mit geistlichen Institutionen unterschiedlicher Zahl und Bedeutung. Vergleiche sollten sich jedoch nicht auf die Rahmenbedingungen der Kunstproduktion beschränken, sondern auch die erhaltenen Kunstwerke berücksichtigen. Nicht nur die Auftraggeber und Kirchen, sondern auch lokale Traditionen bestimmten die Ikonographie der Bilder, in Köln z. B. die Verehrung der heiligen drei Könige, der heiligen Ursula und ihrer Gefährtinnen sowie des heiligen Severin[97]. Aber auch im Bereich der künstlerischen Form sind regionale und lokale Schwerpunkte zu erkennen, z. B. in der Verwendung unterschiedlicher Werkstoffe[98], und nicht zuletzt sind auch bei den Gattungen Unterschiede zu beobachten, z. B. das relativ späte Aufkommen der Porträts im rheinischen Bereich[99], die Kölner Reliquienbüsten aus Holz oder die Nürnberger

---

[94] Im Dezember 1988 fand ein interdisziplinäres Kolloquium über "Kunststiftungen im spätmittelalterlichen Trier" statt, in dessen Mittelpunkt Werke Nicolaus Gerhaerts und seiner Trierer Nachfolge standen. Eine Publikation ist vorgesehen.

[95] Nur am Rande sei der Hinweis erwähnt, daß in der Regel außergewöhnliche Stifterfamilien im Mittelpunkt des Interesses stehen. Dies gilt nicht nur für Köln, sondern auch für Fricker in Bern, Gross und Schreyer in Nürnberg sowie die Fugger in Augsburg. Auch wenn sich die Frage der Repräsentativität der genannten Beispiele stellt, ist ihre Untersuchung wichtig, weil sich dadurch detaillierte Einblicke in Motive und Verlauf von Kunststiftungen gewinnen lassen.

[96] Johann Michael Fritz, Goldschmiedekunst der Gotik in Mitteleuropa. München 1982, 37–58; Michael Baxandall, Die Kunst der Bildschnitzer. Tilman Riemenschneider, Veit Stoß und ihre Zeitgenossen. München 1984, 105–131; Knut Schulz, Handwerksgesellen und Lohnarbeiter. Untersuchungen zur oberrheinischen und oberdeutschen Stadtgeschichte des 14. bis 17. Jahrhundert. Sigmaringen 1985.

[97] Könige (wie Anm. 89); Zehnder (wie Anm. 89); Matthias Zender, Die Verehrung des heiligen Severin von Köln (Geschichtlicher Atlas der Rheinlande 11,2 = PGRG 12 1b N. F.) Köln 1985.

[98] Schmid (wie Anm. 78) 17–19.

[99] Rudolf Buchner, Das deutsche Bildnis der Spätgotik und der frühen Dürerzeit (Denkmäler deutscher Kunst) Berlin 1953, 12.

Bildepitaphien[100]. Die Möglichkeiten, Kunstwerke mit den Methoden und Fragestellungen des Historikers als Quellen für die mittelalterliche Stadtgeschichte zu erschließen, erscheinen noch lange nicht ausgeschöpft!

[100] Reiner und Trudl Wohlfeil, Nürnberger Bildepitaphien. Versuch einer Fallstudie zur historischen Bildkunde. In: Zeitschrift für historische Forschung 12 (1985) 129–180.

Doktor Thüring Frickers "Geistermesse". Die Seelgerätskomposition eines spätmittelalterlichen Juristen[1]

CHRISTINE GÖTTLER – PETER JEZLER

EINLEITUNG

In der Zeit um 1500 konnte es durchaus geschehen, daß ein Stifter mit seinem persönlichen Bildprogramm in Konflikt mit einzelnen kirchlichen Institutionen geriet. Wie ergiebig die Analyse eines solchen Streitfalls sein kann, hat Aby Warburg schon 1907 mit seiner Studie über *Francesco Sassettis letztwillige Verfügung* dargelegt[2]. – Zu einem nicht minder spektakulären Bildskandal kam es 1506 in Bern, in dessen Verlauf ein Altarretabel im Münster auf Druck der Franziskaner übermalt werden mußte. Die Vorgänge hat der amtliche Stadtchronist Valerius Anshelm (1475–1547)[3] nachträglich folgendermaßen festgehalten:[4]

---

[1] Um keine falschen Erwartungen zu erwecken, seien zwei Begriffe des Titels klargestellt: Der Begriff *Geistermesse* meint keine *schwarze Messe*, sondern ist der Terminus technicus für eine Eucharistiefeier, an welcher die Seelen von Verstorbenen aktiv teilnehmen. – Bei der *Seelgerätskomposition* handelt es sich um eine eigene Wortschöpfung. Sie geht davon aus, daß die verschiedenen Teilstiftungen, die eine Person für ihr Seelenheil tätigt, ein programmatisches Ganzes bilden können, in welchem sich die Intention des Stifters nachdrücklich äußert.

[2] Wieder abgedruckt in: Aby M. Warburg, Ausgewählte Schriften und Würdigungen, hrsg. von Dieter Wuttke in Verbindung mit Carl Georg Heise (Saecula spiritualia 1), 2. verbesserte und bibliographisch ergänzte Aufl. Baden-Baden 1980, 137–163.

[3] Zur Biographie von Valerius Anshelm (1475–1547): Richard Feller und Edgar Bonjour, Geschichtsschreibung der Schweiz vom Spätmittelalter zur Neuzeit I, 2. durchgesehene und erweiterte Aufl. Basel 1979, 165–175.

[4] Valerius Anshelm, Die Berner Chronik, hrsg. vom Historischen Verein des Kantons Bern, 6 Bde. Bern 1884–1901, Bd. II, 415 f: *Wie dan hievor und besunder in disen jaren die heiligen Job, David und Cristus selbs, durch baͦbstlichen gheiss, der abgestorbnen fegfuͤr-selen aͦngstliche fuͤrsprechen aͦngstlich ussgeruͤeft wurden, jaͦmerlich um erbaͦrm und hilf schriende, die fuͤrnemlich mit selmessopfer beschaͤhe – dess ward der gsazt, glert doctor Thuͤring Fricker bewegt und stiftet diss jars in s. Vincenzen muͤnster hie zuͦ Bern 40 Rynscher gulden jaͦrlicher guͤlt, mit geding, dass der caplan und caplanî aller selen caplan und caplanî soͤlte heissen und gnemt werden, und der caplan alle wochen fuͤnf selmessen halten uf sinem altar, welchen er mit kostlichen, geschnezten und gemaleten toten, deren ein teil fuͤr sich, ire gsellen und lebendigen guͦttaͤter mess hielten, hat lassen zieren. Als aber vom Barfuͦssen wider der toten mess halten und vom Prediger lesmeister darzuͦ geprediget ward, und ich, vom doctor*

"Als aber vor und besonders in dieser Zeit die Heiligen Job[5], David[6] und auch Christus selbst auf päpstliches Geheiß ängstlich als beflissene Fürbitter der verstorbenen Fegefeuerseelen ausgerufen wurden, jener Seelen, welche angeblich jämmerlich um Erbarmen und Hilfe schrien, die ihnen vornehmlich in der Form von Seelmeßopfern geschehe – da wurde auch der in gesetztem Alter stehende, gelehrte Doktor Thüring Fricker davon erfaßt; er stiftete in diesem Jahr [1505] im Münster zu Sankt Vinzenz in Bern eine Gült von jährlich 40 Rheinischen Gulden unter der Bedingung, daß der Kaplan Allerseelenkaplan und die Kaplanei Allerseelenkaplanei genannt werden, und der Kaplan auf seinem Altar wöchentlich fünf Seelmessen halte. Diesen Altar ließ er mit kostbaren geschnitzten und gemalten Toten zieren, von denen ein Teil für sich selbst, andere für ihre Gesellen, wieder andere für die lebenden Wohltäter Messe hielten. Als aber von den Franziskanern gegen das Messelesen der Toten gepredigt wurde, vom Lesemeister der Prediger aber dafür, und ich, vom Doktor zur Stellungnahme gebeten, sagte, Messelesen gebühre allein den Lebendigen und nicht den Toten, lud er mich fortan nicht mehr zum Essen ein, weil ich seine lieben Seelen nicht unterstützte. Nachdem aber jene Predigermönche, welche der Auffassung von den toten Meßpriestern günstig gesinnt waren, mit schändlichem doch selbst verschuldetem Tod zu den Toten gefahren waren, wurden die messelesenden Toten in der Gestalt übermalt und als lebendige Priester dargestellt. Dennoch behielt der listige, teuflische Engel die Exempelbücher und Lehren seiner Trugbilder fest und unangetastet."

Der Streit drehte sich um Doktor Thüring Frickers Allerseelen-Altar, dessen Flügel sich heute als Depositum der Gottfried Keller-Stiftung im Kunstmuseum Bern befinden (Abb. 10 und 11)[7]. Während alle andern Retabel des Berner Münsters untergegangen sind, haben sie als

disputierlich gefragt, sagt, messhalten gebuͤrte sich allein den lebendigen und nit den toten, lůd er mich fuͤra nimme zů tisch, als sinen lieben selen ungstaͤndigen. Do aber die totenguͤnstigen Predigermuͤnch mit schantlichem, doch me verschulten tod, zůn toten gefůren, wurden die messhaltenden toten in lebendiger pfaffengstalt verbildet. Dennocht so behielt der listig tůfelsch engel siner troͤm exempelbůch und ler vest und unversert.

[5] In der frühchristlichen Kunst steht die Figur Jobs für die Errettung der Seele; im Totengottesdienst der ersten nachchristlichen Jahrhunderte wurden Texte aus dem Buch Jobs gelesen. Vgl. dazu R. Budde, Job. In: Lexikon der christlichen Ikonographie, 8 Bde. Rom u. a. 1968–1976, Bd. 2, 1970, Sp. 414.

[6] Zur Bedeutung von David als Fürbitter der Armen Seelen vgl. etwa folgende Textstelle der *Commendatio animae*: *Libera, Domine, animam eius sicut liberasti David de manu regis Saul et de manu Goliath.* Zitat in: R. L. Wyss, David. In: Lexikon der christlichen Ikonographie 1 (wie Anm. 5), 1968, Sp. 477.

[7] Inv. Nr. 1425. Mischtechnik auf Tannenholz, 149 x 62 cm (ohne Rahmen).

letzte Zeugnisse der vorreformatorischen Altarausstattung den Bildersturm und die folgende Zeit überdauert[8]. Verschiedentlich haben die beiden Tafeln die Aufmerksamkeit der Forschung auf sich gezogen[9]; dennoch ist die Interpretation keineswegs abgeschlossen. Die bisherigen Untersuchungen widmeten sich vorwiegend der stilkritischen Einordnung und der Gegenstandsdeutung, wogegen die kulturhistorische Stellung des Werkes zwar angesprochen, aber nie eingehend analysiert und gewürdigt worden ist.

In der vorliegenden Untersuchung soll das Werk als aufschlußreiches Beispiel für die Mentalität des spätmittelalterlichen Stiftungswesens dienen. Zweifellos bestanden in der Form der kirchlichen Vergabungen Unterschiede im intellektuellen Anspruch. Thüring Frickers Allerseelenkaplanei erweist sich als außerordentlich geistreiche Komposition, die gemeinnützige und private Interessen der Jenseitsvorsorge in Einklang zu bringen versucht und ein Altarbild aufweist, welches das Stiftungswesen als solches reflektiert. Im folgenden wird versucht, aus dem stiftungsrechtlichen Rahmen und der Bildaussage des Retabels den besonderen Gehalt von Frickers Stiftung nachzuweisen.

---

[8] Luc Mojon, Die Kunstdenkmäler des Kantons Bern VI. Das Berner Münster. Basel 1960, 362.

[9] Zur Forschungsgeschichte vgl. Hugo Wagner, Kunstmuseum Bern, Gemälde des 15. und 16. Jahrhunderts ohne Italien (Sammlungskataloge des Berner Kunstmuseums II) Bern 1977, 67–75, insbesondere 74 f. – 1941 erfolgte die Identifikation der Flügel mit der Altarstiftung Thüring Frickers (Katalog der Ausstellung *450 Jahre bernische Kunst.* Bern 1941, Kat. Nr. 15 und 16). – 1945 wurden die Tafeln erstmals ausführlich publiziert (C. von Mandach, Berner Meister. Zwei doppelseitig bemalte Altarflügel [...]. In: Bericht der Gottfried Keller-Stiftung (1932–1945) 39–50. – 1950 gelang Hahnloser der Nachweis der ikonographischen Quelle für die Außenseite der Flügel (Hans R. Hahnloser, Chorfenster und Altäre des Berner Münsters. Bern – Bümpliz 1950, 39–50). – Der Forschungsüberblick von Wagner ist um folgende Titel zu ergänzen: Hans R. Hahnloser, Du culte de l'image au Moyen Age. In: Enrico Castelli (Hrsg.), Cristianesimo e ragione di stato. L'umanesimo e il demionaco nell'arte. Atti del II congresso Internazionale di Studi Umanistici. Rom – Mailand 1953, 223–233; Mathilde Hain, Arme Seelen und helfende Tote. Eine Studie zum Bedeutungswandel der Legende. In: Rheinisches Jahrbuch für Volkskunde 9 (1958) 54–64; Bernward Deneke, Untersuchungen zur Erzählung vom Geistergottesdienst, Diss. masch. Frankfurt am Main 1958, 39 f; Luc Mojon, Berner Münster (wie Anm. 8) 362–367; Günther Thomann, Die Armen Seelen im Volksglauben und Volksbrauch des altbayerischen und oberpfälzischen Raumes. Untersuchungen zur Volksfrömmigkeit des 19. und 20. Jahrhunderts. In: Verhandlungen des Historischen Vereins für Oberpfalz und Regensburg 110 (1970) 162; Niklaus Manuel Deutsch. Maler, Dichter, Staatsmann. Katalog der Ausstellung im Kunstmuseum Bern vom 22. September bis 21. Dezember 1979, 206–207, Nr. 48 (Hugo Wagner).

ZUR PERSON VON THÜRING FRICKER (CA. 1429–1519)

Als Valerius Anshelm im Jahr 1529 den eingangs zitierten Streit um den Allerseelenaltar aufzeichnete, schrieb er aus der Position eines Anhängers der Reformation, für den die ehemals glaubwürdigen Geschichten aus dem Fegefeuer inzwischen zu lügenhaften Fabeln geworden waren. Seine polemische Berichterstattung prägte das Bild von Fricker als einem zum Aberglauben neigenden Menschen bis in die moderne Forschung: Noch Hahnloser stellt Frickers Stiftung in den Rahmen einer *volkstümlichen Phantasiewelt von Fabeln und Legenden, in denen die Künstler und Dichter ebenso zuhause [waren] wie die niedere Geistlichkeit*, und die dargestellten Wundergeschichten hält Hahnloser für eine *oft recht bedenkliche Kehrseite der christlichen Wissenschaft des Mittelalters*[10].

Im Gegensatz dazu bezeichnen Feller und Bonjour den Juristen Fricker aufgrund seiner Biographie als *eine der interessantesten Gestalten des schweizerischen Frühhumanismus*[11]. Fricker erlangte in Heidelberg den Grad eines *magister artium* und setzte in Freiburg im Breisgau, Basel und Pavia seine Studien im kanonischen Recht fort. 1470 folgte er in Bern seinem Vater im Amt des Stadtschreibers, wo er eine ausgezeichnete Kanzleitätigkeit entfaltete und als Politiker und Diplomat seine Stadt in großen Geschäften vertrat. Seine literarische Begabung bewies er als Verfasser des *Berner Twingherrenstreits* von 1470, den er aus der politischen Tageserfahrung und nach dem Vorbild von Sallusts *De conjuratione Catilinae* geschaffen hatte[12]. Fricker verstand es auch, die Hindernisse, die seiner Doktorpromotion im Wege standen, zu umgehen. Als er 1473 auf einer Gesandtschaftsreise nach Rom in Pavia promovieren wollte, jedoch nicht die nötigen Semester und Vorbereitungen beibringen konnte, gelangte die Eidgenössische Tagsatzung erfolgreich mit der Bitte an den Herzog von Mailand, er möge sich bei den Professoren für milde Prüfungen einsetzen. Trotz des erleichterten Titelerwerbs machte Fricker dem Doktorenstand alle Ehre: Es war während seiner Amtszeit, als Bern das diplomatische Meisterstück gelang, mit päpstlicher Billigung die Deutschordensherren aus der Stadtkirche zu vertreiben und das Münster in den Rang eines Kollegiatsstiftes zu erheben. Fricker hatte als Kanonist und Stadtschreiber maßgeblich zu diesem Aufstieg

[10] Hahnloser, Chorfenster und Altäre (wie Anm. 9) 40.

[11] Feller und Bonjour, Geschichtsschreibung (wie Anm. 3) 11. Auf die knappe, aber inhaltsreiche Biographie von Feller und Bonjour (S. 11–14) stützen sich die folgenden Ausführungen.

[12] Vgl. Guy P. Marchal, Fricker (Frickart), Thüring. In: Die deutsche Literatur des Mittelalters. Verfasserlexikon 2 (1980) Sp. 916 f.

beigetragen[13]. Als Gelehrter weihte er seine Privatkapelle standesgemäß dem Hl. Hieronymus, dessen Verehrung durch den Humanismus großen Aufschwung erfuhr[14].

Die wenigen Lebensstationen mögen hinlänglich belegen, daß Frikker, als er am 10. Februar 1505 im Alter von 75 Jahren seinen Allerseelenaltar stiftete, eine in kirchlichen Belangen höchst kompetente Persönlichkeit war. Die noch vorhandenen Quellen lassen auf eine Seelgerätskomposition von hohem intellektuellen Niveau schließen. Erhalten haben sich der *Gründungsbrief*, aufgrund dessen der Berner Rat die Allerseelen-Stiftung bewilligt hat[15], sodann das Testament, das von Fricker spätestens 1517 aufgesetzt worden ist[16]; verloren sind hingegen die näheren liturgischen Anordnungen, die laut Fricker in einem eigenen *pfrund uffrichtungsbrief* niedergeschrieben waren[17].

Der Aufbau der Stiftung

Die Erichtung des Allerseelenaltars umfaßte zunächst die Bereitstellung des Kapitals, von dessen Erträgen der Kaplan für seine Altardienste entlohnt werden konnte. Fricker dotierte seine Stiftung *mit einer zimlichen summ järlicher gült, namlich viertzig Rinischer guldin gelts*[18]. Aus vergleichbaren Fällen dürfen wir eine fünfprozentige Verzinsung annehmen[19], woraus sich ein Pfründkapital von 800 Gulden errechnen läßt[20].

---

[13] Vgl. hierzu Kathrin Tremp-Utz, Das Kollegiatsstift St. Vinzenz in Bern. Von der Gründung 1484/85 bis zur Aufhebung 1528. Bern 1985, 15–65.

[14] Diese Stiftung ist nachgewiesen in: Historisch-Biographisches Wörterbuch der Schweiz 3 (1926) Sp. 331; zum Hieronymuskult im Humanismus vgl. Eugene F. Rice, Jr., Saint Jerome in the Renaissance. Baltimore–London 1985.

[15] Doctor Thürings bekantnis einer ordnung halb, Teutsch Spruch-Buch, oberes Gewölbe R, Staatsarchiv Bern, AI 322, 412 f (10. Februar 1505).

[16] Testamentbuch III, Staatsarchiv Bern, A 3, 837, Bl. 61b–68b; G. Tobler, Thüring Frickers Testament. In: Berner Taschenbuch auf das Jahr 1892, 41. Jg., 54–76.

[17] Vgl. Tobler, Testament (wie Anm. 16) 62.

[18] Doctor Thürings bekantnis (wie Anm. 15). Übereinstimmend geben die Stiftungsbewilligung des Rats, Frickers Testament und Anshelms Chronik die Dotierung an.

[19] Der Berner Rat stiftete 1478 zum Dank für den Sieg über die Burgunder ein wöchentlich am Freitag gesungenes Amt mit 120 Pfund Kapital und 6 Pfund Rente; vgl. Heinrich Türler, Die Altäre und Kaplaneien des Münsters in Bern vor der Reformation. In: Neues Berner Taschenbuch 1896, 72–118, 99. Fricker besaß bei den Frauen von Königsfelden seinerseits einen zu fünf Prozent verzinsten Hauptbrief, vgl. Tobler, Testament (wie Anm. 16) 61.

[20] Hahnloser verwechselt Hauptgut und Zins, wenn er irrigerweise die 40 Gulden als Kapital annimmt [Hahnloser, Chorfenster und Altäre (wie Anm. 9) 39]. 40 Gulden (= 80 Pfund) reichen 1508 Fricker nur dazu aus, ein Ewiges Licht zu unterhalten

Das entsprach im Berner Münster einer gut dotierten Kaplanei[21]. Weil Fricker seine Pfründe an einem bereits bestehenden Altar errichtete, blieben ihm bauliche Maßnahmen erspart. Hingegen wird die Ausstattung mit eigenem liturgischen Gerät unumgänglich gewesen sein. Fricker schmückte zudem den Altar mit dem noch zu behandelnden Retabel. Wie groß die Kosten dafür waren, ist nicht überliefert. Aufgrund der erhaltenen Altarflügel, welche eine arbeitsintensive, detailreiche Malerei tragen, und Anshelms Verweis auf die *kostlichen* Schnitzereien können wir annehmen, daß es sich um einen anspruchsvollen gefaßten Schreinaltar gehandelt haben muß, für dessen Herstellung leicht 100 Gulden erforderlich gewesen sein dürften[22]. Vor den Altar stiftete Fricker 1508 noch ein Ewiges Licht, zu dessen Unterhalt er ein Kapital von 80 Pfund (40 Gulden) anlegte[23]. Fassen wir alle Ausgaben zusammen, so steigen Frickers Altarinvestitionen auf gut 1000–1100 Gulden. Wenn wir dieser Summe eine Besitzstufung von

1. arm (bis 25 fl.),
2. hablich (25-99 fl.),
3. wohlhabend (100-499 fl.),
4. reich (500-4999 fl.) und
5. sehr reich (über 5000 fl.)

gegenüberstellen[24], wird ersichtlich, daß Fricker ein ansehnliches Vermö-

(vgl. weiter unten); eine wöchentlich fünfmal zu lesende Seelmesse hat einen ungleich höheren Preis.

[21] Soweit die Stiftungskapitalien des Berner Münsters erarbeitet oder bekannt sind, hat man folgende Altäre zu den best dotierten zu zählen: Der Altar der Diesbachkapelle war 1442 mit einer 40 oder 50 fl.-Gült für 4 wöchentliche Seelmessen ausgestattet worden, 1448/49 der von Hans Schütz gestiftete Altar des Hl. Gregor für 53 Pfund mit wöchentlich 5 Messen [Türler, Altäre (wie Anm. 19) 80–85].

[22] Eine Preistabelle für verschiedene Schnitzretabel bietet Michael Baxandall, Die Kunst der Bildschnitzer. Tilman Riemenschneider, Veit Stoß und ihre Zeitgenossen. München 1984, 74 f.

[23] Oberes Spruchbuch S, Staatsarchiv Bern, A I 323, 61: *[...] unns also bar gewärt unnd ussgericht hätt, namlich achtzig pfund löuffiger müntz zů eernn unnd damit von unns gekoufft ein ewig tag unnd nacht liecht, sölichs hinfür by dem Altar Sant Barbarn in der lüttkilchen zů Sant Vincentzen zů Bernn, von unns unnd unnsern nachkommen an mangel, abgang unnd gebrästen zů aller zyt zů halten und zů belüchten.*

[24] Wir erlauben uns, die soziale Rangstufe von Zürich anzuwenden, einer Stadt, die mit Bern vergleichbar ist. Vgl. Werner Schnyder, Reich und Arm im spätmittelalterlichen Zürich. In: Neue Zürcher Zeitung 3043 (14. Juli 1967); Walter Jacob, Politische Führungsschicht und Reformation. Untersuchungen zur Reformation in Zürich 1519–1528 (Zürcher Beiträge zur Reformationsgeschichte 1) Zürich 1970, 60.

gen für seine Kaplanei hergegeben hat. Noch 1494 versteuerten in Bern nur gerade 76 Einwohner einen Besitz von mehr als 1100 Gulden[25].

Stiftungen solchen Ausmaßes blieben auf die städtische Oberschicht beschränkt. Sie hatten normalerweise den Zweck einer Jenseitsvorsorge für den eigenen Familienkreis. Hans und Ita Bulzinger beispielsweise setzten zu Ehren Gottes, Mariens und des ganzen himmlischen Heeres *ein ewig unabgenglich meß mit einem priester wolbesorget in der lütkilchen ze Bern* ein, *iro und iro vordren selen zetrost*, d. h. zum Trost der eigenen Seelen und der Seelen der eigenen Vorfahren[26].

Das Besondere an Doktor Frickers Kaplanei war nun, daß sie zwar von einer Privatperson finanziert wurde, die Früchte daraus aber dem Seelenheil der ganzen Stadt zugute kommen sollten. Gemäß Gründungsbrief sollten am Altar *wuchlichen fünff mässen durch ein eignen caplan* gelesen werden, zum Wohl *von allen glöubigen selen, unnd z̊uvor an unnsern liebenn altvordern unnd allenn denen, so in unnser stat usß diserm ellend gescheyden unnd in gnaden sind oder hinfur z̊u ewige zytten scheyden*[27]. Sein eigenes Heil spricht Fricker dagegen nicht an, wobei offen bleibt, ob er mit den *Altvordern* speziell nur seine Eltern oder die früheren Generationen im allgemeinen meinte. Zwölf Jahre später, in seinem Testament, erweitert sich zwar der Kreis der Nutznießer. Jetzt nennt Fricker nicht nur die Seelen der Stadt Bern, sondern auch jene von Brugg oder andernorts, ebenso seine Eltern und seine Gattin; die eigene Person bleibt aber auch hier außer acht. Für seine private Jenseitsvorsorge richtete Fricker in seiner Heimatstadt Brugg eine besondere Familienkapelle ein. Die zugehörige Gült zum Unterhalt der Jahrzeit war zwanzigmal kleiner als jene des Allerseelenaltars in Bern[28]. Immer am Todestag seiner ersten Frau (19. Februar) sollte mit den zwei Gulden Kapitalertrag ein Programm bestritten werden, das folgende Auslagen vorsieht:

Jährliche Gült: 2 Gulden = 4 Pfund = 80 Schilling	80 Schilling
Jedem Priester, für gehaltene Vigil, Messe und Gang über die Gräber	6 Schilling
für das Licht vor dem Niklausbild	6 Schilling
dem Schulmeister	6 Schilling
dem Sigrist für seine Arbeit und den Weihrauch	5 Schilling
für Almosen an die Sondersiechen von Brugg	2 Schilling
für die Kranken in Brugg	Rest, wenn etwas bleibt.

25 Vgl. Emil Meier, Das Tellbuch der Stadt Bern vom Jahre 1494. In: Archiv des Historischen Vereins des Kantons Bern 30 (1929) 147–224, Tabelle über die *Verteilung der Steuerpflichtigen nach der Höhe ihrer Schatzungen [...]*.

26 Türler, Altäre (wie Anm. 19) 75.

27 Oberes Spruchbuch R, Staatsarchiv Bern, A I 322, 412.

28 Tobler, Testament (wie Anm. 16) 59 f.

Wenn demnach die Jahrzeit mit zehn Priestern begangen wurde, verblieb den Kranken ein einziger Schilling, sank die Zahl der Priester, so stieg der Anteil für die Kranken entsprechend. Außer dieser Krankengabe und der Spende an die *Sondersiechen von Brugg* enthält Frickers Testament keine soziale Zuwendungen. Das ist erstaunlich, denn normalerweise umfassen größere Vermächtnisse in frommer Absicht[29] nicht nur die Förderung der Gottesdienste und der Kirchenausstattung, sondern auch Unterstützungsbeiträge für die Bedürftigen. Es scheint, daß Fricker seine soziale Verantwortung dadurch wahrnahm, daß er den Armen Seelen seiner Stadt Sorge trug. Sein Verständnis entsprach der allgemeinen Entwicklung des Seelgerätes. Wie Eberhard Bruck dargelegt hat, war dieses aus dem sozialen Erbrecht der Kirchenväter erwachsen[30]. Es ging um die Auslegung der Antwort, welche Christus dem reichen Jüngling erteilte: *Willst du vollkommen sein, so geh hin, verkauf alles was du hast, und gib es den Armen, so wirst du einen Schatz im Himmel haben; und komm und folge mir nach* (Mt. 19,21). Eine vollkommene Befolgung dieses Gebots hätte ein Mönchsleben gefordert. Um den gegebenen Verhältnissen vermögender Christen entgegen zu kommen, hatten die Kirchenväter im Westen als Kompromiß die Sohnesquote vorgeschlagen. Der Testator sollte Christus zu seinen Söhnen zählen und ihm einen entsprechenden Teil der Hinterlassenschaft in Form von Almosen übergeben. Als aus solchen Vermächtnissen das *Kirchengut* entstand, blieb seine Verwendung jedoch nicht auf die soziale Fürsorge beschränkt, sondern wurde bald auch für den Unterhalt von Priester und Kirchengebäude eingesetzt[31].

Die Altardisposition im Berner Münster

Fricker schuf demnach in Bern für alle Bürger, gleich ob sie schon verstorben oder noch am Leben waren oder erst in künftigen Zeiten zur Welt kommen sollten, eine Messe, die ihnen ungeachtet ihres Standes oder Vermögens im Fegefeuer Hilfe bringen sollte. Als er daran ging, seine Stiftung zu errichten, waren die Seitenkapellen des Berner Münsters

---

29 M. G. di Renzo Villata, Causae piae. In: Lexikon des Mittelalters 2 (1983) Sp. 1586 f.

30 Vgl. zum folgenden Eberhard F. Bruck, Kirchenväter und soziales Erbrecht. Wandlungen religiöser Ideen durch die Rechte der östlichen und westlichen Welt. Berlin – Göttingen – Heidelberg 1956; Christine Göttler – Peter Jezler, Das Erlöschen des Fegefeuers und der Zusammenbruch der Auftraggeberschaft für sakrale Kunst. In: Christoph Dohmen und Thomas Sternberg (Hrsg.), ... kein Bildnis machen. Kunst und Theologie im Gespräch. Würzburg 1987, bes. 121–127.

31 H.-H. Becker, Kirchengut. In: Handwörterbuch zur deutschen Rechtsgeschichte 2 (1974) Sp. 753–761.

schon seit einigen Jahren durch private Patronate besetzt. Seit 1470 war man dazu übergegangen, auch an den Langhauspfeilern Privat- und Gesellschaftsaltäre anzubringen[32]. Doch an einen solchen Ort scheint Fricker ohnehin nicht gedacht zu haben, denn die Entwicklung der Altardisposition läßt erkennen, daß mit der Allerseelenpfründe ein schon Jahrzehnte zuvor begonnener Prozeß zum Abschluß geführt werden sollte. Wir müssen annehmen, daß die Berner Obrigkeit mit dem Neubau ihres Münsters und seiner Erhebung zur Stiftskirche auch eine Neuordnung jener Altäre beabsichtigte, denen öffentlicher Charakter eigen war. Den Stiftsherren oblag die Pflicht der täglichen Meßfeier an drei Altären, nämlich am Hochaltar, der dem Stiftspatron Vinzenz geweiht war, sowie am Pfarr- und am Kreuzaltar[33]. Daß der Kult am Hochaltar dem Kapitel zukam, bedarf keiner weiteren Erläuterung. Aufschlußreich ist hingegen die Betrachtung der Verhältnisse am Pfarr- und am Kreuzaltar: Sie befanden sich zusammen mit jenem Altar, auf dem Fricker seine Allerseelenkaplanei errichten wollte, in einer Linie am Choreingang (vgl. Abb. 13). Ihre vorzügliche Stellung zwischen Laienhaus und Chor wurde im frühen 16. Jahrhundert durch den Bau eines Lettners ausgezeichnet, von dem sich ein Riß mit Niklaus Manuel zugeschriebenen Figuren im Historischen Museum Bern erhalten hat (Abb. 14)[34]. Überblickt man die ganze Disposition, so berührt es eigenartig, daß die Chorherren nur den mittleren und den (vom Schiff her gesehen) rechten Altar am Choreingang zu bedienen hatten, nicht aber den linken, der gleichermaßen einen offiziellen Platz einnahm. Das Phänomen läßt sich möglicherweise aus der Entwicklung der Patrozinien erklären: Während der Kreuzaltar, seit seiner ersten Nennung 1453 das Patrozinium unverändert beibehielt[35], wechselte jenes des Pfarraltars: 1453 lautete es

[32] Zu den Altären des Berner Münsters vgl. Türler, Altäre (wie Anm. 19) 72–118; ebenso Heinrich Türler, Die Kapellen und die Altäre des Münsters vor der Reformation. In: Gustav Grunau (Hrsg.), Festschrift zur 500jährigen Feier der Grundsteinlegung des Berner Münsters 1421/1921. Bern 1921, 54–79; Mojon, Berner Münster (wie Anm. 8), bietet mit Abb. 8 einen übersichtlichen Plan der vorreformatorischen Altardisposition.

[33] Vgl. Tremp-Utz, St. Vinzenz in Bern (wie Anm. 13) 88.

[34] Zum Lettner vgl. Niklaus Manuel Deutsch (wie Anm. 9) 307–309, Nr. 141 (Hans Christoph von Tavel).

[35] Im oberdeutschen Raum findet sich die seitliche Lage des Kreuzaltars verschiedentlich, so auch im Konstanzer Münster (vgl. Peter Jezler, Gab es in Konstanz ein ottonisches Osterspiel? Die Mauritius-Rotunde und ihre kultische Funktion als Sepulchrum Domini. In: Variorum Munera Florum. Latinität als prägende Kraft mittelalterlicher Kultur. Festschrift für Hans F. Haefele zu seinem sechzigsten Geburtstag, hrsg. von Adolf Reinle, Ludwig Schmugge und Peter Stotz. Sigmaringen 1985, 91–128, bes. 98). Im Zürcher Großmünster lag der Kreuzaltar seitlich des Cho-

noch auf Katharina, änderte aber vor 1470 auf den Namen Mariens. Der Marienaltar war es nun, welcher in zentraler Achse alle übrigen Altäre des Laienhauses dominierte. Katharina wurde dagegen auf den linken Altar versetzt, und Nikolaus, dem dieser Altar bisher geweiht war, wurde vermutlich vom Choreingang weg an den alten Turm verlegt[36]. Als dann die schon erwähnten Meßpflichten der Chorherren aufgezeichnet wurden, schenkte man dem seitlichen Katharinen-Altar geringere Aufmerksamkeit und verzichtete darauf, ihn in den Kult des Kapitels aufzunehmen. Wenn man der Disposition der Patrozinien bildhafte Bedeutung zugesteht[37], so wirkt die Linie *Katharina - Maria - Heiliges Kreuz* zufällig und besitzt keinen programmatischen Anspruch. Es scheint, als ob man mit dem Patrozinienwechsel am Pfarralter (Maria für Katharina) den Anfang zu einer vornehmeren Altardisposition gemacht hätte, aber aus unbekannten Gründen vorerst nicht dazu kam, sie auch auf dem (vom Schiff gesehen) linksliegenden Altar zu verwirklichen. Mit der Allerseelenkaplanei von Thüring Fricker erhielt das Münster 1505 jedoch einen Altarplan, welcher der zeitgenössischen Frömmigkeit entsprach: Der Stadtpatron Vinzenz beanspruchte den Hochaltar im Chor für sich. Vor ihm verteilten sich in den Seitenkapellen und auf den Altären der Langhauspfeiler die privaten Patrone der vornehmen Geschlechter und Berufsverbände und stimmten für ihre Stifter ein in den Chor der Fürbitte. Ihnen gegenüber stand unter dem Lettner die Linie der drei Altäre mit öffentlichem Charakter. Im Pfarraltar hatte die Muttergottes ihren Sitz. Sie befand sich in der zentralen Achse des Laienhauses und stand gleichsam als edelste Fürbitterin zwischen allen gläubigen Seelen der Stadt Bern (auf dem linken, von Fricker gestifteten Altar) und dem Erlösung bringenden Kreuz (auf dem rechten Altar). Frickers Stiftung gewann somit kommunalen Charakter. Sie schloß die ganze städtische Gesellschaft in jenen Erlösungsplan ein, der durch die Altardisposition des Berner Münsters zum Ausdruck kam. Alle Gesellschaftsschichten waren nun ihrem sozialen Stand entsprechend in die Jenseitsvorsorge eingeschlos-

---

res auf der Nordempore (vgl. Daniel Gutscher, Das Großmünster in Zürich. Eine baugeschichtliche Monographie (Beiträge zur Kunstgeschichte der Schweiz 5) Bern 1983, 137).

36 Türler, Kapellen (wie Anm. 32) 67.

37 Zum Begriff und zur inhaltlichen Bedeutung von Altardispositionen vgl. Günther Bandmann, Früh- und hochmittelalterliche Altaranordnungen als Darstellung. In: Das erste Jahrtausend, hrsg. von Victor H. Elbern, 3 Bde. Düsseldorf 1962, Bd. 1, 371-411. - Daß auch im Spätmittelalter darstellende Altardispositionen gesucht werden, zeigt der Fall des Domes von Siena: Kees van der Ploeg, Architectural and Liturgical Aspects of Siena Cathedral in the Middle Ages. In: Henk van Os, Sienese Altarpieces 1215-1460. Groningen 1984, 105-155.

sen, sei es individuell über die Privataltäre, sei es kollektiv über die Allerseelenkaplanei.

Die Schenkung an die Stadt

Schultheiß und Räte zeigten sich hocherfreut, als Fricker ihnen am 10. Februar 1505 seine großzügige Schenkungsabsicht eröffnete und sie um Erlaubnis bat, mit ihrem *begünsten, wüssen und zůlassen* die Pfründe zu errichten[38]. Es war eine Sache des Gemeinwohls, wenn die ganze Stadt an den fünf wöchentlichen Messen teilhaben durfte. Daß die Obrigkeit zu solchem Ansinnen die Einwilligung erteilen würde, stand außer Zweifel. Sie achtete sich dessen *gegen gott unnd der zyt pflichtig* und wollte *mit hochen begierden* darauf achten, daß Frickers Plan *zů fürgang komme* und ihm ein erfolgreicher Abschluß beschieden sei.

Fricker wurde im Gegenzug Testierfreiheit gewährt. Darüber hinaus gewährten ihm Schultheiß und Räte, daß er aus den Wäldern der Herrschaft Schenkenberg *brenn- und bůholtz zů sin selbs bruch mag nämen, howen unnd hinfüren lassen, ouch in bemeldter unnd andern unnsern gräffschafft unnd herrschaften die zyt sins lebens jagen, vischen, voglen unnd hetzen durch sich selbs oder welichen er sölichs in sinem namen bevilcht, wo, wann, wievil unnd dick er wil.* Ein solch großzügiges Regierungsgeschenk muß als Verdankung für eine Wohltat dem Gemeinwesen gegenüber verstanden werden. Es verdeutlicht noch einmal den kommunalen Wert, der Frickers Allerseelenstiftung zugemessen wurde.

Das Bildprogramm

Fricker schmückte den Allerseelenaltar mit einem Flügelretabel und gestaltete ein Bildprogramm, das ihm für die Präsentation seiner Stiftung angemessen schien. Im Folgenden geht es um die Frage, ob und in welcher Weise der kommunale Charakter von Frickers Stiftung auch visuell zum Ausdruck kommt und damit der Öffentlichkeit der Kirchgänger vorgeführt wurde. – Anshelms Erwähnung von Holzskulpturen (der *kostlichen, geschnezten toten*) und die Ikonographie der erhaltenen Flügel geben Anhaltspunkte für eine Rekonstruktion von Schrein und Predella: Armenseelenbilder finden sich in der Regel an den Flügeln von Altarretabeln und erscheinen bevorzugt in Verbindung mit Altarpatrozinien, in denen die Themen der Fürbitte, der Vier Letzten Dinge und der Buße angesprochen werden, also etwa bei Marien-, Gerichts- und Pestaltären[39].

---

[38] Das Folgende nach dem oberen Spruchbuch R, Staatsarchiv Bern, AI 322, 412 f.

[39] Die Ikonographie des Fegefeuers ist erst in Ansätzen erarbeitet. Vgl. dazu W. Braunfels, Fegefeuer. In: Lexikon der christlichen Ikonographie 2 (wie Anm. 5) 1970, Sp. 16–20; Karl Künstle, Ikonographie der christlichen Kunst I. Freiburg im Breisgau 1928, 523.

Normalerweise ist in einer unteren Bildzone das Fegefeuer wiedergegeben; für den Hochaltar der ehemaligen Marienkirche in Wimpfen am Berg[40] und für den nur literarisch überlieferten *Allerseelenaltar* der Bäkker in der Pfarrkirche von Biberach sind Darstellungen der leidenden Armen Seelen als Schnitzwerk in der Predella bezeugt[41]. – Auch die geschnitzten Totenfiguren, die Anshelm an Frickers Altar beobachtete, könnten sich in der Sockelzone des Schreins oder in der Predella befunden haben. Möglicherweise widerspiegelt jene Marientafel, welche auf dem Flügel mit der *Geistermesse* abgebildet ist (Abb. 12), den Inhalt des realen Schreins von Frickers Retabel[42].

Frickers Bestreben, das Seelenheil der ganzen Stadt Bern zu sichern, erweist sich in der Argumentation der Bilder nicht als rein altruistische Handlung: die Darstellungen thematisieren nämlich das Gegengeschenk der Toten an ihren Wohltäter und illustrieren damit die Lehre vom Verdienst durch Gute Werke. – Anshelm scheint auf eine literarische Vorlage anzuspielen, wenn er davon spricht, daß *der listig tufelsch engel siner trom exempelbuch und ler fest und unversert behielt.* Im Wortgebrauch Luthers und anderer Reformatoren erhielt *Traum* oder *Gespenst* oft die Bedeutung einer vom Teufel bewirkten Täuschung[43]. Als Träume oder Fabeln bezeichneten die Reformatoren wie später auch katholische Reformer vorzugsweise jene kirchlichen Glaubenstatsachen, die nicht streng auf historischer biblischer Wahrheit beruhten und die man durch Exempel oder andere Mittel christlicher Rhetorik zu bekräftigen suchte[44]. – Den Stoff für seine Darstellungen hat Fricker in der Tat einem erstmals 1481 in Deventer gedruckten Exempelbuch entnommen, dem *Speculum*

---

[40] Künstle, Ikonographie (wie Anm. 39) 523.

[41] Die zwischen 1531 und 1540 verfaßte Beschreibung des Allerseelenaltars lautet: *Ist im Corpus gesein Unser Lieben Frawen Chrönung mit Gott dem Vatter und dem Sohn und dem Hayligen Gaist, und daneben geringsumb Engel; in den Fligel der Engelisch Gruos, und geburth Jesu, die hayligen drey Khönig, beschneidung, und alles wohl usgeschnitten, und Flach gemöldt, und im Sarch die Seelen im Fegfeür [...]. Der Alltar ist geweicht in der Ehr Allerglaubigen Seelen unnd Annderer Hayligen.* A. Schilling (Hrsg.), Die religiösen und kirchlichen Zustände der ehemaligen Reichsstadt Biberach unmittelbar vor der Einführung der Reformation (Freiburger Diöcesan-Archiv 19) Freiburg im Breisgau 1887, 29.

[42] Eventuell bezog sich das Mittelbild auch auf das alte Katharinenpatrozinium.

[43] Vgl. dazu Jacob und Wilhelm Grimm, Deutsches Wörterbuch 21. 1935 (Nachdruck 1984) Sp. 451.

[44] Johannes Kessler beispielsweise spricht um 1530 von der *wunderbarlich fabel [...] von dem fegfür* und *weis nit, ob sy die uß dem VI. buch Eneas. Vergilii [Vergils Gang in die Unterwelt] erlernet oder uß aignem trom erdicht habend.* In: Johannes Kesslers Sabbata mit kleineren Schriften und Briefen, hrsg. von Emil Egli und Rudolf Schoch. St. Gallen 1902, 50.

exemplorum, das eine kürzlich erschienene Studie[45] als Höhepunkt der mittelalterlichen Exempelsammlungen gewürdigt hat.

Die literarischen Vorlagen Frickers

Daß Fricker den großen Nutzen seiner Stiftung mit Hilfe von zwei Exempeln zu beweisen suchte, zeugt von seiner Absicht, den besonderen Charakter seiner Stiftung einer breiteren Öffentlichkeit erklärlich zu machen. – Exempel sind kurze, möglichst authentische, glaubhafte und wahrscheinliche Geschichten, die zu einem belehrenden oder erbaulichen Zweck in eine größere Rede, meist in eine Predigt, eingeschoben werden[46]. Die Kirchenlehrer und die mittelalterlichen Theologen haben den *Exempla* im Vergleich mit den *Verba* einen höheren Grad an Persuasion in Glaubenssachen zugemessen[47]. Dabei wurden den verschiedenen rhetorischen Figuren oft idealtypisch zwei oder drei soziale Gruppen zugeordnet:[48] Das Exempel war das angemessene Mittel für die Unterweisung und Erbauung der einfachen Leute oder der Laien, während den theologisch Gebildeten die christlichen Wahrheiten mittels der Allegorie nahegebracht wurden[49].

Das *Speculum exemplorum* war die erste im Druck verbreitete Exempelsammlung überhaupt und, wie die Zahl der Nachdrucke und Neuauflagen zeigt, außerordentlich erfolgreich[50]. Auf den Erstdruck in De-

---

[45] Claude Brémond, Jacques Le Goff und Jean-Claude Schmitt, L'*Exemplum* (Typologie des sources du moyen âge occidental 40) Turnhout 1982, 63.

[46] Zu einer Theorie des *Exemplum* vgl. Ernst Robert Curtius, Europäische Literatur und lateinisches Mittelalter, 3. Aufl. Bern – München 1948, 67–70; Rudolf Schenda, Stand und Aufgaben der Exemplaforschung. In: Fabula 10 (1969) 69–85; Jacques Berlioz, Le récit efficace: L'Exemplum au service de la prédication (XIIIe–XVe siècles). In: Mélanges de l'école française de Rome 1980 (Moyen Age – Temps Modernes) 113–146; Brémond, Le Goff und Schmitt (wie Anm. 45), bes. 27–42, 154–164.

[47] Vgl. dazu etwa Brémond, Le Goff und Schmitt, Exemplum (wie Anm. 45) 49.

[48] Johannes Anglicus beispielsweise schreibt Vergil die Erfindung eines dreifachen Stiles (stilus triplex) zu, der den drei Ständen der *curiales*, *civiles* und *rurales* entspricht, die sich in *personis*, in *exemplis* und in *ethimologiis* ausdrücken. Vgl. dazu Giovanni Mari, Poetria magistri Johannis anglici de arte prosayca metrica et rithmica. In: Romanische Forschungen 13 (1902) 888.

[49] Vgl. dazu etwa Ars de modo predicandi (14. Jahrhundert). Zitat in: J.-Th. Welter, L'*exemplum* dans la littérature religieuse et didactique du moyen-âge. Paris – Toulouse 1927 (Nachdruck Genf 1973) 77: *Secundum erit aliquam dulcem exponere allegoriam et aliquid iocundum enarrare exemplum ut eruditos delectaret allegorie profunditas et simplices edificet exempli levitas et habeant utrique quod secum reportent.*

[50] Bonaventura Kruitwagen, Het *Speculum exemplorum*. In: Bijdragen voor de Ge-

venter vom 2. Mai 1481 folgten ein Kölner Druck (1485), drei oder vier Straßburger Editionen (1487, 1490, 1495, 1497?) und zu Beginn des 16. Jahrhunderts weitere vier oder fünf Drucke bei Heinrich Gran in Hagenau (1505?, 1507, 1512, 1515, 1519)[51]. – Kruitwagen, der dem *Speculum exemplorum* zwei längere Studien gewidmet hat, weist überzeugend nach, daß die Exempelsammlung im Umkreis der *Devotio moderna* entstanden war[52] und der Verfasser wohl den *Brüdern vom gemeinsamen Leben* oder der *Windesheimer Kongregation* nahestand. Die in der *Devotio moderna* geförderte Frömmigkeit findet im *Speculum* ihren Ausdruck: Vor dem lateinkundigen Kleriker ist eine Fülle von Erzählungen ausgebreitet, die ihm erlaubt, ein Laienpublikum mit Hilfe entsprechender Geschichten zu intensiver Frömmigkeit zu begeistern.

Daß Fricker aus der Fülle der Exempel ausgerechnet die Geschichten der Geistermesse und des Totenheeres wählte, läßt sich unter Benutzung der Register des *Speculum* leicht nachvollziehen. – Wie besonders Schmitt betont hat, ist das umfangreiche Material (es handelt sich insgesamt um 1266 Exempel) mit Hilfe modernster Ordnungsverfahren erschlossen[53]. Die Exempel sind aufgrund ihrer literarischen Quelle nach

schiedenis van het Bisdom van Haarlem 29 (1905) 329–453; ders., Le Speculum exemplorum (Deventer 1481) entre les mains de Savonarole a Brescia. In: Miscellanea Giovanni Marcati IV (Studi e Testi 124) Città del Vaticano 1946, 209–244. – Weitere Literatur zum *Speculum* in chronologischer Folge: Welter (wie Anm. 49) 386–391; Juliane Matuszak, Das Speculum exemplorum als Quelle volkstümlicher Glaubensvorstellungen des Spätmittelalters (Quellen und Studien zur Volkskunde 8) Siegburg 1967; Rainer Alsheimer, Das Magnum Speculum Exemplorum als Ausgangspunkt populärer Erzähltraditionen. Studien zu seiner Wirkungsgeschichte in Polen und Rußland (Europäische Hochschulschriften XIX/3) Bern – Frankfurt am Main 1971, bes. 17–19, 189–190; Jean-Claude Schmitt, Recueils franciscains d' *Exempla* et perfectionnement des techniques intellectuelles du XIIIe au XVe siècle. In: Bibliothèque de l'école des chartes 135 (1977) 5–21, bes. 15–17; Brémond, Le Goff und Schmitt, Exemplum (wie Anm. 45), bes. 62–63, 66–67.

51 Bis zum Ende des Jahrhunderts wurde die Sammlung nicht wieder aufgelegt. Luthers Auftreten hatte den Buchhandel stark verändert, und in den Zentren des Buchdrucks wie Straßburg und Hagenau vertrieb man reformatorisches Schrifttum mit weit größerem Absatz. – Einen zweiten Erfolg verzeichnete das *Speculum* allerdings im 17. Jahrhundert. Der Jesuit Johannes Major legte 1603 in Douai die Sammlung unter dem Titel *Magnum speculum exemplorum* neu auf, bereichert um 137 neue Exempel. Bis 1747 erschienen ca. 27 Drucke, 11 davon in Douai, 2 in Anwerpen, einer in Venedig und 13 in Köln. 1612 wurde die Exempelsammlung erstmals in polnischer Übersetzung in Krakau gedruckt, und zu Ende des 17. Jahrhunderts ließ Peter der Große sie ins Russische übertragen. – Vgl. dazu Alsheimer, Magnum Speculum (wie Anm. 50) 190–197.

52 Vgl. dazu Kruitwagen, Le Speculum (wie Anm. 50) 229 f.

53 Zum folgenden vgl. Schmitt, Recueils franciscains (wie Anm. 50) 15–17.

zehn Distinktionen geordnet und innerhalb dieser Distinktionen numeriert. Vorne eingebunden ist ein alphabetischer Index nach Stoffen, der auf 106 Spalten die Hauptbegriffe der Glaubenslehre und des geistlichen und sittlichen Lebens aufreiht. Unter diesen Hauptbegriffen sind die einzelnen Exempel in der Form von Überschriften notiert, welche normalerweise die Hauptfiguren, den Handlungsraum und die Lehre der einzelnen Exempel nennen. – Vorstellbar ist, daß Fricker, als er seine Armen Seelen-Tafel plante, unter der Rubrik *Defuncti* nachschlug: Die insgesamt 32 Einträge lassen sich nach drei Hauptthemen ordnen[54]. Die umfangreichste Gruppe mit elf Titeln behandelt die *Erlösungsbedürftigkeit der Toten*:[55] Verstorbene begehren von ihren Verwandten oder den Angehörigen ihrer Ordensgemeinschaft heilbringende Gebete und Messen; sie geben Bescheid, wenn die erbrachten Leistungen noch nicht genügen[56] und bedrohen diejenigen, welche ihnen Hilfe versagen[57]. Der Leser wird am Schluß angehalten, unter den Rubriken *Gebet*, *Messe* und *Fegefeuer* nach weiteren Beispielen zu suchen[58]. – Bei neun Titeln steht das Thema der *geglückten Erlösung* im Vordergrund; Heilige, wie der Begründer des Allerseelentages Abt Odilo von Cluny (962–1048), Johannes von Alvernia, Wichmann (gest. am Allerseelentag 1270) oder der irländische Erzbischof Malachias (um 1095–1148), befreien durch ihre Verdienste die Seelen von der Pein[59] oder bewirken zumindest eine Reduktion der Fe-

[54] Zu einem Katalog der Totensagen vgl. auch Ingeborg Müller und Lutz Röhrich, Der Tod und die Toten. In: Deutsches Jahrbuch für Volkskunde 13 (1967) 346–397.

[55] Titelbelege: Dem seligen Bernhard wird vom Herrn zugerufen, daß er mit den üblichen sieben Psalmen seine tote Mutter noch nicht erlöse (3/6); Die Seele eines Verstorbenen begehrt, daß ihr durch die Gebete der Brüder geholfen werde (3/46); Ein verstorbener Soldat bat, daß ihm durch Messen und Gebete geholfen werde (4/62); Der verstorbene Kaiser Otto verlangte, daß man fromme Gebete für ihn verrichten sollte (5/120); Ein Verstorbener greift einen Toten hart an, der sich geweigert hatte, sein Pferd den Armen zu geben (5/121); Ein Priester, der einem Verstorbenen nicht durch Gebete hilft, wird von einem Dämon geschlagen (6/98); Die Seelen von Verstorbenen fordern von ihren Erben Hilfe (7/55); Die Seelen von Verstorbenen verlangen, daß ein bestimmter Bruder für sie die Totenmesse zelebriere (7/71); Man soll den Toten nichts vorenthalten, sondern ihnen besser helfen; auch vermögen die Gebete der Gerechten mehr als die der Unfrommen (8/67); Verstorbene Brüder beklagen sich, daß sie immer noch in der Strafe verharren, weil die lebenden Brüder die Vigilien und andere Gebete nicht in Frömmigkeit verrichten (9/142); Ein Bischof, der einen, der oft das Totenoffizium las, daran hinderte, wird auf seinem Gang über den Friedhof von den Toten mit einer scharfen Drohung erschreckt (9/185).

[56] Vgl. 3/6.

[57] Vgl. 5/121, 6/98, 9/142, 9/185.

[58] *Wie den Verstorbenen geholfen werden kann, siehe unter Gebet, Messe und Fegefeuer.*

[59] Die Seelen der Verstorbenen werden vom Hl. Odilo und seinen Brüdern aus den

gefeuerstrafe[60]. – Ein dritter kleinerer Themenkomplex mit sechs Titeln enthält Berichte über *Tote, welche sich für die Leistungen der Lebenden dankbar erweisen.* – Auf die sechs weiteren Einzelmotive brauchen wir nicht einzugehen[61]. Fricker entschied sich für die Gruppe der dankbaren Toten, und das, wie gezeigt werden soll, nicht ohne Grund. Die Titel der Geschichten lauten:

1. Mit welcher Gefälligkeit einem, der täglich über den Friedhof ging und die Seelen der Verstorbenen Gott empfahl, diese Tat nach seinem Tod von den Seelen vergütet wurde (3/64).
2. Die Seelen der Verstorbenen befreiten einen Soldaten, der die Gewohnheit hatte, für sie zu beten, aus den Händen der Feinde (3/65).
3. Arme Seelen respondierten einem Priester, der für sie betete, mit *Amen* (3/66).
4. Einer, der täglich Messen für die Verstorbenen las, erblickte zahlreiche Hände von Seelen, die ihn öffentlich in Treuen zu ihrem Bischof wählten (5/118).
5. Die Seele eines Verstorbenen, welcher gerne die Beichten der Armen anhörte, wurde durch die Tränen jener Armen aus dem Fegefeuer geholt (7/68).
6. Der Fürst Eusebius, der den Seelen der Verstorbenen mit Messen und

---

Händen der Dämonen befreit (4/43); Die Seele des verstorbenen Papstes Benedikt wird durch die Verdienste des Hl. Odilo aus dem Fegefeuer befreit (4/44); Die Seele eines Verstorbenen, welche ihre Buße noch nicht abbezahlt hatte, wird von der Strafe befreit, als diese erstattet war (5/123); Die Seele eines abtrünnigen Verstorbenen konnte mit Hilfe der Bitten von Frommen zweitausend Jahre Fegefeuer in zwei Jahre verwandeln (6/6); Die Seele eines Verstorbenen wird nach hundert *Pater noster* des Bruders Konrad von den Strafen befreit (7/15); Als Johannes von Alvernia zelebrierte, sah er unzählige Seelen von Verstorbenen zum Himmel hinauffliegen (7/39); Die Seele eines Verstorbenen wird durch eine einzige Messe von fünfzehn Jahren Fegefeuer befreit (7/53); Dreiunddreißig Seelen wurden durch die Verdienste des sterbenden Hl. Wichmann vom Fegefeuer befreit (7/57); Malachias befreite seine verstorbene Schwester durch fromme Messen aus dem Fegefeuer (8/46).

[60] Vgl. 6/6; 7/53.

[61] Das unheimliche Geisterheer (4/61: Man sah Seelen von Verstorbenen auf höllischen Pferden reiten). – Das zu tief betrauerte tote Kind (5/119: Eine Mutter, die den Tod ihres Sohnes unmäßig beweint, wird ermahnt, daß sie ihre Tränen in Messen für ihn fließen läßt). – Die Rettung aus dem Fegefeuer mittels einer goldenen Angel (9/143: Ein Knabe sieht, wie die Seele seiner verstorbenen Mutter an einer goldenen Angel aus dem Fegefeuer gezogen wird). – Die unmögliche Erlösung wegen einer Todsünde (9/148: Ein Sohn kann der Seele seines verstorbenen Vaters nicht helfen, da er in Todsünde lebte). – Angemessene Begräbnissitten (7/95: Ein demütigeres Leichenbegängnis führt normalerweise zum Seelenfrieden, ein prunkvolleres bisweilen zur Strafe). – Der Ursprung des Totengedächtnisses (8/44, 8/63: Warum das Totengedächtnis eingesetzt wurde).

Almosen beistand, wird durch deren Hilfe vom Feind befreit und zur Beharrlichkeit ermahnt (9/184).

Fricker wählte die Exempel 1 (Dist. 3/64) und 6 (Dist. 9/184)[62]. In Exempel 1 feiern die Armen Seelen für einen eben verstorbenen Laien, der stets ihrer gedachte, eine Messe und verhelfen ihrem Wohltäter so zu einer raschen Aufnahme in den Himmel. Im Text steht die Handlung der Toten in einem auffälligen Kontrast zur Haltung des zuständigen Geistlichen. Dieser weigert sich aus Trägheit, zur späten Stunde aufzustehen und den frommen Mann mit den Sterbesakramenten zu versehen; er schickt an seiner Statt einen Diakon aus, der zum Zeugen des Geschehens wird. – Beispiel 6 handelt vom Fürsten Eusebius, der in seiner Lieblingsstadt, *civitas Dei* genannt, den zehnten Teil aller Reichseinkünfte der Sorge für die Armen Seelen und den lebenden Armen zuteil werden läßt. Die Toten entgelten die Suffragien des Fürsten mit militärischer Hilfe gegen eine feindliche Besetzung.

Irdische Gerechtigkeit und ewiger Lohn sind die Gegengeschenke der Toten, auf die ein frommer Bürger und ein christliches Gemeinwesen, welches die Verstorbenen in Ehren hält, rechnen dürfen. – Fricker hat zwei Exempel ausgewählt, welche ein städtisches Publikum und eine im Kriegswesen erfahrene Bürgerschaft ansprechen mußten. Die drei Kleriker-Geschichten (Beispiele 3, 4, 5) schieden aus. Vor der Waffenhilfe der Toten an einem Einzelnen (Beispiel 2) bevorzugte Fricker das Exempel der *civitas Dei*, in dem das Wohl einer ganzen Stadt verteidigt wird (Beispiel 6).

Die Sagen der Geistermesse und der Waffenhilfe der Toten sind in mehreren Versionen überliefert, die sich nur zum Teil mit denjenigen des *Speculum* in Verbindung bringen lassen. Das Eusebius-Exempel, das Fricker benutzte, zeigt auffallende Ähnlichkeiten mit einer Geschichte im *Bienenbuch* des Thomas Cantipratanus (gest. um 1290)[63]. – Daß Tote die Hilfe der Lebenden gerne mit kriegerischem Beistand zurückzahlen, war in der spätmittelalterlichen Literatur keineswegs ein anstößiger oder superstitiöser Gegenstand[64]. Selbst der reformerisch gesinnte Straß-

---

[62] Beide Exempel sind im Anhang ediert und übersetzt.

[63] Thomas Cantipratanus, Bonum universale de apibus II, 53 §30. – Das Exempel ist in dt. Übersetzung wiedergegeben in: Alexander Kaufmann, Thomas von Chantimpré. Köln 1899, 129–130; vgl. dazu auch Joseph Klapper, Exempla aus Handschriften des Mittelalters (Sammlung mittellateinischer Texte 2) Heidelberg 1911, Nr. 39, 33–34 (Hs. 15. Jahrhundert, Sagan, Bibliothek der Augustiner-Chorherren, IV.Q.166).

[64] Zum Motiv der Geistermesse: Motif-Index of Folk-Literature, revised and enlarged edition by Stith Thompson II. Kopenhagen 1956. Nr. E 341; Hans Wieser, Die dankbaren Toten. Ein Beitrag zur Ikonographie der Armenseelen. In: Fest-

burger Humanist Geiler von Kaisersberg verwies in einer Predigt über das *Wütende Heer* vom 23. März 1508 auf diese Form der Gegengabe durch dankbare Tote[65]. – Die Waffenhilfe der Toten war gerade im eidgenössischen Raum durch Darstellungen in und an Beinhäusern verbreitet. Malereien einer mit Handwerksgerät bewaffneten Totenschar haben sich in der St. Jakobs-Kapelle in Basel (1449, Anfang 16. Jahrhundert restauriert)[66], im Beinhaus der Pfarrkirche von Muttenz (1523)[67], an der Außenmauer des Beinhauses St. Anna in Baar (um 1530)[68] und an der rechten Längswand des Zuger Michaelsbeinhauses (um 1530)[69] erhalten. Hier wurde gleichsam die psychische Kompensation für den hohen Blut-

---

schrift R. von Klebelsberg II (Veröffentlichungen des Museums Ferdinandeum 27/29) Innsbruck 1947/49, 491–501; Hain, Arme Seelen (wie Anm. 9) 54–64; Elfriede Moser-Rath, Arme Seele. In: Will-Erich Peuckert (Hrsg.), Handwörterbuch der Sage 1. Göttingen 1963, Sp. 628–641, bes. Sp. 632; Günther Thomann, Die Armen Seelen im Volksglauben und Volksbrauch des altbayerischen und oberpfälzischen Raumes. Untersuchungen zur Volksfrömmigkeit des 19. und 20. Jahrhunderts, Teile I, II, III. In: Verhandlungen des Historischen Vereins für Oberpfalz und Regensburg 110 (1970) 115–179, bes. 161–167; 111 (1971) 97–167, bes. 155–158; 112 (1972) 173–261; Lutz Röhrich, Dankbarer Toter. In: Enzyklopädie des Märchens 3. Berlin – New York 1981, Sp. 306–322, bes. Sp. 316–117.

65 Geiler von Kaisersberg, Emeis, dis ist das buoch von den Omeissen, Straßburg: Johann Grüninger 1517. Bl. 39b: *[...] so kummet es von den selen in dem fegfeur, die etwan erscheinen in einer sele, das sie hilff begeren von den lebendigen als wir vil exempel des hond [haben], etwan so erscheinen sie zů beschirmen ire diener vor iren feigenden [Feinden].* – Das Exempel, das Geiler im folgenden anführt, handelt von einem frommen Soldaten, der vor seinen Verfolgern auf dem Kirchhof Schutz sucht und von den Armen Seelen verteidigt wird. Es findet sich u. a. in der *Legenda aurea* (im Kapitel *Allerseelen*: Die Legenda aurea des Jacobus de Voragine. Aus dem Lateinischen übersetzt von Richard Benz. Heidelberg 1979, 845 f.).

66 Vgl. dazu C. H. Baer, Die Kunstdenkmäler des Kantons Basel-Stadt III. Basel 1941, 410–412 und Abb. 220 und 221.

67 Hans-Rudolf Heyer, Die Kunstdenkmäler des Kantons Basel-Landschaft 1. Der Bezirk Arlesheim. Basel 1969, 358 f und Abb. 399.

68 Linus Birchler, Die Kunstdenkmäler des Kantons Zug. Der Kanton Zug. Basel 1934, 72 f.

69 Linus Birchler, Die Kunstdenkmäler des Kantons Zug. Die Stadt Zug. Basel 1935, 122. – Weitere bildliche Zeugnisse: Kolberg, Dom, Gedächtnisbild des Siewert Granzin, Tafelbild, 1492; vgl. dazu Hans Buchheit, Beiträge zum Armenseelenkultus. In: Bayerischer Heimatschutz 30 (1934) 70 f. – Frankfurt an der Oder, Marienkirche, Tafelbild, um 1520. Ibid. – Lindenholzrelief, 71x67 cm, um 1520–1530, München, Bayerisches Nationalmuseum. – Hans Leinberger (zugeschr.): Lindenholzrelief, 45x62 cm, wohl Teil einer größeren Altartafel, Anfang 16. Jahrhundert, Kloster Scheyern. Vgl. zu den zwei letztgenannten Werken: Philipp Maria Halm, Altbayerische Totendarstellungen. In: Münchner Jahrbuch der bildenden Kunst 1 (1909) 143–159, Abb. 1 und 6.

zoll geschaffen, den das eidgenössische Kriegs- und Solddienstwesen im Spätmittelalter forderte.

Während das Thema der Waffenhilfe durch Verstorbene allgemein akzeptiert war, finden sich für das Motiv der Geistermesse in der Art, wie sie im *Speculum exemplorum* erzählt wird, weit weniger Belege[70]. Das Anstößige ist hier, daß die Armen Seelen selbst priesterliche Funktionen und sakramentale Gewalt ausüben. Sie treten als aktive Förderer des Seelenheils eines noch Lebenden oder eben erst Verstorbenen auf. Gerade daran aber hat sich in Bern laut Anshelm der Konflikt entzündet. – Normalerweise sind Lebende von der Geistermesse ausgeschlossen oder werden als unerwünscht abgewehrt. Bisweilen wurde die Geistermesse gar als ein furchteinflößendes Erlebnis erfahren, das anwesende Zeugen mit dem Tod bezahlen[71]. – Die Zimmerische Chronik dagegen berichtet von einem *herrlichen Amt* mit Gesang, Orgel- und Saitenspiel, das Nachtwächter in den fünfziger Jahren des 16. Jahrhunderts im hellerleuchteten Fraumünster in Zürich beobachtet haben[72]. Da im reformatorischen Zürich die Armen Seelen längst als böse Engel galten[73], wurden

---

[70] Vgl. zum Motiv allg. Motif-Index of Folk-Literature (wie Anm. 64) Nr. E 492; Bernward Deneke, Legende und Volkssage. Untersuchungen zur Erzählung vom Geistergottesdienst, Diss. phil. (masch.) Frankfurt am Main 1957; Thomann, Arme Seelen II (wie Anm. 64) 158–162; Ines Köhler, Geistermesse. In: Enzyklopädie des Märchens 5. Berlin – New York 1987, Sp. 933–939. – Vergleichbar mit der Fassung im *Speculum* ist lediglich eine bretonische Erzählung, auf die Köhler hinweist (Sp. 934): Während der Geistermesse gedenkt der Priester einer ohne geistlichen Zuspruch Sterbenden und bringt ihr danach die Sterbesakramente. F. M. Luzel, Légendes chrétiennes de la Basse-Bretagne 2. Paris 1881, 350.

[71] Vgl. dazu Gregor von Tours (gest. 594), In gloria confessorum 72, hrsg. von W. Arndt und Br. Krusch (M. G. Scr. rer. Meroving I) Hannover 1885, 790 f.: Tote, die sich nachts zum Psallieren in einer Kirche versammeln, töten einen Bürger, der trotz ihrer Warnung bleibt; Thietmar von Merseburg, Chronicon (11. Jahrhundert) hrsg. von Joh. M. Lappenberg und Friedrich Kurze (M. G. Scr. rer. German III) Hannover 1889, lib. I, cap. 7, 737: Tote verbrennen einen Kleriker zu Asche.

[72] Zimmerische Chronik IV, hrsg. von Karl August Barack, 2. verb. Aufl. Freiburg im Breisgau – Tübingen 1882, 113 f: *Also auch haben die scharwächter zu Zürich bei gar wenig jaren einsmals umb mitternacht ein herrlich ampt hören im Frawenmünster singen, als sie bedeucht hat, mit orgln und andern saitenspillen, und haben gesehen, das die kirch hell und voller angezünter liechter gewest, gleichwol die kirch beschlossen und sonst aller öde gestanden. Als sie des morgens der obrigkait fürbracht, ist inen stillschweigen uferlegt worden.*

[73] Vgl. dazu Dominik Landwehr, Gute und böse Engel contra Arme Seelen. Reformierte Dämonologie und die Folgen für die Kunst, gezeigt an Ludwig Lavaters Gespensterbuch von 1569. In: Hans-Dietrich Altendorf und Peter Jezler (Hrsg.), Bilderstreit. Kulturwandel in Zwinglis Reformation. Zürich 1984, 125–134.

– so wenigstens berichtet es die Zimmerische Chronik – die Wächter obrigkeitlich angehalten, Stillschweigen über diesen Vorfall zu bewahren.

Die Bildtafeln

Wenden wir uns nun den Bildtafeln zu. Die Eusebius-Geschichte nimmt auf der Festtagsseite den vornehmeren, aber weniger öffentlichen Platz ein (Abb. 10). Auf der linken Tafel erscheint der christliche Fürst Eusebius in der Begegnung mit den Abgesandten des Totenheeres, die sich ihm als Freunde zu erkennen geben und ihm in der Rückeroberung der von Ostorgius besetzten Stadt behilflich sein wollen. Der erste Bote der Toten grüßt den Fürsten durch Heben der Hand. Eusebius ist durch den Stab in seiner Rechten und die Straußenfeder am Hut als Feldherr ausgezeichnet. Hinter ihm drängen sich weitere Ritter in Prunkharnischen und bewaffnet mit Langspießen. Im Mittelgrund erkennt man ein Heerlager, dessen Geschütze auf die Stadt gerichtet sind. Das Lagerleben ist anekdotenhaft geschildert: Gruppen von Kriegern schreiten vorbei, hinter einem Busch lagert ein Soldat, eine Marketenderin befreit einen Landsknecht von Flöhen, zwei Landsknechte wärmen sich am Feuer. – Auf der rechten Tafel erscheint Eusebius im vollen Harnisch, mit Helmzier und vergoldeten Ellbogen- und Kniekacheln. Ostorgius unterwirft sich ihm durch Kniefall und Hutabnehmen. Getrennt durch einen schroffen Felsen mit Burg nahen von beiden Seiten das Totenheer und die Truppen des Eusebius unter dem römischen Banner. – Der Künstler hat das kriegerische Geschehen, das im Text in Sardinien handelt, ganz in die Sprache der zeitgenössischen Kriegsschilderung übertragen, wie sie sich (allerdings auf qualitativ geringerem Niveau) auch in den Schweizer Bilderchroniken findet[74]. Der Verlauf der Ereignisse ist nicht leicht lesbar, doch die Einzelheiten sind von einer bemerkenswerten historischen Präzision[75].

Auf der Werktagsseite, und damit häufiger sichtbar als die *Waffenhilfe*, präsentiert das Flügelpaar die *Geistermesse* (Abb. 11 und 12).

---

[74] Vgl. dazu: Die Schweizer Bilderchronik des Luzerners Diebold Schilling 1513. Sonderausgabe des Kommentarbandes zum Faksimile der Handschrift S. 23 fol. in der Zentralbibliothek Luzern, hrsg. von Alfred A. Schmid. Zürich 1981, bes. 650–660 (Carl Pfaff, Umwelt und Lebensform).

[75] Genau beobachtet sind Waffe und Schutz des Landsknechts im Vordergrund, einer Bildfigur, die auf beiden Tafeln spiegelbildlich wiederholt ist, und der die Aufgabe zufällt, den Betrachter in das Geschehen einzubeziehen: Der Soldat hält als einziger eine Halbarte, deren Beilblatt, Stoßspitze und Rückhaken wohl aus einem Stück geschmiedet sind. Er ist durch den Halskragen und eine Harnischbrust (den Krebs) geschützt, an die ein Geschübe angehängt ist; die Rückenansicht schildert genau, wie der Schutz durch kreuzweise verlaufende Lederriemen hinten zusammengehalten wird.

Auf der linken Tafel bemerkt der Küster vor verschlossener Kirche, daß das Innere hell erleuchtet ist, auf der rechten Tafel erhält der Bildbetrachter Einblick in den Kirchenraum, in dem die Geistermesse vollzogen wird. Der Küster will erschreckt fliehen, wird aber von einem Totengerippe am Fuß zurückgehalten. Das abgebildete Gotteshaus steht in Verbindung mit einer Stadt und einer Landschaft, die sich im Hintergrund über beide Tafeln fortsetzt. Auf der rechten Tafel ist der Ort des Geschehens überdies durch einen abgegrenzten Kirchhof definiert, mit Begräbnisstätten und einem Beinhaus, vor dem eine Begine ihre Seeldienste verrichtet. Einige der Gräber sind mit Monogrammen gekennzeichnet[76]. Hauptschauplatz ist die dreischiffige Basilika, deren Laienraum durch einen Lettner vom Chor abgetrennt ist. An drei von vier Altären zelebrieren tote Priester die Seelmesse. Auf den Altartischen sind die liturgischen Geräte und Bücher bereitet. Der Altar im Seitenschiff links ist mit der Skulptur eines heiligen Bischofs geschmückt. Der linke Lettneraltar wird durch eine Madonnentafel, bekrönt von einem Kruzifix zwischen Maria und Johannes, besonders herausgehoben; auf diesem Altar wird auch von den Toten, die vom Chor und den Gräbern des Kirchhofs allein oder zu zweit in das Laienschiff eilen, das Opfer abgelegt. Die Toten scheinen die Messe für jenen Verstorbenen zu lesen, dessen Katafalk mit zwei brennenden Kerzen und dem Weihwasserbecken in der Nähe des Lettneraltars aufgestellt ist. Das Gerippe im linken Seitenschiff scheint in fürbittender Andacht davor zu knien. – Über der Kirche sieht man Engel erlöste Seelen in einen goldenen Himmel tragen.

Frickers gemalte Variante der Erzählung unterscheidet sich in verschiedenen Punkten von der Fassung des *Speculum exemplorum.* Nicht nur daß der Diakon durch einen Küster ersetzt ist; auffällig ist der ungleich präzisere örtliche Rahmen und die Hinzufügung des Katafalks. Es ist nun leicht einsichtig, daß Thüring Fricker im Bild die Situation im Berner Münster wiedergab und vor allem seine eigenen kirchlichen Vergabungen dokumentierte (vgl. Abb. 11, 13, 14 und 15). Von den vier dargestellten Altären zieht jener am Lettner am meisten Aufmerksamkeit auf sich. Er zeigt genau die Stelle an, an welcher Fricker seine Kaplanei errichtet hat. Zudem muß ungefähr beim dargestellten Katafalk auch Frickers Kirchenstuhl in St. Vinzenz gestanden haben[77]. Fricker hat die Erzählung des *Speculum*, welche die Wirkung des Armenseelengebets lehrt, in dem Sinne präzisiert, daß sie seine eigene Stiftung – die Armenseelenkaplanei – als große Gottesgabe ins Bewußtsein ruft. Die Heilslektion, die Fricker dem Bildbetrachter erteilte, läßt sich aber noch genauer fassen. Aus Frickers Gründungsbrief vom 10. Februar 1505 erse-

[76] Eine allfällige Identifikation der dargestellten Inschriften bleibt noch zu leisten.

[77] Vgl. den oben erwähnten Gründungsbrief.

hen wir, daß der Nutzen seiner privaten Stiftung ein kollektiver ist und dem Seelenheil sämtlicher christlicher Berner zugute kommen soll, wie ja auch im Bild gleich mehrere Seelen erlöst werden. Das Gegengeschenk der durch Frickers Gabe erlösten Seelen geht allerdings wiederum an ihn zurück: Denn auf Frickers Altar wird von den Toten geopfert.

Der Widerstand gegen Frickers Geistermesse

Nach dem Bericht Anshelms rief die *Geistermesse* schon kurz nach ihrer Aufstellung die Empörung der Franziskaner hervor. Der strittige Punkt war, ob Tote priesterliche Ämter übernehmen können oder nicht. Die Parteienbildung in der Sache ist schwer zu beurteilen. Der Makulistenstreit (die Frage, ob Maria mit oder ohne Erbsünde empfangen worden ist) hatte die beiden Orden entzweit, und möglicherweise ergriffen die Dominikaner nur deshalb Partei für Fricker, weil sich die Franziskaner gegen ihn stellten. Es wird noch zu zeigen sein, inwiefern die *Geistermesse* einen Eingriff in den Machtbereich der Dominikaner wie der Franziskaner bedeutete.

Le Goff hat darauf hingewiesen, daß das Gegengeschenk der Toten bei den Scholastikern umstritten war[78]. Die Fürbitten für die Toten kamen den Seelen der Lebenden nur insofern zugute, als sie dadurch Werke der Barmherzigkeit taten[79]. Nach scholastischer Auffassung konnten Tote aus eigener Kraft keine Verdienste mehr erwerben, und die Lebenden durften folglich mit keiner aktiven Gegenleistung der Toten rechnen. Die *Umkehrbarkeit der Verdienste* wurde erst im 15. Jahrhundert institutionalisiert[80]. – Von diesen Voraussetzungen her wird verständlich, daß gerade die *Geistermesse*, die den Nutzen der frommen Werke der Toten so sehr herausstreicht, einen Skandal provozierte.

Das Bildprogramm Frickers hatte kein langes Leben; denn schon bald wurden die Totenschädel der zelebrierenden Priester übermalt und in belebte Gesichter umgestaltet. Unmittelbarer Anlaß für die Korrektur bildete der Jetzerprozeß, der am 31. Mai 1509 mit der Verbrennung der vier für schuldig befundenen Dominikanermönche endete; der Vorfall hatte das gesellschaftliche Ansehen des Ordens entscheidend geschwächt. – Im Gerichtsverfahren spielte auch Frickers *Geistermesse* oder eine ähnliche Darstellung im Konventsgebäude der Dominikaner eine Rolle. Sie wurde von der Verteidigung als Ursache einer ohne Frickers Bild erst

---

[78] Jacques Le Goff, Die Geburt des Fegefeuers, aus dem Französischen übersetzt von Ariane Forkel. Stuttgart 1984 (franz. Originalausgabe Paris 1981) 291.

[79] R. Völkl, Werke der Barmherzigkeit. In: Lexikon für Theologie und Kirche 10. Freiburg im Breisgau 1965, Sp. 1052–54.

[80] Le Goff, Die Geburt des Fegefeuers (wie Anm. 78) 291.

recht unverständlichen Vision Jetzers angegeben, die jener im Verhör vom 29. Juli 1508 in folgenden Worten zu Protokoll gab:
"Ich gehe jetzt frei von Strafen in der Johanneskapelle dieses Klosters eine Messe feiern für alle Wohltäter und für jene, welche bei meiner Befreiung von den Strafen mitgewirkt haben; und die Engel Gottes werden mir, wenn ich zelebriere, zur Seite stehen und mitwirken, und wenn ich dann das göttliche Sakrament zu mir zu nehmen habe, werde ich in den Himmel auffahren, ohne das Sakrament in der Kommunion empfangen zu haben, da ja die Toten es in der Kommunion nicht empfangen"[81].

Durch die Umgestaltung der toten in lebende Priester wurde die Aussage des Exempels entschärft. Im korrigierten Bild ist die sakramentale Gewalt den toten Priestern entzogen und in die Hände der realen Kleriker zurückgelegt[82]. Das Bild veranschaulichte nun die erlösende Wirkung von Seelmessen für die Wartenden im Fegefeuer, eine seit dem 13. Jahrhundert durch zahlreiche Beispiele bekräftigte Auffassung, an der man keinen Anstoß zu nehmen brauchte[83].

Möglicherweise haben die Franziskaner mit der 1507 vollendeten Antoniustafel des Hans Fries in der Barfüßerkirche zu Freiburg in bewußter Absicht ein Gegenbild zu Frickers *Geistermesse* geschaffen (Abb. 16). Die Darstellung illustriert ein in der *Legenda fiorentina* überliefertes Wunder, das sich bei einer Leichenpredigt des Heiligen ereignet haben

[81] Die Akten des Jetzerprozesses nebst dem Defensorium, hrsg. von Rudolf Steck (Quellen zur Schweizer Geschichte 22) Basel 1904, 76, Nr. 52: *Ego nunc liber a penis vado celebratum missam in capella sancti Iohannis huius cenobii pro omnibus benefactoribus et pro eis, qui operati sunt ad redemptionem meam a penis, et quod assistentes cooperabuntur michi ministranti angeli Dei, et cum sacramentum dominicum sumere debuero, celos ascendam, non sumpta communione sacramenti, eo quod mortui communionem eius non accipiunt* (wir danken Prof. Peter Stotz für seine Übersetzungshilfe). – Die Verteidigung nimmt am 18. August 1508 auf diese Vision Bezug: *Item pono et probare intendo quod eo tempore, quod dictus Ietzer ad conventum venit, quedam tabula in conventu erat posita, in qua anime depicte, quasi una missam celebraret et relique offerent* (Ibid. 213 f., Nr. 10); Hahnloser nimmt an, daß es sich bei der erwähnten Darstellung um das von Fricker gestiftete Altarbild im Berner Münster handelt, und daß *der in Eile aus Basel herbeigerufene Verteidiger sich in der Bezeichnung der Örtlichkeit täuschte*; Hahnloser, Culte de l'image (wie Anm. 9) 232.

[82] Zur sakralen Macht der Kleriker und ihrer Bewertung vgl. Bob Scribner, Antiklerikalismus in Deutschland um 1500. In: Ferdinand Seibt und Winfried Eberhardt (Hrsg.), Europa um 1500. Integrationsprozesse im Widerstreit. Stuttgart 1984, 368–382.

[83] Belege erwähnt in: Deneke, Legende (wie Anm. 70) 54. – Vgl. dazu auch den Kommentar des Caesarius von Heisterbach zu diesem Thema, im *Dialogus miraculorum*, Dist. VIII, c. 96. Zitat in: Deneke, Legende, 54: *Quia sicut milites ad tornamentum congregantur, ita animae confluunt ad officia defunctorum.*

soll. Antonius predigte über jene Stelle im Lukasevangelium (Lk. 12, 33–34), die den verstorbenen Reichen hätte lehren sollen, durch Verteilung von Almosen seinen irdischen Schatz rechtzeitig in einen himmlischen zu verwandeln:
"Verkauft eure Habe, und gebt den Erlös den Armen! Macht euch Geldbeutel, die nicht zerreißen. Verschafft euch einen Schatz, der nicht abnimmt, droben im Himmel, wo kein Dieb ihn findet und keine Motte ihn frißt. Denn wo euer Schatz ist, da ist auch euer Herz."

Die Tafel zeigt, wie im wörtlichen Verständnis des Bibeltextes das Herz des unbußfertigen Wucherers von seinen Angehörigen in einer Geldtruhe gefunden wird, während der Teufel mit seiner Seele zur Hölle fährt.

Schluss

Gesamthaft betrachtet, lassen sich aus den schriftlichen Quellen zur Allerseelenkaplanei und aus dem dazugehörigen Bildprogramm drei konzeptionelle Grundzüge entnehmen: Die Stiftung ist zur Förderung des Gemeinwohls angelegt, sie ist getragen vom Willen zur Kommunalisierung der kirchlichen Heilsgewalt, und sie zeugt von der ökonomischen Versiertheit, ein gegebenes Kapital möglichst nutzbringend anzulegen und sich einen Schatz im Himmel zu erwerben, wie es Christus in der *Bergpredigt* (Mt. 6,19) und im *Gleichnis von den Talenten* (Mt. 25,14) verlangt hat.

Seit der Scholastik bildete der aristotelisch und augustinisch geprägte Begriff des *Gemeinwohls* eine der Grundlagen im kommunalen Rechtsverständnis[84]. Aufgrund seiner juristischen Bildung hat Fricker über das Gedankengut verfügt und es in seiner staatlichen Stellung auch stets verfolgt. Der Allerseelenkult überträgt den staatspolitischen Begriff des Gemeinwohls in die religiöse Sphäre der Jenseitsvorsorge. Dies wird deutlich in den spätmittelalterlichen Legenden über den Ursprung des Allerseelentages. So setzt die *Legenda aurea* an den Anfang des Allerseelenfestes die Vision eines Küsters von St. Peter in Rom[85]: Er wurde am Allerheiligentag von einem Engel an einen Ort geführt, wo er *ein Teil [der Menschen] auf goldenen Betten, ein Teil ob wohlgespeiseten Tischen mit Freuden sitzen* sah, ein anderer Teil dagegen *war bloß und arm, die baten das Almosen gar jämmerlich.* Der Engel erklärte, *das sei das Fegefeuer, und die Seelen, die er im Überfluß sähe, das seien die, denen von ihren Freunden auf Erden viel Fürbitte würde getan; die armen aber seien die, um die niemand Sorge trüge. Dies hieß der Engel den Küster*

---

[84] Vgl. dazu R. Herzog, Gemeinwohl. In: Historisches Wörterbuch der Philosophie 3. Basel – Stutgart 1974, Sp. 248–258.

[85] Legenda aurea (wie Anm. 65) 839 (Schluß des Allerheiligenfestes).

künden dem Papste, auf daß er nach dem Feste Allerheiligen den Tag Allerseelen sollte aufsetzen: so sollte den Seelen allen gemeine Fürbitte werden, die da sonderlicher Fürbitte nicht möchten teilhaftig sein.

Die bernische Kirchenpolitik war im 15. Jahrhundert geprägt von einer außergewöhnlichen Tendenz zur Kommunalisierung der kirchlichen Institutionen. Herausragendes Beispiel ist der Neubau des Münsters und seine Erhebung zum Kollegiatsstift, dessen Pfründen bernischen Chorherren vorbehalten waren. Die mit Frickers Stiftung abgeschlossene Neuordnung der Altarpatrozinien gab im liturgischen Bereich ein ideales Bild, in dem das erstarkte Gemeinwesen Berns in einem umfassenden Heilsplan aufgehoben erschien. Bemerkenswerterweise hat Fricker nicht einen Vierzehn Nothelfer-, sondern einen Allerseelenaltar geschaffen. Indem er seine Stiftung zunächst auf die gläubigen Seelen der Stadt Bern beschränkte, und indem erlöste Seelen ähnlich den Heiligen für ihre Wohltäter Fürbitte einlegen konnten, blieben die Heilskräfte in der Kommune konzentriert. Hier liegt mit ein Grund, weshalb Fricker als Ort seiner Stiftung das städtische Münster und nicht eines der überkommunalen Mendikantenklöster gewählt hat.

Auch wenn Frickers Stiftung auf das kommunale Gemeinwohl ausgerichtet war, floß über die dankbaren Toten der Ertrag an ihn zurück. Wie die fast gleichzeitig entstandene Liste der Lotterieeinsätze des Zürcher Freischießens von 1504 zeigt (sogenannter *Glückshafenrodel*), war der Gedanke der spekulativen Kapitalvermehrung für die Jenseitsvorsorge durchaus verbreitet. Eine ganze Reihe von Einträgen lauten nämlich nicht auf den Namen der Loskäufer, sondern für Arme Seelen[86]. Es ist die für das ausgehende Mittelalter typische Rechenhaftigkeit, welche den Einzelnen in der Hoffnung auf größeren Gewinn den Umweg über die Lotterie nehmen ließ. Auf einer gehobeneren Stufe folgte auch Fricker dieser Bewegung: Indem er den Kapitalertrag seiner Stiftung zuerst der Gesamtheit der bernischen Seelen zuleitete, konnte er hoffen, dereinst über ihre Fürbitten seinen Einsatz um einen Gewinn vermehrt zurückzuerhalten, so wie auch der Fürst Eusebius vom Weißen Heer eine Gegenhilfe empfangen hatte (vgl. das Exempel im Anhang).

Epilog: Niklaus Manuel und die Auflösung der Allerseelen-Stiftung

In seiner ersten Ehe mit Margaretha Schad (gest. 1504) war Fricker kinderlos geblieben. Seine zweite Gattin, Anna Brügger, gebar dem über 80jährigen Mann die beiden Kinder Hieronymus und Elsbeth. Daneben hatte Fricker eine uneheliche Tochter, die spätere Mutter des großen

[86] Friedrich Hegi, Der Glückshafenrodel des Freischießens zu Zürich 1504, 2 Bde. Zürich 1942; vgl. Sachregister unter *Seel*.

Berner Künstlers und Reformators Niklaus Manuel[87]. In seinem Testament wies nun Fricker seinem ehelichen Sohn den überwiegenden Teil der Hinterlassenschaft, seiner ehelichen Tochter vergleichsweise wenig zu; die natürliche Tochter ging völlig leer aus und dem Enkel Niklaus Manuel verblieb nur ein geringes Erbe: eine Barschaft von 200 Gulden abzüglich einer Vorauszahlung von 170 Gulden, dazu einigen Hausrat, dessen Wert Fricker selbst mit 200 Gulden angesetzt hatte. – Die Reaktion blieb nicht aus, das Testament wurde von einer Gruppe Verwandter, die sich schlecht behandelt fühlten, angefochten, worauf der Berner Rat entsprechende Modifikationen vornahm.

Die Stiftung der Allerseelenkaplanei hatte dazu geführt, daß Frickers Nachkommen eine wesentlich verringerte Hinterlassenschaft zufloß. Möglicherweise hat Niklaus Manuel schon anläßlich der Testamentsanfechtung, 1519[88], Überlegungen dazu angestellt und sich darüber empört, daß das Seelgerät seines Großvaters ein Vielfaches seines eigenen Erbteils ausmachte. Jedenfalls diente ihm das Problem als Stoff seines 1523 aufgeführten Fastnachtspiels *Die Totenfresser*, welches den Auftakt zur bernischen Reformation gab[89]. Das Spiel zeigt die kirchlichen Stände als irdische Nutznießer der Jenseitsvorsorge, die sich in einer Tischrunde über einen als Speise aufgetragenen Toten hermachen.

Der Tischdiener erläutert:[90]

> "Benedicite, ir mine lieben heren!
> Ir mügend aber wol frölich zeren:
> Da lyt ein vogel der's wol vermag,
> Ist ietzend gfallen in den schlag;
> Er hat ein pfrůnd und jarzyt gstiftt,
> Das jerlich ein hüpsche summ antrifft [...]"

Der Papst lobt darauf: *Der todt ist mir ein gůt wildprät* und erläutert dann die Herkunft der Mittel, welche das luxuriöse Leben der Kurie ermöglichen:[91]

> "So sind wir her der ganzen welt.
> Wan uns gfalt rennt, gult und bargelt

[87] Zu den Familien und Erbschaftsverhältnissen vgl. Tobler, Testament (wie Anm. 16) 71–76.

[88] Vgl. Tobler, Testament (wie Anm. 16) 72–76.

[89] Vgl. dazu neuerdings: Peter Pfrunder, Pfaffen, Ketzer, Totenfresser. Fastnachtskultur der Reformationszeit: Die Berner Spiele von Niklaus Manuel. Zürich 1989.

[90] Ferdinand Vetter (Hrsg.), Niklaus Manuels Spiel evangelischer Freiheit. Die Totenfresser. *Vom Papst und seiner Priesterschaft*, 1523. Frauenfeld–Leipzig o. J. (1923) 6.

[91] Ibid. 7 f., 91.

On alle arbeit: glimpf und fůg
Von todtnen wirt uns me dann gnůg:
Opfer, sybend, dryßgest und jarzyt,
deß menger uns pfaffen so vil gyt,
Das sine kind gross mangel hend [...]"

Vom 6. bis 26. Januar 1528 kam es schließlich zur Berner Disputation. Von den zehn Thesen, die dabei behandelt wurden, lauteten die siebte und die achte:

7. In der Schrift findet sich kein Fegefeuer nach dieser Zeit. Darum ist aller Totendienst – Vigil, Seelmesse, Seelgerät, Siebenter, Dreißigster, Jahrzeit, Ampeln, Kerzen und dergleichen – sinnlos.
8. Bilder machen zum Zweck der Verehrung verstößt gegen Gottes Wort Neuen und Alten Testaments. Darum sind sie, wenn mit ihrer Ausstellung das Risiko verbunden ist, daß ihnen Verehrung bezeigt wird, zu beseitigen.

Mit überwältigender Mehrheit (235 : 46) stimmten die versammelten Kleriker den Thesen zu. Das Münster wurde von einem Bildersturm heimgesucht, wobei den Stifterfamilien die Möglichkeit eingeräumt wurde, ihre Altartafeln und sonstigen Bilder rechtzeitig zurückzuziehen. Damals müssen auch die Flügel des Allerseelenaltars aus dem Münster gerettet worden sein, möglicherweise mit knapper Not, denn auf den Außenseiten weisen die meisten Gesichter frühe Kratzspuren auf, und die Augen des Marienbildes auf Frickers Altar sind mit einem spitzen Gegenstand ausgestochen worden.

Es blieb noch die Auflösung der Jahrzeitkapitalien. Ohne Fegefeuer waren sie zwecklos geworden, und es stellte sich die Frage, wem das Geld oder der Grundbesitz zufallen sollte. Die Zürcher Reformation war davon ausgegangen, daß die Stiftungen ursprünglich den wahren Abbildern Christi, d. h. den Armen, gegolten hätten. Daher wurde von einer Rückerstattung an die Donatorenfamilien abgesehen und stattdessen das Klostergut zur Finanzierung des Sozialwesens und zum Ausbau der staatlichen Herrschaft eingezogen. In Bern dagegen machte das Reformationsmandat vom 20. Mai 1528 eine Rückerstattung der Stiftungen an die Familien bis zur Generation der Enkel möglich. Ob jene 800 Gulden, welche Fricker für den Altardienst am Allerseelenaltar eingesetzt hatte, zur Auszahlung kamen, und ob Niklaus Manuel auf diese Weise doch noch zu einer Aufbesserung seiner Erbschaft seitens seines Großvaters gekommen ist, ist nicht überliefert. Gleichwohl bleibt festzuhalten: Das Schicksal des Allerseelenaltars zeigt in eindrücklicher Weise, welcher Mentalitätswechsel sich in der Reformationszeit in zwei Generationen vollzogen hat.

Anhang: Die literarischen Vorlagen zum Allerseelenaltar. Zwei Erzählungen aus dem *Speculum Exemplorum*[92]

Editionsregeln:

Die wiedergegebenen Exempel beruhen auf der Ausgabe des *Speculum exemplorum* von 1507. Druckvorlage war das Exemplar der Zentralbibliothek Zürich: Speculum exemplorum omnibus christicolis salubriter inspiciendum exemplis discant disciplinam, Hagenau: Heinrich Gran, 1507. 2°, (ZBZ IV A 60).

Der Text wird in Originalsprache wiedergegeben mit folgenden Ausnahmen:

- Offensichtliche Druckfehler sind stillschweigend verbessert.
- Kürzungen und konventionelle Zeichen sind aufgelöst.
- Die Schreibung von u/v und i/j folgt heutigem Gebrauch.
- Grundsätzlich gilt Kleinschreibung; Eigennamen, Völker- und geographische Namen werden großgeschrieben.
- Die Interpunktion folgt den heute geltenden Regeln und dient als Lesehilfe.

Defunctorum animas Domino quoties per cimiterium iret recommendans quanta iocunditate post mortem ab ipsis animabus susceptus sit.

Dist. 3/64, fol. n2b-n3a.
Quelle: De illustribus viris Ord. Cisterc.

In partibus minoris Britannie erat aliquando homo secularis, qui licet secularibus negociis deditus, cureque rei familiaris intentus esset, erat tamen fidelis et timoratus atque in observantia mandatorum Dei pro modulo suo devotus. Inter cetera vero bona, que vel publice vel privatim solo Deo testante faciebat, sibi fecerat consuetudinem, ut ad ecclesiam vadens vel inde rediens seu quacunque alia occasione cimiterium transiens pro animabus fidelium ibidem pausantium devotam Domino precem libaret. Contigit vero, ut expleto tempore vite sue de hoc seculo nequam migraturus lecto decumberet. Cumque iam morti se vicinum sentiret mediis noctis tenebris misit ad presbyterum suum, rogans ut ad visitandum se dominico sacramento venire dignaretur. Presbyter vero segnicie pressus et heu plus diligens carnis sue commodum quam salutem anime parochiani sui, pergere recusavit; diaconem suum nomine

[92] Für kritische Durchsicht von Edition und Übersetzung danken wir Frau Dr. Irène Mannheimer, Kilchberg und Dr. Andreas Beriger, Zürich. – Eine ältere deutsche Übersetzung der Eusebius-Geschichte findet sich in: Der große Spiegel. Ein katholisches Beispiel-Lexikon. Aus alten und neuen Quellen bearbeitet und hrsg. von Joseph Gabler, 1. Regensburg 1852, 879–884.

Danielem bone conversationis virum vice sua destinavit, qui libenter obediens, et iussa celeriter complens, postquam morienti viaticum tradidit, ad propria redire non distulit.

Mox ergo ut pauperculus ille sed meritis dives infirmus perpetue sanitatis non periturarum divitiarum largitorem Christum Dominum ad munimen sui recepit letus hominem exuit, et cum illo ut credimus qui pauperum susceptor fieri dignatus est paradisi portas ingressus lucidas beatorum spirituum mansiones accepit. Diaconus vero rediens ubi ostio ecclesie appropinquavit invenit illud apertum quod clausum firmissimeque obseratum dimiserat. Unde cum multum obstupuisset et ancipites mente versaret cogitationes, mox divina virtute in eodem loco defixus est, ut se inde movere non posset. Et ecce repente in cimiterio illo audita est vox clamantis et dicentis: *Surgite fideles universi quantocius et exite de tumulis vestris quotquot in cimiterio estis vel requiescitis ut convenientes in ecclesia commendemus animam huius defuncti charissimi nostri et rependamus ei vicem beneficii sui; quoties enim per hoc cimiterium transire solebat, toties pro nobis orationem specialem facere consueverat.*

Ad hanc vocem defuncti cepere velociter exurgere mortui, factusque est fragor atque tumultus grandis, cum egrederentur de tumulis suis. Porro in ecclesia videbantur cerei multi hinc inde parietibus affixi, qui eandem basilicam copioso lumine illustrabant; quam cum defuncti illi ingressi fuissent ceperunt melodia suavi ibi Dominum in communi laudare et commendationis officium solemniter decantare, ita ut uno dicente collectas et orationes, alii subiungerent amen ceterasque responsiones, quemadmodum in choro psallentium fieri solet. Commendatione vero completa clamatum est denuo, ut singuli reverterentur ad loca sua. Quibus egressi de oratorio factus est iterum sonitus et collisio tumulorum, quando se in eis relocaverunt, tunc paulatim ceperunt deficere luminaria illa, que in ecclesia videbantur, quousque penitus extinguerentur. His itaque completis solutus est clericus ille de loco illo, in quo fixus herebat, et intrans oratorium reposuit ibi sacramentalia vasa, que secum detulerat. Qui cum ad mansionem presbyteri redisset, ille trutina inertie sue metiens alios, et neminem profunda nocte facile vigilare reputans, pro labore rogabat eum citius stratum repetere ac dormire. Cui ille respondit: *Non est mihi modo pausandum, sed tibi potius surgendum atque laborandum. Iam enim defunctus est eger, ad cuius obsequia procedere nos oportet.*

Vix verba finierat et ecce nuntius venit supradicti viri obitum nuncians, adventumque presbyteri flagitans. Surgens itaque licet invitus sacerdos cum diacono sine mora perrexit et debitum pio funeri obsequium impendit. Porro diaconus ille beneficio gratie Dei tam dignanter se visitantis nequaquam ingratus existens, sed de visione quam viderat affectus vehementer atque compunctus, omnia que vel in re vel in spe habere poterat reliquit exiensque de terra sua et de cognatione sua, Turonis in monasterio sancti Martini religionis habitum suscepit, ubi etiam religiosam vitam agens fideliumque defunctorum memoriam agens; proficientibus meritis eiusdem ecclesie postmodum prior constitutus est.

Von einem, der täglich über den Kirchhof ging und die Seelen der Verstorbenen Gott empfahl, und von der großen Liebenswürdigkeit, mit welcher ihm dies nach dem Tod von jenen Seelen erwidert wurde.

In der Bretagne lebte einst ein Laie; obwohl er weltlichen Geschäften frönte und eifrig beschäftigt war mit der Sorge um sein eigenes Vermögen, war er dennoch gläubig, gottesfürchtig und ergeben in der Beachtung der Gebote Gottes, so gut er konnte. Wahrlich, unter anderem Guten, welches er öffentlich oder privat nur mit Gott als Zeugen tat, hatte er es sich zur Gewohnheit gemacht, daß er, wenn immer er zur Kirche ging oder von ihr zurückkam oder aus einem anderen Grund den Kirchhof überquerte, für die Seelen der Gläubigen, die dort ruhten, an den Herrn ein frommes Gebet richtete. Es ereignete sich nun folgendes: Nachdem seine Lebenszeit vollendet war, lag er im Bett krank darnieder, im Begriff, aus dieser bösen Welt zu scheiden. Und da er sich dem Tod schon nahe fühlte, schickte er mitten in der Finsternis der Nacht nach seinem Pfarrer mit der Bitte, ihn mit dem Sakrament der Eucharistie zu versehen. Der Pfarrer aber, der aus Trägheit zögerte und, ach!, die Bequemlichkeit seines Fleisches mehr liebte als das Seelenheil seines Pfarrkindes, weigerte sich aufzubrechen; er sandte an seiner Stelle seinen Diakon namens Daniel, einen Mann von gutem Lebenswandel. Dieser gehorchte gerne und erfüllte das Gebotene rasch; nachdem er dem Sterbenden die Wegzehrung gegeben hatte, machte er sich unverzüglich auf den Heimweg.

Bald darauf aber zog jener ärmste Kranke, der jedoch reich an Verdiensten war, freudig den Menschen aus, nachdem er Christus den Herrn, den Spender unvergänglichen Reichtums und ewiger Gesundheit zu seinem Schutz empfangen hatte; und er betrat mit ihm, der, wie wir glauben, zu Recht Herbergsvater der Armen heißt, die strahlenden Pforten des Paradieses und erhielt Wohnung bei den seligen Seelen. – Unterdessen hatte sich der Diakon auf dem Rückweg dem Eingangsportal der Kirche genähert, wo er das Portal offen vorfand, obwohl er es verschlossen und fest verriegelt zurückgelassen hatte. Das verwunderte ihn sehr und er begann für sich zweifelnde Gedanken zu wälzen. Da wurde er alsbald von einer göttlichen Gewalt am selben Ort festgehalten, so daß er nicht mehr weitergehen konnte. Und siehe da, plötzlich hörte man über jenem

Kirchhof eine Stimme rufen: *Erhebt euch schnell, alle ihr Gläubigen, und kommt hervor aus euren Gräbern, ihr alle, die ihr auf dem Kirchhof ruht, damit wir uns in der Kirche versammeln und die Seele dieses lieben Verstorbenen gebührend empfehlen und ihm seine Wohltaten erwidern; denn dieser pflegte immer, wenn er über den Friedhof ging, für uns ein besonderes Gebet zu tun.*

Auf diesen Ruf hin begannen die Toten rasch sich zu erheben, und sie machten einen großen Lärm und viel Getöse, als sie ihren Gräbern entstiegen. Alsbald bemerkte man in der Kirche zahlreiche an den Wänden befestigte Kerzen, welche die Basilika mit verschwenderischem Licht erleuchteten. Nachdem nun die Verstorbenen eingetreten waren, begannen sie gemeinsam mit süßem Gesang den Herrn zu loben und die Commendatio animae feierlich zu singen, in der Weise, daß einer die Kollekten und Gebete sprach, andere Amen sagten, und die übrigen respondierten, so wie es beim Chorgesang üblich ist. Nachdem die Commendatio beendet war, erhob sich erneut eine Stimme, daß die einzelnen an ihren Ort zurückkehren sollten. Nachdem diese das Gebetshaus verlassen hatten, gab es wiederum ein Getöse, und die Gräber bebten, als sich die Toten wieder in sie zurücklegten. Dann wurden allmählich die Lichter schwächer, welche man in der Kirche sah, bis alle gänzlich erloschen waren. Nachdem dies alles beendet war, wurde jener Kleriker vom Ort erlöst, wo er festgehalten war. Er trat in die Kirche und stellte die heiligen Geräte zurück, welche er mit sich gebracht hatte.

Nachdem er in die Wohnung des Pfarrers zurückgekehrt war, ersuchte ihn dieser, sich wegen seiner Mühen rasch wieder hinzulegen und zu schlafen; denn er beurteilte die andern nach seiner eigenen Trägheit und war der Meinung, daß es niemandem leicht fiel, mitten in der Nacht zu wachen. Der Diakon antwortete ihm: *Ich sollte mich jetzt nicht ausruhen, aber du solltest aufstehen und dich bemühen. Denn jener Kranke ist schon tot und wir müssen sein Begräbnis vorbereiten.*

Kaum waren die Worte ausgesprochen, schon kam ein Bote, der den Tod des besagten Mannes mitteilte und dringlich nach dem Priester verlangte. Der Pfarrer mußte folglich gegen seinen Willen aufstehen; er ging mit dem Diakon ohne Aufschub weg und verwendete die nötige Mühe auf ein frommes Leichenbegängnis. Auch erwies sich jener Diakon der Gunstbezeugung Gottes und der Gnade, die ihm zufiel, würdig und zeigte sich keineswegs undankbar; er wurde durch die Erscheinung, die er gesehen hatte, heftig bewegt und von Gewissensbissen gequält; er ließ alles zurück, was er tatsächlich hatte oder sich noch erhoffen konnte; er ging von seiner Heimat und seinen Angehörigen weg und empfing im Kloster Sankt Martin zu Tours das Ordensgewand, wo er fortan ein frommes Leben führte und das Gedächtnis der verstorbenen Gläubigen bewahrte. Bald wurde er wegen seiner fortdauernden Verdienste zum Prior jener Kirche gewählt.

Defunctorum animabus Eusebius dux missis et elemosynis subveniens, earum adiutorio et ab inimico eripitur et ad perseverantiam exhortatur.

Dist. 9/184, fol. m3a-m3b.
Quelle: Ex diversis

Rem vobis refero, fratres, quam fideli ac probabili relatione audivi modernis accidisse temporibus; que nos elemosynarum virtutem doceat, et ad eas vigilanter exercendas accendat; que scilicet elemosyne non solum positis in carne prosunt ad indulgentiam peccatorum, sed et defunctis, quibus locus penitentie non est ad salutem redemptionem animarum.

Duo duces varia pugna inter se confligebant, quorum alter Sardinensis, alter Siciliensis erat. Dux Sardinie Eusebius, Dux Sicilie Ostorgius vocabatur. Erat autem Eusebio summum studium circa defunctos in celebratione missarum, in largitionibus elemosynarum, in decimis omnium rerum suarum solvendis. Preterea unam civitatum suarum, quam abundantiorem habebat, Deo et liberandis fidelium animabus constituit, neque inde aliquid ad suum usum accipiebat, immo vero decimas totius regni atque possessionis eo conduci faciebat. Ibi pauperum maximam turbam congregatam iugiter reficiebat atque vestiebat; missarum vero celebritas passim per ecclesias fiebat. – Alter vero Ostorgius in regno et exercitu ditior et potentior illo erat, sed in hac parte virtutis longe inferior Eusebio, neque ei in omni thesauro mundi comparandus, qui sibi de redemptis captivis quamvis nescius, maiorem copiam parabat, sicut in consequentibus res manifestabat.

Igitur Ostorgius in urbem hanc, quam dixi, Deo ac curis animarum dispositam, animum intendit, eamque insidiis aggressus cepit. Quod ubi Eusebius tunc absens per nuncium audivit, graviter egreque ferebat, ita ut diceret, se malle dimidium regnum amisisse, quam hanc civitatem ut fatebatur Dei. Cohortatus ergo se et suos: *Quid faciemus*, inquit, *o boni milites, inultamne dimittemus iniuriam Dei et nostram? Congrediamur cum illis viriliter in nomine Domini; vincat, quem ipse iustus et omnipotens celi rex vincere disposuit. Nam etsi hosti victoria cesserit, nobis pro divina protectione occumbere erit pulcerrimum.* – Ad ea verba conspirante ac favente suorum frequentia, dux, exercitu undique advocato hostem insequitur, eumque loco munitissimo, donec ille sese ostenderet, operitur. Interea deputati custodes castrorum in eminentiori loco siti, longe lateque prospectum terre petebant, ac curiosis circum quaque oculis perlustrabant. Tum ecce albatorum facies militum a longe apparuit. Custodes hac visione de hoste suspecti, solicita prestolatione stabant intenti. Cumque quos viderunt, paululum appropinquarent, tandem plurimam nivei exercitus aciem in niveis equis cum niveis vexillorum signis, et candida armatura adventantem advertunt, statimque a tam inopinata re attoniti, principi anxio nunciare contendunt. At ille inter spem metumque positus, quod albas audierat; spe nihil sinistri eos portendere presumebat, et idcirco animum erigebat; quia vero audierat aciem bello instructam, ne quid hostile sibi minarentur, metuebat. Itaque consultis primatibus suis quattuor idoneos viros eo premittit, qui percontarentur eos, unde et qui sint, quo tendant, pacifici, ne an hostes adveniant. Appropinquantibus eis, similiter de agmine illo candido quattuor equites obviam mittuntur, qui ad eorum inquisitionem idoneam referant responsionem. Occurentes igitur sibi nuncii ducem salutant, et resalutant illi officiose. Legatis itaque ducis Eusebii causam adventus sui talis, tantique apparatus sciscitantibus, nuncii illi partis alterius audientes primo eos, nova visione perterritos, hac amica confirmant responsione: *Constanter agite, nihil timeatis, nihil cunctemini; erga vos pacifici, in hostes vestros venimus armaturi. Nos enim de familia summi regis sumus, et nunc domino vestro ad bellandum hostem venimus adiutores fidelissimi. Annunciate itaque principi vestro, ne ad nostrum colloquium venire cunctetur, ac de cetero nihil vereatur.*

Regressi cum multo gaudio nuncii, referunt principi ordinem rei. Continuo quasi de sepulcro timoris atque doloris in spem reviviscens exultat, triumphat, iamque quasi victoria parata, illi occurrere non trepidat. Qui ut appropinquavit, quattuor et ipse exercitus illius equites obviam habuit, eosque interrogans, idem quod priores legati retulerunt, audivit. A quibus interrogatus, an pro iniuria civitatis ab Ostorgio ablate doleret? Respondit, nimium se dolere, ideo maxime, quia Deo et saluti animarum hanc contulisset. *Iam*, inquiunt illi, *ultra non doleas, quia quod Deo omnium bonorum largitori dederis, vel dare disposueris, quicunque casus surripuerit, tibi non peribit, sed centuplicatum in celo semper manebit. Sed ne solicitum te longius trahamus, iam nos omne ius tuum ab hoste dupliciter exigemus. Insuper aut subiicietur tibi, aut vinctus tradetur tue potestati; tantum nos audi, et ordinato exercitu festina nos subsequi.*

Tunc princeps dans se eorum voluntati et fidei, reversus, ex his militibus, quos habere poterat, unam tantum legionem instruxit; et contra sexaginta milia, securus de divino auxilio ad bellum procedit. Quem exercitus albatorum precedens, quadraginta ut videbatur milia tetendit aciem contra Ostorgium. Ostorgius vero, ubi tali apparatu sibi imminentes agnovit, tante rei novitate perculsus, qui sint, quidve petant, et ipse per legatos inquirit. Respondit his, quod et prioribus, se de familia Dei esse, et ut ipsum ducem illorum Ostorgium capiant in ultionem divine iniurie se venire, nisi sibi occurrat, et Deo et consorti suo Eusebio super invasa civitate satisfaciat. Postquam ea nuncii, uti agnoverant, domino suo retulerunt, ille pavefactus nimis, consultum suorum petit, atque ut eos audivit, quo iussus erat, cum omnibus suis copiis accessit; percunctatusque viros de niveo exercitu sibi occurrentes, quod alii atque alii de familia Dei audierunt, et ipse audivit. Addiderunt et graves in illum minas, dicentes, divinam iram imminere illi, qui civitatem sibi donatam ausus sit fraudulenter et insidiose subripere. At ille hoc terrore compulsus rogat pacem, promittens temeritatis sue quantamcunque vellent satisfactionem; ventum est igitur ad exercitum, et ecce inter colloquendum Eusebius cum sua copia supervenit, statimque Ostorgius, quicquid usquam tulerat, dupliciter restituit, atque insuper sese cum suis omnibus Eusebio subdidit.

His itaque pacificatis, ille candidus exercitus satis familiariter allocutus Eusebium interrogat, utrumne voluntati eius sit satisfactum. At ille ubi multa cum gratiarum actione sufficere sibi respondit; ipse quoque, qui essent, subtilius sciscitari accessit. Nec mora, illi respondent: *Nos*, inquiunt, *sumus defunctorum anime, quas tuis beneficiis et elemosynis larga Domini donavit indulgentia, quibus iam liberatis a peccati et diaboli captivitate, lucidas mansiones tribuit in eterna requie. Unde hoc non pigeat pro nobis fecisse, quia gratiam Dei et omnium fidelium defunctorum pro tanto habes beneficio; et nunc scito, quia nos omnes quos vides eripueris, et adhuc multos per benignam Domini providentiam eripies, si ab hac tua intentione non desistas. Age ergo, et quod prius benefaciebas ex bona voluntate, iam nostra admonitus oratione simul et fidelitate, melius iam de reliquo satage, ut captivos, quos apud iustum iudicem liberas, apud eum intercessores eos habeas. Qui enim per te liberati, longam tibi vitam et salutem propterea orant, ut alii multi per te redimendi adhuc in pace requiescant, qui tibi una cum liberatis indulgentiam et gratiam ipsius iudicis eterni exposcant.*

His dictis postulata ducis remissione itinere, quo venerunt, visi sunt redire. Tunc vero ille prius tanti inexpertus lucri, deinceps quantus circa defunctos elemosynator accreverit, coniectari potius poterit, quam exponi. Hec ex relatione domini abbatis maioris, sancte et summe auctoritatis viri agnita habemus, qui in contentione horum duorum principum captivus fuit abductus, dum circa abbatias quas in illis finibus, deponebat esset occupatus.

Der Fürst Eusebius, der den Seelen der Verstorbenen mit Messen und Almosen beisteht, wird durch deren Hilfe vom Feind befreit und zur Beharrlichkeit ermahnt.

Ich erzähle euch eine Geschichte, Brüder, von der ich durch eine zuverlässige und glaubhafte Quelle gehört habe, daß sie sich in jüngster

Zeit ereignet hätte; sie soll uns die Wirkung der Almosen lehren und uns dazu anregen, diese unermüdlich auszuüben. Die Almosen freilich dienen nicht nur jenen, die im Fleisch sind, zum Sündenerlaß, sondern auch den Verstorbenen, die keine Gelegenheit zur Buße haben, zur Erlösung ihrer Seelen.

Zwei Fürsten, von denen der eine Sarde, der andere Sizilianer war, gerieten untereinander verschiedentlich in Streit. Der Fürst Sardiniens hieß Eusebius, derjenige Siziliens Ostorgius. Eusebius aber zeigte höchste Teilnahme mit den Verstorbenen, für die er Messen lesen ließ, Almosen spendete und von allen seinen Gütern den zehnten Teil ausgab. Überdies hatte er eine seiner Städte, welche besonders reich war, Gott und der Errettung der Seelen der Gläubigen geweiht. Daraus empfing er nichts zu seinem Nutzen, vielmehr ließ er dorthin die Zehnten seines gesamten Reiches und seiner Besitzungen zusammenbringen. Da erfrischte und bekleidete er in einem fort die große Schar der Armen, die sich dort versammelt hatten; in den Kirchen aber wuchs allenthalben die Feierlichkeit der Messen. – Der andere aber, Ostorgius, war, was das Reich und das Heer betraf, reicher und mächtiger als dieser, aber an Tugend Eusebius weit unterlegen und ihm in jedem Schatz der Welt nicht zu vergleichen; dieser [Eusebius] verschaffte sich aber, ohne es zu wissen, durch den Loskauf von Gefangenen [Armen Seelen] eine größere Truppe, wie die Geschichte in der Folge zeigt.

Ostorgius also richtete sein Begehren auf jene Stadt, welche, wie ich sagte, Gott und der Fürsorge der Seelen geweiht war; nachdem er sie mit Hilfe einer List überfallen hatte, nahm er sie ein. Als Eusebius, der damals abwesend war, dies von einem Boten vernahm, empfand er es schwer und schmerzlich, so daß er sagte, er hätte lieber die Hälfte seines Reiches verloren als diese Stadt, die Gott gehörte, wie er bekannte. Er versammelte die Seinen und sprach: *Was sollen wir tun, ihr guten Soldaten, sollen wir das Unrecht an uns und Gott ungestraft lassen? Nehmen wir im Namen Gottes mit jenen mutig den Kampf auf; derjenige möge gewinnen, für den es der gerechte und allmächtige Herr des Himmels vorgesehen hat. Denn wenn auch der Sieg dem Gegner zufällt, wird es für uns sehr schön sein, für die Verteidigung Gottes zu sterben.* – Auf diese Worte hin, denen die Versammlung der Seinigen zustimmte und denen sie gewogen war, nimmt der Fürst mit seinem von überall her zusammengerufenen Heer den Krieg gegen den Feind auf und wartet an einer äußerst befestigten Stelle, bis er sich selbst zeigen würde. Inzwischen waren die diensttuenden Wachtposten des Lagers an einem höhergelegenen Ort aufgestellt, von wo sie das Land weit und breit überblicken konnten, und blickten mit wachsamen Augen ringsumher. Siehe, da bot sich ihnen von weitem der Anblick eines weiß gekleideten Heeres. Die Wächter, die aufgrund dieser Erscheinung einen Feind argwöhnten, verharrten in angespanntem Warten. Und als jene, die sie sahen, ein wenig näher gekommen waren, bemerkten sie schließlich ein gewaltiges schneeweißes Heer in Schlachtordnung auf weißen Pferden, mit weißen Standarten und in glänzender Waffenbekleidung; weil diese unerwartete Sache sie erschreckte, beeilten sie sich, sofort den beunruhigten Fürsten zu benachrichtigen. Jener schwankte zwischen Hoffnung und Furcht, als er von den Weißen hörte. Er hoffte, daß diese nichts Schlimmes anzeigten, und deshalb faßte er Mut; weil er aber erfahren hatte, daß sie für den Krieg gerüstet waren, fürchtete er, daß ihm eine feindliche Macht drohte. Nachdem er sich mit seinen Ersten beraten hatte, schickte er deswegen vier geeignete Männer aus, welche von jenen eine Erklärung verlangen sollten, wer und woher sie seien, was sie im Sinne führten, ob sie im Frieden oder als Feinde gekommen seien. Wie die Boten sich ihnen nähern, kommen ihnen vom weißen Zug gleichfalls vier Ritter entgegen, die auf ihre Anfrage hin eine entsprechende Antwort übermitteln sollten. Wie sie sich begegnen, grüßen die Boten den Anführer [der Weißen] und jene erwidern dienstfertig den Gruß. Die Boten des Fürsten Eusebius erkundigen sich nun nach dem Grund ihres Kommens und ihrer Kriegsrüstung, die Boten auf der anderen Seite hören ihnen zuerst zu, jenen, die durch den unerwarteten Anblick zu Tode erschreckt sind, und beruhigen sie dann durch folgende freundschaftliche Antwort: *Seid standhaft, fürchtet nichts, zaudert nicht; zu euch kommen wir im Frieden, gegen eure Feinde haben wir uns bewaffnet. Wir stammen nämlich aus der Schar des höchsten Königs, und nun kommen wir als ergebenste Helfer zu eurem Herrn, um den Feind zu bekämpfen. Teilt also eurem Fürsten mit, er solle nicht zögern, sich mit uns zu einem Gespräch zu treffen, und er solle im übrigen nichts fürchten.*

Wie die Boten in großer Freude zurückgekehrt sind, erzählen sie dem Fürsten den Stand der Sache. Dieser, sozusagen unmittelbar aus dem Grab der Furcht und des Schmerzes in Hoffnung wiederauflebend, frohlockt, triumphiert, und, als hätte er den Sieg schon erworben, zögert nicht, ihnen entgegenzueilen. – Als er sich ihnen näherte, kamen ihm die vier Reiter jenes Heeres auch entgegen, und als er sie fragte, vernahm er dasselbe, was ihm seine Boten erzählt hatten. Er wurde von ihnen gefragt, ob er wegen des Unrechts der von Ostorgius eingenommenen Stadt leide. Er antwortete, es schmerze ihn über die Maßen, da er die Stadt ja Gott und dem Heil der Seelen geweiht habe. – *Es soll dich nun nicht mehr weiter schmerzen*, sagten jene, *da ja das, was du Gott, dem Spender alles Guten, gegeben hast oder geben ließest, dir nicht verloren gehen kann, welcher Zufall es dir auch wegnehmen sollte, sondern es wird dir im Himmel hundertfach vergolten werden. Aber damit wir dich nicht länger in der Erwartung der Dinge belassen, werden wir jetzt doppelt dein ganzes Recht vom Feind zurückfordern. Er wird sich dir unterwerfen oder wird gefesselt deiner Macht übergeben werden; höre bloß auf uns und spute dich, uns mit einem geordneten Heer zu folgen.*

Der Fürst fügte sich darauf ihrem Willen und vertraute ihnen, und er rüstete aus den Soldaten, die ihm zur Verfügung standen, nur eine Legion. Und gewiß der göttlichen Hilfe, schritt er gegen Sechzigtausend auf der Gegenseite in die Schlacht. Ihm ging das Heer der Weißen voran, welches eine Schar von Vierzigtausend (wie es schien) gegen Ostorgius aufbot. Als nun Ostorgius erkannte, daß jene mit ihrer Zurüstung ihn bedrohten, war er über diese Neuigkeit erschüttert, und auch er ließ durch Boten fragen, wer sie seien und was sie begehrten. Man antwortete ihnen, wie schon den vorhergehenden Boten, daß sie aus der Schar Gottes seien und daß sie kämen, um ihren Fürsten Ostorgius gefangen zu nehmen als Strafe für das Unrecht gegen Gott, falls er sich nicht selber ergebe und Gott und seinem Gefährten Eusebius Genugtuung verschaffe wegen der eroberten Stadt. Nachdem die Boten dies, wie sie es vernommen hatten, ihrem Herrn erzählt hatten, erschrak dieser über alle Maßen und forderte den Rat der Seinen. Als er sie angehört hatte, schritt er mit all seinen Truppen an den Ort, wohin es ihm befohlen worden war. Und als er die Männer des weißen Heeres, die ihm entgegen eilten, befragte, vernahm er selbst, was auch die einen und die anderen [Boten] vernommen hatten, nämlich daß sie aus der Sippschaft Gottes seien. Sie fügten auch schwere Drohungen gegen ihn hinzu, indem sie sagten, daß der göttliche Zorn ihn bedrohte, da er gewagt hätte, die Stadt, die ihm [Gott] geweiht sei, ihm auf betrügerische und heimtückische Weise zu entreißen. Und Ostorgius, von Angst bedrängt, bittet um Frieden und verspricht Genugtuung seiner Unbesonnenheit, wieviel immer sie wollten; sie kamen dann zum Heer, und siehe da, zur Unterhandlung stieß überraschend Eusebius mit seiner Truppe, und sogleich erstattete ihm Ostorgius doppelt zurück, was er ihm auch je in irgendeiner Sache genommen hatte, und überdies unterwarf er sich ihm mit all den Seinen.

Nachdem sie Frieden geschlossen hatten, fragte jenes weißgekleidete Heer Eusebius, indem es ihn freundschaftlich ansprach, ob er nach seinem Wunsch Genugtuung erfahren habe. Und jener antwortete ihm mit großer Danksagung, daß ihm Genüge geleistet worden sei. Er begann auch vorsichtig nachzuforschen, wer sie seien. Und ohne Verzug antworten sie ihm: *Wir sind die Seelen der Verstorbenen, denen die große Gnade des Herrn wegen deiner Hilfeleistungen und Almosen vergeben hat; nachdem wir befreit waren aus der Gefangenschaft der Sünde und des Teufels, gewährte der Herr uns strahlende Wohnungen in ewiger Ruhe. Daher soll es dich nicht reuen, daß du das für uns getan hast,*

da du ja den Dank Gottes und aller abgeschiedenen Gläubigen für dein Verdienst erfährst; und nun wisse, daß du uns alle, die du siehst, errettet hast, und durch die gütige Vorsehung des Herrn weitere erretten wirst, wenn du von deinem Bemühen nicht abstehst. Also wohlan: wie du früher Gutes getan hast aus gutem Willen, so bemühe dich nun, ermahnt durch unsere Bitte, in Zukunft noch vermehrt darum, damit du die Gefangenen, welche du beim gerechten Richter befreist, bei ihm als deine Fürbitter hast. Jene nämlich, die durch dich schon befreit wurden, erbitten für dich ein langes Leben und Gesundheit, damit auch viele andere, die durch dich noch losgekauft werden müssen, fortan in Frieden ruhen werden, welche zusammen mit den befreiten [Seelen] dir Straferlaß und Gnade beim ewigen Richters sichern mögen.
Nachdem dies gesagt war, baten sie den Fürsten, gehen zu dürfen, und man sah sie auf demselben Weg weggehen, auf dem sie gekommen waren. Jener, der früher nicht gewußt hatte um so großen Gewinn, wurde fortan zu solch einem großen Wohltäter der Verstorbenen, wie eher gemutmaßt werden kann als dargelegt. Dies haben wir aus der Erzählung eines Herrn Abtes erfahren, eines heiligmäßigen Mannes von höchster Autorität, welcher im Streit zwischen den beiden Fürsten gefangen und abgeführt wurde, während er [der Abt] mit seinen Abteien, die er in jener Gegend betreute, beschäftigt war.

Abbildungsnachweis:

10–12: Kunstmuseum Bern – 13: Peter Jezler, CH-Hermatswil – 14: Bernisches Historisches Museum – 15: Kantonales Kunstdenkmälerinventar Bern, Aufnahme: Martin Hesse – 16: Denkmalpflege des Kantons Fribourg.

Abb. 10: Unbekannter Meister, Flügel des Allerseelenaltars von Doktor Thüring Fricker aus dem Berner Münster, Feiertagsseite, um 1505, Öltempera auf Holz, je 149 x 62 cm, Kunstmuseum Bern, Depositum der Gottfried Keller-Stiftung. – Linker Flügel: Eusebius belagert die ihm entrissene Allerseelenstadt. Boten der von ihm erlösten Armen Seelen bieten ihre Kriegsunterstützung an. – Rechter Flügel: Ostorgius unterwirft sich Eusebius und übergibt die belagerte Stadt.

Abb. 11: Unbekannter Meister, Flügel des Allerseelenaltars von Doktor Thüring Fricker aus dem Berner Münster, Werktagsseite, um 1505, Öltempera auf Holz, je 149 x 62 cm, Kunstmuseum Bern, Depositum der Gottfried Keller-Stiftung. – Linker Flügel: Der Küster entdeckt des Nachts in der Kirche brennendes Licht. – Rechter Flügel: Im Innern der Kirche vollzieht sich eine *Geistermesse*, durch die Arme Seelen erlöst werden.

Abb. 12: Detail aus Abb. 11.

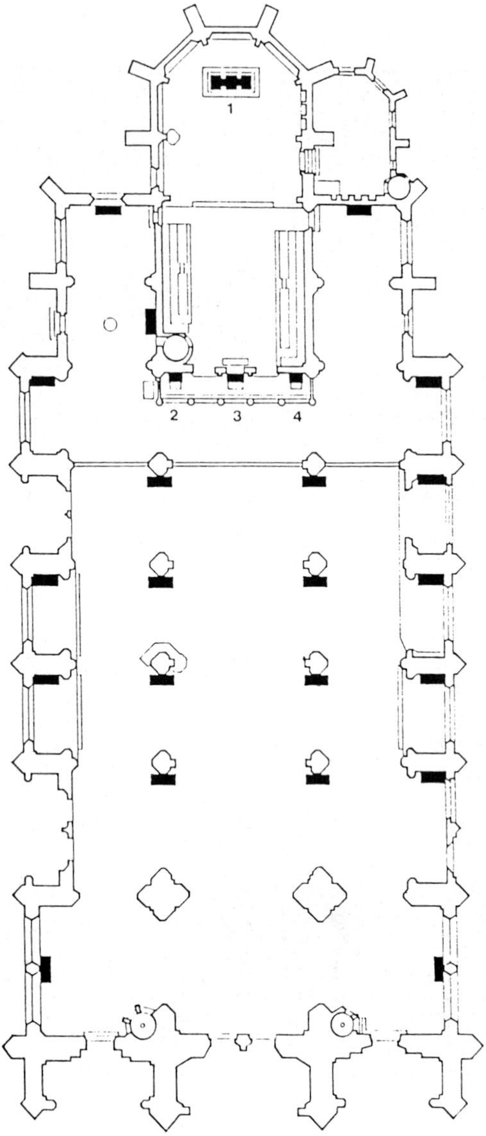

Abb. 13: Altardisposition im Berner Münster (Zeichnung: Maurizio Belpassi): 1 Hochaltar (St. Vinzenz geweiht), 2 Allerseelen-, Katharina- und Barbaraaltar (ehemals Nikolausaltar), 3 Marien- und Pfarraltar (ehemals Katharinaaltar), 4 Hl. Kreuzaltar.

Abb. 14: Riß des Lettners vom Berner Münster mit Figuren, die Niklaus Manuel zugeschrieben sind, Feder laviert auf Pergament, 91,8 x 120,3 cm. Bernisches Historisches Museum.

Abb. 15: Berner Münster, Innenansicht in Richtung Chor.
Der einstige Lettner ist im 19. Jahrhundert entfernt worden.

Abb. 16: Hans Fries, Werktagsseite des Hochaltars in der Franziskanerkirche von Fribourg, Die Predigt des Hl. Antonius über den Tod des Wucherers, 1506, Öl auf Holz, 176,6 x 72,2 und 172,6 x 72, 8 cm.

Grabmalstiftungen und städtische Öffentlichkeit im spätmittelalterlichen Italien

Ingo Herklotz

I

In seiner Lebensbeschreibung des Kaisers Isaak Komnenos (1057–59) ereifert sich der byzantinische Historiograph Michael Psellos über die Vorgänger des Monarchen, die so reichlich aus der Staatskasse geschöpft hätten, nicht etwa um das Heer aufzubauen oder die zivilen Einrichtungen des Landes zu erneuern, sondern viel mehr in der Absicht, die eigene Person mit größtem Luxus zu umgeben. Zu solch beklagenswerter Verschwendung zählen für Psellos in besonderem Maße der Prunk bei den Begräbnisfeiern wie auch die aufwendigen Grabmonumente, die sich jene Herrscher aus den erlesensten Steinsorten, ja aus prokonnesischem Marmor errichten ließen, um ihre Begräbnisorte weiterhin durch prachtvolle Bauten, die Bauten wiederum durch Parkanlagen und kleine Wäldchen zu schmücken. Diese angeblichen Orte frommer Abgeschiedenheit benötigten dann freilich noch Geld und Ländereien zu ihrem Unterhalt. Erst Isaak Komnenos habe der gewissenlosen Vergeudung öffentlicher Mittel ein Ende gesetzt, den Klöstern die Einkünfte entzogen und sie in Stätten wirklicher Askese umgewandelt[1].

Psellos' Polemik gegen die sepulkrale Selbstdarstellung könnte zunächst überraschen, waren es doch gerade die Beherrscher Konstantinopels gewesen, die über das Ende der Antike hinaus stets an den traditionellen Formen des monumentalen Grabdenkmals festgehalten hatten[2]. Doch steht seine Kritik auch im byzantinischen Bereich nicht allein[3]. An seine Kampagne der Kirchenväter gegen die antike Repräsentationskunst

---

[1] Chronographia VII. 59, ed. Impellizzeri – Criscuolo, II, 252. – Der vorliegende Beitrag entwickelt Probleme und Fragestellungen, die der Verf. erstmals in seinem Buch "Sepulcra" e "Monumenta" del Medioevo. Studi sull'arte sepolcrale in Italia. Roma 1985, bes. 211–231, angedeutet hat. Für zahlreiche klärende Gespräche wie auch für die großzügige Überlassung noch unpublizierter Manuskripte (s. u. Anm. 57) ist Herrn Peter Seiler (Rom–Heidelberg) zu danken.

[2] Ph. Grierson, The Tombs and Obits of the Byzantine Emperors (337–1042). In: Dumbarton Oaks Papers 16 (1962) 1–63.

[3] Niketas Choniates berichtet in seiner Vita des Kaisers Manuel Komnenos (1143–80), VII.7, ed. Corpus scriptorum historiae byzantinae, 288, von ähnlichen Vorwürfen, die der Herrscher seinem Vater und seinem Großvater gegenüber erhoben haben soll.

anknüpfend[4], polemisieren die Vertreter eines christlichen Rigorismus gegen die monumentalen Zeugnisse der Sepulkralkunst, sobald diese an Verbreitung gewinnen. Aus Italien, wo es mit dem 5. Jahrhundert zu einem weitgehenden Abbruch der antiken Medien sozialer Selbstdarstellung gekommen war – zu solchen Repräsentationsmitteln wären über die Grabdenkmäler hinaus die aufwendigen Bestattungsfeiern zu zählen, dann aber auch die Ehrenstatuen und das historische Relief – und diese erst im Hochmittelalter wieder aufgegriffen werden sollten, erreichen uns die Zeugnisse einer gräberfeindlichen Mentalität seit der Wende zum 13. Jahrhundert. In einem Abschiedsgedicht auf die Stadt Rom, das Alexander von Neckam (gest. 1217) aus einer Stimmung müder Resignation heraus verfaßte, heißt es bezeichnenderweise auch: "Der Mausoleen und der Pyramiden bedarf ich nicht, doch mit dem Gewächs des einfachen Bodens begnüg' ich mich. O Rom, leb wohl!"[5] Die sepulkralen Monumente der Stadt gehören für ihn zur lauten Betriebsamkeit des römischen Hofes, zu all dem Luxus und eitlen Betrug, die zu fliehen er sich entschlossen hat. Nach 1260 entstand in Italien – einiges später als im Norden – das figürliche Grabmal. Die entscheidenden Aufträge, die mit Hilfe der großen Meister Petrus Oderisii, Arnolfo di Cambio und Giovanni Cosma ausgeführt wurden, gingen allesamt auf denselben sozialen Umkreis zurück: Päpste, Kardinäle und hohe Kuriale waren es, denen der neue Grabmalstyp seine Entwicklung verdankte. Gerade in ihren Reihen werden dann aber auch die Stimmen derer laut, die nach einer deutlichen Distanzierung von den Denkmalsgewohnheiten ihrer Amtskollegen trachten. Eine Durchsicht der zahlreichen Kardinalstestamente, die sich seit der Mitte des Duecento erhalten haben, läßt erkennen, daß den letztwilligen Verfügungen gerade während des 14. Jahrhunderts in dieser Hinsicht eine bedeutende Rolle zukommt. Weisen die Texte genauere Angaben zum Bestattungsort des Erblassers auf, so zielen diese in der Mehrzahl darauf ab, eine monumentale Ausgestaltung des Grabes zu verhindern. Der Kardinal Hugo Aycelin verfügte in seinem Testament (1297), man solle ihn, sofern er in Rom verstürbe, bei den Dominikanern in S. Sabina bestatten. Sein Grab war mit einer Kupferplatte zu überdecken, *adequata pavimento*[6]. Mochte Aycelins Entscheidung noch

---

[4] Herklotz, "Sepulcra" 25–28.

[5] *Mausolea mihi non quaero pyramidasve, Glebae contentus gramine; Roma vale.* Vgl. De laudibus divinae sapientiae V, 339–340; ed. Rerum britannicarum medii evi scriptores, 448. Dazu auch: J. Benzinger, Invectiva in Romam. Romkritik im Mittelalter vom 9. bis zum 12. Jahrhundert. Lübeck–Hamburg 1968, 102–103.

[6] A. Paravicini Bagliani, I testamenti dei cardinali del Duecento. Roma 1980, 310. Beispiele solcher Grabplatten haben sich in großer Zahl erhalten; vgl. die unten in Anm. 60 gegebene Bibliographie.

durch die Wahl des Ortes bedingt sein, denn der Würdenträger wollte sein Grab unmittelbar vor dem Hauptaltar plaziert wissen, so ergibt sich aus anderen Testamenten, daß vergleichbare Bestimmungen einer sittlichen Einstellung entsprachen: *humile et depressum* lautet die knappe Anweisung, wie Kardinal Leonardo da Guercino sie für seine Grabstätte gab[7]. Francesco Orsini, der in seiner letztwilligen Verfügung von 1304 eine Beisetzung in der römischen Peterskirche vorsah, wollte nicht, daß man über dem eigentlichen Bestattungsort irgendeinen Aufbau (*hedificium*) errichte[8]. Dem Sinne nach genauso, doch energischer noch im Tone äußerte sich Kardinal Giacomo Colonna (1318); ausdrücklich (*expresse inhibens*) untersagte er, daß sein Grab zu einem wirklichen Denkmal werde; zu ebener Erde, im Boden der Kirche sollte man seine sterblichen Überreste zurücklassen[9]. In den Kardinalstestamenten aus avignonesischer Zeit und aus der Epoche des großen Schismas finden sich solche Bestimmungen dann schon dutzendweise: *in terra sine aliquo edificio*, so sah es auch Niccolò Capocci (1358) für seine Beisetzung in der römischen Kirche S. Maria Maggiore vor[10]. Zu Recht hat man darauf verwiesen, daß angesichts der Größe der Legate, über welche die Würdenträger verfügten, ihr Verzicht auf eine monumentale Grabstätte keine finanziellen Gründe gehabt haben kann; der Wunsch nach einem Bodengrab entsprach vielmehr einer Demutsformel[11].

Humilis quasi humo acclinis hatte Isidor von Sevilla verbindlich definiert: Die gegenständliche Erniedrigung des Körpers trat auch der geistigen Selbsterhebung des Menschen in den Weg. – Mit der Humilitas war ein Ideal der Bettelmönche angesprochen, der Hl. Franziskus hatte einen alternativen Stil des Sterbens vorgelebt: Im Augenblick des Todes ließ er sich auf den bloßen Erdboden betten – *in cinerem reverteris*, wie es in der Aschermittwochformel heißt[12]. Sein Vorbild blieb nicht

[7] So in seinem Testament von 1311; Paravicini Bagliani 385.

[8] Ebd. 344.

[9] Ebd. 424.

[10] Vgl. die Ausgabe des Testaments bei A. Ciaconius, Vitae et res gestae pontificum et S. R. E. cardinalium, 4 voll. Romae 1677, II, 512. Für ähnliche testamentarische Verfügungen, die sich zumeist auf französische Kirchen beziehen: F. Duchesne, Histoire de tous les cardinaux francois, 2 voll. Paris 1660, II, 365, 383, 424, 458, 542, 626; St. Baluze, Vitae paparum avenionesium, nouv. éd. par. G. Mollat, 4 voll. Paris 1914–1927, IV, 331, 369; aus noch späterer Zeit auch L. H. Labande – P. H. Requin, Testament du cardinal Pierre de Foix (3 août 1464). In: Bulletin historique et philologique du Comité des travaux historiques et scientifiques 1899 (1900) 274–298, hier 280.

[11] J. Gardner, Arnolfo di Cambio and Roman Tomb Design. In: Burlington Magazine 115 (1973) 420–439, hier 435.

[12] W. Brückner, Sterben im Mönchsgewand. In: Kontakte und Grenzen. Festschrift

ohne Wirkung: Entgegen der Sitte des 13. Jahrhunderts erhielt Nikolaus IV. (gest. 1292), auf dem Papstthron der erste Franziskanergeneral, nur ein einfaches Bodengrab mit verzierter Deckplatte[13], und der Dominikanerpapst Benedikt XI. (gest. 1304) soll noch zu Lebzeiten eine entsprechende Beisetzung gefordert haben: ... *ne in alto poneretur, sed sub terra, ex magna humilitate quam habebat*[14]. Nicht nur die geistlichen Herren sahen mit Mißbilligung auf die sepulkralen Gewohnheiten, die sich unter ihren Amtsvorgängern verbreitet hatten. Francesco Dandolo (gest. 1339), seines Zeichens Doge von Venedig, verlangte in seinem Testament nach einem Grabmal bei den Franziskanern der Stadt, ehrenvoll und angemessen zwar, dennoch mit so wenig eitlem Aufwand wie eben möglich; auf das, was die Würde des Amtes unvermeidlich mache, könne freilich nicht verzichtet werden[15]. Wo immer das monumentale Grabmal auftauchte, blieb der fromme Zeitgenosse mit schlechtem Gewissen zurück. Der große Humanist Leone Battista Alberti (gest. 1472) lehnte den Prunk der Bestattungsorte noch ebenso ab wie der gestrenge Bußprediger Girolamo Savonarola (gest. 1498)[16]. Doch erst die Gegenreformation unternahm einen wirklichen Versuch, den Grabmalstiftungen Einhalt zu gebieten. Nach dem Tridentinum häuften sich die Synodal-

---

für G. Heilfurt zum 60. Geburtstag. Göttingen 1969, 259–277, bes. 273. Der Tod des heiligen Franziskus wird in allen älteren Lebensbeschreibungen anschaulich dargestellt; vgl. die Sammeledition der Viten in: Analecta Franciscana 10.1 (1926–41), bes. 253, 622, 676, 717.

[13] G. B. Ladner, Die Papstbildnisse des Altertums und des Mittelalters, 3 voll. Città del Vaticano 1941–1984, II, 235.

[14] So die Brevis historia Ordinis Fratrum Praedicatorum, ed. Martène, Veterum scriptorum ... collectio VI, 373. Benedikts Wunsch nach einer Erdbestattung gewinnt an zusätzlicher Aktualität, wenn man sich vergegenwärtigt, welches Aufsehen Bonifaz VIII., sein unmittelbarer Amtsvorgänger, erregt hatte, als er sich schon einige Jahre vor seinem Tode eine prunkvolle Grabkapelle errichten ließ. Vgl. dazu die Quellen bei A. Paravicini Bagliani, Storia della scienza e storia della mentalità. Ruggero Bacone, Bonifacio VIII e la teoria della "prolongatio vitae". In: Aspetti della letteratura latina nel secolo XIII, a cura di C. Leonardi e G. Orlandi. Perugia–Firenze 1986, 243–280, bes. 275–277.

[15] ... *apud fratres minores* ... *ubi fiat nobis tumulus honorabilis atque decens, tamen cum quanta minori pompa et vanitate fieri possit salvo in hoc quod condecet pro honore ducatus* ... . Vgl. A. Da Mosto, I dogi di Venezia con particolare riguardo alle loro tombe. Venezia 1939, 76.

[16] L. B. Alberti, De re aedificatoria, ed. G. Orlandi, P. Portoghesi, 2 voll. Milano 1966, II, 681–683. Für Savonarola: J. Schnitzer, Savonarola. Ein Kulturbild aus der Zeit der Renaissance, 2 Bde. München 1924, II, 808. Weitere kritische Stimmen aus dem 15. und 16. Jahrhundert zitiert G. Scavizzi, Arte e architettura sacra. Cronache e documenti sulla controversia tra riformatori e cattolici (1500–1550). Roma 1982, 183.

beschlüsse, kraft derer alle neuen Beisetzungen auf das Bodengrab beschränkt, die vorhandenen Monumentalgräber hingegen ganz beseitigt werden sollten. Durchzuführen war dies freilich nicht. Selbst der 'Ikonoklasmus' gegen die Grabdenkmäler, wie ein Carlo Borromeo ihn an den Tag legte, vermochte die sepulkrale Entwicklung von annähernd fünf Jahrhunderten nicht mehr rückgängig zu machen[17].

II

Sieht man solche über Jahrhunderte hinweg entstandenen Zeugnisse einer grabmalsfeindlichen Mentalität in ihrer Gesamtheit, so wird man kaum den jüngsten Ergebnissen der Memorialforschung zustimmen wollen und den eigentlichen Anlaß für die Errichtung der Monumentalgräber in der liturgischen *memoria*, der "Sicherung frommen Gedenkens durch das Bild", erkennen[18]. Eine fromme Sache bedeuteten die Grabmalstiftungen für die christlichen Rigoristen gerade nicht. Ebensowenig dürfte

---

[17] P. Paschini, La riforma del seppellire nelle chiese nel secolo XVI. Notizie storiche. In: La Scuola Cattolica 50 (1922) 179–200; S. Mayer-Himmelheber, Bischöfliche Kunstpolitik nach dem Tridentinum. Der Secunda-Roma-Anspruch Carlo Borromeos und die mailändischen Verordnungen zu Bau und Ausstattung von Kirchen. Diss. München 1984, 160–162.

[18] So bes. R. Kroos, Grabbräuche-Grabbilder. In: Memoria. Der geschichtliche Zeugniswert des liturgischen Gedenkens im Mittelalter, hrsg. von K. Schmid und J. Wollasch. München 1984, 285–353, bes. 351, 353. Die Einschätzung der Autorin erklärt sich aus der Tatsache, daß sie bei ihrer Analyse nahezu ausschließlich liturgische Quellen zur Kenntnis nimmt. Den liturgischen Zeugnissen wären auch die einschlägigen Abschnitte der Testamente zuzuordnen. Als "passeport pour le ciel" (Le Goff) stellt das Testament zwangsläufig die *memoria*-stiftende Wirkung des Grabmals in den Vordergrund, nicht dessen repräsentative Absichten. Um Mißverständnisse zu vermeiden, sei betont, daß der Wunsch nach "Sicherung frommen Gedenkens" auch bestanden haben mag und durch die repräsentative Funktion des Grabmals keineswegs ausgeschlossen wurde. Gewiß konnten die Hinterbliebenen sich zum Grabmal begeben, um für den Verstorbenen zu beten, zugleich aber durch die Pracht des Denkmals beeindruckt und an das irdische Leben des dort Bestatteten erinnert werden. Daß die Bedeutung als liturgischer Schauplatz jedoch nicht die Ursache für die Monumentalisierung der Grabstätten, sondern eher eine Folge von deren Monumentalisierung darstellte, ergibt sich schon aus der Tatsache, daß die Memorialriten sehr wohl ohne Grabmal auskommen konnten. Zu unterstreichen bleibt darüber hinaus, daß Hinweise auf eine das Grabmal einbeziehende Anniversarliturgie in den italienischen Quellen wesentlich seltener begegnen, als es für den Bereich nördlich der Alpen gilt. – Auch außerhalb der Memorialforschung tendiert die neuere Literatur noch immer dazu, die besonderen Leistungen der Grabmalkunst in erster Linie aus theologischen Vorstellungen abzuleiten: So etwa führt Paravicini Bagliani, Storia della scienza, bes. 275–280, die Sorge Bonifaz' VIII. (gest. 1303) um sein Grabmal und seine Ehrenstatuen auf Roger Bacons Lehre der *prolongatio vitae* zurück, derzufolge es durch Einsatz 'wissenschaftlicher' Mittel schon im diesseitigen Leben möglich gewesen wäre,

mit Le Goff die *memento mori*-Didaktik als eine grundlegende Funktion des mittelalterlichen Grabdenkmals zu vermuten sein[19]. Die anhaltende Polemik macht viel eher deutlich, wie sehr die Sepulkralkunst als Sparte der Repräsentationskunst, einer privaten Repräsentationskunst im Kirchenbereich, zu gelten hat. Die Beweggründe eines solchen Repräsentationsbestrebens konnten vielfältig sein. Einige der bedeutendsten Grabmalstiftungen gingen aus der politischen Propaganda hervor. Zur Bekundung seiner imperialen Ansprüche ließ Papst Innozenz II. (gest. 1143) noch zu seinen Lebzeiten den angeblichen Porphyrsarkophag des Kaisers Hadrian aus der Engelsburg beschaffen, um nach seinem Tode in der Lateranbasilika darin zu ruhen[20]. Mit jenen Porphyrbaldachingräbern, die Roger II. von Sizilien bald darauf (1145) in der Kathedrale von Cefalù errichtete, gab er sowohl seiner Rivalität mit dem Papsttum wie auch mit dem byzantinischen Kaisertum Ausdruck[21]. Bediente sich Friedrich II. der beiden unbenutzt zurückgebliebenen Grablegen für die väterliche

---

einen Zustand körperlicher Harmonie zu bewirken, der dem des verklärten Leibes nach der Auferstehung nahekommt. Daß Bacons Auffassung für seine Zeit kaum als repräsentativ gelten darf, erkennt Paravicini Bagliani jedoch selbst: ebd. 262–263. Zudem erweist sich der entscheidende Text, der einen Zusammenhang von Bacons Lehre mit den Repräsentationsbemühungen des Papstes suggerieren könnte, ein Passus aus Arnaldus von Villanova (ebd. 277), als mißverstanden: Der Begriff *sepulcrum* ist dort nicht wörtlich, sondern – wohl in Anlehnung an Mt. 23,27 – metaphorisch gebraucht. Betrachtet man die päpstliche Repräsentationskunst des 13. Jahrhunderts als Ganzes, so vertritt Bonifaz VIII. lediglich das Extrem einer ansonsten durchaus zeitgenössischen Tendenz. P. C. Claussen, Magistri doctissimi romani. Die römischen Marmorkünstler des Mittelalters. Wiesbaden 1987, 198, ging unlängst so weit, das Grabmal Papst Clemens' IV. (gest. 1268) in Viterbo aufgrund der veristischen Züge in der Statue des Verstorbenen als "denkmalartige Erhöhung der Humilitas" zu interpretieren und hinter dem inhaltlichen Konzept einen dominikanischen Einfluß zu vermuten! Tatsächlich übertraf das Monument Clemens' IV. an Größe und skulpturalem Aufwand fast alles, was die Zeitgenossen bis dahin im Bereich der Grabmalkunst gekannt hatten. Die farbigen Inkrustationen, mit denen es so reich geschmückt war, waren in asketischen Kreisen immer wieder auf Ablehnung gestoßen, so daß eine weniger demutsvolle Art der Bestattung um 1270 kaum vorstellbar gewesen sein dürfte.

19 J. Le Goff, Saint Louis et les corps royaux. In: Le temps de la réflexion 3 (1982) 255–284, bes. 259. Daß es einzelne Monumente und besondere ikonographische Themen gegeben hat, die einen solchen didaktischen Anspruch erhoben, ist freilich nicht zu leugnen: Vgl. K. Cohen, Metamorphosis of a Death Symbol. The Transi Tomb in the Late Middle Ages and in the Renaissance. Berkeley 1973.

20 J. Deér, The Dynastic Porphyry Tombs of the Norman Period in Sicily. Cambridge, Mass. 1959, 146–154; Herklotz, "Sepulcra" 97, 107, 124–128.

21 Deér, passim, auch für das Geschehen unter Friedrich II.; zusammenfassend nochmals idem, Das Grab Friedrichs II. In: Probleme um Friedrich II., hrsg. von J. Fleckenstein. Sigmaringen 1974, 361–383.

und die eigene Bestattung, so auch, um die Einheit von normannischer und staufischer Dynastie sinnfällig darzutun.

Dem politisch-propagandistischen Einsatz der Grabdenkmäler stand ein negatives Korrelat zur Seite: die Zerstörung der Monumente, die zur Ächtung des politischen Gegners beitragen sollte. Für den Bereich der italienischen Stadtstaaten ist eine solche Praxis schon im 13. Jahrhundert dokumentiert. Aldobrandino Ottobuoni, einer der Anzianen des Primo Popolo von Florenz, erhielt nach seinem Tode (1257) ein großartiges Grabmonument in der städtischen Kathedrale, und die Ausführung des Werks ging zu Lasten der öffentlichen Kasse. Als drei Jahre später die Gibellinien in der Arnostadt das Regiment übernahmen, wurde Aldobrandinos Grabstätte umgehend zertrümmert, seine sterbliche Hülle in den Schmutz geworfen[22]. Gerade bei den Ausschreitungen, zu denen der Florentiner Parteienhaß immer wieder führte, scheinen Denkmalszerstörungen gang und gäbe gewesen zu sein. 1267 fielen auch die Gräber der Uberti, die sie in ihrer Familienkirche beim Palast der Prioren besaßen, dem Zorn der Guelfen zum Opfer[23]. Wenige Jahre nach den Florentiner Ereignissen verstarb in Modena der Podesta Jakob de Enzola (1284), und seine Anhänger errichteten ihm in der Kathedrale ein prunkvolles Monumentalgrab. Da sich unter der Regierung des Podesta jedoch eine Reihe von Mordtaten zugetragen hatte, aus denen der Stadt später manche Unannehmlichkeit erwuchs, drang eines Tages eine aufgebrachte Bürgerschar in das Gotteshaus ein, zerstörte an Enzolas Grabbild die Augen und beschmutzte das Monument auf unflätige Weise[24]. – All diese Beispiele verraten den Willen zur Schändung des menschlichen Gedenkens, zur *damnatio memoriae*, der die Denkmäler der Mächtigen zwangsläufig in besonderer Weise ausgesetzt waren.

Das monumentale Grabmal erlebte eine stetige Erweiterung der Auftraggeberschicht, von einem überwiegend päpstlich-königlich-aristokratischen Repräsentationsmittel sollte es sich allmählich auch zu einem Medium bürgerlicher Selbstdarstellung entwickeln. In seiner Beschreibung der Stadt Mailand konnte Bonvesin da la Riva schon um 1288 stolz darauf hinweisen, wie ehrenvoll seine Mitbürger nicht nur im Leben, sondern selbst im Tode noch sich gäben. "Dafür spricht ganz offensichtlich, daß in dieser Stadt allein, in den Kirchen und auf ihren Friedhöfen die Zahl der Steingräber mehr als 2000 beträgt, wovon einige

[22] Giovanni Villani, Cronica VI.62, ed. Firenze 1844–45, I, 284. Dazu auch R. Davidsohn, Geschichte von Florenz, 4 Bde. Berlin 1896–1927, IV.3, 378.

[23] Benvenuto Rambaldi, Comentum super comoediam, ed. Lacaita, I, 348–349; ferner Davidsohn IV.3, 378–379.

[24] So in der Chronik des Salimbene von Parma, ed. MGH SS 32, 608; vgl. auch Davidsohn IV.3, Anm. 4 zu 378.

sogar aus Marmor, andere aus Kiesel und weiteren Steinsorten gearbeitet sind. Jedes hat eine Deckplatte, die aus einem Stück gehauen ist und aus dem gleichen Material besteht wie der Sarkophag selbst. Einige von ihnen haben gewiß mehr als 20 Silbermark gekostet"[25]. Für Bonvesin steht die Gesamtheit der Gräber als städtischer Ruhmestitel, vergleichbar den prachtvollen Palästen und Kirchen, den starken Schutzmauern, den Mühlen und den breiten Straßen der Stadt. Sein Verweis auf Kosten und Gesteinsarten erinnert an einen plakativ-prahlerischen Ton, der schon in den Grabinschriften der Antike begegnet[26]. Vehikel theologischer Didaktik waren die Grabmäler für ihn offenbar nicht. In dieser Hinsicht hat die kunsthistorische Forschung gewiß vieles an konventionellem Bildschmuck zu wichtig genommen. Grundsätzlich muß auffallen, daß unter den zahlreichen mittelalterlichen Quellen, die sich zum Thema der Grabmäler äußern, kaum eine auf deren figürliche Darstellungen Bezug nimmt. Ganz wie in der Antike war auch die für das Mittelalter grundlegende Unterscheidung die zwischen dem Bodengrab (*in terra*) und dem *aliquid edificium*, dem dekorativen Mehr, in der Antike das *monumentum*, das an derselben Stelle inszeniert werden konnte[27]. Ein solches nahezu völliges Schweigen, was die ikonographische Dimension der Werke betrifft, steht freilich in scharfem Kontrast zu jenen Vertretern der heutigen Kunstwissenschaft, die jegliche Entwicklung der Sepulkralkunst, zumal die Entstehung des kommemorativen Renaissancegrabmals, an den sich wandelnden Bildthemen festzumachen suchen[28]. Heißt es in einer Quelle des 14. Jahrhunderts, die Florentiner hätten dem erwähnten Aldobrandino Ottobuoni in ihrer Kathedrale ein Grabmal setzen wollen,

---

[25] De magnalibus Mediolani III.35, ed. G. Pontiggia, M. Corti. Milano 1974, 72: ... *sicut in vita, sic et in funere cives nostri sese honore magnificant et magnifice sepulturis traduntur. Cuius rey manifestum est signum, quoniam in civitate tantummodo, cum in ecclesiis cum in earum cimiteriis, urne lapidee sunt plures. MM., quarum allie sunt marmoree, alie sunt de sillice vel ex alio lapidis genere fabricate; singule cum singulis eiusdem generis copertoriis ex singulis quidem saxis integris consistentes. Inter quas sunt alique pluribus viginti marcis argenti proculdubio comparate.*

[26] R. Lattimore, Themes in Greek and Latin Epitaphs. Urbana 1942, 227–228.

[27] Für die antike Unterscheidung zwischen Bodengrab und Monumentalgrab, resp. *sepulcrum* und *monumentum*, vgl. Herklotz 16, 19.

[28] Angesprochen sind die bekannten Arbeiten von H. s'Jakob, Idealism and Realism. A Study of Sepulchral Symbolism. Leiden 1954; E. Panofsky, Tomb Sculpture. Its Changing Aspects from Ancient Egypt to Bernini. London 1964; und auch K. Bauch, Das mittelalterliche Grabbild. Figürliche Grabmäler des 11. bis 15. Jahrhunderts in Europa. Berlin–New York 1976. Eine methodische Extremposition kommt dabei dem Ansatz Panofskys zu; kritisch dazu schon Herklotz 42, Anm. 43, 236–237, Anm. 95.

das "höher als all die anderen" sein sollte[29], so ergibt sich, daß die mittelalterliche Denkmalsvorstellung der banalen Richtlinie: "je größer desto wirksamer" entsprach, und man wird sich erinnern, wie sehr die italienischen Kommunen zeitweilig um die Ausmaße ihrer Kirchenbauten, die rivalisierenden städtischen Familien um die Höhe ihrer Geschlechtertürme wetteiferten. Mit dem so sachlichen Repräsentationsdenken, wie es beim Tode des Aldobrandino zutage trat, stimmt es zusammen, wenn die Regierenden von Florenz im Jahre 1296 beschlossen, all jene Sarkophage, die um das Baptisterium herum aufgestellt waren, von dort wegzuschaffen, und das öffentliche Statut diese Anweisung damit begründet, man möge sie an einen Ort bringen, wo sie besser zu sehen wären: *ubi melius videbitur*[30]. Das Gesehen-werden – ganz im Sinne des *monumentum conspicuum*, von dem die antiken Grabinschriften immer wieder sprechen – konnte somit um die Wende zum 14. Jahrhundert bereits zur erklärten Absicht der Grabmalstiftung werden. Daß eine solche Absicht für die Aufstellung der Monumente nicht ohne Wirkung bleiben konnte, liegt auf der Hand. Der publikumsbedachten Aufstellung – und damit sind zugleich das Verhältnis von Grabmal und Öffentlichkeit sowie die Integration der Grabdenkmäler in die Alltagskultur berührt – hat die Kunstwissenschaft bislang keine tiefergreifenden Untersuchungen gewidmet. Die folgende Skizze will eine erste, freilich noch zu bereichernde Auswahl relevanter Beispiele vorlegen und könnte der weiteren Forschung damit möglicherweise einen Anstoß vermitteln, sich aus der in ihrer einseitigen Betonung ikonographischer Kriterien gewiß ahistorischen Betrachtungsweise der sepulkralen Werke zu lösen.

III

Die Grabmonumente der Bologneser Rechtsgelehrten, die seit den sechziger Jahren des Duecento bei den Bettelordenskonventen von S. Francesco und S. Domenico entstanden, gehören aufgrund ihrer aufwendigen, antiken Vorbildern verpflichteten Baldachinarchitekturen zu den Meilensteinen fast jeder Geschichte der Sepulkralkunst[31]. Weniger bekannt

---

[29] Giovanni Villani, Cronica VI.62, ed. Firenze 1844–45, I, 284: ... *fecino fare nella chiesa di Santa Reparata uno monimento di marmo levato piu che niuno altro ...*

[30] A. Höger, Studien zur Entstehung der Familienkapelle und zu Familienkapellen und -altären des Trecento in Florentiner Kirchen. Diss. Bonn 1976, 141, Anm. 127, mit Quellennachweis.

[31] R. Grandi, I monumenti dei dottori e la scultura a Bologna (1267–1348). Bologna 1982; für einige Richtigstellungen, was das dort ausgebreitete historische Material betrifft, auch M. Bertram, Mittelalterliche Gelehrtengräber in Bologna. Anmerkungen zu dem neuen Werk von Renzo Grandi. In: Quellen und Forschungen aus italienischen Archiven und Bibliotheken 65 (1985) 427–435.

dürfte demgegenüber sein, daß zumindest den bei S. Domenico errichteten Denkmälern (Abb. 17) auch im Hinblick auf ihre genauere Plazierung eine epochale Bedeutung zuzuschreiben ist, gibt sich hier doch erstmals etwas wie ein urbaner Kontext der Grabmäler zu erkennen. Die Dominikanerkirche, in ihren Grundformen ein Bau des 13. Jahrhunderts, war nach Norden und Westen zu von einem freien Areal eingefaßt, das schon in einem Schenkungsdokument von 1240 als *platea seu curia Sancti Dominici* greifbar wird[32]. Eine bei der Kirchenfassade dokumentierte Kanzelanlage (*pulpitum maius*) deutet darauf hin, daß die städtische Bevölkerung sich vor der Kirche zusammenfand, um dort den Predigten beizuwohnen. Seit der Mitte des Jahrhunderts gingen die Ordensleute dazu über, gerade den Bereich im Norden ihres Gotteshauses auch als Friedhofsareal zu nutzen. Von Norden her (Abb. 18 links!), wo mit dem Quartier um S. Petronio und die Kommunalpaläste das eigentliche Zentrum Bolognas lag, wurde der Vorplatz von zwei pavimentierten Wegen durchschnitten. Die heutige Via Garofalo fortsetzend, führte der westliche der beiden Wege auf die Fassade des Gotteshauses und den Konventseingang zu, der östliche Pfad dagegen orientierte sich auf einen (schon im 13. Jahrhundert bezeugten) Seiteneingang der Kirche, welch letzteren er mit der modernen Via Rolandino verband. Zwei der Glossatorengräber haben sich außerhalb von S. Domenico erhalten. Vor dem Eckhaus der Via Rolandino und somit zugleich am Rande des Platzes wie auch am Beginn der bebauten Zone errichtet, steht das Denkmal des Egidio dei Foscherari (gest. 1289). Die Längsseite des rechteckigen Aufbaues – und hier befinden sich neben der Grabinschrift noch die Wappen des Verstorbenen – ist der Kirche zugewendet, sichtbar vor allem für denjenigen, der den Bau von S. Domenico verläßt, um durch die Via Rolandino in die Stadt zurückzukehren. Ein zweites Denkmal, das des Rolandino de' Passeggeri (gest. 1300), erhob sich dagegen frei von jedem architektonischen Zusammenhang bei dem weiter westlich gelegenen Fassadenweg. Für den Kirchgänger, der aus nördlicher Richtung durch die Via Garofalo sich näherte, war das Monument, noch bevor die Straße in den freien Platz einmündete, zu erkennen. Auf seinem Weg

[32] Zum folgenden: R. Rinaldi, Dalla chiesa di San Nicolò delle Vigne al convento di San Domenico: strutture sociali, topografia urbana, edilizia conventuale. In: Archeologia medievale a Bologna. Gli scavi nel Convento di San Domenico. Catalogo a cura di S. Gelichi e R. Merlo. Bologna 1987, 75–90, hier 82–85. Als grundlegende Quelle für die Friedhofsfunktion des Platzes hat sich ein um 1291 redigiertes Inventar der dortigen Grabstätten erhalten. Vgl. dazu bes. V. Alce, Il convento di San Domenico nel secolo XIII. In: Culta Bononia. Rivista di studi bolognesi 4 (1972) 127–174, bes. 165–169; und S. Gelichi – R. Rinaldi, Il Sepoltario del 1291. In: Archeologia medievale ... 99–107.

zum Haupteingang des Gotteshauses kam er dann so dicht an ihm vorbei, daß er die Inschrift und auch das vielgepriesene Relief mit dem lehrenden Juristen mühelos in Augenschein nehmen konnte[33]. Beide Werke profitierten somit nicht nur von der Weite des Platzes, der ihre Sichtbarkeit auf die Ferne hin garantierte, sondern ebenso vom Verlauf der Straßen, die den Betrachter in ihre unmittelbare Nähe geleiteten.

Um die prominente Plazierung der beiden Grabdenkmäler auch in ihrer soziologischen Dimension zu erfassen, ist es erforderlich, sich das besondere Prestige des Ortes in Erinnerung zu rufen[34]. Bei S. Domenico handelte es sich um die bedeutendste Pilgerkirche der Stadt. Früh schon waren die Ordensleute zudem eine enge Bindung mit der bolognesischen Universität eingegangen. Gerade die Korporation der Rechtsstudenten traf sich im Kloster zu ihren Sitzungen. Die dominikanische Theologieschule sowie die Konventsbibliothek zogen weitere Studierende an. Von der Bedeutung dieser Allianz zeugen selbst die Universitätsverordnungen, wenn sie den Dominikanern die Aufsicht bei den Rektoratswahlen erteilen; auch zu den religiösen Feiern bei Beginn eines jeden Studienjahres begab man sich geschlossen in ihre Kirche. Scholaren und Lehrer besaßen schließlich einen eigenen Friedhofsbereich an der Nordflanke des Gotteshauses. Da der spanische Ordensgründer im Verlauf des 13. Jahrhunderts den Rang eines Bologneser Stadtpatrons annahm, mußte seine Grabkirche zwangsläufig zum Schauplatz des städtisch-zivilen Zeremoniells werden. Podesta, Anzianen, Capitano del Popolo und weitere Vertreter der Kommune zogen alljährlich am Festtag des Heiligen in feierlicher Prozession zu seinem Grabe, um dem "Beschützer der städtischen Freiheit" ihren Dank abzustatten. Eine Reihe Bologneser Podestas lag neben den Verstorbenen aus einflußreichstem städtischen Adel – genannt werden die Lambertazzi, die

[33] Der in unserer Abb. 18 wiedergegebene Plan stammt aus R. Merlo, La piazza San Domenico: le vicende dopo il 1600. In: Archeologia medievale ... 133–142, hier 135, und hält die topographische Situation um 1627 fest. In nachmittelalterlicher Zeit war das Langhaus der Kirche gerade auf der Nordseite durch Kapellenbauten beträchtlich erweitert worden, Passeggeris Grabmal hatte deshalb von seiner zentralen, den Platz beherrschenden Stellung einiges eingebüßt. – Die älteren Ansichten und Pläne des Areals zeigen zwischen dem Passeggeri-Monument und der Kirchenfassade (vgl. unsere Abb. 18, no. 3) ein weiteres mittelalterliches Grabdenkmal mit einer ausgeprägt antikisierenden Architektur: Archeologia medievale ... 102, 134, 138. Laut Merlo, ebd. 135, handelte es sich um die Grabstätte der Familie Mezzovillani, die im Jahre 1714 beseitigt wurde. Grabmäler prominenter Bologneser Familien gab es auch an der Fassade der Kirche: Gelichi – Rinaldi, Il Sepoltuario 101.

[34] Zum folgenden: A. D'Amato, I Domenicani a Bologna nel '200. In: Archeologia medievale ... 91–97.

Galuzzi, die Carbonesi – bei der Fassade von S. Domenico begraben[35]. Der erhabenen Stellung des Konvents im bürgerlichen Leben und der hohen Zahl von Besuchern, die dort zu allen Zeiten erwartet werden konnten, trugen dann selbst die städtischen Statuten in beachtenswerter Weise Rechnung[36]. Bereits im Jahre 1250 bestimmten sie, daß an Platz und Kloster angrenzend keine Tavernen und – wegen der von ihnen ausgehenden 'Umweltbelastung' – auch keine Bäckereien errichtet werden sollten; ebensowenig war es allen schlecht beleumundeten Frauen gestattet, hier ihre Quartiere zu beziehen, und die Stadtverordnungen betonen im weiteren, daß die *platea* von allen Abfällen rein zu halten, die Zubringerstraßen aber von den jeweiligen Anliegern hinreichend zu bepflastern seien.

Begeben wir uns von Bologna nach Verona, wo eine der Piazza S. Domenico entfernt vergleichbare Situation anzutreffen ist. Dem Besucher des unscheinbaren Kirchleins von SS. Apostoli (12. Jahrhundert) begegnen auf der Nordseite des Baues drei wuchtig große Bogengräber (Abb. 19–20), die in der älteren Lokalforschung mit den Veroneser Familien Zavarise und Fiorini zusammengebracht werden und wohl auf die Mitte des 14. Jahrhunderts zurückgehen[37]. So rudimentär sich der ästhetische Anspruch der Anlagen gibt, der topographische Zusammenhang verrät ein bemerkenswertes Gespür für monumentale Wirkung. Nicht in den schmalen Raum vor der Kirchenfassade gesetzt, sondern an deren Nordflanke errichtet[38], ist die Schauseite der Denkmäler al-

---

[35] Gelichi – Rinaldi, Il Sepoltuario 101, mit dem auf 98 wiedergegebenen Dokumententext.

[36] D'Amato, I Domenicani 93.

[37] Giovambattista da Persico, Descrizione di Verona e della sua provincia. Verona 1820, 69–70: "Delle tre arche fuori della porta laterale, una appartenne alla nob. famiglia Zavarise; l'altra al casato de' Fiorini; e la terza non ho potuto, ne potrò forse mai più rilevarlo." Noch heute trägt das östliche der drei Monumente (Abb. 20) auf dem Sarkophagdeckel die Inschrift *SEP. NOB. DE. ZAVARISIIS.* Das nach Westen zu anschließende Denkmal (Abb. 19) weist an der Sarkophagfront eine zerstörte Inschrift mit einer allerdings noch klar leserlichen Jahresangabe von 1354 auf. – In der neueren Literatur haben die Anlagen kaum Beachtung gefunden. Zu ihrer typologischen Einordnung: G. Biermann, Verona. Leipzig 1904, 60–61; vgl. ferner M.H. Longhurst, Notes on Italian Monuments of the 12th to 16th Centuries. London s. d. (1963), L.3. Zur Geschichte der Kirche: W. Arslan, L'architettura romanica veronese. Verona 1939, 68–74, mit Plan.

[38] Es ist einzugestehen, daß sich die beiden östlich aufgestellten Grabmäler heute vor Anbauten befinden, die der Kirche erst in nachmittelalterlicher Zeit hinzugefügt wurden, ihre Plazierung dem mittelalterlichen Standort somit nicht genau entsprechen kann. Daß die Nordflanke des Baus aber schon vor Ausführung dieser Anbauten zur Aufstellung von Monumentalgräbern diente, wird zumindest in ihrem westlichen

lein der Piazzetta SS. Apostoli zugekehrt. Der kleine Platz wird nach Osten und Westen zu von Bauten der Renaissancezeit gerahmt, dürfte im Hinblick auf die frühere Entstehung der Kirche aber schon für das Mittelalter an derselben Stelle zu vermuten sein. In ihrer Lokalisierung scheinen die Grabmäler somit auch hier die durch den Platz gebotene Weitenwirkung angestrebt zu haben. Doch mehr noch: Das unbebaute Areal verbindet die Kirche zugleich mit der heutigen Via Cavour, der ehemaligen Via Postumia, welch letztere, auf die Porta Borsari hinführend, schon im antiken Wegenetz Veronas als wichtige Zufahrtsstraße diente. Seit der Erweiterung der Veroneser Stadtmauern durch Cangrande della Scala in den zwanziger Jahren des 14. Jahrhunderts dürfte der durch die Porta San Zeno und das heißt der gesamte aus Richtung Brescia und Mailand kommende Verkehr durch die Porta Borsari in das Stadtzentrum, zur Piazza delle Erbe nämlich, nach S. Anastasia oder auch zum Dom hin, vorgedrungen sein[39]. An derselben Wegstrecke liegt schließlich das ehemals römische Brückenkastell (Castelvecchio), das seine strategische Bedeutung im ganzen Mittelalter bewahren konnte und noch unter den Scaligern (1354–76) ein neues Gesicht erhielt. Wer immer die Stadt auf dieser pulsierenden Verkehrsader betrat, konnte über die Piazzetta SS. Apostoli hinweg die hoch vor der Kirche sich erhebenden Grabdenkmäler mühelos erblicken.

Sowohl in Bologna als auch in Verona trug die Plazierung der Monumente im Norden des Sakralbaus den urbanen Vorgaben Rechnung. Weitere Beispiele eines analogen Vorgehens ließen sich in diese Reihe einordnen: die Antonius-Kirche in Padua etwa, in derselben Stadt dann noch die Eremitani-Kirche, wo die Gräber allerdings nicht an der Nord-, sondern an der Südflanke erscheinen, damit aber wiederum in Richtung des Stadtzentrums aufgereiht sind. – Doch wenden wir uns zunächst einem anderen Phänomen zu: Das Grabmal an der Kirchenfassade gewinnt im Verlauf des 14. Jahrhunderts ebenfalls neue Prominenz. Zweifellos, vor den Sakralbauten hatten sich die Gräber von alters her befunden, und es scheint einsichtig, eine solche Tradition mit den Bestattungsein-

---

Bereich deutlich. Mit dem mittelalterlichen Mauerwerk verwachsen, haben sich dort die Spuren eines Grabgiebels erhalten.

[39] Für Cangrandes Mauerbau zuletzt P. Brugnoli, "Donna e regina de le terre italice": realtà e immagine di Verona scaligera. In: Gli Scaligeri. 1277–1387. Verona 1988, 215–224, bes. 218–219. Wie wichtig die an der Piazzetta SS. Apostoli vorbeiführende Zufahrtsstraße für das Leben der Stadt war, wird anschaulich, wenn schon die Scaliger-Statuten von 1328 bestimmen, daß der Straßenabschnitt von der Porta Borsari bis zur Kirche S. Anastasia (die sog. Straße der Goldschmiede) stets sorgfältig zu bepflastern sei. Vgl. A. Di Lieto, Una piazza comunale e scaligera: piazza delle Erbe. In: Gli Scaligeri 245–254, hier 246.

schränkungen, wie sie für das Kircheninnere bestanden, zu erklären[40]. Die mehr oder minder aufwendig gestalteten Grablegen waren dabei zumeist in den der Fassade vorgelagerten Atrien und Portiken anzutreffen. Bauten des 11. und 12. Jahrhunderts, wie der Dom von Salerno oder die römische Kirche S. Maria in Cosmedin, aber auch die Markus-Basilika in Venedig, können noch heute als anschauliche Zeugnisse dieser Beisetzungspraxis dienen; für Alt-St. Peter in Rom lassen die schriftlichen Quellen sie unschwer rekonstruieren. In all diesen Fällen gehören die Gräber einem architektonisch klar umgrenzten Vorraum an, der in erster Linie der Kirche zugeordnet ist. Während des Trecento stellt sich die topopraphische Situation zumeist anders dar. An den Fassaden der neuen oberitalienischen und toskanischen Bettelordenskirchen – erinnert sei an S. Lorenzo in Vicenza, S. Anastasia und S. Fermo Maggiore in Verona, die venezianische Kirche SS. Giovanni e Paolo oder auch S. Maria Novella in Florenz – erscheinen die Grabmonumente ohne die übergreifenden und zugleich sie verbergenden Vorhallen[41]. Häufig auf Konsolen emporgehoben und von eigenständigen Giebeln überdacht, sind die Sarkophage den gewaltigen Blendarkaden der Kirchenfront eingepaßt und somit auf den offenen Vorplatz der Gotteshäuser orientiert, wobei gerade die Campi vor den Bettelordenskirchen nicht nur eine geistliche, sondern gleichwohl eine öffentlich städtische Bedeutung innehatten.

[40] Den umfassendsten Überblick zu solchen Reglementierungsversuchen bietet A. Bernard, La sépulture en droit canonique du décret de Gratien au concile de Trente. Paris 1933, 15–28; vgl. ferner B. Kötting, Der frühchristliche Reliquienkult und die Bestattung im Kirchengebäude. Köln–Opladen 1965, 31–36. Zur Lokalisierung der Grabstätten während des frühen Mittelalters jetzt auch: L'inhumation privilegiée du IVe au VIIIe siècle en occident. Actes du colloque tenu à Créteil les 16–18 mars 1984, éd. par Y. Duval et J.-Ch. Picard. Paris 1986. Was die Bettelordenskirchen betrifft, so wurden die Bestattungseinschränkungen während des 13. Jahrhunderts zunehmend großzügiger gehandhabt: R. B. Brooke, Early Franciscan Government. Elias to Bonaventura. Cambridge 1959, 260–261.

[41] Die genannten Kirchen sind behandelt bei H. Dellwing, Studien zur Baukunst der Bettelorden im Veneto. Die Gotik der monumentalen Gewölbebasiliken. München–Berlin 1970. Zu S. Maria Novella, der Dominikanerkirche von Florenz: Santa Maria Novella. La basilica, il convento, i chiostri monumentali, a cura di U. Baldini. Firenze 1981. Die mit Bogengräbern geschmückte Fassade fluchtet dort mit der Außenwand des im Südwesten der Kirche angegliederten Friedhofsareals. Auch die Friedhofseinfassung ist nach außen hin mit einer langen Reihe von Patriziergräbern, den sog. *avelli*, besetzt. Diese Gräberreihe wird im Nordwesten der Kirche am Konventseingang fortgeführt. Kirchenfassade, Konventszugang und Westseite des Friedhofs waren seit ältesten Zeiten auf eine weite Platzanlage hin bezogen: ebd. 21, 23–25, 33, 36 etc. Der Friedhof ist bereits im 18. Jahrhundert Gegenstand einer historischen Abhandlung geworden: V. Fineschi, Memorie sopra il cimitero antico della chiesa die S. Maria Novella di Firenza. Firenze 1787 (Nachdruck Roma 1977).

Greifen wir stellvertretend nur einen Fall heraus: Für die unvollendete Fassade der venezianischen Dominikanerkirche SS. Giovanni e Paolo läßt sich seit dem Jahre 1431 ein Sarkophag nachweisen, der vormals die sterblichen Überreste der Dogen Jacopo und Lorenzo Tiepolo (gest. 1249 und 1275) bewahrte[42]. 1431 wurde der Sarkophag mit Hilfe der noch heute ihn tragenden Konsolen an der Kirchenwand in eine erhöhte Position versetzt (Abb. 21–22). Daß die Grabstätte sich allerdings noch länger, nämlich schon seit dem Neubau der Kirchenfront während der dreißiger Jahre des 14. Jahrhunderts, an der heutigen Stelle befand, wird durch verschiedene Beobachtungen nahegelegt: Schon die Abmessungen des Werks lassen auf eine Anfertigung für die Nische links des Hauptportals schließen. Daß der Sarkophag erst einige Zeit nach dem Tode der Dogen sein heutiges Gesicht erhielt, mag sich ebenso aus der Inschrift auf der unteren Profilleiste ergeben: Wohl kaum hätte ein zeitgenössisches Epigraph die Todesdaten der Verstorbenen fehlerhaft wiedergegeben. Vor dem frühen 14. Jahrhundert sind auch die Dogenembleme in den Eckakroterien nicht möglich, und es scheint, als ginge der gesamte bewußt archaisierende Reliefschmuck, so wie er sich dem Betrachter heute darbietet, erst auf diese Zeit zurück. Als Ergänzung des 15. Jahrhunderts – und hier könnte man an die Neuaufstellung von 1431 denken – hat nur die große Inschrift an der Schauseite des Sarkophags zu gelten.

Die Plazierung des Tiepolo-Grabmals muß zunächst wohl erstaunen, kannte man bei Beginn des 14. Jahrhunderts doch schon eine längere Tradition der Dogengräber im Kircheninneren[43]. Die Mönche von SS. Giovanni e Paolo bewahrten mehrere Herrschergräber in ihrem Kreuzgang, wohingegen die letzte Ruhestätte des Ranieri Zeno (gest. 1268) in der Kirche selbst errichtet war[44]. Erst Jacopo Tiepolo hatte es den Dominikanern durch seine großzügige Landzuweisung ermöglicht, in Ve-

---

[42] Zur Baugeschichte der Kirche: Dellwing 98–117. Die verschiedenen Bearbeitungsphasen des Sarkophags bleiben in ihrer Datierung vorerst umstritten: vgl. etwa F. Zava Boccazzi, La basilica dei santi Giovanni e Paolo in Venezia. Venezia 1965, 44–48; G. Traina, Fruizione utilitaristica e fruizione culturale: i reimpieghi nelle Venezie. In: Colloquio sul reimpiego dei sarcofagi romani nel medioevo (Pisa 5.–12. September 1982), hrsg. von B. Andreae und S. Settis. Marburg 1984, 63–70, mit dem Diskussionsbeitrag von F. Rebecchi, ebd. 71–74; und H. M. Herzog, Untersuchungen zur venezianischen "Protorenaissance". Diss. München 1986, 122–123; mit weiterer Literatur. Das zur Zeit in Arbeit befindliche Corpus der venezianischen Dogengräber von Debra Pincus (Vancouver, Canada) wird eine erneute Behandlung des Denkmals vorlegen. Die Quelle zur Neuaufstellung des Sarkophags im Jahre 1431 ist bei Zava Boccazzi 47 wiedergeben.

[43] Da Mosto (wie Anm. 15) passim.

[44] Da Mosto 66; Zava Boccazzi 49–50, mit weiterer Bibliographie.

nedig Fuß zu fassen und dort einen Kirchenbau vorzunehmen, so daß ihm für die Geschichte von SS. Giovanni e Paolo die Rolle eines Stifters, ja die des Gründers zukam[45]. Das beim Hauptportal angebrachte Grabmal ist somit kaum als verfehlte Privilegierung, sprich: als ein Ausschluß vom Kircheninneren, aufzufassen. Auch die Annahme, das Herrschergrab habe vor der Kirche einem Friedhof zugehört, erklärt die besondere Aufstellung nicht, denn ein Friedhofsbezirk ist im Südosten der Basilika bezeugt und war schon im 14. Jahrhundert durch eine Mauer klar umgrenzt[46]. Trifft es zu, daß die anderen bei der Fassade zu bewundernden Grabdenkmäler erst gegen Ende des 17. Jahrhunderts an ihren heutigen Standort gelangten[47], so hätte der Tiepolo-Sarkophag zunächst das einzige Grabdenkmal im Westen der Kirche dargestellt; mehr noch: bevor man im Jahre 1458 das schließlich doch unvollendet gebliebene Portal in Angriff nahm, könnte er allein einen marmornen Akzent in der großen Ziegelfassade gesetzt haben. Dem Ort des Grabmals ist somit nur gerecht zu werden, wenn man ihn als den einer ehrenvollen Auszeichnung versteht.

Neben dem Kircheneingang angebracht, fügte sich auch das venezianische Monument in ein größeres urbanes Geflecht. Der Kirchenbesucher pflegte sich dem Hauptportal über den Wasserweg zu nähern. Eine Regulierung der Baufluchtlinien am jenseitigen Ufer des vor der Basilika verlaufenden Kanals ist erstmals für das Jahr 1278 belegt[48]. Die Kirchenfassade des 14. Jahrhunderts antwortete somit auf eine ältere architektonische Vorgabe. Zwischen diesen beiden Kulissen erstreckte sich der offene Campus. Wenngleich die Vorplätze rechtlich zumeist den anliegenden Kirchen und Klöstern gehörten, so mußten sie, dies hatten die venezianischen Statuten schon im 13. Jahrhundert verfügt, doch allgemein passierbar sein[49]. Für das Areal bei SS. Giovanni e Paolo wird noch eine weitergehende Funktion greifbar. Eine Quelle von 1351 teilt mit, daß die venezianische Kommune einen Teil des Campus in Pacht genommen hatte, um dort für die Bürgerwehr der umliegenden Contrade einen

[45] Dellwing 98–99, mit Quellennachweisen.

[46] P. Wichmann, Die Campi Venedigs. Entwicklungsgeschichtliche Untersuchungen zu den venezianischen Kirch- und Quartierplätzen. Diss. München 1987, 96 mit Abb. 72; 195, Anm. 240.

[47] Dokumente, die eine solche Vermutung nahelegen, wird D. Pincus publizieren. Vgl. für die bei der Fassade aufgestellten Sarkophage ansonsten G. Saràvia, Le chiese di Venezia descritte ed illustrate I. Venezia 1822, 8–12; G. Lorenzetti, Venezia e il suo estuario. Venezia s. d. (1928) 324; Zava Boccazzi 57.

[48] Wichmann 60.

[49] Ebd. 56.

Schießstand zu errichten[50]. – Für das Tiepolo-Grab gibt sich somit einmal mehr die bewußte Orientierung auf eine städtische Öffentlichkeit zu erkennen. Vom Konzept her nimmt der offensichtliche Bezug von Platz und Denkmal bereits das vorweg, was gegen Ende des 15. Jahrhunderts – gewiß in ungleich effektvollerer Form – am selben Ort mit Verrocchios Reiterstandbild des Bartolomeo Colleoni realisiert werden sollte[51].

Die prominente Aufstellung des Stiftergrabes führt uns zurück nach Verona. Seit den achtziger Jahren des 13. Jahrhunderts war dort die Dominikanerkirche von S. Anastasia im Bau[52]. Auch vor ihrer Fassade dehnte sich nach Westen zu eine weiträumige Platzanlage aus (Abb. 23). Im Norden der Piazza entstand zu Beginn des Trecento gleichsam als dominikanische Dependance eine kleine unter dem Titel S. Giorgetto oder auch S. Pietro Martire bekannte Kirche, die seit 1354 als Hauskapelle jener brandenburgischen Ritter diente, die Mastino II. della Scala in Sold genommen hatte[53]. Die Südwand von S. Giorgetto setzt sich nach Osten zu in einer Ziegelmauer fort. Diese trifft dann mit der Fassade von S. Anastasia im rechten Winkel zusammen, so daß der Platz nach zwei Seiten hin klar umschlossen bleibt. Jenseits der Mauer dürften sich vormals die Konventsgebäude der Dominikaner befunden haben. Mit Hilfe von Konsolen ist auf der Verbindungsmauer genau oberhalb des rundbogigen Portals ein monumentaler Aufbau angebracht, der wegen seiner eigenwilligen Lokalisierung in jeder übergreifenden Abhandlung zur Denkmalsgeschichte erscheinen müßte. Gemeint ist die Grabanlage des tridentinischen Feudalherren und mehrfachen Veroneser Podesta Guglielmo da Castelbarco (gest. 1320), der sich als ein entscheidender Förderer des Neubaus von S. Anastasia hervortat[54]. Den Kern der An-

[50] Ebd. 68 mit Anm. 240.

[51] G. Passavant, Verrocchio. Sculptures, Paintings and Drawings. Complete Edition. London 1969, 62–67, 185–187, mit Abb. 62–68.

[52] Zur Rekonstruktion der Baugeschichte aus den Quellen heraus ist die Arbeit von C. Cipolla, Ricerche storiche intorno alla chiesa di S. Anastasia in Verona. In: L'Arte 17 (1914) 91–106, noch immer grundlegend; zur archäologischen Analyse des Baus und seiner typologischen Einordnung jetzt auch Dellwing 64–81.

[53] M. T. Cuppini, L'arte gotica a Verona nei Secoli XIV–XV. In: Verona e il suo territorio III.2. Verona 1969, 211-383, hier 236, mit weiterer Bibliographie.

[54] Die formalgeschichtlich orientierte Forschung hat das Grabmal wiederholt zur Kenntnis genommen; zuletzt J. White, Art and Architecture in Italy: 1250–1400, 2nd ed. Harmondsworth 1987, 489–490. Zur Biographie Castelbarcos ist der Beitrag von E. Occhipinti im Dizionario biografico degli Italiani 21. Roma 1978, 570–574, zu vergleichen; danach noch A. Amadori, Guglielmo di Castelbarco. L'unico vero gran signore nella storia della Vallagarina. In: Atti della Accademia Roveretana degli Agiati. Contributi della classe di scienze umane, di lettere ed arti, a. 231 (1981), s. VI, vol. 21, f. A., 1983, 79–130. Zu Castelbarcos Bedeutung für den Neubau von S. Anas-

lage (Abb. 24) bildet – mehr als 7 m über das Bodenniveau erhöht – ein allseitig reliefierter Sarkophag mit der Liegefigur des Verstorbenen, darüber dann als ein freistehender Baldachin mit wuchtiger Bedachung das architektonische Gehäuse. Obwohl die Ausgestaltung des Sarkophags auf einen zweifachen Betrachterstandort Rücksicht nimmt, so gibt die dem Platz zugewandte Front sich doch als eigentliche Schauseite zu erkennen, denn nur hier ist der marmorne Kasten mit einer figürlichen Szene, der jenseitigen Präsentation des Verstorbenen, ausgestaltet; auf der Platzseite schauen zudem die beiden Löwenfiguren hervor, die dem Sarg als Träger dienen. Die zum Kloster gekehrte Ansicht weist dagegen rein heraldisch-ornamentale Schmuckformen auf. Einem alten Kunstgriff des monumentalen Wandgrabes folgend, hat der anonyme Bildhauer die Statue des Liegenden auf ihrer linken Körperseite leicht angehoben, so daß der steinerne Leichnam von der Piazza aus sehr viel besser in Augenschein zu nehmen ist als für einen Betrachter, der jenseits des Tores steht. – Wahrscheinlich vollendete man Castelbarcos Denkmal schon zu einem Zeitpunkt, als die Fassade von S. Anastasia noch aller Grabmonumente entbehrte[55]. Ein Abweichen vom traditionellen Bestattungsort der Kirchenfassade mag sich aus dem unvollendeten Zustand, wie der Neubau von S. Anastasia ihn bei Guglielmos Tode aufwies, erklären. Dennoch bleibt nicht zu verkennen, daß der gewählte Aufstellungsort die Kirchenfassade in seiner optischen Wirksamkeit noch um einiges übertraf. Über dem Konventsportal gehörte das Denkmal nicht nur zur allgemeinen Kulisse des Platzes, vielmehr drang es nahezu zwangsläufig in das Blickfeld all jener ein, die das Kloster betreten und verlassen wollten; unweigerlich rief sich der Wohltäter des Ordens somit einem jeden Besucher in Erinnerung[56].

---

tasia bes. Cipolla, 97–98. Das Testament des Podestas (13. Aug. 1319) verfügte eine Beisetzung *apud fratres Praedicatores Veronae.* Weiterhin heißt es: *Item relinquo et judico, quod mille librarum parvorum veronensium, ultra quingentas jam datas et solutas, expendiantur ad faciendum ibi unam Arcam cum nobili apparamento, in qua ponatur corpus meum honorifice et cum expensis decentibus, usque ad dictam summam et pecuniae quantitatem.* Vgl. Amadori 97, no. 4.

[55] Dellwing 68, Anm. 24, vermutet, daß zwei bei S. Anastasia erhaltene Konsolgräber (ebd. Abb. 30), von denen eines dem Castelbarco-Grabmal auch stilistisch nahesteht, noch zu Lebzeiten Castelbarcos an der Kirchenfassade angebracht wurden, doch macht der von Dellwing selbst für das Jahr 1319 rekonstruierte Fassadenzustand (ebd. 69) eine so frühe Setzung der Denkmäler eher unwahrscheinlich.

[56] Die 'double-sidedness' ist somit nicht erst durch das Grabmal der Katharina von Habsburg (gest. 1323) in S. Lorenzo zu Neapel in die italienische Sepulkralkunst eingeführt worden, wie unlängst behauptet worden ist: J. Gardner, A Princess among Prelates: A Fourteenth-Century Neapolitan Tomb and some Northern Relations. In: Römisches Jahrbuch für Kunstgeschichte 23/24 (1988) 29–60, bes. 37. Wenngleich

Die typologisch orientierte Forschung hat auf die Wirkung hingewiesen, die Castelbarcos Grabanlage zumindest in einem Falle ausüben sollte. Das imposante Denkmal des Veroneser Signoren Cangrande della Scala (gest. 1329) bei S. Maria Antica (Abb. 25) übernahm aus dem ikonographisch-formalen Kanon des Podestagrabmals zahlreiche Elemente (Aufstellung über Konsolen, figürlicher Sarkophag mit Wappentieren, Liegefigur, Baldachin), ging dann aber in seinem hohen pyramidalen Aufbau mit der monumentalen Reiterstatue deutlich neue Wege[57]. Eine Analogie läßt sich fernerhin für die sonderbare Plazierung der beiden Werke festmachen. Wenngleich nicht auf einer freistehenden Mauer erhoben, so erfolgte die Anbringung des Cangrande-Grabes doch über dem Seitenzugang der Kirche, so daß auch sein Sarkophag auf einen zweifachen Betrachterstandpunkt hin (in der Kirche und vor der Kirche) auszugestalten war, obwohl das Monument als Ganzes nur von außerhalb des Kirchenbaus erfaßt werden kann. In die Nachfolge der Veroneser Werke tritt dann wohl noch das Grabmal des venezianischen Senators Giovanni de Priuli (gest. 1375)[58]. Über dem Südportal der venezianischen Kirche S. Tomà angebracht, reduziert es die Doppelansichtigkeit der älteren Monumente jedoch vollends auf das Schema des traditionellen Konsolgrabs. Vom Kircheninneren aus sind Sarkophag und Liegefigur nicht mehr wahrzunehmen.

Der Sarg oberhalb des Kirchenzuganges darf als Indiz für einen Mentalitätswandel gelten. Wie sehr selbst im Trecento noch die Bodenbestattung das Ideal einer demutsvollen Beisetzung versinnbildlichen

es zutrifft, daß die besondere Lokalisierung des neapolitanischen Grabmals zwischen Chor und Chorumgang auf englische und französiche Vorbilder zurückgehen dürfte, so ist die Charakterisierung des Werks als "northern European type" (Gardner 42) doch nur sehr bedingt zu unterschreiben. Gerade in der portalartigen Gestaltung, die es erlaubte, den Aufbau unterhalb des Sarkophags zu durchschreiten, weicht das Denkmal von allen nordischen Vorbildern ab. Hier ergeben sich die engsten Parallelen im oberitalienischen Bereich. Die Praxis, den eigentlichen Sarkophag brückenartig zu erhöhen, war im übrigen schon dem italienischen Wandgrab des 13. Jahrhunderts geläufig; vgl. Herklotz, "Sepulcra" 169, 185, mit Abb. 65, 77.

[57] Die Scaliger-Monumente finden sich aufgrund ihrer formalen und ikonographischen Neuerungen in allen übergreifenden Darstellungen der mittelalterlichen Sepulkralkunst behandelt; vgl. die oben Anm. 28 zitierte Literatur. Darüber hinaus zuletzt White 489–492, 612–614. Grundlegende neue Einsichten bietet eine an der Universität Heidelberg im Abschluß befindliche Dissertation von P. Seiler, die sich mit den italienischen Reitermonumenten des späten Mittelalters auseinandersetzt; dort auch wichtige Beobachtungen zur topographischen Lokalisierung der Veroneser Gräber.

[58] W. Wolters, La scultura veneziana gotica (1300–1460), 2 voll. Venezia 1976, I, 199 mit Abb. 339. Die Abbildung bei Longhurst, N. 50, läßt die genaue Plazierung des Denkmals erkennen.

konnte, kam bereits zur Sprache. Seit dem frühen Mittelalter – als wohl prominentestes Beispiel einer solchen Bestattungspraxis wäre der Frankenkönig Pippin zu nennen – hatte die sepulkrale Demutsformel eine zusätzliche Intensivierung dadurch erfahren, daß der Begräbnisplatz vor die Kirchentür verlegt wurde, dorthin nämlich, wo möglichst viele Füße über den Leichnam hinwegtreten sollten[59]. Vor dem Hauptportal der römischen Franziskanerkirche S. Maria in Aracoeli haben sich solche nur mit Steinplatten bedeckte Bodengräber bis heute erhalten; das des berühmten Humanisten Flavio Biondo (gest. 1463) gehört zu ihnen[60]. Wenn in derselben Kirche die Grabinschrift der Luciana Felici verkündet: *Humilis et plana tumulo iacet hic Luciana ...*[61], so wird deutlich, daß die überkommene Gleichsetzung von *humilitas* und körperlicher Erniedrigung bei Ende des Mittelalters noch vollends gegenwärtig war. In Verona und Venedig jedoch hat man die Demutsformel in ihr Gegenteil verkehrt: Nicht unter den Füßen der Kirchgänger, sondern über deren Köpfen wollten die Würdenträger des Laienstandes ruhen.

Die Diskussion der Veroneser Denkmäler bliebe unvollständig, ohne dem berühmten Scaliger-Friedhof bei S. Maria Antica nicht auch als Ganzes einen Blick zu widmen (Abb. 26), zumal die jüngste Untersuchung der großartigen Reitermonumente zahlreiche neue Einsichten ermitteln konnte[62]. Als eigentlicher Urheber des Friedhofs mit seiner aufwendigen Umfassungsmauer darf jetzt Mastino II. della Scala (1329–51) gelten. Als eine Stiftung Mastinos ist die Ausgestaltung des Friedhofs

---

[59] Vgl. die Nachweise bei H. Leclercq, Ad sanctos. In: Dictionnaire d'archéologie chrétienne et de liturgie I. 1. Paris 1924, 479–509, bes. 501, und K. H. Krüger, Königsgrabkirchen der Franken, Angelsachsen und Langobarden bis zur Mitte des 8. Jahrhunderts. München 1971, 495–496, mit Anm. 93.

[60] Die mittelalterlichen Grabmäler in Rom und Latium vom 13. bis zum 15. Jahrhundert I: Die Grabplatten und Tafeln, redigiert von J. Farms, R. Juffinger und B. Ward-Perkins. Rom–Wien 1981, 5, mit weiteren Nachweisen für eine solche Bestattungspraxis in Anm. 36. Für die Verbreitung von Bodenplattengräbern, die im späten Mittelalter durchaus neben den Monumentalgräbern fortbestanden, ist auch das Material bei M. Paoli, Un aspetto poco noto della scultura trecentesca pisana: la lapide sepolcrale con ritratto. In: Antichità viva 21, 5/6 (1982) 38–47, zu vergleichen; ferner D. Schlossman Pines, The Tomb Slabs of Santa Croce: A New 'Sepultuario'. Diss. Ann Arbor (Univ. Microf. Intern.) 1987.

[61] Die mittelalterlichen Grabdenkmäler 117–118. Zur Tradition dieser Vorstellung: Herklotz 28.

[62] Das folgende weitgehend nach Seiler, wie Anm. 57. Zur Bebauung der gesamten Zone jetzt auch Di Lieto, Una piazza comunale (wie Anm. 39) passim; und P. J. Hudson, Il palazzo scaligero di S. Maria Antica. In: Gli Scaligeri (wie Anm. 39) 225–235. Der Plan in unserer Abb. 27 stammt aus A. E. Brinckmann, Platz und Monument als künstlerisches Formproblem, 3. Aufl. Berlin 1923.

aber nicht isoliert zu sehen, vielmehr bildet sie nur einen Einzelaspekt jener imposanten Erneuerung, der die gesamte Contrade um S. Maria Antica unterlag (Abb. 27). Hier entstanden seit dem späten 13. Jahrhundert die gewaltigen Scaliger-Paläste. Mit der allmählichen Eingrenzung der Piazza dei Signori (die gleich westlich der Piazza delle Erbe, dem antiken Forum der Stadt und spätestens seit dem 13. Jahrhundert erneut deren unumstrittenes Zentrum, liegt) bildete sich etwas wie ein Vorplatz der Scaliger-Besitzungen heraus. Die Kirche S. Maria Antica schließt ihrerseits im Westen an die Piazza dei Signori an. Entsprechend einer Tradition, die uns schon begegnet ist, errichtete man die Grabmonumente vor der Nordflanke der Kirche, doch berücksichtigten die Denkmäler Mastinos II. und Cansignorios (gest. 1375) den topographischen Zusammenhang auf überraschend subtile Weise. Da von Norden her die Bebauung so dicht an den Friedhof heranreichte, daß diesen nur eine Straße von der benachbarten Palastfassade trennte, hätte jede Nordorientierung zwangsläufig einen Verlust an optischer Wirkung bedeutet. Die Monumente waren folglich an jener Ost-West-Achse auszurichten, die mit der am Friedhof vorbeiführenden Straße (Via S. Maria Antica) vorgegeben war. Sind die Liegefiguren der beiden Grabdenkmäler der anliegenden Kirche entsprechend nach Osten hin orientiert, so wenden sich die bekrönenden Reiterfiguren (Abb. 28) nach Westen und somit der Piazza dei Signori zu. Bevor die von der Piazza an den Friedhof heranleitende Straße im 15. Jahrhundert durch den Vòlto della Tortura überbaut und der dem Cansignorio zugeschriebene Palazzo del Tribunale im Osten über die Piazza dei Signori hinaus verlängert wurden, muß der weitgehend geschlossene Prospekt des Platzes von seiner Südostecke aus in eine Sichtschneise gemündet haben, die den Blick unmittelbar auf die hoch aufragenden Fürstengräber lenkte. Die Scaliger-Grabmäler gehörten somit zur Kulisse des Scaliger-Platzes. Um von der Fernansicht zu einer Nahansicht der Monumente zu gelangen, war die Piazza zu verlassen. Für denjenigen, der dann von Westen nahend an dem Friedhof vorüberschritt, kam es zu einer Konfrontation mit den Denkmälern, wie sie intensiver kaum hätte sein können. Wie bei S. Domenico in Bologna führte die Straße unmittelbar an den Gräbern vorüber, doch gab es in Verona kein optisches Entweichen in die Weite eines Platzes mehr; die Enge der Fassadenschluchten machte die Begegnung mit den Grablegen unvermeidlich. Auch die topographische Entsakralisierung der Monumente war weitergetrieben als je zuvor, denn als ihr architektonisches Bühnenbild trat nicht eigentlich das Kirchlein von S. Maria Antica in Erscheinung, sondern viel eher die an drei Seiten sie umgrenzenden Palastanlagen. Herrschaftsarchitektur hier wie dort, manifestierten Paläste und Grabmonumente einander ergänzend die Präsenz der Scaliger im Stadtzentrum.

Wir beschließen unsere Reihe von Fallstudien mit einem der berühmtesten Profandenkmäler der italienischen Renaissance. Bei der großen Pilgerkirche von S. Antonio, dem Santo in Padua, erhebt sich seit 1453 Donatellos Reitermonument des Erasmo da Narni, der unter dem Namen Gattamelata als Condottiere von Venedig zu Ruhm gelangen sollte[63]. Eine Bindung des Denkmals an die sepulkrale Tradition hat die Forschung, gleichwohl mit unterschiedlicher Akzentsetzung, immer wieder hervorgehoben: Der Heerführer selbst liegt im Inneren der Antonius-Kirche begraben. Daß auch das Areal in der Umgebung des Reiters vormals die Funktion eines Friedhofs besaß, geht aus einer Quelle des 16. Jahrhunderts unmißverständlich hervor[64]. Mit dem Wandgrab des paduanischen Rechtsgelehrten Antonio Ursati hat sich zumindest eines der ehemals auf dem Friedhof errichteten Grabdenkmäler bis heute an der Nordseite von S. Antonio erhalten. Aus der antiken Sepulkralsymbolik wollte man schließlich das Tormotiv ableiten, wie der Sockel des Gattamelata es aufweist. – Eine weitere Beobachtung wäre dem hinzuzufügen: Die genaue Plazierung des Reiterbildes findet ihre engsten Analogien in den älteren Grabmalsaufstellungen. Auch der Santo war (und ist es noch immer) nach Norden und Westen zu von einer unbebauten Zone umgeben. Mit seinem Standort im Nordwesten der Kirchenfassade und einer Orientierung nach Norden hin zielte der Gattamelata offenbar nicht auf eine Kulissenwirkung durch den Kirchenbau ab. Natürlich trug das Standbild der Weitenwirkung des Platzes Rechnung, doch vollends verständlich wird sein Aufstellungsort erst, wenn man ihn in bezug zu der heutigen Via del Santo (Abb. 30: Via Sant' Antonio), der aus nördlicher Richtung auf den Platz stoßenden Straße, sieht. Allein in der Via del Santo ergibt sich für den Besucher eine Blickachse, die ihn den Reiter

[63] Für Entstehungsgeschichte und Ikonographie des Monuments ist bes. H. W. Janson, The Sculpture of Danatello, 2 voll. Princeton N. J. 1957, II, 151–161, zu vergleichen. Was den Aufstellungsort angeht, so dürften die Bemerkungen bei Brinckmann, Platz und Monument 16–18, noch immer als die treffendsten gelten; dorther auch unsere Abb. 30. Daß die Plazierung des Reiters in mancher Hinsicht einer Tradition des 14. Jahrhunderts entsprach, hat die Donatello-Forschung freilich verkannt.

[64] Die erstmals 1560 in Basel erschienenen Historiae de urbis patavii antiquitate, et claris civibus patavinis, libri tres des Bernardino Scardone (Neuaufl. o. O., jetzt als Nachdruck Bologna 1979, 426) schreiben über Donatello: *... qui conflavit equestrem statuam Gatamelatae, quae stare visitur sub dio in amplo coemeterio praedictae Basilicae* (= S. Antonio). Dazu auch Janson II, 155. Ein Zahlungsdokument des Jahres 1447 spricht von Donatellos Denkmal als *pilastro della sepultura*: A. Sartori, Il donatelliano monumento equestre a Erasmo Gattamelata. In: Il Santo 1 (1961) 318–344, hier 328.

erkennen läßt, noch bevor er in das freie Areal des Platzes eintritt. Die zugrunde liegende Konstellation von Standbild und Straße ist durch die Stadtpläne Paduas seit der Mitte des 17. Jahrhunderts zweifelsfrei dokumentiert[65] und darf, da die Via del Santo ebenso wie die nach Norden an sie anschließenden Verkehrswege in ihrem erhaltenen Baubestand bis ins 14. und 15. Jahrhundert, ja sogar weiter noch zurückreichen[66], schon für die Entstehungszeit von Donatellos Kunstwerk vorausgesetzt werden. Eine Ausrichtung des Reiters auf die Via del Santo hin mußte in der Tat naheliegen, da jene Straße es war, die einen vielbenutzten Zubringer des Stadtzentrums darstellte, das Pilgerheiligtum des Santo zugleich aber mit dem Eremitani-Bezirk verband und deshalb ebenso einen Teil von Paduas vielleicht wichtigster Nord-Süd-Achse bildete. Jedenfalls dürfte die Mehrzahl der Besucher sich dem Antonius-Heiligtum von Norden her genähert haben.

Die Via del Santo führte dann an der rechten Seite des Reiterbildes vorbei auf das Hauptportal der Kirche zu. In der rechten Hand hält der Gattamelata mit dem Kommandostab sein bedeutendstes ikonographisches Attribut, und ebenso bezeichnend will es scheinen, wenn der Bildhauer seine Signatur auf die Nordseite des Marmorsockels, gleichsam an die 'Fassade' des Denkmals, gesetzt hat (Abb. 31). Mit der Aufstellung neben die von Norden her zum Hauptportal der Kirche hin verlaufende Straße wiederholt sich aber eben jene Situation, wie wir sie beim Passegeri-Grabmal vor S. Domenico in Bologna kennengelernt haben. Ganz wie in Padua gab es schon in Bologna drei entscheidende Momente, die zur öffentlichen Wirkung des Denkmals beitragen sollten: zum einen den freien Platz, der dem Aufbau nach allen Richtungen hin zu einer weiten Ansichtigkeit verhalf, dann die Blickschneise, die sich für den Kirchgänger schon in der Zubringerstraße herausbildete, und schließlich die Plazierung neben jener Wegverlängerung, welche die nördliche Zubringerstraße mit der Kirche verband, so daß ein unmittelbares Passieren des Monuments unvermeidbar folgte. Der Standort des Gattamelata ist deshalb nicht einsichtig, wenn man ihn nur aus der Fernansicht und seinem Verhältnis zum Platz heraus erklärt oder gar etwas wie eine Allansichtigkeit postuliert. Folgenreicher noch war das Verhältnis zu

---

65 Man vgl. etwa den Stadtplan des G. V. Zanini von 1658: S. Bettini, G. Lorenzoni, L. Puppi, Padova. Ritratto di una città I. Vicenza 1973, Fig. 15.

66 F. Zuliani, Il gusto tardo gotico "veneziano". In: Padova. Case e palazzi, a cura di L. Puppi e F. Zulani. Vicenza 1979, 57–59, bes. 58–59, mit Abb. 57–58; idem, L'edilizia privata del Duecento e Trecento. In: ebd. 21–27, bes. 22; ferner G. Lorenzoni, La prima rinascenza. In: ebd. 61–70, bes. 64, Anm. 13, mit Abb. 78. Vgl. auch das rekonstruierte Schema der mittelalterlichen Stadttopographie bei Bettini, Lorenzoni, Puppi, Fig. 15.

der wichtigsten Zubringerstraße, die in den Platz einmündete, und gerade darin gibt ein traditioneller Zug sich zu erkennen. Die Parallele zu S. Domenico, Bologna, dürfte die augenfälligste sein, doch auch die Scaliger-Reiter waren demjenigen, der die Via S. Maria Antica herabschritt, frontal zugewandt. Eine ganz analoge Ausrichtung weist der Gattamelata für die Via del Santo auf.

Das im vorangehenden ausgewertete Material müßte zweifellos um weitere Einzeluntersuchungen ergänzt werden. Dennoch scheinen bereits verschiedene Schlußfolgerungen möglich:

1. Der Wunsch nach einem weithin sichtbaren Denkmal wird spätestens seit der Zeit um 1300 bei der Aufstellung von Grabmälern zu einem entscheidenden Kriterium, welches selbst das seit frühchristlicher Zeit dominierende Begehren nach einer Beisetzung im Kircheninneren zurücktreten lassen konnte.

2. Mit einer publikumswirksamen Ausrichtung von Grabdenkmälern auf Straßen und Plätze hin war ein in der Antike verbreitetes Prinzip wiederhergestellt. Begünstigt durch das Bestattungsverbot innerhalb der Mauern, entstanden die Grabmonumente und Mausoleumsbauten des römischen Altertums gerade entlang der großen Ausfallstraßen. Wurden entfernt vergleichbare Graborte auch im 14. Jahrhundert wieder bevorzugt, so mag es zweifelhaft scheinen, ob diesem Brauch eine bewußte Antikenrezeption zugrunde lag[67]. Vielleicht dürfte es eher einer verwandten Mentalität, das heißt einem wiedererwachten Gespür für die öffentliche Wirksamkeit des Denkmals zuzuschreiben sein, wenn man nach tausendjähriger Unterbrechung zu ähnlichen Lösungen fand.

3. Eine Untersuchung der Grabmäler zeigt, daß diese den gleichen Gesetzen wie die nicht-sepulkralen Denkmäler gehorchten. Seit der er-

---

[67] Anzumerken wäre allerdings, daß den zeitgenössischen Autoren zumindest die Anbringungsorte antiker Ehrenstatuen und Historienreliefs bekannt waren. In der Predigt, die ein Fra Lodovico da Prelormo 1267 zur Weihe des Bologneser Dominikus-Schreins hielt, heißt es in polemischem Ton: *Si enim tyrannorum fortia gesta in arcubus, columnis et portis sculpebantur, peritura tamen, et plurimum nocitura, quanto magis marabilia istius gesta et facta memorie filiorum utiliter et delectabiliter et salubriter commendanda in eternum vicitura.* Vgl. J. J. Berthier, Le tombeau de saint Dominique. Paris 1895, 149–150; auch zitiert bei Grandi, I monumenti dei dottori (wie Anm. 31) 69. Ähnlich dann in einer Anklageschrift gegen Papst Bonifaz VIII., die nach seinem Tode (1303) am Hofe Philipps IV. von Frankreich redigiert wurde; im Hinblick auf die päpstlichen Ehrenstatuen wird dort behauptet: *... etiam extra Ecclesias ... et in portis civitatum, et supra eas, ubi antiquitus consueverunt idola esse, suas imagines marmoreas erigi fecit.* Vgl. C. Sommer, Die Anklage der Idolatrie gegen Bonifaz VIII. und seine Porträtstatuen. Freiburg im Breisgau 1920, 38. Mittelalterliche Äußerungen zu den antiken Gräberstraßen sind dagegen bislang nicht bekannt geworden.

sten Hälfte des 13. Jahrhunderts tauchen in Italien Statuen von Podestas, Königen und Päpsten über Stadttoren, an Palastfassaden und an Kirchenfronten auf, häufig in deutlicher Orientierung auf die vorgelagerten Platzareale[68]. Selbst der antike Bildort der Hafenanlage wird für die päpstlichen Ehrenstatuen des 13. Jahrhunderts greifbar. Solche Übereinstimmungen sollten einmal mehr davon warnen, die sepulkralen Monumente in ihrer Gesamtheit aus der Kategorie der Repräsentationskunst herauszunehmen, um sie dem Sakralbereich zuzuordnen.

4. Es kann nicht entgehen, daß die auf augenfälligste Weise in ein urbanes Umfeld integrierten Werke dem 14. Jahrhundert angehören, wohingegen das Quattrocento eher einen Rückzug ins Kircheninnere – und das bedeutet auch einen Verlust an Öffentlichkeitswirkung – mit sich brachte. Die Vermutung, daß der Beitrag, den der Humanismus des 15. Jahrhunderts zur sepulkralen Repräsentation geleistet hat, eher ein geringer war[69], fände somit eine erneute Bestätigung. Andererseits blieben die im 14. Jahrhundert bevorzugten Grabmalsorte wohl nicht ohne Wirkung auf die Profandenkmäler, die das Quattrocento errichtete. Hier zumindest ließe sich eine Kontinuität festmachen.

Abbildungsnachweis:

Abb. 2, 6, 7, 8, 9, 10, 12, 13: Alinari, Florenz – Abb. 5: D. Pincus, Vancouver – alle übrigen Aufnahmen stammen vom Verfasser.

[68] Herklotz 213–215 behandelt konkrete Einzelbeispiele; dort auch weiterführende Literatur. Danach noch T. Schmidt, Papst Bonifaz VIII. und die Idolatrie. In: Quellen und Forschungen aus italienischen Archiven und Bibliotheken 66 (1986) 75–107; und J. Gardner, An Introduction to the Iconography of the Medieval Italian City Gate. In: Dumbarton Oaks Papers 41 (1987) 199–213, bes. 208–212.

[69] Herklotz 226.

Abb. 17: Bologna, S. Domenico: Grabmonumente des Rolandino de' Passeggeri und (im Hintergrund links) des Egidio dei Foscherari.

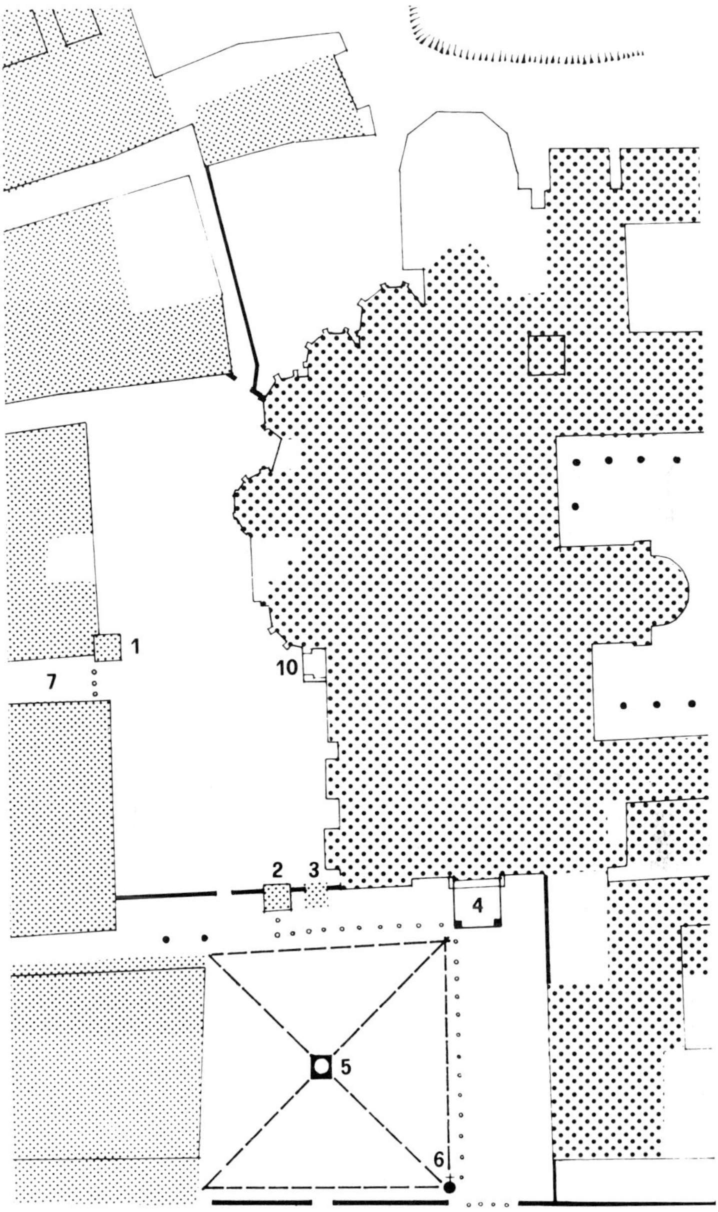

Abb. 18: Bologna, Piazza San Domenico im Jahre 1627 (nach R. Merlo): 1 = Grabmal des Egidio dei Foscherari. 2 = Grabmal des Rolandino de' Passeggeri. 3 = Grabmal der Familie Mezzovillani. 4 = Hauptportal der Kirche. 5 = Dominikus-Säule von 1627. 6 = Kreuzessäule des 14. Jahrhunderts. 7 = Via Rolandino. 8 = Via Larga. 9 = Via Garibaldi. 10 = Seiteneingang der Kirche.

Abb. 19: Verona, SS. Apostoli: mittelalterliches Grabmal.

Abb. 20: Verona, SS. Apostoli: Nordseite der Kirche und Piazzetta SS. Apostoli mit dem Grabmal der Familie Zavarise.

Abb. 21: Venedig, SS. Giovanni e Paolo: Grabmal der Dogen Jacopo und Lorenzo Tiepolo.

Abb. 22: Venedig, SS. Giovanni e Paolo: Kirchenfassade und Vorplatz.

Abb. 23: Verona, Piazza S. Anastasia mit der Südflanke von S. Giorgetto (links), dem Grabmal des Guglielmo da Castelbarco und der Fassade von S. Anastasia (rechts).

Abb. 24: Verona, Piazza S. Anastasia: Grabmal des Guglielmo da Castelbarco.

Abb. 25: Verona, S. Maria Antica: Grabmal des Cangrande I. della Scala.

Abb. 26: Verona, Scaliger-Friedhof bei S. Maria Antica und Scaliger-Palast.

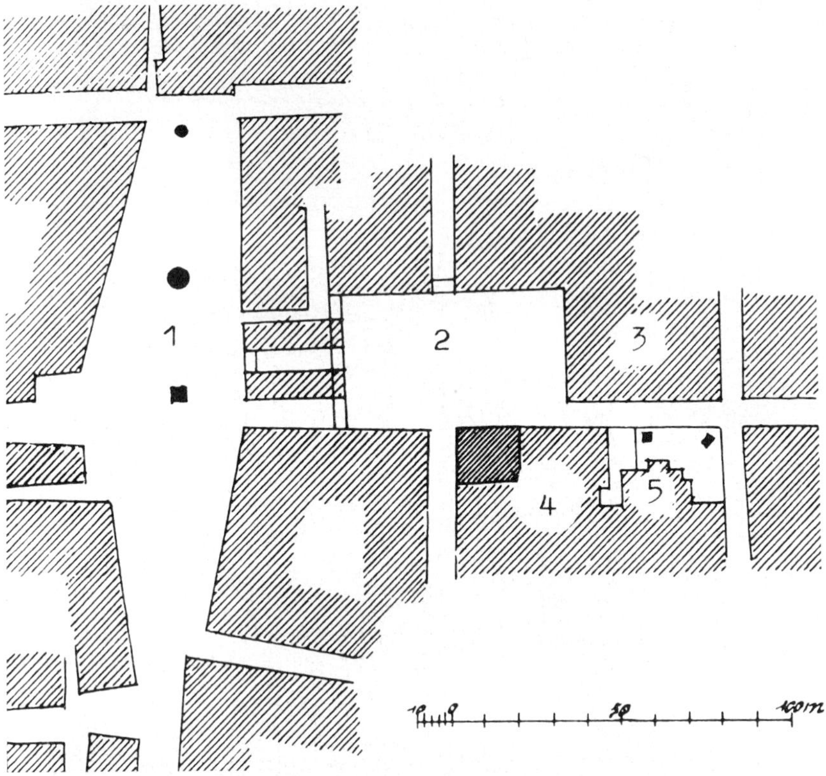

Abb. 27: Verona, mittelalterliches Stadtzentrum (nach A. E. Brinckmann): 1 = Piazza delle Erbe. 2 = Piazza dei Signori. 3 = Scaliger-Palast (von Cangrande I.?). 4 = Palazzo del Tribunale. 5 = Kirche S. Maria Antica mit dem nördlich anschließenden Scaliger-Friedhof.

Abb. 28: Verona, Scaliger-Friedhof: Reiterstatue vom Grabmal Mastinos II. della Scala.

Abb. 29: Padua, Kirche Il Santo mit Vorplatz und Reiterstandbild des Gattamelata.

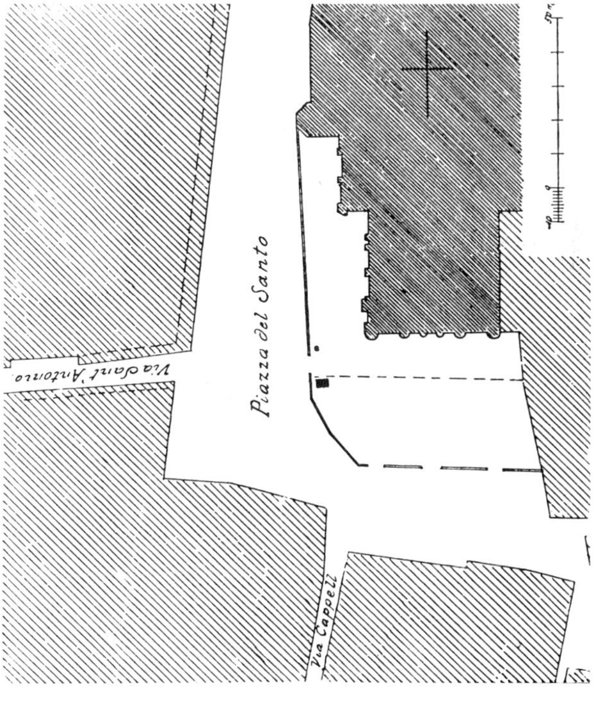

Abb. 30: Padua, Kirche Il Santo mit Vorplatz und Zubringerstraßen (nach A.E. Brinckmann).

Abb. 31: Padua, Vorplatz der Santo-Kirche: Reiterstandbild des Gattamelata (von Norden gesehen).

Anschriften der Autoren

GONON MARGUERITE, Poncins, F–42110 Feurs

GÖTTLER CHRISTINE, Freie Universität Berlin, Kunsthistorisches Institut, Morgensternstraße 2–3, D–1000 Berlin 45

HERKLOTZ INGO, Universität Konstanz, Kunstwissenschaft/Kunstgeschichte, Universitätsstraße 10, D–7750 Konstanz 1

JANOTTA CHRISTINE EDITH, Universität Salzburg, Institut für Geschichte, Rudolfskai 42, A–5020 Salzburg

JARITZ GERHARD, Österreichische Akademie der Wissenschaften, Institut für mittelalterliche Realienkunde Österreichs, Körnermarkt 13, A–3500 Krems

JETZLER PETER, CH–8330 Hermatswil

KIESSLING ROLF, Vöstweg 1, D–8901 Bonstetten

KLASSEN JOHN, Trinity Western College, Department of History, 7600 Glover Road, CND–V3A 4R9 Langley B.C.

KNEFELKAMP ULRICH, Universität Bamberg, Lehrstuhl für mittelalterliche Geschichte, Am Kranen 12, D–8600 Bamberg

KÜHNEL HARRY, Österreichische Akademie der Wissenschaften, Institut für mittelalterliche Realienkunde Österreichs, Körnermarkt 13, A–3500 Krems

SCHMID WOLFGANG, Universität Trier, Geschichtliche Landeskunde A-143-T, Postfach 3825, D–5500 Trier

VAVRA ELISABETH, Österreichische Akademie der Wissenschaften, Institut für mittelalterliche Realienkunde Österreichs, Körnermarkt 13, A–3500 Krems